第18辑 上卷　　宋晓 主编

中德法学论坛

Jahrbuch des Deutsch-Chinesischen
Instituts für Rechtswissenschaft der Universitäten
Göttingen und Nanjing

 南京大学出版社

中德法学论坛

第 18 辑·上卷（2021 年）

Jahrbuch des Deutsch-Chinesischen Instituts für Rechtswissenschaft der Universitäten Göttingen und Nanjing

Band 18 Heft 1 Jahr 2021

Herausgeber
SONG Xiao

感谢德意志学术交流中心
对《中德法学论坛》的支持
Gefördert vom Deutschen Akademischen Austauschdienst (DAAD)
aus Mitteln des Auswärtigen Amtes (AA)

中德法学论坛　　　目录　　　第18辑·上卷

Jahrbuch des Deutsch-Chinesischen Instituts für Rechtswissenschaft der Universitäten Göttingen und Nanjing
Band 18 Heft 1
Inhaltsverzeichnis

• Aufsätze •

• Recht und automatisiertes Fahren •

• Übersetzungen der Ausländischen Gesetzen •

学术专论

中德法学论坛

第18辑·上卷，第3～23页

宪法一般人格权之内涵
——基于德国相关案例的梳理

田　芳[*]

摘　要：一般人格权概念最早是由民法学者提出，德国联邦宪法法院根据《基本法》第1条的人格尊严和第2条的个性自由发展出宪法一般人格权理论，以应对新技术发展对个人隐私和人格构成的威胁，宪法一般人格权也成了所有未列举宪法基本权利的渊源。宪法一般人格权与社会国等基本原则相结合构建了人与社会交往的基本法则。

关键词：一般人格权；个人信息自决权；社会国原则

Abstract：General personality right concept was first put forward by civil law scholars，the German federal constitutional court according to the basic law article 1 of the personal dignity and the personality development of article 2 of the constitution theory of general personality right，in response to new technology development of threat to personal privacy and personality，the general personality right has become a source for not enumerate the origin of the basic rights. The general personality right of constitution and the basic principles of social state combine to construct the basic rules of human and social interaction.

Key words：General right of personality right of individual；information self-determination；principle of social state

---

[*]　田芳：南京大学法学院副教授，主要从事宪法学与行政法学的教学与研究。本文是2020年度国家社科基金重大项目"国家纵向治理体系现代化和法治化若干重大问题研究"（项目编号20&ZD159）的阶段性研究成果。

　　萨维尼在 1890 年左右提出了一般人格权概念,〔1〕这一概念充分体现了康德的道德哲学。一般人格权理论虽然获得了学界的支持,但是 1896 年的《德国民法典》并没有对一般人格权做出规定,一般人格权出现在了 1907 年的《瑞士民法典》中。1954年德国联邦最高法院以《基本法》第 1 条和第 2 条为依据作出一项民事判决,〔2〕似乎是受这一案件的启发,德国联邦宪法法院也开始以人格尊严为基础构建宪法一般人格权。

　　西方最早对人格尊严这一概念做完整界定的应该是伊曼努尔·康德(Immanuel Kant)。在其所撰写的《道德的形而上学基础》一书中,最著名的莫过于这句话:"无论是对待自己还是对待别人,都应该把人永远视为目的而不是手段。"〔3〕每个人都是道德的主体,每个人都有权利把自己的才能发挥到最大限度,同时也尊重其他人的人格获得充分发展。在康德看来,自由、道德、法律、人格这些概念都具有内在统一性。这种与功利主义相对的道德哲学思想对后世影响深远。

　　当今社会政治经济科技的发展对人格完整性造成了巨大的威胁。如行政国家的产生导致了无所不能的政府,给个人自由发展构成了从来没有过的威胁;〔4〕科学技术的迅猛发展更是对我们的生活产生了深远影响:电子通信技术的发展,个人信息被轻易地获取、储存和传播;〔5〕人工智能的迅速发展、基因工程、人工受孕等生物技术的发展都对我们传统的人的界定造成了困扰。我们该如何生存于这个时代?宪法一般人格权概念正是在这种背景下产生的。

---

〔1〕 非常有意思的是,美国于 1890 年提出了隐私权概念。Harry D. Krause, *The Right to Privacy in Germany—Pointers for American Legislation?*,1965 DUKE L. J. 481,485.

〔2〕 Schacht Case, 13 Entscheidungen des Bundesgerichtshofes in Zivilsachen [hereinafter BGHZ] 334 (1954).

〔3〕 FOUNDATIONS OF THE METAPHYSICS OF MORALS 39 (L. W. Beck trans., 2d ed. 1959).

〔4〕 在美国,行政国家诞生的历程可以追溯到 1887 年,即第一个真正意义上的美国联邦行政机关——州际贸易委员会的诞生,当然美国行政国家真正的兴起还是源于罗斯福新政。在欧洲,行政国家的兴起可以追溯到 18 世纪或 19 世纪。在德国,现代行政国家的兴起始于腓特烈大帝,他认为他是国家的第一公务员;在法国,拿破仑致力于行政国家的构建,其中最为著名的是建立了一套专业的公务员体系。

〔5〕 Paul Schwartz, *The Computer in German and American Constitutional Law: Towrds an American Right of Informational Self-Determination*, 37 AM. J. COMP. L. 675, 676 - 77 (1989).

一、宪法一般人格权的理论基础

德国于 1949 年制定了《基本法》,制宪者希望将新的宪法秩序构建在德国传统的道德哲学和理性主义的基础之上。

(一) 以道德哲学为基础的人格尊严

为了牢记纳粹时期对人格尊严践踏的惨痛教训,《基本法》第 1 条第 1 款宣告:"人格尊严不可侵犯";《基本法》第 1 条第 2 款宣告:"德国人民承认,人权不可被剥夺、不可被侵犯,这是每一个社会的基础,也是世界和平和世界正义的基础。"[6]

在海伦基姆湖制宪会议上(Herrenchiemsee Conference),最初有关宪法第 1 条的规范是这样表述的:"人格尊严建立在每一个人与生俱来的永恒权利的基础之上。"基督教民主党原本希望将草案中"与生俱来的永恒权利"与"上帝赋予的权利"相联系。但这一提法受到了世俗政党——社会民主党和自由民主党的反对。最后《基本法》第 1 条采用了一种更中立、更世俗的语言,开宗明义地强调人格尊严不可侵犯、人权不可被剥夺。采用这种否定的表达方式意味着人格尊严和人权是先于社会契约、先于宪法而存在的。人格尊严也成为统领德国《基本法》的核心条款。

德国人格尊严的概念主要受到三种思想流派的影响,即基督教自然法思想、康德道德哲学思想以及个人自觉和个人自治思想。根据基督教自然法思想,人格尊严是上帝所赐予的,是作为人不可或缺的一部分;根据康德的道德哲学,人格尊严是人类本性中不可分割的一部分;根据更世俗的自治和自决理论,人格尊严主要是指,通过自己的才华和能力更好地实现自我。而康德的道德哲学理论对《基本法》的解释影响最为深远。例如在 Life Imprisonment 案中,法院这样界定人格尊严:"每个人都是目的"这一原则应当适用于所有的法律领域;一个人固有的尊严,就是承认他具有独立的人格。[7] 而康德的道德哲学也常常与基督教自然法思想联系在一起,这也同样体现在 Life Imprisonment 案中:人格尊严、人格发展自由是宪法所保障的最高价值,所有国家机关都应当以尊重和保护人格尊严为目的,因为人是"有灵性的道德生物"。

康德的道德哲学不仅强调人的自由和个性,还强调人的理性和自觉、责任与内在约束。自由和自觉,权利和责任,个性和约束共同构成了一个完整的人格:人是有灵性的道德生物,他能够自由地行动,但是他的行动要受到道德责任的约束。

---

[6]　Article 1(2): The German people therefore acknowledge inviolable and inalienable human rights as the basis of everycommunity, of peace and of justice in the world.

[7]　BVerfGE 45, 187(228).

而人格尊严中的自觉与社会共同体有着不可分割的联系。在 Mephisto 案中，联邦宪法法院就强调："人是在社会共同体当中寻求自由发展的自治个体。"[8]而在 Investment Aid 案中，法院第一次将人定义为受社会约束的个体：《基本法》中的人并不是一个完全独立的个体，个人的发展离不开社会，个人的发展必须与社会的需求相适应。[9]

因此，在《基本法》中，人格尊严这个概念一方面强调个性和自由，另一方面也强调社会团结、社会和谐以及社会责任。社会并不是一个个原子般个人的简单集合，社会是一个有机的整体，个人自决和自由也将受到社会行为规则等的约束。

Life Imprisonment 案也从社会的角度定义了人：《基本法》中所规定的自由并不是孤立的自私自利的个人自由，而是一个和社会有着紧密关系，并且受社会规则约束的有责任感的个人自由。因此《基本法》中的自由从来都不是没有限制的，个人必须遵守立法机关为了社会公共利益而施加在个人上的限制。[10]

总之，德国法中的人格尊严概念是以康德道德哲学为基础构建的，社会中的人永远是构建社会的目的，而不是社会构建的手段。人格尊严的发展与社会发展具有内在的统一性。

（二）以人格尊严为核心的客观价值体系

德国《基本法》有着明确价值导向，它要求国家以公平正义为基础，以人格尊严为核心，最终构建一个稳定的民主国家。公平正义、人格尊严这些核心的价值即使在国家紧急状态下也不能被牺牲。[11]

为了保障这些核心价值，《基本法》确立了一系列的基本原则。《基本法》第 20 条可以说是对德国宪法基本原则总括性的规定，该条第 1 款规定了社会国原则；第 2 款规定了民主选举原则；第 3 款规定了法治国原则，[12]第 4 款规定了自卫型民主原则。法治国原则要求社会和国家遵循法治，国家的措施要有法律基础，法律规范本身要清晰，法律程序要公正，法律的手段和目的要符合比例原则。社会国原则要求国家采取必要的福利措施，以保障每一个公民都能过上体面的生活。[13] 自卫型民

---

[8]　BVerfGE 30，173(193).

[9]　BVerfGE 4，7，15 - 16.

[10]　BVerfGE 45，227，228.

[11]　George P. Fletcher, *Human Dignity as a Constitutional Value*，22 U. W. ONT. L. REV.171，178 - 79 (1984).

[12]　Article 20(3)：Legislation shall be subject to the constitutional order；the executive and the judiciary shall be bound by law and justice.

[13]　社会国的概念定义于《基本法》第 20 条第 1 款。

主要求国家保护基本的民主秩序,促进民主繁荣。

德国宪法法院根据《基本法》的规定构建了一个全新的基本权利理论。该理论认为基本权利具有客观和主观双重属性。基本权利的客观属性是指国家有责任采取积极行动以推进公民个人权利的实现,[14]这也是《基本法》第 20 条第 1 款所规定的社会国原则的体现。基本权利的客观属性也是一种客观价值,要求国家积极地推动这些价值在社会中获得实现。“这种价值体系以人格尊严为核心,以个人在社会中个性自由发展为前提,以宪法基本原则为内容,体现在国家所有法律的制定和执行当中。”[15]

这种基本权利客观价值体系的法教义学理论彻底改变了美国传统的宪法教义学理论,将国家与公民之间的对抗转为了一种相互依存的关系。公民基本权利的实现不仅仅是免于国家的干涉,更需要国家的积极作为,国家不再是公民基本权利侵犯的主体,而是基本权利保障的主体。传统的限权理论被抛弃,宪法的目标不再是以基本权利来限制国家公权力,宪法是一种价值体系,国家是这种价值体系实现的主体。

基本权利客观价值体系不仅仅重构了国家和公民之间的关系,而且重构了基本权利和法律之间的关系。基本权利这种价值是客观存在的,这种价值(权利)需要具体的法律来体现,但是又独立于这些具体的法律。正是在这个意义上,基本权利和普通法律之间实现了双向互动,基本权利需要普通法律的界定和保障,反过来普通法律也要受基本权利的引导。《基本法》为整个社会提供了一个行动指南,确立了整个社会所要追求的价值。[16]

(三) 以人格尊严为核心的权利体系

人格尊严是《基本法》的核心价值,但这一核心价值还是要体现在一个个具体的基本权利当中。与人格尊严联系最紧密的应当是《基本法》第 2 条第 1 款规定的个性发展自由。个性发展自由内涵丰富,这一权利既可以与其他基本权利结合起来解读,也可以单独解读。其实从一定的意义上来说,所有的基本权利都与个性发展相关,所以从广义上来说,所有的基本权利都属于广义人格权。

但社会的分工也促进了基本权利的分化发展,因此德国《基本法》第 1 条到第 19

---

〔14〕　客观价值秩序是德国宪法理论中的一个核心概念。Peter E. Quint, *Free Speech and Private Law in German Constitutional Theory*, 48 MD. L. REV. 247, 261 (1989).

〔15〕　BVerfGE 7, 198(205). 吕特案被认为是最能反映德国宪法性质以及反映德国宪法基本权利概念内涵一个判决。

〔16〕　Edward J. Eberle, *Public Discourse in Contemporary Germany*, 47 CASEW. RES. L. REV. 797, 804 (1997) 这些权利是国家永恒的目标,就是宪法修正案也不能修改。

条对基本权利分别予以了规定。这些基本权利有:个性发展自由(第 2 条第 1 款)、人身自由(第 2 条第 2 款)、平等权(第 3 条第 1 款和第 2 款)、宗教和信仰自由(第 4 条第 1 款和第 2 款)、言论和出版自由(第 5 条第 1 款和第 2 款)、婚姻家庭受国家保护(第 6 条)、受教育权(第 7 条)、不需要事先批准的和平集会自由(第 8 条)、结社权(第 9 条)、通讯自由(第 10 条)、迁徙自由(第 11 条)、职业选择自由(第 12 条)、住所不得被侵犯(第 13 条)、财产权与继承权(第 14 条)、土地和自然资源的征收(第 15 条)、国籍(第 16 条)、请愿权(第 17 条)、权利之剥夺(第 18 条)、权利之限制(第 19 条)。

《基本法》第 2 条实际上包含了二种更具体的权利。第一,个性发展自由,"在不侵犯他人权利、不违反宪法秩序、不违背社会道德的情况下,每个人都有权自由地发展其个性。"[17]

第二,生命权和身体完整权。生命权条款是堕胎案判决的主要依据,即国家有责任保护未出生胎儿的生命。但是宪法法院也只在堕胎案中引用了生命权条款,并没有要求国家在更广泛的意义上保护公民的生命权。如法院并没有要求国家在阻止绑架和营救受害者时承担更积极的责任,[18]也没有要求国家在军事基地和核工厂对环境造成威胁时,积极承担对生命权的保障。[19]

《基本法》第 2 条第 2 款规定的身体完整权,禁止对人的身体造成痛苦、伤害、损毁和损害。在 Spinal Tap 案中,[20]为了证明被告卷入某刑事案件,审判法院要求调取被告的脊髓样本,宪法法院推翻了这一法令,认为侵犯了被告的身体完整权。宪法法院还判决不得用测谎仪来检测被告口供的真实性:把测谎仪绑缚在人的身体上,迫使人讲真话,是对人内心深处的试探,侵犯了人最内在的自我,侵犯了人格尊严。人不可以成为试验品,这也是宪法法院对"人永远是目的"康德道德哲学的体现。

《基本法》第 2 条是一个承上启下的条款,是连接人格尊严和具体基本权利的条款,总的来说包括身体和精神两个方面的内容。《基本法》第 1 条规定的人格尊严和第 2 条第 1 款规定的个性发展自由共同构成了一般人格权的宪法渊源。

---

〔17〕 《基本法》第 2 条第 2 款规定,人人都有生命权和身体完整权,人身自由不得被侵犯。对这些权利的限制只能依据法律。《基本法》第 2 条第 1 款规定,人人都享有个性发展自由,只要不侵犯其他人的权利、不违反宪法秩序、不违反道德法律。

〔18〕 BVerfGE 46,160.

〔19〕 BVerfGE 77,170. 该案判决生命权条款并不禁止国家批准在军事基地储存化学武器。在 Mülheim,53 BVerfGE 30,57 - 69 (1979) 和 Kalkar,49 BVerfGE 89,140 - 44 (1978)案中,法院承认,在面对核工厂的威胁时,国家有保护生命权的责任,但是国家采取何种方式履行这种责任,将由政府自己决定。

〔20〕 BVerfGE 16,194. 为了测试被告是否能承担刑事责任,审判法院要求在被告的脊椎扎个洞。

二、外在宪法一般人格权

（一）宪法一般人格权基本架构

从理论上来说，所有的利益和诉求都可以通过人格权（个性发展自由）来获得保障。而在德国的宪法实践中，任何行为如果无法归属于某种特定的具体的权利范畴，就将其归于个性发展自由。正如德国宪法法院所说：从广义上来说，已经被定义的权利和未被定义的权利都是人格权的组成部分，承认一般人格权，是想为未被定义的自由和权利提供保障。一般人格权是对已经被定义的权利（《基本法》第 3 条到第 17 条）的补充。因此宪法一般人格权，为那些无法被具体权利条款所保障的个人生活提供了补充性保障。[21]

一般人格权统领所有基本权利，同时也是定义未列举基本权利的兜底条款。在现代社会科技、经济、政治的发展都对人的个性造成极大威胁的情形下，这种包罗万象的一般人格权显得更为重要。它使得《基本法》能够更好地适应社会发展变化的需要。而宪法法院也的确根据宪法一般人格权发展出了许多新兴权利。

德国宪法法院在创建一般人格权法时，也体现了德国法体系化的特点。德国一般人格权法主要包含两个部分，即外在一般人格权和内在一般人格权。外在一般人格权主要是指个人行动的自由，内在一般人格权主要是对个人私生活领域的保障。宪法法院认为，一般人格权是对人如何定义自己，又如何与这个世界相处的表达：一个人可以选择积极地参与到这个社会中，这是属于个人的行动自由（外在一般人格权）；一个人也可以选择远离社会，回归自我追求自己内心的发展（内在一般人格权）。我们应当积极地去追寻人格权的内在领域，以保障人格最核心的部分获得自由发展，这是人作为有灵性的道德生命的必然需求。

在 Elfes 案中，宪法法院将个人行动的自由定义为：一个人只要在不干涉其他人自由、不违背社会秩序的前提下，可以做他想做的任何事情。行动的自由决定了人在社会中如何定义自己。人格权的内在领域比外在领域要小，但远比后者重要，内在人格权更多涉及人的隐私和私生活。当然人格权内在领域到底指的是什么，可能很难用语言来界定，只能具体情况具体分析。德国宪法法院一直努力想把人格权的内在部分用某种具体的权利描述出来。如宪法法院创造的一些新权利：信息自决权；控制自己在社会中形象的权利；对自己声音、图像、姓名、名誉的控制权；决定自己性别权等等。

---

[21] BVerfGE 54，148(153)．

(二)外在宪法一般人格权概念的提出

德国联邦宪法法院对一般人格权的创建始于 1957 年的 Elfes 案(出入境案)[22]，该案援引了《基本法》第 2 条第 1 款个性发展自由作为公民出入境行为的依据。这也体现了《基本法》第 2 条第 1 款一般人格权强大的覆盖功能,不受具体权利条款保障的利益,可以借助《基本法》第 2 条第 1 款而获得保障。

1. 出入境自由属于外在一般人格权

Elfes 是一名积极的右翼分子,经常批评西德的各种政策,为了能在国外发表他的意见,他要求延长他的签证日期,但是他的请求被门兴格拉德巴赫的护照管理局拒绝,原因是他在国外发表的言论会对国家安全造成威胁。Elfes 的行政申诉被驳回,于是他向州行政法院提起行政诉讼,之后又上诉到高等行政法院和联邦行政法院,但都败诉。Elfes 于是向联邦宪法法院提起宪法诉愿,认为行政法院的判决侵犯了他依据《基本法》第 11 条所保障的迁徙自由。

对于宪法诉愿案件,宪法法院通常使用三阶段的审查模式,即法院首先考虑申诉者某一行为或者某项利益应属于哪项基本权利条款的保护范围;然后考察公权力行为是否对这项权利构成了干涉和限制;最后再论证政府干涉或限制是否符合宪法原则。[23]

那么 Elfes 的行为是否受《基本法》第 11 条迁徙自由的保障呢？宪法法院认为《基本法》第 11 条的迁徙自由仅仅是指公民在德国境内的旅行,而出入境行为并不受该条款的保障。[24] 那么是否受《基本法》第 2 条第 1 款个性发展自由条款的保障呢？这取决于如何解释个性发展自由条款。个性发展自由是否仅仅是一种最低限度的人格自由,没有了这种自由,人就不可能成为一个有灵性的道德的个人。

宪法法院首先采用了历史解释方法。制宪者最初在起草《基本法》第 2 条第 1 款时,是这样措辞的:"每个人可以做或者不做他(她)喜欢的任何事情"[25],但最后该条款变成了:"每个人都有个性发展自由",可见个性发展自由包含更广义的个人行

---

〔22〕 BVerfGE6, 32. Elfes 1927 年在克雷费尔德任警察局长,在 1933 年之前他曾经是基督教民主联盟中央委员会委员,1933 年由于政治原因被解职,1945 年当选为门兴格拉德巴赫市市长,1947 年作为基督教民主联盟的成员,被选为北莱茵-威斯特法伦州议员。他在很多场合批评联邦德国的防御政策,认为该政策阻碍了德国的统一;他还积极参与国内和国外的会议和示威活动。

〔23〕 张翔:《德国宪法案例选释——基本权利总论》,法律出版社 2012 年版,第 4 页。

〔24〕 BVerfGE 6, 34. 在此宪法法院运用了反证法:从历史上来看,出于国家安全的考虑,公民出境自由一直是受到限制的。因此"国家安全"一直是限制出入境自由的重要理由,而《基本法》第 11 条第 2 款对迁徙自由的限制中并无国家安全一条,可见德国《基本法》上的迁徙自由仅仅是指在国内的迁移自由。

〔25〕 Everyone can do or not do what he or she likes.

动自由。

紧接着宪法法院采用了文义解释方法。如果把个性自由定义为最低限度的自由,只涉人格最核心领域,那么这种自由根本就不会去侵犯他人的权利、宪法秩序和道德原则,《基本法》第 2 条第 1 款对个性发展自由做出的上述三种限制也将没有任何的意义。[26] 因此更广义地理解该项权利才是明智的。

随后宪法法院采取了目的解释方法。人不是一个孤立的个体,人只有在社会中发展自己的个性才能实现自己的价值,《基本法》第 2 条只有从广义上来理解才更符合人的社会定位。

最后宪法法院采取了体系解释方法。《基本法》从第 2 条到第 17 条详细列举了各项基本权利,以保障特定领域的自由。之所以将这些特定领域以基本权利加以保障,是因为从历史经验上看,这些领域更容易被公权力侵害。在列举基本权利之外,还规定一项个性发展自由权,作为一般人格权条款,以补充已有基本权利条款在覆盖领域上可能存在的漏洞。当某个行为无法被已列举基本权利条款所覆盖时,个人就可以通过主张《基本法》第 2 条第 1 款所规定的个性发展自由来寻求救济。因此只有从广义上来解释个性发展下的行动自由,才能使得《基本法》成为一份内容广泛的权利保障书。在此,宪法法院把《基本法》第 2 条第 1 款个性发展自由解释成了一项"基本权利兜底条款"。

在 Elfes 案中,法院认为出入境是一项行动自由,这项自由需要让位于国家安全利益。国家安全利益当然是属于宪法基本秩序的一部分,因此可以限制公民基本权利。

2. 猎鹰属于外在一般人格权

Falconry Licensing 案[27]中,宪法法院认为公民的娱乐行为也属于个人行动自由。与出入境案不同的是,宪法法院对政府限制公民娱乐行为的法规实施了严格审查。联邦政府《狩猎法》规定,狩猎执照申请者必须事先获得武器枪支使用证书。原告喜欢从事猎鹰运动,该项运动是利用训练有素的隼(一种小型鹰类)去追捕猎物,因为在该项运动中并不需要使用到武器,而原告本身也对枪支射击不感兴趣,因此原告拒绝进行武器枪支测试。由于没能获得武器使用证书,政府拒绝给原告颁发狩猎执照。

宪法法院承认,公民狩猎娱乐行为属于《基本法》第 2 条第 1 款所保障的个人行动自由,该项自由由宪法法院在出入境案中所创建。当然行动自由也要受到限制,即不能侵害他人基本权利、不能违反道德秩序、不能违反宪法秩序。本案争议的焦点在于,个人行动自由是否违反了宪法秩序。正如在出入境案中所阐释的,宪法秩

---

[26] 《基本法》第 2 条第 1 款:每个人都有个性发展自由——只要不侵犯他人基本权利、不违反宪法秩序、不违反道德律法。

[27] BVerfGE 55,159(163).

序是指形式上和实质上都符合宪法的法律秩序。于是该案的争议就转变成了,规制公民狩猎行为的《狩猎法》是否符合宪法。本案中,宪法法院利用其所创设的比例原则对联邦政府《狩猎法》实施了严格审查。根据比例原则,政府限制公民自由的措施必须是为了一个合法的目标,而政府采取这一措施与所追求的目标应是相适应的,即没有对公民造成不合理的负担。

具体在本案中,宪法法院认为,获得狩猎资格必须事先获得武器使用证书,这一要求与政府所追求的目标并不相符,甚至有违政府所追求的目标。政府制定《狩猎法》是为了保护野生动物,防止公民任意捕杀禽类兽类。而事实上,如果狩猎的人佩带武器可能会吓着隼,使它们不敢再回到狩猎者的身边。宪法法院认为联邦政府《狩猎法》违反了比例原则。

Elfes案和Falconry Licensing案承认《基本法》第2条第1款赋予了公民广泛的行动自由,以及政府对这一行动自由的限制,法院有可能实施宽松的审查,如Elfes案;也有可能实施比较严格的审查,如Falconry Licensing案。

三、内在宪法一般人格权

与外在人格权相对的是内在人格权。个人行动自由关注的是个人在社会中的行为自由,与之相对的是个人远离社会的私人空间领域,在这个领域中个人可以自由地构建并享受他所喜欢的生活。作为一个有灵性的道德的人,应当拥有积极参与社会生活的权利,如个人行动自由;同时也应当拥有远离社会独处的权利,这也是人格自由中最本质的内容。当然从理论上来说,并不存在一个非常明确的界限,可以严格划定个人外在的世界和内在的世界,因此也没有明确的标准来划定外在自由和内在自由。但无论是内在的人格还是外在的人格,都是一个完整人格所不可缺少的组成部分。

(一)个人信息自决权属于内在一般人格权

1. 个人信息属于人格权的内在领域:1969年的人口普查案(Microcensus案)

对内在人格权的关注应当开始于人口普查案。[28] 该案涉及联邦政府实施人口抽查,调取的相关个人信息是否违宪。联邦政府想对德国人口情况做个较为全面的调查,调查表收集的信息比较广泛,如个人职业、生活水准、旅游习惯、妻子有无工作、是否有孩子,以及其他个人生活习惯等。联邦政府的人口抽查受到一些公民的质疑。和Elfes案一样,该案的案情并不复杂,但在德国的宪法史上却有着重要的意义。该案首次提出了个人内在生活领域的概念。

---

〔28〕 BVerfGE 27, 1.

　　个人生活习惯等信息受《基本法》哪一权利条款保障呢？宪法法院认为，《基本法》第 2 条第 1 款的人格自由是人格尊严最直接的反映，人格自由为公民提供了一项不被外界打扰的个人生活领域，公民是这一领域的主人，在这一领域内，公民可以自由地决定如何构建自己所希望的生活：每个个体都拥有一个内在的空间，在这个内在空间，每个人可以自由地发展自己的个性；在这个内在空间，每个人可以远离外在的世界，享受平静和独处的快乐；这个内在空间，每个人可以独自享有也可以决定是否与他人共享。

　　人格内在空间是个人生活领域，是人作为人最核心的部分，也是人格尊严的根基，是个人获得社会承认、社会尊重，完成自我实现最重要的基础。根据这一概念，宪法法院认为，政府进行人口调查，要求公民填报相关的信息，即使这种信息的收集是通过匿名方式进行，仍然有可能违背人格尊严，因为这个过程中，政府把人当成了一个客体，把人看成了各种信息的集合。出于对人格尊严的尊重，政府在进行相关信息的收集时必须保障人格自由的内在领域。

　　如果说个人信息受《基本法》人格自由条款的保障，那么法院接下来需要解决的问题是，政府所实施的人口抽查是否对人格自由的内在空间产生了如此严重的侵犯，以至于构成了违宪？当然并不是说对个人信息进行统计调查就一定会侵犯人格尊严，或者说就会侵犯个人人格自由内在空间，最根本的问题是如何平衡各种权利利益的关系。即使是内在人格权也要受到社会秩序等因素的制约。每个人都与社会有着紧密的联系，每个人也应当在很多事情上配合国家的政策，如配合国家的人口调查。但是另一方面还要防止现代行政国家在管理的过程中，过渡地依赖科学技术而不考虑个人情感的因素，把人变成管理的对象和客体。因此在该案中，需要仔细地权衡个人私密空间保障和国家公共利益之间的关系。

　　在 Microcensus 案中，宪法法院注意到了两个事实，第一，联邦政府进行人口抽查采取了匿名调查信息的方式，匿名收集个人信息模糊了信息与个人的联系，防止了政府对某个具体个人个性的探求。第二，联邦政府调取信息的类型。如果人口抽查或者相应的信息统计调查仅仅收集个人行为信息，一般来说就不会侵犯到个人的私密空间。因此该案的关键问题是，人口抽查对公民个人休假娱乐习惯等信息的采集是否侵犯了人格自由的内在领域空间。虽然这些信息的确涉及了个人私生活，但是这些信息并不涉及个人私生活中最隐秘的内容，而且这些信息也并不是传统上需要保密的信息，这些信息是可以通过其他方式获得的。因此联邦政府人口抽查并没有构成宪法侵权。

　　宪法法院通过 Elfes 案、Falconry Licensing 案和 Microcensus 案发展出了人格自由的外在领域和内在领域，使得个人人格权具有了完整的内涵。使得个人自治领域在现代社会、经济、技术迅猛发展的背景下仍然能受到有力的保障。

2. 信息自决权概念的提出:1983 年的 Census Act 案

随着电子计算机技术的迅猛发展,政府调取、处理个人信息变得越来越容易。从 1969 年的 Microcensus 案之后,电子数据处理技术有了革命性的变化,以前信息都是由人工输入电脑,并且储存在一个一个分隔的区域中,对这些信息的处理必须通过专业的工作人员。但现在信息的获得越来越方便,人们可以通过远程技术快速地获得各种信息。计算机储存和处理信息的数量更是惊人的,个人信用信息、纳税信息、社会安全信息等,政府都可以轻松地获得而进行有效的管理。[29] 社会科学技术迅猛发展,对人格自由造成了巨大的威胁。如果在现代社会仍然希望维护人格的独立性和完整性,那么人格尊严的内涵也必须随着社会经济技术的发展而做出相应的调整。宪法法院也正是认识到了这一问题,积极地构建一般人格权法以回应社会的需要。

1983 年的 Census Act 案就是在这样的背景下发生的。[30] 该案中颇受争议的法律是 1983 年颁布的《联邦人口普查法》,该法要求广泛收集人口数据,以了解德国人口结构。人口普查所要采集的个人信息有:姓名、性别、婚姻状况、家庭成员、宗教信仰、职业、工作环境等;同时还要求被调查的公民提供收入来源、受教育程度、上下班的交通方式以及生活起居方面的信息,如住宅的供暖设施。水电费等。该法案还允许联邦政府将收集到的这些信息提供给地方政府,方便地方政府利用这些信息来进行城市规划、环境保护。

这一法案在议会表决的时候并没有产生很大的争议,但这个法案的通过却在社会上引起了极大的反响,公民自发地组织起来以抵抗人口普查。一百多人对这部《人口普查法》提起了诉讼,认为该法案极大地侵犯了他们的隐私权。联邦宪法法院当即叫停了联邦政府所实施的人口普查,希望《人口普查法》的合宪性问题解决后再推进人口普查。这个案例在德国宪法诉讼历史上开创了一个特例,即公民个人并没有事先穷尽其他法律救济手段,而是直接向宪法法院提起诉讼。而宪法法院也接受了该案。

和 Microcensus 案一样,Census Act 案的核心问题是,政府实施人口普查,采集如此广泛的个人信息,在现代计算机技术的帮助下,可以完整地勾勒出具体某个人的人格特征,这会对个人行为造成一定的心理压力,而政府拥有这些信息可以做许多以前不能做的事情。更有学者认为,对信息的掌控可以产生新的政治和社会权力,比如犯罪记录一旦被录入计算机系统就会影响到有犯罪前科的人申请职业的机

---

〔29〕 Paul Schwartz,The Computer in German and American Constitutional Law:Towrds an American Right of Informational Self-Determination,37 AM. J. COMP. L. 675，676 - 77 (1989) 676.

〔30〕 BVerfGE 65，1.

会;也会影响到辩护律师和检控方之间力量的平衡。而从康德的道德哲学理论来看,这种人口普查有把人转化成统计调查对象的危险,使人成为政府统治管理的对象,人失去了人的本质特性。因此公民个人信息的调取、收集、储存和不当利用会极大地威胁到个人人格自由,因为对一个人了解得越多,那么对他的控制也将越容易。[31]

正是在这样的背景下,宪法法院承认了一般性的信息自决权:每个人对于有关他的数据信息,在什么时候以及在什么限度内被披露,拥有最终的决定权。在数字自动处理技术不断发展的今天和明天,个人信息自决权应当获得特别的保障。现代数字处理技术几乎可以没有任何限度地储存个人的数字信息,而不受时间和空间的限制。这些信息如果和其他的数据资源相联系,可以勾勒出一个人完整的或部分的人格特性,而个人却无法有效地控制这些数字信息。而且有关这个人的数字信息是否真实准确,他也无法证实。外界对个人信息的获得能力以及对个人可能产生的影响,这是人们以前没有认识到的。

宪法法院在界定了信息自决权之后,进一步阐释了信息自决权与人格权的关系。数字信息处理技术的快速发展会对人格以及人的自主性产生巨大的影响。如果一个人不知道或者不能充分地预见到哪些个人信息会被披露,这将极大地影响到这个人的决定和计划。当每个人不知道其他人对自己了解多少,了解到自己的一些什么信息,什么时候了解到的,那么这个社会将变成一个不健康的社会。这会导致公民个人不再积极参与一些活动,甚至不再积极地行使一些权利,例如结社自由、表达自由、宗教自由、职业自由。这将极大地威胁到个人个性自由发展,也将极大地威胁到社会健康发展,因为个人的自觉和自由发展是一个自由民主社会不可或缺的因素,一个自由民主健康的社会需要公民能够积极主动地参与。由于个人信息会对人的行为产生潜在的威胁,对个人信息的控制从一定的意义上说,甚至是对个人命运的控制,因此信息的运用应当受到严格的控制。也就是说,在现代社会,个人数字信息的收集、储存、运用和传播,都应当受到严格的限制,这是个人人格权完整性的要求。

当然公民信息自决权也不是绝对的,它仍然需要符合《基本法》所确定的价值秩序。因为人都是社会中的人,都是在社会中寻求发展、寻求自我的实现,因此个人信息有些也反映了个人的社会生活状况。因此每个人的信息既包含个人自身的信息,还包含个人的社会信息。政府以及社会中的其他组织机构,例如银行、公司需要知道个人在社会中的一些信息,从而可以为个人提供更好的服务。而民主制度本身也依赖于各种信息的自由流动。因此个人信息自决权也将受到社会公共利益的约束

---

〔31〕　Paul Schwartz, The Computer in German and American Constitutional Law: Towrds an American Right of Informational Self-Determination, 37 AM. J. COMP. L.675, 676 - 77(1989)676.

和限制。

那么什么样的公共利益可以限制公民信息自决权呢？联邦宪法法院对《人口普查法》做出了71页审查意见。首先,法院审查了《人口普查法》的立法目的。联邦政府制定《人口普查法》,实施人口普查是为了更精确地制定社会和经济发展计划,这一立法目的是合宪的目的,但是统计并储存这些个人信息用于其他目的将会产生合宪性质疑。法院详细审查了《人口普查法》规定所要统计的信息类型、性质,统计、储存这些信息的方式方法,以及这些信息的特殊用途,认为国家统计这些信息目的是合法的,不会对公民的人格自由产生不合理的威胁。其次,法院对联邦政府统计个人信息的方式进行了必要性审查,即联邦政府统计公民个人信息时是否符合最小侵害原则。法院强调人不能被当成是信息的客体、仅仅被看成是各种信息的来源,这是违背了人是一种精神和道德存在的原则。因此政府在统计这些信息的时候必须采取一定的保护措施,以确保个人的人格特性不被外界所获得。以匿名的方式统计人口信息是一种非常重要的保护措施。当然匿名统计还不够,政府同时还应当采取其他几种保护措施,例如保密责任、实施人口普查的工作人员应当实行区域回避等。

宪法法院最终认为,《人口普查法》绝大部分条款是合宪的,只是其中的个别条款违背了宪法。比如法案有一条规定,允许地方官员将人口普查的数据和当地居民房屋注册信息进行比较,这两类信息进行比较之后,地方官员可以获取特定居民的个人信息,最终可以确定特定居民的人格特性,因而违背了公民信息自决权。宪法法院还指出,该法律还有如下的一些不足:例如没有明确如何让公民更充分地了解这项法律;没能明确所统计的信息到底有什么用途;对于特定信息的统计没有规定事先获得个人的同意才能转给政府有关部门。宪法法院还推翻了法律中没有明确规定信息用途的条款。

3. 更广义的个人信息自决权

个人信息自决权主要是指政府不能任意地没有限制地收集公民个人信息。如果对公民个人信息自决权的含义进行进一步的扩张,它还可以包括个人控制有关个人生活细节和事实描述的权利。尤其是一些令人不愉快的生活细节和事情,个人不希望外人知道,而个人信息自决权也保障这种利益和诉求。这种权利在民法中呈现为名誉权,[32]名誉权实质上是对自己私生活信息控制的权利,这类权利上升到宪法层面,就是公民的个人信息自决权。

(1) 对个人不良信息传播的限制:酒鬼案和 Lebach 案

个人信息自决权也包括对不良个人信息传播的限制,典型的例子就是酒鬼

---

〔32〕 Harry D. Krause, The Right to Privacy in Germany——Pointers for American Legislation?, 1965 DUKE L. J. 481,485.

案。[33] 在这个例子中,法院禁止政府公开宣布下列人员的信息,即一些丧失了正常生活能力的人,如酗酒、挥霍无度、吸毒以及其他一些不良状态的人的姓名。政府披露这些信息的目的是为了一定的公共利益,如防止一些人在不知情的情况下和这些人做交易。虽然政府公布这些信息是为了合法的目的,但现代生活关系都是在不知道彼此身份的基础上展开的,因此政府的这种宣告是否真的能够到达所希望的目的,是值得怀疑的。因此信息交流方式的选择应当符合其所希望达到的目的,而本案中政府所采取的措施不符合比例原则。

在 Lebach 案中,法院禁止一部电视纪录片的播放,该纪录片再现了一起抢劫案的经过。在该抢劫案中有四名军人死亡,纪录片把其中的犯罪分子描写成同性恋者。[34] 法院首先承认了犯罪分子的人格权,在本案中犯罪分子的人格权体现为个人不良信息免于被公开、免受外界打扰、犯罪分子可以更好地回归社会的权利。公共媒体对犯罪事实的报道,使得犯罪分子的罪行公之于众,使得犯罪分子以负面的形象出现在公共视野中,会影响犯罪分子回归社会。个人人格权包含独处的权利、排除他人侵入和窥视的权利,也包含如何处置自己形象的权利。从原则上来说,每个人都有权决定在多大程度上让公众了解其生活中所发生的故事。显然这会和《基本法》所保障的另一重要价值——表达自由相冲突。[35] 表达自由也是人格尊严不可或缺的内容。那么在个案中如何平衡两者的冲突呢?

从理论上来说,希望各种价值能得到最大的优化,各价值之间能实现一种和谐关系,但在实践中这是非常困难的。权衡了两个相冲突的权利之后,法院认为在本案中,人格权高于表达自由。公众了解犯罪事实当然是一种重要的公共利益,但是对于正在进行的犯罪和已经结案的犯罪,公共利益还是有着极大的不同。如果犯罪活动正在进行或者是相关犯罪分子正在被起诉,那么公众当然需要了解犯罪事实,公众也希望快速侦破案件,将犯罪分子绳之以法。此时对犯罪事实和犯罪情况的了解具有压倒性的公共利益,否则就像流行病一样会引起公众极大的不安,这种重要的公共利益可以正当化对公民基本权利的限制。而在 Lebach 案中,刑事案件已经审结,犯罪分子已经为其行为付出了代价,在这种情形下,犯罪分子回归社会的利益应当获得更大的权重。

即犯罪分子不被外界打扰的权利、回归社会权利的重要性在增加;而公众了解曾经所发生的犯罪事件的重要性在降低,这种此消彼长的关系决定了权利平衡关系

---

[33] BVerfGE 78,77.

[34] BVerfGE 35,204.

[35] 新闻媒体的报道自由是《基本法》第 5 条第 1 款明确规定的:Freedom of the press and freedom of reporting by means of broadcasts and films shall be guaranteed. There shall be no censorship.[Art. 5(1) GG].

的变化,公众对犯罪事实的了解也应当随着情况的变化而发生变化。对犯罪分子姓名、头像、身份以及犯罪事实的公布并不是在所有的情形下都被允许的。具体在本案中,犯罪分子重新回归社会、重新塑造自己人格的利益远远高于新闻传播的利益。

(2)对个人虚假信息传播的限制:Soraya 案[36]

在著名的 Soraya 案中,宪法法院支持了下级法院对伊朗国王前王妃的精神损害赔偿判决。一家小报刊登了一则伊朗国王前王妃的报道,这则报道捏造了伊朗国王前王妃的私生活。精神损害赔偿是基于宪法一般人格权。根据宪法客观价值理论,隐私权、一般人格权和人格尊严都是国家必须保护和促进的客观价值,国家公权力机关有责任创造适当的条件以保障这些权利的实现:个人的人格利益和人格尊严必须获得尊重,必须受到所有国家公权力机关的保护,这种保护也必须扩充到私人领域,个人有独处、免于外界打扰的权利。法院认为,这种虚构的采访对真实公共观点的形成没有任何的意义,在这种情形下,对个人隐私权、一般人格权的保障具有绝对的优先性。

(二)个人身份自决权属于内在一般人格权

1. 知道自己亲生父母(生理父母)的权利属于内在人格权

在 Right to Heritage Ⅱ案[37]和 Right to Heritage Ⅰ案[38]中,宪法法院承认公民有知道自己亲生父亲的权利。这两个案件都涉及《家庭法》的相关条款,《家庭法》属于德国民法典第四部分内容。[39]《家庭法》中的一些条款不允许已经成年的被收养的子女知道其亲生父亲或母亲的权利。

在 Right to Heritage Ⅰ案中,宪法法院认为限制已经成年的孩子在法律规定的情形下去了解自己的血缘亲人,这违背了宪法一般人格权。[40]依据在 Microcensus 案中所确立的人格权的内在领域理论,法院认为,了解自己的个性,并发展自己的个性,是与特定的事实紧密相关的,其中就包括了解自己的血缘亲人。了解自己的血缘亲人对人格的发展至关重要,因为这涉及自己基因的渊源,这对一个人身份的认定是至关重要的,这是一个人自我发现、自我认识的关键因素。了解自己的遗传特

---

〔36〕 BVerfGE 34,269(281).

〔37〕 BVerfGE 90,263.

〔38〕 BVerfGE 79,256.

〔39〕 §§ 1593-96,1598 BGB.

〔40〕 BVerfGE 79,268. 这一权利还涉及其他宪法条款,如平等保护条款。《基本法》第 3 条第 3 款规定,任何人不得因其门第、种族、出身、故乡受歧视或受优待。《基本法》第 6 条第 2 款规定,婚姻家庭父母权包括父母抚养孩子的权利;《基本法》第 6 条第 5 款规定,非婚生子女和婚生子女享有同等生理和心理发展机遇和社会地位。

性，能够更好地帮助一个人理解其个性并帮助他个性的发展。因此一般人格权包括对自己遗传特性的了解，包括对自己血缘亲人的了解。当然《基本法》一般人格权并不是授予个人拥有自己遗传特性的权利，而是保证他可以获得相关信息的权利。因此法院所承认的这项权利，其实也是一项信息权。

因此法院认为《家庭法》的一些条款是站不住脚的。当然《家庭法》是为了促进家庭和平稳定，这也是《基本法》第 6 条所要求的，国家为婚姻和家庭提供特别保护，而限制孩子的一些权利，是可以理解的也是合理的。但是如果过度地强调家庭和睦的利益，而忽视了孩子的利益，则可能对孩子的一般人格权构成侵犯。立法机关在制定《家庭法》的相关条款时，应当注意权衡两者的利益。

2. 决定自己性别的权利属于一般人格权：Transsexual 案[41]

该案涉及的是一个人出生是男性但是他却想变为女性。原告进行了变性手术，该手术在生理上把他从一位男性变成了一位女性。他变性之后，政府的档案记录显示他仍然是男性。因此他要求政府更改档案记录。法院认为，有关性别身份的问题是属于人格最私密的部分，所有的国家公权力都无权干涉。除非有着极其迫切的公共利益才可以正当化对该领域的干涉。人格尊严和个性自由发展权决定了个人可以根据他的心理、生理的状况来决定他是属于什么性别。生理的特征以及性别本身并不是决定性的。生理和心理的统一才是决定性的。任何道德的和法律的限制都不能妨碍自我实现。法院认为个人有权决定在政府的档案中注册何种性别。

基于 Transsexual 案，在 Transsexual Equal Protection 案中，法院推翻了一项法律规定，该规定要求改变政府档案注册的性别必须年满 25 岁。法院认为，这一规定违反了平等保护原则。因为这一规定将 25 岁以下的人和 25 岁以上的人不合理地予以区别对待，而在该案中，关键的问题是手术而不是年龄。[42]

（三）妇女是否生育的权利属于内在一般人格权：Abortion I 案和 Abortion II 案

1. 除个别情形外禁止妇女堕胎：Abortion I 案

1975 年的 Abortion I 案，法院推翻了一项联邦法律。该法律规定，怀孕第一个阶段的堕胎是合法的——只要妇女接受了医疗咨询和建议，而且堕胎的手术也是由有执照的医生实施的；怀孕第一个阶段之后，只有在怀孕威胁到妇女的生命或严重

---

〔41〕 BVezfGE 49, 286. 原告曾经结过婚，但是 11 年后他离婚了，在婚姻期间他们有个孩子，但是后来原告获知这个孩子并不是他的。于是原告开始认为自己是一个女人，后来在一次车祸中他的一个睾丸受到了损伤，这种感觉越来越强烈，最后他切除了另外一个睾丸。

〔42〕 BVerfGE 60, 133. 根据《基本法》第 3 条平等保护条款，德国宪法法院相比于美国联邦最高法院更注重实质平等。

损害到妇女健康时,堕胎才是被允许的;在怀孕 22 周之后,只有发现胎儿有严重的生理缺陷才允许堕胎。[43]

这项法律是社会民主党和自由民主党联合执政之后的产物,国会中的基督教民主党和一些州向联邦宪法法院提起诉讼,挑战这项法律的合宪性。[44] 法院判决,使怀孕第一个阶段的堕胎合法化,违反了国家保护胎儿生命的责任。

宪法法院首先解释了生命权的享有主体:人格尊严并不是只有已经出生的人,或者只有个性已经发展好了的人才拥有。只要有生命的存在,就有人格尊严的存在。根据《基本法》第 2 条第 2 款,每个人都享有生命权,在母体中的生命体也享有生命权,即胎儿也有生命权。根据生物学知识,生命作为一种个体的存在,是从怀孕之后 14 天开始的,生命是一种连续发展的过程,并不存在一种合理的边界,可以把人的生命的发展分为几种不同的阶段。因此没有出生的胎儿也拥有人格尊严,生命权具有独立的法律价值。

紧接着宪法法院阐释了生命权的客观价值面向:国家负有保护生命的积极责任。《基本法》第 1 条第 1 款要求国家尊重并保护人格尊严,具体的责任和目标更清楚地体现在《基本法》第 2 条第 2 款当中,即对生命权的保障。因此生命权条款转化为了一项宪法命令,要求国家积极履行对生命的保护义务。对未出生胎儿的保障责任是属于所有国家公权力机关的,尤其是制定法律的立法机关,必须为未出生胎儿的自由发展提供适当的法律基础。当然如何保障胎儿的生命权这是属于立法机关的裁量。但是宪法法院指出,立法机关必须明确地宣告堕胎是违法的,必须要求怀孕妇女有义务完成整个怀孕过程。而国家有责任排除那些影响怀孕过程的不良因素,为胎儿的发展创造更好的社会和经济条件。

当然妇女也有自己的人格尊严和人格权,对胎儿生命权的保障也可能影响到妇女自身的生命权、自己事务的决定权、妇女身体完整权等,这些权利也受《基本法》第 2 条第 2 款的保障。权利的保障也是权利平衡的问题,因此不得不承认在有些情形下堕胎是合法的。宪法法院给出一些提示:如怀孕威胁到妇女的生命和健康;胎儿有严重的生理缺陷;因为性犯罪所导致的怀孕,如乱伦或强奸。法院还承认了一般性需要堕胎的情形:继续怀孕将会对妇女造成极度的负担,其负担的强度不比前面几种情形低。除此之外,堕胎必须被认定为一种犯罪,必须在法律中明确强调宪法不赞成堕胎。国会将宪法法院的意见体现到新的法律当中。

---

〔43〕 Donald P. Kommers, *The Constitutional Law of Abortion in Gennany: Should Americans Pay Attention?*, 10. J. CONTEMP. HEALTH L. POL'Y, 1,6(1994).

〔44〕 德国宪法法院可以实施抽象性审查,即根据联邦政府、州政府或联邦议院 1/3 以上议员的提请,可以向宪法法院就联邦或州的法律是否符合《基本法》的问题进行解释。该案是巴伐利亚州、巴登-符腾堡州、莱茵兰-普法茨州、萨尔州和石勒苏益格-荷尔斯泰因州提起的宪法诉讼。

从实践上来看,根据法律所规定的几种情形,尤其是堕胎的一般情形,绝大多数妇女还是能自由堕胎的。这种情形导致反对堕胎的人认为需要有一部更严格的立法,而支持堕胎权的人却认为对堕胎予以了过于严格的限制。[45] 可见 Abortion I 案并没有能解决堕胎争议。

2. 国家有责任为怀孕妇女提供更多的保障:Abortion II 案

1992 年的《堕胎改革法》[46]是西德的社会民主党、基督教民主党和东德党派妥协的产物。[47] 新的堕胎法删去了原来西德堕胎法中关于堕胎是违法的规定,只要妇女在经过强制性咨询(希望怀孕妇女在明白自己责任的前提下,做出自己的良心选择),以及三天的等待期之后可以选择堕胎。而在怀孕的第一个阶段之后要想堕胎,必须是胎儿有严重的缺陷,或继续怀孕会对妇女的生命造成危险。而在 22 周之后,胎儿即使有缺陷也不得堕胎。也就是说,1992 年《堕胎改革法》与 1975 年法案相比,主要是把原来的刑事条款改成了强制咨询条款,用说服代替了刑事制裁。而且1992 年《堕胎改革法》为妇女儿童提供了广泛的社会保护:婴儿日间护理、幼儿母亲的职业培训、新生儿父母的护理培训、提高怀孕妇女和单亲父母的社会福利,所有的这些措施都是为了鼓励妇女能够完成怀孕的整个过程。[48]

这份长达 164 页的判决书中,宪法法院再一次重申了 1975 年 Abortion I 案的核心观点:每一个生命体的存在无论是出生前还是出生后都拥有人格尊严,未出生的生命也拥有宪法价值,国家有责任保护这一价值,这一价值是赋予所有生命体的,而不仅仅是一般意义上的生命。根据这一前提,宪法法院认为 1992 年《堕胎改革法》让怀孕第一阶段的堕胎合法化,这是违宪的。和 Abortion I 案一致,法院仍然坚持认为,成文法必须明确规定,堕胎从原则上来说是非法的,从原则上来说,怀孕妇女有责任完成怀孕的过程直至生产。

Abortion II 案和 Abortion I 案最主要的区别在于,国家在履行自己保护生命责

---

[45] 堕胎法在各个地区的实行严格程度也不相同,导致妇女为了堕胎经常在全德国奔跑,甚至跑到荷兰进行堕胎。法院认为,为堕胎的妇女提供公共医疗保险资助并没有侵犯其他人的受益权,为实施堕胎的员工提供工资也没有侵害雇主的财产权。

[46] 1992 年《堕胎改革法》正式的法律名称非常长:Act for the Protection of Prenatal-Developing Life, for the Promotion of a More Child-Friendly Society, for Assistance in Pregnancy Conflicts and for the Regulation of the Temination of Pregnancy (1992 Abortion Reform Act), 1992 (BGB1. I S.1398)。

[47] 民主德国的法律规定,妇女在怀孕第一个阶段可以堕胎。统一条约对堕胎予以了特别规定,允许民主德国的法律继续有效,直到新的统一的德国法律制定。Gerald L. Neuman, *Casey in the Mirror: Abortion, Abuse and the Rightto Protection in the United States and Germany*, 43 AM.J. COMP. L. 273,281 (1995).

[48] 1992 Abortion Reform Act, arts. 1 - 16.

任的时候,不必要将所有的非法堕胎处以刑事制裁。一项堕胎可能是违法的,但是可以被允许,当然必须出于合法的理由,例如基于医学、优生学或者是刑事犯罪等前提。国家应该设立广泛而充分的咨询体制,以鼓励怀孕妇女不要堕胎。Abortion I案所构建的刑事处罚体制被证明是无效的,而且在妇女当中引起了抵抗心理,政府认为咨询体系更为有效,它可以唤起妇女的责任意识和信任意识。[49] 解决怀孕问题更为有效的方法在于,国家要和处于痛苦中的怀孕妇女做朋友、做盟友;抛弃处罚的威胁;诱导怀孕妇女自愿地和国家合作,而不用担心因为怀孕而失去其人格的完整性。[50]

法院详细地审查了 1992 年《堕胎改革法》中的咨询条款,法院认为咨询条款中有几条对胎儿生命权的关注不够充分:没有充分地宣告胎儿的生命权;没有详细地宣告鼓励妇女怀孕的社会福利和社会资助措施;没有充分地明确妇女在怀孕和生产之后能再回到她以前的工作岗位;没有明确地规定,妇女可以诉说她的痛苦,解决她的困难,并且还为她保密;也没有为妇女提供充分的保护以对抗来自家庭和朋友外在的压力。[51] 基于上述理由,宪法法院要求国会重新考虑咨询条款的制定。

当处理基本权利的冲突问题时,必须强调权利之间的协调,希望所有的权利都能获得最大限度的实现,使基本价值能够得到最优化的组合。在堕胎案中,一方面希望尊重妇女的选择权,而另一方面又能保护胎儿的生命权,而这两项权利的优化离不开国家积极作为。

四、宪法一般人格权的意义

(一)作为未列举宪法权利的渊源

联邦宪法法院划出一个纯粹的私密空间,构建了非常有特色的一般人格权法。最引人注目的是对个人信息自决权概念的创造,以及个人形象控制权等概念的提出,这些权利涵盖了个人对自己肖像、语言、声音以及形象等的控制权,还包括不被错误报道和错误评论的权利。所有这些权利的认可都得益于人格自由内在领域概念的发展,人格权的内在领域极大地推动了法律和社会的衔接,也成为新兴权利的来源基础。正如联邦宪法法院反复强调的,宪法一般人格权为那些无法被具体权利

---

〔49〕 Gerald L. Neuman, *Casey in the Mirror : Abortion , Abuse and the Right to Protection in the United States and Germany* ,43 AM. J. COMP. L. 273,281 (1995).

〔50〕 Donald P. Kommers, *The Constitutional Law of Abortion in Gemany : Should Americans Pay Attention?* ,10. J. CONTEMP. HEALTH L. POL'Y 1,6(1994).

〔51〕 BVerfGE 88,301.

条款所涵盖的个人生活提供了补充性保障。

德国之所以如此关注公民内在生活领域,这是与德国的历史和文化传统相关联的。德国强调人格内在领域,强调个人的内在自治以及个人能力的自由发展,最终实现个人人格的全面发展。美国也看重隐私,看重免于被外界打扰的个人自由,但是并没有把隐私权界定为一种内在的人格权。

(二)作为人与社会相处的基本法则

宪法一般人格权是人格尊严的直接体现。而以道德为基础的人格尊严概念本身蕴含着一种内在的张力。从个人的角度来看,人格尊严是指个人在日常的生活中拥有追求自己幸福的能力。而社会角度来看,人格自由发展本身也有一种外在的约束性,人格的自由发展最低必须符合社会秩序,而更高一点的要求应是促进社会的发展。而在有些情形下,人格的个人属性和社会属性可能是相冲突的,宪法一般人格权则是希望两者能达到一种完美的统一。

看待一个社会,关键在于看这个社会是如何对待弱者的。社会中的个人并不是一个个独立的契约签订者:他们是受社会约束的,同时也是与社会有着紧密联系的个体。因此社会是一个整体,作为整体的社会有责任保护所有的人,而作为社会中的每一个个体,既是权利的所有者,同时也要承担相应的义务。因此人格尊严作为一项最高的法则,是任何个人以及社会都必须遵守的准则,也是评价任何个人和社会的标准。

酒鬼案[52]和 Lebach 案[53]很好地体现了对人格尊严的保护。一个有尊严的社会意味着社会中的弱者能获得充分的帮助,如刑事犯罪分子以及心灵受到困扰的人。帮助他们重新回归社会,恢复正常而健康的生活。因此人格尊严实际上呼吁社会应当适用一种黄金法则:如果你处于这种境况,你希望如何被对待? 以人格尊严为核心的一般人格权不仅强调对人格的保护更强调对人格的养育。

---

〔52〕　酒鬼案(Drunkard Case)和后面的 Lebach 案一样,都非常关怀社会中的弱者,Lebach 案考虑了如何帮助曾经的重罪犯重新回归社会。社会国家原则也是《基本法》的客观规范之一,要求国家保障并推动人民的社会福祉。

〔53〕　BVerfGE 35,235,236. 不仅是改过自新的犯罪分子要准备回归到自由的人类社会当中,而且社会也应当做好准备接受改革自新的犯罪分子,这是社会国原则的要求,也是人格尊严作为一个社会最核心价值的体现。因此犯罪分子作为一个人格尊严的享有者,他们必须有机会重新回到社会。

中德法学论坛

第 18 辑·上卷,第 24～46 页

德国具体规范审查程序的功能及结构性回应

董 建*

摘 要:为了防止公民的基本权利在诉讼过程中被违宪法律侵犯,德国《基本法》第 100 条第 1 款规定了具体规范审查程序,授权法官启动合宪性审查程序。德国具体规范审查程序的定位决定了制度内部结构,并对程序中所隐含的权力冲突的制衡提供了方向上的指引。出于保护立法者之意志、防止法官对某一法律合宪性的擅断及控制案件数量的考虑,具体规范审查程序以双阶段性为基础进行架构,令一般法院与宪法法院"合作"完成对某一法律的违宪审查,整个审查程序呈现出一般法院法官提出法律解释请求、宪法法院进行违宪审查的明显阶段性界分。法官的法律解释请求权被严格限制,法律解释请求提案只有在满足"违宪之确信""之于裁判的重要性"两项适法性要件并通过宪法法院的审查时,才能最终地进入实质性的合宪性审查程序。我国应当尽快建立附随于具体案件的合宪性审查制度,吸收德国双阶段审查程序的长处。

关键词:功能定位;双阶段性;《基本法》

Abstract:In order to prevent citizens' fundamental rights from being violated by unconstitutional laws in the process of litigation, Article 100 (1) of the Basic Law of Germany provides for specific normative review procedures, authorizing judges to initiate constitutional review procedures. The orientation of the specific normative review procedure in Germany determines the internal structure of the system and provides the direction for the checks and balances of power conflicts implied in the procedure. In order to protect the legislative will, avoid judicial arbitrary in constitutional review and ease the case-pressure in some extent, specific

---

* 董建:中国政法大学法学院博士研究生。

normative review procedures designed a two-stage pattern, a corporation between general courts and constitutional court. Precisely, general courts request constitutional court to make legal interpretation and do constitutional review. The right to request of general courts should be limited strictly and scrutinized by constitutional court to make sure whether it meets two important conditions, the confidence that law is unconstitutional and specific relevance on correct judgment. And then it could be a real process of constitutional review. It is necessary to establish the similar specific normative review procedure in specific cases in our country as soon as possible.

Key Words: Functional Positioning; Two-Stage; Fundamental Law of Germany

一、问题的提出

2015 年 10 月,杭州市民潘洪斌被杭州市拱墅区交警大队民警以"在禁止通行的道路上行为"为由对其处以扣留电动自行车的行政强制措施。潘洪斌认为交警大队的处罚依据——《杭州市道路交通安全管理条例》(简称《杭州市交通管理条例》)违反了《行政强制法》第 11 条第 1 款、《道路交通安全法》第 89 条的规定,《杭州市交通管理条例》的规定并不适当,[1] 遂向杭州市拱墅区人民法院提起行政诉讼。在诉讼请求未得到支持后,潘洪斌于 2016 年 4 月向全国人大常委会提出了对《杭州市交通管理条例》的合法性审查请求。2017 年 7 月 28 日,杭州市人大常委会对《杭州市交通管理条例》第 70 条进行了修改。但直至今日,潘洪斌在诉讼程序中所提出的请求还未得到落实。由于缺乏附随于具体案件的合宪性审查制度,我国现存的集中、抽象式的审查模式在规范和现实层面表现出巨大疏离,[2] 公民的基本权利极易在具体案件中受到违宪法律文件的侵犯,并缺乏相应的诉讼救济路径。鉴于此,学界开始反思我国现行规范审查模式的不足,并建议构建"合宪性问题移送制度""合宪性优先移送制度",[3] 即赋予法院在具体案件的审理过程中启动合宪性审查的主体资格,使其有权在对某一法律文件的合宪性存疑时向最高人民法院层报或越级提出合

---

[1] 参见"潘洪斌与杭州市公安局交通警察支队拱墅大队强制及行政赔偿纠纷上诉案",(2016)浙 01 行终 45 号;"潘洪斌诉杭州市公安局交通警察支队拱墅大队强制及行政赔偿案",(2016)浙行申 384 号。

[2] 王蔚:《客观法秩序与主观利益之协调——我国合宪性审查机制之完善》,载《中国法律评论》2018 年第 1 期,第 133 页。

[3] 林来梵:《合宪性审查的宪法政策论思考》,载《法律科学》2018 年第 2 期,第 37 页。

宪性审查请求,并由最高人民法院审查后交至全国人大常委会进行合宪与否的审查。

从这一制度的设计来看,无论其目的,抑或内部的具体程序性规范,均与德国具体规范审查程序存在着相似之处。在联邦宪法法院的视角下,有德国学者(Schlaich & Korioth)认为具体规范审查的含义是:"在'具体的规范审查'——更好的表述是:法官的法律解释请求——中,基本法第 100 条第 1 款规定如果法官在具体个案中的裁判取决于一个有疑问的规范是否有效,则法官应该向联邦宪法法院提出法律解释请求。联邦宪法法院则在该规范在其'原始案件'中的重要程度的范围内,对其进行审查。"[4] 就现有文献而言,我国学者对于德国具体规范审查程序的考察与介绍以制度性内容为结构,[5] 忽视了制度功能和定位对程序规范的决定性影响以及宪法法院审查模式下极具代表性的双阶段性框架设计。从功能进路出发,厘清具体规范审查程序的制度目的以及其对程序性规范的影响,这一重构性的解读方式将有助于加深对这一制度的理解、推进我国合宪性制度的构建。

二、功能进路视野下的具体规范审查程序

具体规范审查程序的功能作为整个制度设计的出发点,决定了制度的架构模式。为保障基本权防御功能的实现,防止公民基本权利在具体案件中为违宪的法律所侵害,《基本法》赋予德国法院的每一位法官在案件的审理过程中得以启动合宪性审查程序的主体资格,并设置了基本权利周延的救济回路。但权力的分散性可能会导致任一级别的法官均可随意对立法者之意志做出解释,并对法律文件的合宪性进行擅断,具体规范审查程序在设定之初便意图解决这一对矛盾:一方面致力于维持法官对违宪文件的存疑认识,保护相对人诉讼过程中的基本权利;另一方面致力于防止立法者之意志为任一法官所擅断。对于这对相互矛盾的利益衡平,成为整个程序构建之核心。

(一)维护立法者的权威

1. 立宪主义与民主主义张力下的司法权力

脱离了自然状态的当代社会,国家权力的运行方式受到规制,民主主义与立宪主义之间虽然有着不同之侧重和规制手段,却殊途同归,指向一致的基本目标。但

---

〔4〕 〔德〕克劳斯·施莱希、斯特凡·科里奥特:《德国联邦宪法法院:地位、程序与裁判》,刘飞译,法律出版社 2007 年版,第 132 页。

〔5〕 如林来梵:《合宪性审查的宪法政策论思考》,载《法律科学》2018 年第 2 期;韩大元:《关于推进合宪性审查工作的几点思考》,载《法律科学》2018 年第 2 期;张翔:《宪法案件的筛选机制——我国启动宪法解释的技术障碍排除》,载《中国宪法年刊》2013 年卷,等等。

是,随着立宪主义的不断发展,与近代立宪主义不同的是,现代立宪主义对于立法机关行为合宪性与否的审查更加严格,令民主主义与当代立宪主义之间的关系愈发紧张。摒弃了基本权具体内容由议会规定和限制这一保护方式的德国《基本法》,认为立法权无疑应当受到宪法之限制,〔6〕并设计出了较为完善的违宪审查体系。由于具体规范审查程序的审查对象仅针对议会所制定的法律(Fomelles Recht),且任一法官均有针对违宪法律提出法律解释请求提案的权力,立宪主义与民主主义之间的张力便随之出现。

虽然法院凭借着基本法的授权和制约,有权力且有义务审查在具体案件中所适用的法律的合宪性,并有权拒绝适用自己认为违宪的法律,〔7〕但是对法律进行违宪审查并作出具有规范效力的裁判的权力为联邦宪法法院所垄断——这是《基本法》在第100条中专门为其保留的权力。

具体规范审查程序与抽象审查程序最大之不同也在于此。如若将抽象审查程序比作"站在前方的宪法守卫者",〔8〕那么具体规范审查程序具有与它完全不同的程序价值——"防止每个法院以不适用立法者所制定的法律的方式,无视联邦和州立法者的意志"。〔9〕在具体规范审查程序中,其宪法守护者的角色正在消退。〔10〕相较于前者,具体规范审查程序是整个一致性程序中的一部分,其裁判结果有助于原程序中的法官就诉讼请求做出裁决,这一程序的主要内容是法官法律解释请求提案的适法性要件、联邦宪法法院的违宪审查程序与原程序之间的关系以及诉讼过程中各方利益的衡平。〔11〕

2. 防止立法者意志被无视的路径

合宪性推定原则(Presumption of Constitutionality)的确立体现了联邦宪法法院对于这一问题的态度,这一原则内含对民主主义与立宪主义之间张力的衡平与规制,是对司法权介入立法权界限的控制,其基本含义是:任何一个合宪性审查机关的权力都是相对的,当特定机关行使合宪性审查权或进行宪法解释时应考虑审查对象涉及的各种因素,需要在合理的范围内有节制地行使合宪性审查权,以减少可能引

〔6〕《基本法》第20条规定:"立法权应受宪法之限制,行政权与司法权应受立法权与法律之限制。"

〔7〕这一点已为德国学者所普遍接受。Vgl. *Michael Sachs*, Verfassungsprozessrecht, Tübingen: Mohr Siebeck, 4. Aufl. 2016. Rn. 200.

〔8〕*Christian Hillgruber/ Christoph Goos*, Verfassungsprozessrecht, Heidelberg: C. F. Müller, 4. Aufl. 2015. S. 238.

〔9〕*Christian Hillgruber/ Christoph Goos*(Fn. 8),S. 238.

〔10〕Vgl. *Ernst Benda/ Eckart Klein/ Oliver Klein*, Verfassungsprozessrecht, Heidelberg: C. F. Müller, 3. Aufl. 2012. Rn 763.

〔11〕Vgl. *Ernst Benda/Eckart Klein/Oliver Klein* (Fn.10), Rn. 763.

起的社会矛盾与社会震动。[12]《联邦宪法法院法》于 1970 年的第四次修改最终确认了这一原则,联邦宪法法院在此基础上针对被审查对象的审查标准问题上,发展出了"宪法附合的法律解释"原则,即当一种法律的合宪性与违宪性的比重相同时,宪法法院应当把它解释为符合宪法的内容,作出合宪性判断。[13]

法律解释请求提案的适法性要件之一"对违宪之确信"也从另一侧面反映了这一问题。"违宪之确信"指法官请求联邦宪法法院对合宪性存疑的法律进行违宪审查之前,应当形成违宪之确信,即排除被审查对象的一切合宪性解释,即使包括措辞在内的若干种解释中只有一种与《基本法》相符,也应当将其作为合宪性解释的基础,以尊重立法者的地位,否则法律解释请求将不被受理。[14] 如此,"对违宪之确信"这一适法性要件的存在目的不仅仅是将此类案件数量控制在合理范围内以减轻联邦宪法法院的审理负担,还蕴含着在民主主义与立宪主义的张力间选择尊重立法者意志、维护公民意志的倾向性要求。

如上所述,合宪性推定原则和"违宪之确信"在具体规范审查程序中的适用体现了这一程序对民主主义与立宪主义间张力的倾向性选择,即联邦宪法法院违宪审查权的行使应尽可能地尊重立法机关所代表的人民意志,只有在不存在合宪性解释时法官的法律解释请求才能够被受理,只有在不存在合宪因素且违宪性因素较合宪性因素更大时,联邦宪法法院才可以做出被审查对象违宪的决断。

另外,具体规范审查程序首要目的——维护立法者权威的确立,也存在着试图在有宪法争议情况下建立起适用的法律的明确性的考虑,以防止法院间出现相互冲突的判决。[15] 维护司法裁判的统一不仅是首要目的的延伸,也是联邦宪法法院垄断违宪审查权的优势之一,当有且只有一个机构可以做出法律是否合宪的裁断时,审查对象的合宪与否直接源自唯一的合宪性审查机关的判决,联邦宪法法院对审查对象所作出的合宪性与否的判决的有效性与规范性通过司法系统令法律及法律的适用和解释趋于稳定。[16]同时,联邦宪法法院针对审查对象是否违宪的判决的规范性,使得其他法院对于法律的适用和解释归于统一,不仅避免了冲突判决和解释的出现,也同时防止了法官的法律审查权对宪法优先地位的破坏。

（二）对公民基本权利的宪法保护

从现行《基本法》存续时间和实践的情形来看,其当属德国历史上最为成功的宪

---

[12] 胡锦光、韩大元:《中国宪法》,法律出版社 2018 年版,第 112 页。

[13] 前注[12],胡锦光、韩大元书,第 114 页。

[14] Vgl. *Ernst Benda / Eckart Klein / Oliver Klein* (Fn.10), S. 812.

[15] *Christian Hillgruber / Christoph Goos* (Fn.8), Rn 567.

[16] *Michael Sachs* (Fn.7), Rn. 199.

法,并催生了日耳曼民族的"宪法爱国主义"。[17] 为了防止纳粹主义复辟,德国《基本法》以价值为导向,它要求国家实现一套客观有序的原则,这些原则植根于正义和平等,以此为基础来恢复人类社会对社会秩序的中心地位,从而确保一个稳定的民主社会。[18] 与德国社会秩序同样至关重要的是对人权的承诺,[19]《基本法》丰富了魏玛宪法关于基本权的规定,并赋予这些权利防御权的功能,允许公民直接依据《基本法》中基本权的相关规定防止受到公权力的侵害。

保护公民权利并非合宪性审查制度一以贯之的制度功能和目的,这一制度在创立之初主要针对国家机构的权限纠纷。但在"二战"之后,由于人权遭受极端践踏的惨痛教训,权利保护的有效实现转变为合宪性审查制度的主要功能。[20] 集中审查模式下的审查制度虽有制衡之意,但保护公民基本权利的功能决不能被忽视,尤其是具体规范审查程序中,联邦宪法法院对被审查对象之审查虽然同样独立于原程序中诉讼参与人的基本权利,但是具体规范审查程序作为一种宪法守护的客观化模式,具有保护特定当事人基本权利的终局性功能。[21]

联邦宪法法院在作出确认某一规范违宪的判决后,原案件的程序得以继续,法官须根据联邦宪法法院的审查结果作出判决,无论被审查对象是否被确定为违宪,这一程序毫无疑问地保护原案公民免受可能违宪之法律的规范。同时由于审查机构判决的规范性,对于特定公民基本权利的保护必然由于保护所有公民免受违宪法律之适用而推进至对于所有人的基本权利的保护。从这个角度出发,无论是抽象规范审查、具体规范审查抑或宪法诉愿程序,都具有保护(全体)公民基本权利的意义。为了这一功能的实现,《基本法》设计了完整的规范层面的合宪性审查制度,包括抽象规范审查程序、具体规范审查程序和宪法诉愿三种,这也成了联邦宪法法院裁判权存在的目的和权限形式的核心。[22]

相较于抽象规范审查程序和宪法诉愿,具体规范审查程序有着明确、特殊的制度定位,其制度功能以防止法官无视立法者之意志、保护公民权利免受违宪法律的

---

〔17〕　[德]迪特·格林:《基本权利在德国的地位——宪法裁判 65 年实践后的考察》,林彦译,载《华东政法大学学报》2017 年第 1 期,第 24 页。

〔18〕　Edward J. Eberle, *Human Dignity*, *Privacy*, *and Personality in German and American Constitutional Law*, 1997 Utah. L. Rev. 963 (1997). P. 967.

〔19〕　Ibid., p. 968.

〔20〕　参见韩大元:《关于推进合宪性审查工作的几点思考》,载《法律科学》2018 年第 2 期,第 61 页。

〔21〕　*Vgl. Christian Hillgruber/Christoph Goos* (Fn.8), Rn. 572.

〔22〕　参见柳建龙:《德国联邦宪法法院的抽象规范审查程序》,载《环球法律评论》2017 年第 5 期,第 97 页。转引自杨子慧:《宪法法院法规违宪审查之裁判类型与效力》,载《中正大学法学辑刊》2014 年第 5 辑,第 194 页。

侵犯、维护法秩序的统一为核心，指引着具体规范审查程序的规范架构及权力冲突的解决。若由立法者之期待——制度功能出发，程序性规范的机构与设置无一不围绕其展开，具体规范审查程序在当代德国宪法秩序中既有自身完整的规范性内容，又与《基本法》中的抽象规范审查程序、宪法诉愿结成了一个圆满的环，令公民的基本权利在多数国民意志得到充分尊重、宪法案件数量得到充分控制的条件下得到了周延保护。

三、双阶段性之结构

所谓双阶段性，指程序在运行的过程中具有明显的阶段性的界分，一般法院与联邦宪法法院"合作"完成针对某一具体法律的合宪性审查。联邦宪法法院享有的是一种"消极意义上的裁决垄断权"：为了防止法官在具体案件的审查过程随意地忽视立法者之意志，有且只有宪法法院有权做出关于法律违反宪法的裁决，对审查对象进行终局性解释并做出规范性裁判的权力为宪法法院所"垄断"；而"消极"，指联邦宪法法院不能主动地介入一般法院的裁判过程，若一般法院无意在某一案件的审查过程中启动具体规范审查程序，联邦宪法法院不得擅自启动。所以，具体规范审查程序由一般法院启动、联邦宪法法院裁判，并通过移送程序完成两者之间的联结，整个制度体系以上述两个主体为基础，呈现出明显的阶段化特征。

（一）阶段性程序内容

1. 一般法院提出解释请求

具体规范审查程序的第一阶段指由一般法院法官中止具体案件的审理程序并向联邦宪法法院提出法律解释请求，启动具体规范审查程序。根据《联邦宪法法院法》第 80 条的规定，[23] 德国任一级法院的法官均可直接向联邦宪法法院提出法律解释请求，并且第 80 条明确地排除了案件当事人的启动主体资格，故申请阶段的启动主体有且只有法院。但值得注意的是，根据《基本法》第 100 条的规定，向联邦宪法法院提交法律解释请求的权利及义务主体仅为国家法院，教会的法院和私立的仲裁法院无权提出这一请求。[24]

由法官作为这一阶段的启动主体是具体规范审查程序的特点之一。在德国规范层面的合宪性审查程序中，根据《基本法》的规定，抽象规范审查由联邦政府、州政府以及 1/4 以上的联邦众议员提起，且这一范围是封闭的，禁止通过类推的形式进行

---

〔23〕 《联邦宪法法院法》第 80 条规定："具备基本法第 100 条规定之要件时，法院应直接请求联邦宪法法院裁判，……法院的申请，与诉讼当事人对该法规之无效的指责无关。"

〔24〕 *Christian Hillgruber / Christoph Goos* (Fn.8)，Rn. 572.

扩张;而宪法诉愿作为对抗公权力侵犯公民基本权利"特别的""非正式"的法律救济途径,[25]其提请主体是具有基本权利能力的"任何人"。[26] 不难看出,法官仅作为具体规范审查程序的请求权主体,除此之外也再无启动其他合宪性审查程序的主体资格,这便为上述三种程序提供了清晰的界限。

另外,具体规范审查程序的制度内容设置围绕法官的解释请求权展开,法官的法律解释请求是整个程序的起点。具体案件中法官可以针对何种规范提出解释请求、法官提出法律解释请求的具体条件;在法官按照规定提出法律解释请求后,联邦宪法法院的筛查流程、针对解释请求做出的裁判形式、裁判的发布与适用,等等,这些构成了具体规范审查程序的主要内容。恰如德国学者所说,"具体规范审查程序更好的表述是法官的法律解释请求"。[27] 此处必须指明的是,具体规范审查程序的解释请求独立于诉讼程序当事人对法律无效的指责(Rüge),提出法律解释请求的主体只有法官并且不受当事人之强迫。[28]

将法官作为具体规范审查程序唯一的启动主体,并非故意忽视了诉讼过程中当事人对违宪法律文件的控诉,而是出于对违宪审查程序内容整体性的考虑。根据《基本法》第 100 条的授权,法官的法律解释请求权既是权利,也是一项宪法义务,法官无论是适用违宪法律文件抑或怠于履行自己的审查请求义务,均是违宪行为,而不仅仅是违背了《联邦宪法法院法》中所规定的义务内容。因此,具体案件审理过程中法官的不作为将导致当事人的权利受到侵犯,并允许当事人在穷尽救济的情况下提出宪法诉愿。

2. 宪法法院审查受理

在一般法院法官启动具体规范审查程序后,法律解释请求将通过移送机制被直接递送至联邦宪法法院,联邦宪法法院将对提案的适法性要件和被审查对象的合宪性逐一进行审查,联邦宪法法院对合宪性审查权的消极垄断与适用即为具体规范审查程序的第二阶段。根据《基本法》第 100 条第 1 款的规定,具体规范审查的主体包括联邦宪法法院和州宪法法院,两者的受案范围间有着明确的界分:若法官认为联邦法律或州法律可能与《基本法》相抵触或认为某一州法的合联邦法律性存疑时,此类提案由联邦宪法法院进行审查,只有当州法与该州的宪法存在抵触可能时,才由州宪法法院审查。

另外,双阶段性在宪法法院的审查程序中也有迹可循。由于一般法院和宪法法院功能的界分,在对被审查对象的审查过程中,宪法法院针对法律解释请求提案的

〔25〕　参见前注[4],[德]克劳斯·施莱希、斯特凡·科里奥特书,第 198 页。

〔26〕　同前注[4],[德]克劳斯·施莱希、斯特凡·科里奥特书,第 209 页。

〔27〕　同前注[4],[德]克劳斯·施莱希、斯特凡·科里奥特书,第 132 页。

〔28〕　*Christian Hillgruber/Christoph Goos*(Fn.8), Rn. 583.

适法性要件〔29〕和对被审查对象的合宪性的审查是相互独立的。在完成对移送机制适法性要件的审查后,法官的法律解释请求提案才能进入实质性的审查程序——对被审查对象是否违宪的审查。如此,宪法法院内在的审查受理程序也衍生性的具有双阶段性的特征。

(二) 阶段性权力配置

关于具体规范审查程序的双阶段性应当进一步明确的是,此双阶段仅指在程序的运行上存在着明显的阶段性界分,先由一般法院启动此程序,进而移送至联邦宪法法院进行审查,但不能将这一特征理解为合宪性审查权力的分散性与阶段性划分,即违宪审查主体有且只有宪法法院,一般法院并无违宪审查权。而在对德国《基本法》第 100 条第 1 款的解读过程中,德国学者往往将"法官如认为某一法律违宪"解读为"每位法官都具有审查权",〔30〕"通常的说法是,法官具有审查权,但是没有决定规范不予适用的权力,后一种权力为联邦宪法法院所垄断"。〔31〕但必须要指出的是,"对于法律法规的审查权,从总的方面是由宪法法院和一般法院分别行使的,但是他们的审查权及其管辖范围和性质是不相同的。"〔32〕笔者认为,虽一般法院与宪法法院共担"审查权"之名,但在实质上,一般法院的"审查权"有独立的权力来源、目的和内容,不能将其与宪法法院的审查权混为一谈。具体来说,二者的权力存在着如下区别:

1. 一般法院和联邦宪法法院审查权之缘起

一般法院的"审查权"来源于法律解释请求权的限制性要求,是行使法律解释请求权/义务的前置性程序,联邦宪法法院在规范层面上的违宪审查权来源于最初的法官审查权(richterliches Prüfungsrechte)。"具体地说,就是审查法律是否与宪法相抵触、法规和命令是否与宪法和法律相抵触,并且有权宣告与宪法相抵触的法律和与宪法、法律相抵触的法规、命令无效。"〔33〕在违宪审查权确立之初,德国学者对这一问题也存在着较大的争议:联邦宪法法院作为一个司法机关,是否有权干涉立法机关之意志?德国有学者认为:"宪法法院的设置不符合人们所描绘的法院在国家结构中的构想,主要原因在于宪法法院要对法律的合宪性和宪法机构之间的法律

---

〔29〕 法律解释请求提案的适法性要件有二,分别为"对被审查对象违宪之确信"和"之于裁判的重要性"。前者指法官在提出法律解释请求时已形成内心确信并应在提案中详尽阐述,后者指被审查对象的合宪性与否将直接影响原案件的裁判结果。

〔30〕 前注〔4〕,[德]克劳斯·施莱希、斯特凡·科里奥特书,第 149 页。

〔31〕 同上注。

〔32〕 刘兆兴:《德国联邦宪法法院总论》,法律出版社 1998 年版,第 211 页。

〔33〕 同前注〔32〕,刘兆兴书,第 178 页。

争议作出裁判",[34]出于对分权原则的恪守,联邦宪法法院的司法主体地位成了联邦宪法法院进行违宪审查活动的阻碍。

令联邦宪法法院行使违宪审查权,并非1954年《基本法》首创,在魏玛宪法中已经出现由单独的宪法法院进行违宪审查的制度雏形。在1923年之后,最高法院开始面对(谨慎且秘密地)如何限制立法机关和行政机关的过分行为却又不否决政治决策的难题:到底法院能否审查法令是否符合宪法,以及在何种基础上合宪性可以得到讨论。[35]然而,最高法院并没有根据其审查的权力而开展行动,这种权力在假想的裁决中开始实施。在某种程度上,这种决策很可能是在等待国会对司法改革的提议——来自学术界的争论,包括司法审查之可能性的最终决定。在共和国期间,政治争论并没有得到解决。只是到了与纳粹专政存在着极大不同的西德,才做出了关于司法审查的决定。

魏玛宪法中对于联邦高等法院的违宪审查权具体被规定在第13条和第19条,但德国学界对于这一"危如累卵"的观点的讨论并未成型,导致这一制度未能得到有效的实施。魏玛共和国破灭后,随着《基本法》对魏玛宪法违宪审查理论的继承和莱布霍尔茨成为联邦宪法法院的第一任法官(虽然在此期间理论上依旧存在着争议),但是由特定的法院审查法律是否合宪这一观点已经在历史发展的过程中成为事实。《基本法》颁布后,德国学界对"宪法法院的规范审查活动是司法审判活动的一种"这一观点进行了充分的论证:一方面规范审查活动并非是政治性的;[36]另一方面,"不管从哪个角度看,也不管法官的规范审查在联邦德国是以何种形式出现在我们面前的,其显然都可以归类于司法审判活动的三种主要功能中的一种:裁决争议、提供法律保护、法律审查"。[37]

如上所述,宪法法院在规范层面的规范审查权来源于司法审查权,并具有相应的合宪性基础,而一般法院的"审查权"与此不同,不但不具有终局性、规范性的特征,还具有独立的权力来源,更为确切的表述是,义务来源——法官行使法律解释请求权的适法性要件。联邦宪法法院在判例中对《基本法》第100条第1款"法院如认为某一法律违宪"的规定作出更加细致的解读,指出"如果法院有可能对其裁判而言具有重要性的规范提出一个合宪解释,从而可以避免对该规范的违宪性做出确认的

---

〔34〕 前注〔4〕,[德]克劳斯·施莱希、斯特凡·科里奥特书,第130页。

〔35〕 [美]彼得·C.考威尔:《人民主权与德国宪法危机:魏玛宪政的理论与实践》,曹含蓉、虞维华译,译林出版社2017年版,第160页。

〔36〕 [德]康拉德·黑塞:《联邦德国宪法概要》,李辉译,商务印书馆2007年版,第159页。

〔37〕 前注〔4〕,[德]克劳斯·施莱希、斯特凡·科里奥特书,第130页。

话,法院就不能提出法律解释请求",〔38〕而后,法官对提请审查的对象优先做出合宪性的解释和确认成为法律解释请求提案适法性要件之一,法官在提请联邦宪法法院对某一法律进行合宪性审查之前,必须已经排除了现存可能的所有合宪性解释。〔39〕所以,一般法院法官的"审查权"并非一项权利,更为合适的表示是,法官在做出法律解释请求前应尽的一项义务。这一点将在下文予以详述。

2."义务性"的审查权力与合宪性审查权力

具体规范审查程序中法官的"审查权"具体体现为对于裁判依据合宪性解释的排除、违宪的内心确认,并在请求提请的文书中进行详细的阐释,这一义务的良好履行并非对法律的违宪审查,而是确保审查程序能够顺利启动。在不能对存在违宪可能的法律进行合宪性解释的情况下,法官须中止程序以对此问题进行专门的处理,出于司法效能的考虑和要求,法官希冀顺利启动审查程序,在得到联邦宪法法院的裁判结果后尽快对案件的实体问题做出处理。这表明,维护法秩序的统一、防止出现冲突判决等违宪审查的制度意义不是法官重点考量的内容,而由联邦宪法法院所承担。在制度意义的完成上,德国一般法院的法官是在履行宪法和法律赋予自己的义务,提高司法程序的审判效率,与违宪审查意义层面的审查权的设立目的存在区别。

就具体规范审查制度的设立意义来说,除了保护公民的基本权利,其首要目的即防止法官无视立法者之意志。在法官启动具体规范审查之后,联邦宪法法院对法律规范的无效(或 Unwirksamkeit)做出具有拘束力的确定之前,法院必须遵守根据《基本法》公布的法律,原程序(Ausgangsverfahren)应当被中止,此时具体规范审查程序便成为原程序的一部分,原讼法院不得进行任何一步的决定。在联邦宪法法院做出裁判结果后,程序方得继续,对被审查对象是否违宪进行裁判的权力被垄断于联邦宪法法院。基于对《基本法》《联邦宪法法院法》以及文献的理解,具体规范审查程序必然地服务于立法者防止法院对法律适用之抵抗,联邦宪法法院的存在使现行法律存在着违宪的可能,但《基本法》第 100 条设立的首要目的是保护立法者的权威。《基本法》在设立之初,出于防止法官权力的滥用和对违宪文件的擅断设立了具体规范审查程序,倘若认为法官的"审查权"与联邦宪法法院法官的无异、二者均为合宪性审查权力的主体,便混淆了不同阶段、不同主体的权利义务设定的目的及意义,有违宪法制定者立法之初衷。

---

〔38〕《联邦宪法法院判例集》,第 85 卷,第 329 页(第 333 页及以下);第 96 卷,第 315(324)页。转引自前注〔4〕,〔德〕克劳斯·施莱希、斯特凡·科里奥特书,第 161 页。

〔39〕Christian Hillgruber/Christoph Goos (Fn.8), Rn. 612.

（三）阶段间的移送机制

1. 移送机制设定

移送机制作为一般法院与宪法法院的联结程序，是具体规范审查程序中最为重要的一环，其内部的细节设定最为集中地诠释了具体规范审查程序的制度功能。具体来说，移送机制指一般法院的法官在对法律的合宪性存疑后，其向宪法法院递送法律解释请求提案的过程。在这一移送机制下，法官无须经由其他法院转送即可直接向州或联邦宪法法院提请解释请求，递交书面的合宪性法律解释请求提案，同样，在宪法法院作出合宪性与否的裁判后，直接向提出法律解释请求的一般法院递送裁判文书，中间不附加任何程序，请求主体与审查主体之间的递送程序具有直接连通性。这一设计对于宪法的适用和基本权利的保护而言，具有重要的意义。[40]

2. 请求主体与审查主体的直接连通性

根据《基本法》第 100 条第 1 款，法院若对某一法律的合宪性存疑，在原程序中止后，"如系违反邦宪法，应请有权受理宪法争议之邦法院审判之；如系违反本基本法，应请联邦宪法法院审判之"。《联邦宪法法院法》第 80 条更为直接地表达了这一点：在一般法院向宪法法院移送法律解释请求法案时，应直接向宪法法院提出。[41]

《基本法》对主体间直接连通性的设计无疑是出自保护公民基本权利的考量。在其他主体介入的情形下，一般法院与宪法法院直接、单项的联系将被复杂化，转变为三个主体、两层移送关系的程序结构。其他主体在移送机制中承担的责任、享有的筛查权力必将加大公民基本权利保护的难度，为这一诉求增加额外的风险，也将加长这一解释请求移送的周期，给公民和一般法院的法官带来不必要的负担。构建请求者与联邦宪法法院之间直接性的联结渠道，是具体规范审查程序与宪法诉愿的共同点，如此，"每个人和每个法官都可以直接并且不经过其他中介地求助于最高的德国法院"。[42]

四、法律解释请求提案的适法性要件

如上所述，具体规范审查程序对于立法者意志的保护与公民权利保护这两项利益的衡平令程序构造呈现出明显的双阶段性，审理具体案件的法官提出法律解释请求是其中第一个阶段。为了控制解释请求提案的数量，这一阶段内含了前置性的筛

---

〔40〕 前注〔4〕，〔德〕克劳斯·施莱希、斯特凡·科里奥特书，第 154 页。

〔41〕 《联邦宪法法院法》第 80 条规定："具备基本法第 100 条第 1 款规定之要件时，法院应直接请求联邦宪法法院裁判。"

〔42〕 前注〔4〕，〔德〕克劳斯·施莱希、斯特凡·科里奥特书，第 154 页。

查程序,普通法官尤其需要注意确保法律解释请求提案应符合移送机制的适法性要件——"对被审查对象违宪之确信""之于裁判的重要性",如若未能对上述两项内容细致地做出阐释,未达到宪法法院的审查标准,那么法律解释请求将被驳回。

移送机制的适法性要件是对法官法律解释请求权的限制,具体指其在移送法律解释请求提案时应满足的条件。根据《基本法》第 100 条第 1 款第 1、2 句的规定,法官的法律解释请求权的行使有两项前提:"法院如认为某一项法律违宪""该法律之效力与其审判有关者"。《联邦宪法法院法》第 80 条对此予以了细化:"……理由应直接叙明,即法院之裁判在何种程度内取决于这些法律规定之效力,以及这些法律与何种上级法律规范相抵触。卷宗应同时附具。"在具体规范审查程序的发展中,德国学者将上述两项要求梳理为"对被审查对象违宪之确信""之于裁判的重要性",并结合联邦宪法法院的判例,归纳和总结了两项叙明义务的内容、叙明标准等,构成了移送机制适法性要件的主要内容。

(一) 适法性要件的争议

就联邦宪法法院的待决案件数量而言,具体规范审查程序是继宪法诉愿之后第二类最为重要的程序,[43]相较于宪法诉愿,具体规范审查程序面临着更加严峻的案件数量控制问题。宪法诉愿程序的优势在于:在案件被提交到联邦宪法法院时,其实际和必要的法律情况已经得到充分的控告和阐释,联邦宪法法院便可以在此基础上对诉愿人的请求进行回应和审查。然而在具体规范审查程序中,情况并没有这么乐观。加之法官被禁止对法律进行违宪性解释(违宪审查权为联邦宪法法院所垄断),法官对法律的合宪性存疑时只能依据《基本法》第 100 条第 1 款的规定中止程序,继而向联邦宪法法院提出法律解释请求。由于这一权力具有不可被质疑和阻碍的正当性,便造成了一种可能——如果必要的话,所有法院都可以提请联邦宪法法院进行违宪性审查,而审查机构着实难以应对如此之多的案件数量。

这里的矛盾似乎难以调和。为了缓解法律解释请求案件数量不断上升给自身带来的压力,联邦宪法法院通常将具体规范审查程序分为两个阶段进行,在第一个阶段只审查法律解释请求的适法性,即确认法律解释请求符合具体规范审查程序的受理要件。符合法定形式和要求的法律解释请求才会进入到第二部分实质性的审理程序,即由联邦宪法法院对被审查对象的合宪与否做出裁判。有数据显示,从 1951 年成立到 2017 年年底,联邦宪法法院对法官法律解释请求的回复率仅为 36%。[44] 自《基本

---

〔43〕 *Christian Hillgruber/Christoph Goos* (Fn.8), Rn.573.

〔44〕 1951 年至 2017 年年底,联邦宪法法院共收到了 3656 件具体规范审查申请,做出了 1342 件此种程序类型的裁判。参见田伟:《宪法和法律委员会规范合宪性审查的程序类型》,载《华东政法大学学报》2018 年第 4 期,第 31 页。

法》违宪审查制度运行以来,通过对法官法律解释请求权的限制,联邦宪法法院颇为理想地规避了案件数量所造成的风险,解决了法律解释请求数量过多这一症结。

有德国学者并不赞同《联邦宪法法院法》的规定,认为联邦宪法法院这一做法是在故意提高程序的可受理障碍,即便是无意,也在某些情况下将法院的司法管辖权推向无限解释的境地,极大地加大了法官的解释义务,从而破坏了法官对法律之遵守以及削弱了民主立法机关的权威。这明显与程序目的不相容。[45]

违法性要件的存在并非没有依据。在联邦宪法法院的司法判例中,联邦宪法法院提出了有利于(维护)严格审查"之于裁判的重要性"这一要件的两个论据。[46]第一个论据是联邦宪法法院管辖权的从属性/辅助性(Subsidiarität der Verfassungs-gerichtsbarkeit)原理的要求。[47]所谓"权力的从属性或者辅助性",指法官法律解释权的适用仅限于针对判决生效所依据的法律,即被审查对象必须是原程序的裁判依据。这是对法官提请法律解释请求范围的限制,联邦宪法法院虽具有合宪性审查之职能、超乎一般法院的庞大权力,但其司法机关的本质不会因此发生任何改变,故对立法者意志的干涉应当有限度,这也是具体规范审查程序的职能之一。[48]"防止立法者意志被无视"这一制度目的不仅体现在合宪性审查权被垄断于联邦宪法法院,也体现于管辖权辅助性原理。此原则虽然在《联邦宪法法院法》的条文中有明确的规定,但是并不完整,此处表达的不完整性不影响其效力。[49]宪法法院通过灵活地解释和运用这一概念,将其适用在具体规范审查程序中,从而创造了相当大的程序操纵空间,这使其可以提前审阅法官的解释请求,也为其拒绝审查请求提供了可能。[50]第二个论据是宪法司法效能保障原理的要求。[51]每次提交法律解释请求,对原程序的判决便会被推迟,根据这一原理,法官必须尽快结束诉讼。法律解释请求权的行使必然意味着审判程序的中断,为保障诉讼程序能够尽快结束,法官的此项权力将受到较为严格的限制。

(二)适法性要件的内容

1. "对被审查对象违宪之确信"

根据《基本法》第100条第1款第1句:"法院如认为某一法律违宪……",法官如

---

〔45〕　*Christian Hillgruber/Christoph Goos*,(Fn.8),Rn.574.

〔46〕　*Ernst Benda/ Eckart Klein/ Oliver Klein*(Fn.10),Rn.857.

〔47〕　*Michael Sachs*(Fn.7),Rn.227.

〔48〕　*Christian Hillgruber/Christoph Goos*(Fn.8),Rn.567.

〔49〕　*Michael Sachs*(Fn.7),Rn.568.

〔50〕　Vgl. *Ernst Benda/ Eckart Klein/ Oliver Klein*(Fn.10),Rn.857.

〔51〕　前注〔4〕,[德]克劳斯·施莱希、斯特凡·科里奥特书,第169页。

果对规范的合宪性存在疑问，则必须根据法官对法律的义务形成自己的信念并适用规范，或根据第 100 条寻求联邦宪法法院的裁决，故提出法律解释请求的法官必须阐明其认为法律违宪的理由，这是提出法律解释请求的前提之一。

法院对被审查对象违宪理由的阐释不受更高级法院判例的约束，法院须自行形成确信，并且自行阐述其作出合宪性解释的不可能性（标准）。由于更高法院判例的约束是一种想象意义上的约束，所以不能将之用于以其法律解释请求来启动对于其更高级法院的宪法审查。[52]

如果法院认为法律规范只是在具体解释中与《基本法》相符，那么它必须以此对其决定的解释为基础，并且不得通过具体规范审查程序诉诸联邦宪法法院。根据《联邦宪法法院法》第 80 条的要求，转介法院应详细审查法律情况，并考虑到文件和判例法中提出的与本审查对象相关的观点，在这个过程中必须涵盖各种解释可能性与其他措辞用法下的多样性解释。因此，必须始终以合理的理由讨论和排除宪法解释的明显可能性。[53]

2."之于裁判的重要性"

"之于裁判的重要性"（Entscheidungserheblichkeit）作为法官提请法律解释请求的受理要件之一，其法律基础是《基本法》第 100 条第 1 款："法院如认为某一法律违宪，而该法律之效力与其审判有关者，应停止审判程序"。《联邦宪法法院法》对此做了进一步的规定："（法律解释请求）理由必须阐明，法院的裁判取决于这些法律规定的效力程度，以及该法律与哪些上级法律相抵触，同时应当附卷宗。"根据联邦宪法法院的惯例，这一要件要求联邦宪法法院的判决对于原程序来说必不可少，原程序的判决结果必须基于联邦宪法法院的最终裁判，[54]即被审查对象的合宪与否将直接影响提起规范审查请求的法官对原程序做出不同的判决结果。

"之于裁判的重要性"不仅要在法官提交法律解释请求时存在，也要在联邦宪法法院对审查对象做出是否违宪的判决时存在。如果"之于裁判的重要性"变得飘忽不定，法院必须要在合理的时间内消除这种不确定性，否则法律解释的请求将不能再被接受；提案中某些情况改变也是不被允许的，比如原程序中原告对权利保护需要的消灭，可能会导致这一条件的缺乏。[55]具体来说，这一制度主要包括以下几点内容。

（1）法官阐释的主要内容

这项裁定所需的审查要求在主要程序中对争议的案件进行充分的澄清，不仅在

[52] 参见前注[4]，[德]克劳斯·施莱希、斯特凡·科里奥特书，第 162 页。

[53] *Christian Hillgruber/Christoph Goos*(Fn.8)，Rn.612.

[54] *Ernst Benda/ Eckart Klein/ Oliver Klein*(Fn.10)，Rn.816.

[55] *Ernst Benda/ Eckart Klein/ Oliver Klein*(Fn.10)，Rn.829.

法律上,而且在事实方面也是如此。[56] 联邦宪法法院一直在强调规范审查程序中对于证据的调查,这一要求衍生自联邦宪法法院管辖权从属性原则,故对法官的法律解释请求来说必不可少。只有当证据表明该决定确实附加于立法时,该提交的请求才可被受理。在取证的基础上,可能会发生对争议事项的修改(Wüdigung)。联邦宪法法院已经收紧了这一点,如果法院已经对其所适用的法律做出违宪性判决,那么必须取得证据,如果主张法律具有合宪性,则也必须提供证据。另一方面根据一般的程序要求,"之于裁判的重要性"应提供事实上的证明,但仅限于对提案来说必不可少的事实即可。[57] 如果提出法律请求的法院仅仅是为了避免证据采信程序的进行而提出法律解释请求的话,该请求是不被允许的。[58] 提出法律解释的裁定中还必须指明宪法上的审查标准,并详细说明提出请求的法院对于被提出审查请求的规范的违宪性的确信。不仅要深入分析法律现状,还要考虑到文献、判例中相关有意义的法律观点。[59]

(2)被审查对象与欧盟法律的关系

若法官提请规范审查的对象是由对欧盟法律转化而发布的法律,由于法律对强制性的欧盟法律进行了转换,因此提交的内容将因缺乏相关性而不可被受理。[60]

如果一项法律确实因与欧共体的规定相冲而不应再得以适用的话,那么由于共同体法具有适用上的优先,该法律对于法院的裁判而言不再是重要的。[61] 从原则上来说,欧盟法相对于德国国内法应当具有优先的地位。但从联邦宪法法院的判例来看,其并不认为欧盟法对于国内法这种优先地位具有绝对性,无论是欧盟法抑或国内法,均应回落至对基本权利的保护。当此两种法律发生冲突且欧盟法不能保证公民的基本权利得到有效保护时,联邦宪法法院有权力以德国《基本法》中所规定的基础性原则为审查标准对欧盟法进行审查。所以,在联邦宪法法院的视角下,欧盟法的优先性地位由于基本权利保护的要求被附加了某些条件。[62] 但囿于篇幅,不对此问题展开论述。

(3)"之于裁判的重要性"的例外

在有些情形下,"之于裁判的重要性"这一标准可能会被突破:

第一,违反平等原则

---

[56] *Michael Sachs*(Fn.7),Rn.228.

[57] *Ernst Benda / Eckart Klein / Oliver Klein*(Fn.10)Rn.819.

[58] 前注[4],[德]克劳斯·施莱希、斯特凡·科里奥特书,第 165 页。

[59] 前注[4],[德]克劳斯·施莱希、斯特凡·科里奥特书,第 165 页。

[60] *Christian Hillgruber / Christoph Goos*(Fn.8),Rn.601a.

[61] 前注[4],[德]克劳斯·施莱希、斯特凡·科里奥特书,165 页。

[62] 刘飞:《德国公法权利救济》,北京大学出版社 2009 年版,第 5 页。

如前所述,只有当原诉讼程序中的法院在该条款无效的情况下与有效的情况下不得不做出不同的决定时,才能判定争议条款之于裁判具有重要性。与此不同的是,当提案中存在对某一规范违反平等原则的指控时,则存在"之于裁判重要性"。原因在于,如果指控违反平等原则,则只有在主要程序中的申请人受到非公平对待的影响时,争议规范的重要性才有意义。[63]

第二,宪法诉愿的提前通达

1983 年人口普查法法案通过后,要求政府收集关于联邦共和国人口和社会结构的全面数据,该法案为该国的人口统计设定了参数,还要求个人提供基本的信息,如姓名、地址、性别、婚姻状况、家庭住户的性质、宗教信仰、职业和工作环境。该法案还要求公民填写有关其收入来源、教育背景、上下班的交通方式、住所使用(包括供暖和公用设施)等详细问题,并进一步允许获得的信息被传送给地方政府,然后地方政府可以将这些信息用于规划、环境保护和重划选区,地方政府甚至可以将这些信息与住房登记册进行比较,如果有必要的话,还可以对其进行更正。当年超过一百人对法案提起诉讼,诉因为该法案侵犯了他们的隐私权。法院同意,至少是暂时同意暂停人口普查,直到法案的合宪性被确定。此案件是一个罕见的例外,个人不必用尽法律补救办法,便可以直接向宪法法院提出要求,因为这是对基本权利的直接威胁。[64]

人口普查法案正式开启了这一提前通达宪法诉愿的途径,这些改变跟随宪法诉愿的宪法改革而发生,并且符合立法者的评估。联邦宪法法院对《基本法》第 90 条第 2 款第 2 句的参照适用,在具体规范审查程序中为宪法诉愿开辟了"提前通达"的道路。当提案中的问题涉及一般的、原则上的意义,并且对于裁判具有紧迫性,则专门法院的法官可以例外地提前进入到《基本法》第 100 条所规定的程序中。

五、双阶段性在联邦宪法法院审查活动中的展开

诚如前述,一般法院与宪法法院在具体规范审查程序中的"合作"使这一程序呈现出明显的双阶段性,并由移送机制实现了两阶段之间的连通。这一特征不仅体现在具体规范审查程序的整体架构中,在宪法法院的审查程序中也有迹可循。由于一般法院和宪法法院功能的界分,在对被审查对象的审查过程中,宪法法院针对移送机制的适法性要件和被审查对象的合宪性的审查是相互独立的。在完成移送机制适法性要件的审查后,法官的法律解释请求提案才能进入实质性的审查程序——对被审查对象是否违宪的审查。

〔63〕 *Christian Hillgruber/Christoph Goos*(Fn.8), Rn.603.

〔64〕 Edward J. Eberle, supra note 18,p. 29.

（一）对解释请求提案的审查

1. 对提案中被审查对象范围的纠正

当联邦宪法法院根据法官提交的法律解释请求这一时间节点的具体情况对法案进行审查时，往往会发现法官对被审查对象、事实的问题存在错误的判断，提案中所提出的被审查对象的范围，与"之于裁判的重要性"标准下直接指向的规范内容总是不能吻合，此时联邦宪法法院便会对提案中请求审查对象的范围做出纠正。

提案中被审查对象范围过宽主要指以下几种情况：虽然对原程序的裁判仅取决于审理争议所需依据的规范，但法官的法律解释请求时经常会针对整部法律提出；提案中列举了若干规定，但是仅仅就某一条款充分证明了相关的宪法问题；提案中所列举的被审查对象涉及了某一特定的范围，但是提案问题（Vorlagefrage）超出了这一范围，此时联邦宪法法院会在形式判决/裁判措辞（Entscheidungformel）中指出特定的部分不符合审查标准，进而不能受理。

有时情况完全相反。法官只提交了应被审查对象相当少的一部分，甚至提交了被错误认为符合"之于裁判重要性"标准的规范。联邦宪法法院可以不限制于提案问题。这不仅包括联邦宪法法院在此种情况下考虑的相关的其他规范，还包括一审法院未考虑的法规。联邦宪法法院的权力不存在任意性空间，因为"之于裁判重要性"构成了延伸被审查对象的决定性标准。

另外，如果某项法律存在违宪可能性，其他若干法定条文若与内部实施背景相符并与相关宪法标准有统一关系，则应根据具体标准控制的职能，对所涉及的整个标准复合体进行全面审查。如果被提交法院反对的标准与其他非必要条款或标准部分之间存在密切联系，联邦宪法法院有权对其进行审查，以确保遵守其职能。[65]

2. 审查标准

（1）"之于裁判重要性"的审查标准

当一般法院法官在移送被审查的法律时未附具提交法律解释请求的书面理由或请求提案中所阐释的理由明显不当时，联邦宪法法院有权对法律解释请求提案作出缺乏适法性要件的宣告。[66] 如果一般法院所附具的理由并非明显不当，仅存在不足时，宪法法院允许其对提案的理由部分进行补充，在符合了相应的适法性要求后，可以进入联邦宪法法院实质性的审理程序。[67]

（2）"违宪的确信"的审查标准

---

[65] *Christian Hillgruber/Christoph Goos* (Fn.8)，Rn.601b.

[66] Schlitzberger, Die Entscheidungserheblichkeit des Gesetzes bei einer vorlage nach Art. 100 Satz 1 GG, NJW 1963 Rn. 1901.转引自前注[32]，刘兆兴书，第217页。

[67] 前注[32]，刘兆兴书，第217页。

在这方面,解释的要求决不能过分,否则原讼法院将被推入不可接受的法律构成——无限解释之中,这将错过具体的司法审查程序的主要目的,即保护立法机关的权力。

(二)对被审查对象的审查

1. 被审查对象的范围

具体规范审查程序的被审查对象仅包括已经颁布的、联邦和州形式上的法律,包括对宪法做出改变的法律(违宪的法律)在内。[68] 所谓"形式上的法律"(formelles Recht),与实质上的法律(materielles Recht)相反,仅指由议会制定的法律,而不包括规章和章程。对于规章和章程,法官可以在具体案件的审查过程中对其进行审查,并有权决定不予适用。

具体规范审查程序的被审查对象不包括立法不作为,即立法机关的不作为不能够作为违宪情形由法官向联邦宪法法院提出法律解释请求。具体规范审查程序的明确指向性令其不能保证立法行为的合宪性,将绝对的立法遗留纳入程序内几乎是不可能的,即使国家有义务保护公民的基本权利免受国家权力及第三人之侵害,也不能为立法不作为的审查提供合理性基础。[69]

2. 审查方式及内容

无论是具体还是抽象规范审查程序,审查机构对于规范的审查均是抽象的。抽象规范审查程序之于被审查对象的审查抽象性毫无疑问,因为有权主体的审查建议与具体案件无涉,可直接针对某一规范提请联邦宪法法院审查。应当指出的是,具体规范审查程序也同样具有此特征。

如前所述,在法官向联邦宪法法院提出法律解释请求时,虽然详细说明被审查对象的合宪与否将直接影响本案的判决结果,但在联邦宪法法院对被审查对象的合宪性审查过程中,仅从被审查对象[70]本身出发,而不考虑案件的具体裁判结果。联邦宪法法院对规范的合宪性做出最终判决后,根据《联邦宪法法院法》第 31 条的规定,应当由联邦司法部在《联邦法律公报》上刊登(判决书),(判决书)进而对联邦和各州的宪法机关,以及所有法院和行政机关产生拘束力,具有规范性效力。因此,所谓"具体",指法官的法律解释请求权只能源于具体案件,但是联邦宪法法院审查对象的抽象性并不会因此而改变。

在法官的法律解释请求提案进入实质性的审理阶段后,联邦宪法法院从所有可

---

〔68〕 前注〔4〕,〔德〕克劳斯·施莱希、斯特凡·科里奥特书,第 157 页。

〔69〕 *Ernst Benda / Eckart Klein / Oliver Klein* (Fn.10), Rn.852.

〔70〕 这里的审查对象不仅指与案件直接相关的法律规范,还包括与被审查对象有关的法律规范。

能的角度对被提出审查请求的规范进行审查,而不限于提出审查请求的法院所提出的(宪法性)法律观点。[71]

(三) 审查结果

联邦宪法法院对于法律解释请求权适法性要件的审查与案件情形密切相关。在对法律解释请求是否符合"之于裁判的重要性"、"对被审查对象违宪之确信"做出判断时,联邦宪法法院的法官结合具体案件的情形,得出法律解释请求适法与否的结论。这一判断并不涉及被审查对象的合宪与否,不适法性判断的效力仅仅指向法官基于某一具体的案件所提出的法律解释请求,不会影响其他法官对同一被审查对象提出法律解释请求。

如上所述,在进入实质性的合宪性审查程序之后,这一阶段的审查便脱离了具体的案件事实,由联邦宪法法院对被审查对象做出纯粹的抽象性审查,根据《基本法》对被审查对象的合宪性与否做出终局的判断。在将裁判结果函复申请者时,同一般法院移送法律解释提案的程序一致,由联邦宪法法院直接向申请者递送。另外,这一判断还具有规范性,法官在具体案件的审理过程中须依照联邦宪法法院所作出的合宪性与否的裁判对原程序作出判决。另外,联邦宪法法院裁判的规范性不仅针对法律解释请求主体,而且辐射于全部的下级法院。

六、对我国的启示

由于现行《基本法》多层次规范审查程序的建立,基本权利的保护与实现在德国变得更为具体和有效,不可否认的是,具体规范审查程序在德国整个违宪审查机制中具有极为重要的地位。双阶段性的结构设计,使得具体规范审查程序在适用的过程中未出现案件数量过多阻碍法官审理、公民的基本权利受到违宪法律之侵犯的情形,是对公民基本权利进行保护的一大助力。但是借鉴他国此类实践经验时,应当充分考虑相应制度的功能定位和制度的出发点,剖析其内在的逻辑基础和价值选择,结合我国实践做出综合考量。

(一) 德国经验与本土制度的差异

就具体规范审查程序而言,被审查对象的范围决定了其必须对民主主义与立宪主义之间的紧张关系作出处理,在《基本法》第 20 条的指导下,具体规范审查程序选择了尊重立法者之意志,要求司法机关、违宪审查主体保持立法秩序之下的谦抑姿态,以维护代议制机关的地位与法秩序的统一。但与此不同的是,由于我国现行的

---

[71] BVerfGE, 26, 44(58);61, 43(62).

合宪性审查制度中排斥对法律的审查,故并不存在此种张力,合宪性推定原则及其对具体规范审查程序所提出的程序性要求的相关内容不宜为我国所直接借鉴。

我国被审查对象范围的差异令我国合宪性审查制度内容有着自身的特点。

首先,法官在提请合宪性审查请求之前,应将合法性审查作为第一道筛查程序,当所适用的裁判依据违反法律规定时,不宜将其直接作为裁判依据,下文将针对此做出详细论述。

其次,全国人民代表大会宪法与法律委员会作为全国人民代表大会的特别委员会,其性质为政治机构,而非司法机关,对于非属立法机关所颁布的法律文件的审查应以维护宪法的至上地位为最高准则,而不宜适用合宪性推定原则。当非立法机关所颁布的法律文件存在违宪之情形时,应当做出违宪之判断。

在借鉴他国此类实践经验时,应当充分考虑相应制度的功能定位和程序性规范的嵌合,剖析其内在的逻辑基础和价值选择,结合我国的国情进而将其辐射至实践中。制度的构建始于目的,在经由价值衡量后,各个国家在极为纷繁的宪法文化中选择了某一价值秩序作为指导。换言之,在功能进路的视角下,应当首先思考、确立我国此一制度所蕴含的价值冲突与选择,作为制度构建之隐纲,令我国合宪性审查程序真正适配时代价值与实践需求。

(二)我国附随具体案件的合宪性审查制度的构建设想

从世界范围看,关于诉讼过程中的合宪性审查程序的构建,美国与德国走在前头,法国经过坎坷也最终跟随,证明合宪性审查从政治性向司法化演变已是全球大势所趋。[72] 孙志刚、潘洪斌等案也在不断地提醒我国应尽快启动此类审查程序的构建。虽然具体规范审查程序对民主主义与立宪主义间矛盾的处理令具体规范审查程序与我国实践的直接适配存在困难,但仅就其程序性内容而言,依旧能够为我国诉讼过程中的合宪性审查程序的构建提供借鉴。

1. 法院直接向合宪性审查机构提出审查请求

有学者认为,允许法官直接向全国人大常委会递交审查请求恐有不妥,最高人民法院是衔接两者的最佳桥梁,而且法院系统的案件请示制度为法院间的文件传递提供了清晰和有效的路径,应将案件请示制度与合宪性审查问题的移送结合起来。

笔者以为,当法官在具体案件的审理过程中对下位法的合宪性存疑时,应将这一问题移送至最高人民法院,先由最高人民法院对提请审查的对象进行审查,进而移送至合宪性审查机构进行审查。[73] 如此制度设计的原因有两方面,一方面是避

〔72〕 参见林淡秋:《守护宪法的新模式:法国的合宪性先决机制》,载《华东政法大学学报》2018 年第 6 期,第 163 页。

〔73〕 参见前注〔2〕,王蔚文,第 140 页。

免所受理案件在数量上出现泛滥，[74]将案件请示制度作为整个移送过程的案件筛选机制，在进入全国人大及其常委会最终的合宪性审查程序之前，由最高人民法院对此类申请进行初步筛查，对请求审查的内容做前置性的把握，驳回明显不存在合宪性疑问的审查请求；另一方面是考虑到《立法法》第99条第1款中关于最高人民法院合宪审查要求的规定，[75]最高人民法院作为申请主体与审查主体两者之间的衔接，在经过初步审查后，可请求全国人大及其常务委员会进行合宪性审查，如此一来，三个主体之间的移送审查程序通过两项现存的制度得以衔接，"把全国人大及其常委会为主体的合宪性审查与法院司法审查的功能优势结合起来，形成一种联动的工作机制"。[76]

但若将最高人民法院的审查作为前置性的筛选程序，可能难以实现对案件数量的控制。由于法官的审查请求基于具体案件而提出，德国经验表明，若不限制法官的审查请求权，案件数量依然存在泛滥的可能。法官若任意行使审查请求权，将与本案有关但无关公民权利保护及审判结果的法律规范一并提请审查，或者在未穷尽合宪性解释的情况下，将仅仅存在违宪可能性的法律规范提请全国人大及其常委会审查，都会导致庞大的案件基数。如若缺乏相应的筛选标准，在案件移送至最高人民法院后势必也难以削减，使最高人民法院的负担倍增。所以，在设置前置性的筛选程序时，应着重在第一阶段减少案件数量，抑制法官合宪性审查请求权的行使，仅允许司法过程中发现的必须要审查的、有极大可能（甚至已经可以确定）违宪的、影响审判结果与公民权利的法律规范进入下一阶段的审查程序，尽量缩减案件基数，为后续的筛查排除不必要的压力。

2. 在现有学说中增置先决性的筛查程序

如上所述，在合宪性问题移送程序中，通过限制法官法律解释请求权的行使是筛选此类宪法案件的最有效方式。根据德国具体规范审查程序的司法程序，我国在推进这一制度时，应当采取以下几种方式以实现对案件数量的控制：

（1）被审查对象的合宪与否与判决结果的关系

由于合宪性具体审查程序对法官所任法院的级别没有限制，这便意味着任何一位在案件审理过程中对所适用依据的合宪性存有疑问的法官，均有权且可直接地向合宪性审查机构提出审查申请，对被审查对象范围的限制作为第一道限制性程序，不仅要求法官只能对裁判依据提请审查，并只在全国人大常委会对它做出的合宪性判断将直接影响案件的最终审理结果时，才可进入实质性的审查阶段。虽然法官有义务基于法律与事实两方面进行阐释，但是全国人大的最终审查结果应当是"抽象

---

〔74〕　前注〔3〕，林来梵文，第44页。

〔75〕　前注〔2〕，王蔚文，第140页。

〔76〕　前注〔2〕，王蔚文，第140页。

的"，即脱离具体案件，只针对被审查对象作出规范性的判断。

　　同时，法官应当在法律解释请求书中充分论证事实和法律两者间的"决定性"关系，并出示相关的证据。在诉讼过程中，当事人可以建议法官提出法律解释请求，但是无权要求法官对裁判依据做出此类处理。当事人的审查诉求若在案件审理过程中不能实现，当然地可以依据《立法法》第 99 条第 2 款的规定直接向全国人大常委会提出。

　　（2）合法性审查优先

　　就我国现状而言，目前不宜在构建附随于具体案件的合宪性审查制度后立即将法律纳入合宪性审查的范围。法官在审查法律下位的法律文件时，应当先作出合法律性与合上位法性的审查，当存在抵触情形时，法官应按照上位法优于下位法、新法优于旧法、特殊法优于一般法的规则选取符合要求的裁判依据。而在排除被审查对象的合法性问题的争议之后，再进行合宪性审查，并在满足程序性要求时提请全国人大常委会进行解释。

　　（3）法官应明确阐述违宪存在之可能

　　要求法官在确信所需审查的法律文件违宪时才可向全国人大常委会提出法律解释请求，意在排除远未达到审查标准的法律文件，法官不得在存有违宪疑问时便向审查机关提出请求，将大量的筛查压力转移至全国人大常委会。诚如前述，合宪性审查权集中模式下的具体规范审查程序的制度功能由其审查对象的性质决定，即对形式法律的审查令这一制度内含了价值选择的倾向性。相较之下，由于我国合宪性审查制度将法律排除在审查范围之外，制度所指向的审查对象包括大量非立法机关所颁布的规范性法律文件，所以在合宪性审查标准的设定方面不宜直接采用德国联邦宪法法院所确立的排除"明显可能性"之标准，而应当根据审查对象的性质采取不同的适法性审查标准。

　　法官在发现合宪性问题后，应当参考有指导意义的案例、著名专家和学者的论说，详尽、全面和具体地针对被审查对象展开存在违宪可能性的论述。同时，标准的设置还应当保障程序的正常运行，即对法官合宪性解释排除的论述义务不应设置得太高，令法官陷入无限解释的境地。

　　3. 增置程序性的适法性要件审查程序

　　合宪性审查机构应当将对存疑法律文件的合宪性审查程序分为两个阶段，在我国目前现有的程序中增置适法性要件的审查程序。具体而言，对于法官附随于具体案件所提出的法律解释请求，应当先审查其适法性，即审查法官在提出解释请求时，是否已经对必要的裁判依据做出了合法性审查，在确定存疑的法律文件的合宪性裁决将影响原审案件的判决结果、确实存在违宪可能后再进入实质性的合宪审查程序。在实质性的合宪性审查阶段，审查机构应脱离原审程序中的具体案件，对被审查对象进行抽象审查。

中德法学论坛
第 18 辑·上卷,第 47~72 页

德国企业补充养老制度的构建与演变[*]

——以"企业—社会给付"的制度属性为线索

金昱茜[**]

摘 要:德国企业补充养老保障制度自 19 世纪建立以来,一直坚持企业—社会给付的制度属性,构建出以雇主照顾允诺为基础,经由多种实施形式实现对雇员老年保障给付的规则体系。同时,通过在保险业监管体系中建立相对独立的年金保险监管制度,保证外部保障机构的合规经营。新世纪以来,制度因应社会需求与挑战,于 2002、2018 年进行改革,引入工资转换、纯缴费承诺等机制,发展劳资伙伴模式,力求实现扩面提质目标。我国应吸取德国两次改革的教训与经验,从明确制度概念内涵、厘清制度属性定位、明晰主体间责任和权利义务关系出发,解决现有体系杂糅问题,早日突破参与率低、覆盖面窄的制度发展瓶颈。

关键词:企业补充养老制度;企业—社会给付;雇主照顾允诺;企业年金监管

Abstract:As a corporatesocial benefit, the German enterprise supplementary pension system has been established in the nineteenth century. It has established a rule system based on employer care promises and implemented various forms of implementation to realize the pension benefits of employees. Through the establishment of a relatively independent annuity insurance supervision system, the compliance operation of external security agencies is guaranteed. Since the beginning of the new century, the system has been reformed in 2002 and 2018 in response to social needs and challenges, introducing various mechanisms and measures, and developing a labor-management partnership model to achieve the goal of expanding

　* 本文系 2020 年度国家社科基金青年项目"社会救助法中国家与个人责任配置研究"(项目编号:20CFX074)的阶段性成果。

　** 金昱茜:湖南大学法学院助理教授,法学博士,主要研究方向为社会法学。

coverage and improving quality. China can learn from the lessons and experience of Germany's two reforms, and solve the current system's mixed problems by clarifying the concept and the nature of the system, and by clarifying the relationship between the subjects' responsibilities, rights and obligations, so as to improve the attractiveness and participation rate of the system.

Key Words: Enterprise Supplementary Pension System; Corporate-Social Benefits; Employer Care Promise; Corporate Annuity Supervision System

一、引言

中共中央十九届五中全会提出要健全多层次社会保障体系，实施积极应对人口老龄化国家战略，加强和创新社会治理的发展目标，《法治社会建设实施纲要》亦明确要加快建立健全社会领域法律制度，完善多层次多领域社会规范，以不断保障和改善民生。十九大报告已将"老有所养"列为民生七有之一，亦将"养老问题"归入民生五难之中，因此实现责权清晰、保障适度的多重养老金体系的均衡发展与定型化，是落实报告中全面建成多层次社会保障体系的战略部署工作的重中之重。

自 20 世纪 90 年代初订立"建立基本养老保险、企业补充养老保险和职工个人储蓄型养老保险相结合"〔1〕的制度建构目标以来，我国养老保障体系历经 1997、2004、2011、2014、2015 年的数次规范完善与模式优化，结构框架逐渐成形。但作为"三层次"体系重要组成的企业补充养老，即企业年金制度，虽占据构想早、试点早的优势，经过 20 余年探索，却始终无法突破覆盖面窄、参与率低的瓶颈。〔2〕揭开吸引力不强的外在面纱，潜在的根源或许在于，现行企业补充养老保障规则体系存在概念内涵不清、主体权义含混、关系结构杂糅的问题。而无论学界或实务界，对于该制度之

---

〔1〕《国务院关于企业职工养老保险制度改革的决定》，国发〔1991〕33 号文。

〔2〕 早在 1995 年劳动部《关于印发〈关于建立企业补充养老保险制度的意见〉的通知》（已废止）中已提出建立企业补充养老保险的基本条件，同时以附件形式介绍了美国、日本和我国大连、上海的制度与实践，但有截至 2017 年的数据测算显示，我国当时建立企业年金数 8.04 万个，仅占全国企业法人数的 0.55％，累积基金 1.29 万亿元，占 GDP 比重仅为 1.56％；即便在 2017 年年底，人社部、财政部联合印发《企业年金办法》助力多层次养老保险体系建设后，2020 年第一季度的数据显示，建立企业年金数仍未超过 10 万家，累积基金不足 1.87 万亿。资料来源：陈欢、林义：《多层次养老保险协同发展的联动：机制及配套政策研究》，载《经济理论与经济管理》2019 年第 9 期；人力资源和社会保障部：《2020 年第一季度全国企业年金基金业务数据摘要》。

定性及其实现路径的考察均趋于片面[3]，使得现有规范整体呈现管控有余而引导不足的状态，大大限缩了企业的自主决定权，亦未对职工年金期待权益之实现施以恰当保障，更间接导致国家支持责任的部分缺位，造成当前企业年金制度被诟病为"富人俱乐部"的尴尬局面。

企业年金以国家政策为脉、以企业自主为芯，值守社会养老制度金字塔体系之中维。对下延续社会基本养老保险的生活保障目的，填补给付替代率下行与退休生活水准维系之间的潜在差值，对上承接私人养老产品的投资增值期望，中和国民福利需求个性化与个体经济能力等差异造成的收入悬殊。因此，企业补充养老保险制度的发展完善，既须充分利用其形式多样、渠道多元的特点，通过合理的市场投资增值而履行其公险支撑职责。同时，制度整体也需要具有一定的覆盖广度和安全性监督，方可实现对个人养老计划的补差功能，满足第二"层次"的潜在保障性要求。

鉴于上述功能定位的复杂性，在探寻优化方案的过程中，如果有一个相对清晰的样本可供比照分析，并从中悟出些许经验或教训，哪怕是潜在问题的发现，也可能为我国企业年金制度的整体设计提供一些思路。因此，本文选择德国补充养老制度作为研究对象，不仅因其作为现代社会保障制度起源国的示范效应，更具有以下原因：(1) 虽然成因各异，但德国养老保障体系在上世纪 90 年代也存在法定养老保险一家独大的局面，与我国几乎同期存在企业补充养老保险的发展需求；(2) 自本世纪初德国开始"三层次"养老保障体系结构改革[4]以来，德国企业年金的发展，也伴随着该国养老保障制度的整体改革历程，从制度多层联动发展的角度推敲，相关措施或更具体系包容性；(3) 与我国不同，德国企业补充养老保障制度萌芽较早(19 世纪中后期的雇主社会福利性给付)，其建立和发展过程，亦是其制度定性中"企业—社会给付"内质与外表不断被检视调整的过程；(4) 我国法学界目前关于企业年金的研究相对缺失，讨论也偏好以美、英为范例。偶有涉及德国制度的文献，亦多仅将其作为法定养老保险的附属内容简略议论，或选择部分内容有限展开。但企业补充养老保障作为一个相对独立亦完整的系统，需要对其类型、实施形式与监管制度进行整体分析，才能全面把握政府、企业、职工以及金融机构多主体间的对立与协同；只有

---

〔3〕 对现有制度的考察，或囿于计划经济时代单一层次的"政府负责"路径依赖，仅从政府管理视角构建企业补充养老保障体系，强调扶持而忽视企业和职工作为参与主体，在人力资本与金融市场领域的内生实施动力，致政策引导失准；或急于划清与计划经济"国企财政养老"的界限，欲以纯资本市场模式指导企业年金制度的发展，忽视年金制度内含的社会保障性因素，追逐高投资收益，反而可致风险。参见郑功成：《多层次社会保障体系建设：现状评估与政策思路》，载《社会保障评论》2019 年第 1 期。

〔4〕 参见于秀伟：《从"三支柱模式"到"三层次模式"——解析德国养老保险体制改革》，载《德国研究》2012 年第 2 期。

先明晰制度设计成因,才可能做出相对客观的评判,确认借鉴之可行前提与可取
之处。

据此,本文将会以该制度"企业—社会给付"定性为逻辑线索,以雇主照顾允诺
为切入点,以概念内涵引申、权利义务构建以及体系导向调整为写作重点,展开对德
国企业补充养老保障制度及其监管路径的梳理与分析。

二、雇主照顾允诺:企业—社会给付的性质内涵与延展

(一)作为概念核心的雇主照顾允诺

德国企业(补充)养老保障制度肇创于 19 世纪中叶。支撑原有社会团结体系的
传统手工业和大家庭结构伴随着工业化渐次被摧毁和瓦解,雇主们迫于形势而"自
愿"组建支持机构,允诺以此资助陷于困境的劳工。至 1850～1870 年间,新兴大工业
公司纷纷建立自己的企业养老保障计划。该种现象产生的原因,一方面或出自彼时
尚杂糅难辨的人道主义抑或追求"更多平等"的社会福利(Sozial)思潮的影响[5],另
一方面亦受到主流君父家长主义理念的制约。[6] 一定程度上,德国企业补充养老
保障与俾斯麦社会养老保险制度革新溯于同源。至 20 世纪以降,随着法定养老保险
的强势发展,企业养老保障制度退居为前者的补充和辅助角色,以自己的节奏稳步
前行。

作为法律概念的企业补充养老保障(Betriebliche Altersversorgung),特指基于
劳动关系而由雇主允诺(Zusage)的,为满足年老、伤残和遗属照顾目的而为之给
付。[7] 此定义的确定,是立法者对"前法"时代实践与理论的总结与回应,[8]其核
心要素,在于雇主照顾之允诺与合照顾目之给付。雇主的照顾允诺可以基于个别
约定,亦可经由雇主与企业职工委员会(Betriebsrat),或者集体合同双方签订统一的
年金保障协议(Versorgungsvereinbarung)而产生效力。[9] 至于为允诺实现而采取

---

〔5〕 参考[德]察赫:《福利社会的欧洲设计》,刘冬梅等译,北京大学出版社 2014 年版,第
16—17 页。

〔6〕 Rolfs in Blomeyer/Rolfs/Otto, Betriebsrentengesetz, 7.Aufl., 2018, Einl. Rn.1; Heiss-
mann, Die betrieblichen Ruhegeldverpflichtungen, 1967, S. 1 ff.

〔7〕 Schwintowski in Beckmann/Matusche-Beckmann, Versicherungsrechts-Handbuch, 3.
Aufl.,2015, § 43 Rn.2.

〔8〕 BT-Drucks 7/1281, S. 22.

〔9〕 Steinmeyer in Müller-Glöge/Preis/Schmidt, Erfurter Kommentar zum Arbeitsrecht,
19.Aufl., 2019, BetrAVG §1 Rn. 10.

的特定实施形式及随生之筹资方式,甚至被广泛采用的员工参与缴费"惯例",均非该制度关键特征。[10] 也就是说,雇主所为之"给付"是否属于企业补充养老保障范畴,不在于名称甚至双方约定,而在于对允诺内涵与给付目的之法意评估。[11]

(二)雇主照顾允诺的方式

德国企业补充养老保障体系中,雇主照顾允诺的一般方式为给付承诺,其形式包括:

(1)纯给付承诺(Reine Leistungszusage)。即雇主承诺以一定方式(如既定额度或退休前收入的一定比例)自行给付确定的退休金待遇。纯给付承诺以及一般对应的直接承诺(Dierektzusage)实施方式是《企业年金法》认定的最为经典的年金保障形式。[12] 其集中体现了雇主照顾允诺中延付劳酬与照顾救济的双重属性。

(2)基于缴费的给付承诺(Beitragsorientierte Leistungszusage)。在此类承诺中,雇主负有将一定额度的缴款转换为对年老、伤残或者遗属待遇给付的期待利益之义务。此处所保证之待遇标准不再是确定之给付,而是经缴费所积累之约定期待利益,但一般认为仍以缴费总额为担保下限。[13]

(3)保有最低给付的缴费承诺(Beitragszusage mit Mindestleistungen)。即由雇主为企业养老保障计划的筹资而向特定年金保障承担机构交纳费用,并且承诺为养老金给付提供不低于一定额度的、按计划运行所得之保障资金(缴费及其收益)。

(4)纯缴费承诺(Reine Beitragszusage)。此种系经由《企业年金强化法》的颁布,自 2018 年 1 月起成为第四种法定雇主照顾允诺形式。纯缴费承诺的引入,是对以给付为导向的德国企业补充养老保障制度的重要突破,相关问题会在第五章中进一步探讨。

(三)雇主照顾允诺的双重属性

1. 作为"延付劳酬"的对待承诺

基于《企业年金法》的定义,雇主照顾允诺所对应的"企业养老金",本质上是一项在劳动关系的范畴内或是基于劳动合同而履行的金钱给付。一方面,其是雇主对

---

[10]　Steinmeyer in Müller-Glöge/Preis/Schmidt, Erfurter Kommentar zum Arbeitsrecht, 19.Aufl., 2019, BetrAVG § 1 Rn. 3f.

[11]　BAGvom 8.5.1990, VersR 1990, 1412.

[12]　Steinmeyer in Müller-Glöge/Preis/Schmidt, Erfurter Kommentar zum Arbeitsrecht, 19.Aufl., 2019, BetrAVG § 1 Rn. 12; Blömer, DStR 1999, 334, 336.

[13]　Reinecke,BetrAV 2017, 390, 390f; BAG v. 30.08.2016, 3 AZR 361/15 und 3 AZR 362/15.

雇员在劳动合同交换关系中提供的全部劳动与服务履行乃至于劳动中所体现的企业忠诚度（Betriebstreue）的对待给付；[14]另一方面，与劳动关系存续期间即时支付的工资不同，仅当所保障事件发生时，雇员方得请求为企业年金给付，因此其亦具有延迟给付的特点，即"延付劳酬"的属性。从雇主照顾允诺延付劳酬（对待给付）性质角度考量，可以对一定条件下年金的"不可丧失性"（Unverfallbarkeit）[15]、雇主的"年金调整义务"（Anpassungsprüfungspflicht）[16]以及企业委员会的参与决定权（Mitbestimmungsrecht）[17]等规则的设定做出合理性解释；而企业补充养老金亦因此不能仅被单纯视为"照顾提供"（Leistungsgewährung），其延付劳酬的属性决定了非基于特定事由，如危及所在企业的经营基础，雇主所做出之照顾承诺不得被任意撤回。[18]

　　2. 作为"照顾救济"的保障承诺

　　尽管从雇员权利保障的角度出发，"延付劳酬"的观念更具有对外张力，但并不意味着基于福利和照顾理念的老龄保障观点因此不再具考量价值。如前所述，德国企业补充养老保障制度源自工厂主对困境劳工的生存救济，而《企业年金法》在突出该企业补充保障应基于劳动关系的同时，亦强调其满足年老、伤残和遗属照顾之目的。比如在判定雇主之某项允诺是否属于企业养老计划时，出于针对以上三项特定生物性风险（biometrische Risiken）[19]之保护以达到维持退休前生活水准之照顾目的，就是其中的核心标准。[20]即便雇员由于较短的从业时间而并未付出相对"足够"的劳动力与忠诚度，但于伤残时仍可基于约定获得雇主允诺的保障，显然此时的

---

　　[14]　Rolfs in Blomeyer/Rolfs/Otto, Betriebsrentengesetz, 7. Aufl., 2018, Einl. Rn. 32 f; MünchHdb-ArbR/Förster/Rühmann, Sonderdruck, 2000, § 104 Rn.14

　　[15]　Vgl. Schlewing, NZA-Beilage 2014，127，131.《企业年金法》第 1b 条。

　　[16]　同上注，《企业年金法》第 16 条。

　　[17]　即《工厂组织法》第 87 条第 1 款第 8 项、第 10 项规定的内容，参见[德]雷蒙德·瓦尔特曼：《德国劳动法》，沈建峰译，法律出版社 2014 年版，第 572—574 页；[德]沃尔夫冈·多伊普勒：《德国劳动法》，王倩译，上海人民出版社 2016 年版，第 96—98 页。

　　[18]　关于是否可基于（忠诚）义务的违反而撤回照顾允诺及其相应养老金给付，判例和理论界多有讨论；而即便是发生严重至危及企业经营根本之错误，也并不必然引发养老金给付撤回之后果。参见：BAG v. 22.11.1994 ＝ NZA 1995，733，734；BAG v. 12.11.2013 ＝ NZA 2014，780；Woekerbarth, Entgelt für Betriebstreue, 1996; Steinmeyer, Betriebliche Altersversorgung und Arbeitsverhaltnis, 1991, S. 119 ff.

　　[19]　MünchHdb-ArbR/Cisch, 4.Aufl.,2018, § 202 Rn. 60.

　　[20]　SHSS/Diller, Teil 4 A Rn.100; Küpper in FS Höfer, 2011, S. 127; Schlewing, NZA-Beilage 2014，127，127; MünchHdb-ArbR/Cisch, 2018, § 202 Rn. 59; BverfG v. 19.10.1983＝NJW 1984，476.

制度重心体现为"照顾救济"。[21] 当然,基于职业自由,雇主建立企业补充保障的照顾允诺自当"量力而行",内容不必须包含所有三项风险类型,且在具体保障范围的确定比如雇员待遇领取的年龄界限、伤残的认定以及遗属照顾中"主要收入者条款"(Hauptnährerklausel)的适用等方面,只要不违背一般平等待遇要求,其亦有相当之自主决定权,也可以法定养老保险之规定为参照进行适当调整。[22] 也就是说,法律并未过多约束企业补充养老保障的制度细节,而重点考察制度整体体现之雇主动机是否落脚于对雇员年老、伤残、死亡的照顾保障。当然,基于雇员对将来所获风险照顾之合理信赖,如前所述,雇主自为之承诺一经作出,不可任意变更或撤回。

3."工资递延"与"照顾":企业补充养老保障制度作为"企业—社会给付"的双重表现

《德国基本法》第 20 条第 1 款中规定的"社会国原则"的核心内涵,是对需要帮助者,即由于个人生活条件或社会不公而损及其人性与社会交往发展者,提供救济照顾,以保证其符合人性尊严之生存。[23] 而对于"社会给付"(Sozialleistung)的概念,一般认为是由包括公共和非公共机构提供的,为婚姻和家庭、健康、就业、老年和遗属、政治事件等的(不利)后果及其他一般生活支持所为之给付。[24] 如前所述,德国企业补充养老保障制度的雇主允诺及其给付具备"工资递延"与"照顾"的双重属性,[25]其当然有助于加强雇员归属感并改善劳资双方关系,但从其社会功能来看,确实起到了平衡基于劳动关系而引发之(潜在)社会劣势、弥补一般"即时性"劳动对待给付所无法达到之后工作阶段生存保障的效果[26],因此,德国企业补充养老保障制度被认为是典型的"企业—社会给付"(Betriebliche Sozialleistung)。

诚然,在劳动关系的内部过程中,必然会产生某些解决不合理不平等风险的"福利社会干预"[27],诸如保留在劳动"场内"的防范工人劳动风险等的雇主干预,其具有天然的劳动关系内化解决特征;而就基于劳动关系的需求而言,老龄危机则是延

〔21〕 MünchHdb-ArbR/Förster/Rühmann, Sonderdruck, 2000, § 104 Rn.14; Schwintowski in Beckmann/Matusche-Beckmann, Versicherungsrechts-Handbuch, 3. Aufl.,2015, § 43 Rn.12.

〔22〕 Steinmeyer in Müller-Glöge/Preis/Schmidt, Erfurter Kommentar zum Arbeitsrecht, 19.Aufl., 2019, BetrAVG § 1 Rn. 5 ff.

〔23〕 Jarass/Pieroth, GG, 15. Aufl., 2018, Art.20 Rn.156.

〔24〕 Zöllner, Soziale Sicherung, 1997, S. 4.

〔25〕 BAG v. 12.02.1971, AP Nr.3 zu § 242 BGB Ruhegehalt-Unterstützungskassen.

〔26〕 德国企业补充养老金保障一般作为对法定养老保险的给付补充,但也确实涵盖了部分主要依靠企业福利性给付或无法根据法定养老保险获享权利的保障需求主体。Vgl. MünchHdb-ArbR/Cisch, 4. Aufl., 2018, § 202 Rn. 59;BAG v. 08.05.1990＝3 AZR 121/89, AP BetrAVG § 7 Nr. 58.

〔27〕 [德]汉斯·察赫:《福利社会的欧洲设计》,刘冬梅等译,北京大学出版社 2014 年版,第 27 页。

迟的、社会化的类风险,作为典型"社会福利赤字",常态下应通过外化方式,比如法定社会保障给付机制解决,而雇主提供之退休照顾允诺,实为对这一风险解决路径的内化参与,乃是对福利社会国家任务之分担。[28] 因此,企业补充养老保障制度当然的获得两个正当性"优待",即(1) 补充保障计划建立应基于"雇主自由"。上文已有提及,雇主原则上在是否建立企业补充养老计划及其(初始)实施方式、受惠群体(需满足一般平等对待要求)等方面,享有极大的决定自由,而集体共同参与决定权利的行使,则多限于给付分配计划(Verteilungsplan)、雇员参与缴费等具体执行内容。[29] (2) 国家应在一定程度上提供支持,内容既包括最为典型的、为多数国家所普遍采用的税费减免,也包括社会保障制度领域内特别是与老龄保障给付体系相关的缴费基数抵扣与财政补贴。德国将雇主的企业补充养老缴费计入其经营成本,综合不同实施形式下雇主承担之经济与管理负担大小,在纳税时予以全额或按比例扣除;参与筹资的雇员亦可享受税收减免待遇,并且在计算社会保险缴费基数和参与里斯特补充养老计划时,也可获得相应费用扣减和待遇补贴。[30]

三、照顾允诺之实现:企业给付的外部化与市场化历程

(一)企业补充养老保障(年金)实施形式的外部化

1. 从"直接"到"间接"

《企业年金法》中规定的德国企业补充养老保障的实施形式有五类,[31]其中直接承诺(Dierektzusage)是年金实施形式的法定经典模式。此种模式下,基于二者间的劳动关系,雇主直接向员工兑现其待遇给付承诺,以自身资产来支付员工未来的退休待遇,雇主本人即为年金保障待遇承担者。[32] 显然,在这种最为传统[33]的

---

〔28〕 参考[德]汉斯·察赫:《福利社会的欧洲设计》,刘冬梅等译,北京大学出版社 2014 年版,第 24—27 页,第 100—101 页,第 344 页等处。

〔29〕 Schwintowski in Beckmann/Matusche-Beckmann, Versicherungsrechts-Handbuch, 3. Aufl., 2015, § 43 Rn. 3f.

〔30〕 参见姚玲珍编著:《德国社会保障制度》,上海人民出版社 2011 年版,第 85—86 页和第 89 页。

〔31〕 关于德国补充养老保险实施形式国内已有学者进行了较全面的研究介绍,故本文不再详梳,参见杨复卫、张新民:《企业补充养老保险制度的德国经验与中国启示》,载《甘肃政法学院学报》2016 年第 5 期;姚玲珍编著:《德国社会保障制度》,上海人民出版社 2011 年版,第 80—84 页。

〔32〕 Blömer, DStR 1999, 334, 336.

〔33〕 Blomeyer/Rolfs/Otto, Betriebsrentengesetz, 7. Aufl., 2018, Einl. Rn. 3; Reinecke, NJW 2001, 3511, 3513.

实施方式中,老龄保障的资金由雇主自行运作,对于大多数不具备大型康采恩(Konzern)实力的雇主而言,即便可通过退休金互助保险协会(PSVaG)进行破产保护,其保障压力及经济风险仍构成巨大的经营负担。基于风险分担与资本运行的专业性需求,非直接照顾允诺(mittelbare Versorgungszusage),即经由外部保障承担机构(Externer Versorgungsträger)间接运作资本的实施形式应运而生。

2."间接"中的"资本化"

较早产生的非直接允诺实施形式是互助合作基金(Unterstützungskasse),其是由单个或多个雇主设置的独立保障机构,多以注册协会、有限责任公司或基金会等法律形式出现,以独立于雇主企业的自有财产运营投资,初步实现了年金的基金化与资本化。但此种模式中,雇员对互助合作基金并不享有法定的直接请求权,因此终须经由雇主确保和兑现所承诺之给付(《企业年金法》第1条第1款,第1b条第4款)。与直接承诺相比,互助合作基金模式下雇主与雇员间的年金法律关系并未发生实质变化,其运行亦不受保险监管。

20世纪初,部分授予其成员直接请求权的互助合作基金逐步分化形成所谓养老保险基金(Pensionskasse)的新形式,并经由《保险监管法》的修改被纳为保险监管对象。就法律性质而言,此种年金保障基金是一类仅以保障有减损之虞的劳动收入为目的的特殊人寿保险公司。由于其具备一定的自主投资经营资格,因此在无特殊规定的情况下,受适用于小型互助保险公司(Versicherungsvereine auf Gegenseitigkeit)的保险规则调整。除此之外,法定的非直接实施形式还包括直接保险(Direktversicherung)与养老投资基金(Pensionsfonds)[34]两类。其中,直接保险实际为一类特殊形式的人寿保险,此时雇主以雇员作为被保险人和受益人,与人寿保险公司订立保险合同,在雇主、雇员与年金保障机构(保险公司)间成立典型的保险三角法律关系,保障机构依规对资产进行投资经营。因此,直接保险适用人寿保险类监管规则,而雇员作为被保险人,对保障机构享有保险法上的请求权。养老投资基金模式则是这5种实施形式中最晚(2002年)被引入《企业年金法》的。该类基金实质为具有法人资格的类保险保障机构,依法采取资本累积制,为实现职业年金的待遇给付而进行资本经营。其与养老保险基金的区别在于,投资基金被赋予"与风险管理义务国际标准相关"的更大投资自由度,保险和资本投资亦可经第三方进行,相对金融监管标准也更为严格。[35]一般情况下,后者为雇主采取"保有最低给付的缴费承诺"(同

---

〔34〕 Pensionsfonds(直译为"养老金基金")实质上是早期普遍采用的企业年金形式,但当时多是以企业自身资产直接运行,类似"直接照顾允诺",因此与现今《企业年金法》中规定的对外基金形式的养老投资基金内涵并不一致。

〔35〕 Reinecke, NJW 2001, 3511, 3513; Blomeyer, BetrAV 2001, 430, 433.

为 2002 年立法引入)时所选取的实施形式。

3. 雇主的获取义务与担保义务

从以单一雇主(企业)自有资产保障雇员企业养老金待遇,到多企业互助机构共担风险,再到经由独立保险机构通过金融竞争行为、以混合多样化和盈利性来保证养老金的"安全性",德国企业补充养老保障制度的资金运行经历了不断外部化的过程,投融资的实施模式使得在雇员保障事件发生前,为所需年金而拨备的资金便已长期处于流通状态。[36] 与此相对应,制度中的雇主照顾允诺亦逐渐"进化"出雇主获取(Verschaffung)义务之内涵,即其应通过订立合同或缴纳保费等方式,为雇员在外部保障机构处"获取"相应的保障给付之请求可能。[37]

值得注意的是,对于非直接照顾允诺类型,为雇员在保障机构处获取待遇的给付请求权,并非意味雇主允诺中本源义务的履行完成(Erfüllung)。也就是说,保障机构所为之给付,非为雇主允诺义务履行的"替代"(Alternative),而只是雇主对该项基于协议的、劳动法上基本义务的履行途径之一,系其落实获取、遵守和执行所约定之实施形式的整体责任中的一环。因此,一旦年金保障机构无法兑现约定的养老金给付,雇主须履行基于不同照顾允诺方式而衍生之担保义务(Einstandspflicht),自行支付或补正差额。[38] 在很长一段时期内,雇主的获取和担保义务,是企业补充养老保障作为企业—社会给付所坚持的制度"基准"之一。

(二)工资转换的建立:企业补充养老保障筹资模式的变革

1. 工资转换(Entgeltumwandlung)制度中雇员法定请求权之赋予

在 2002 年的企业补充养老制度改革中,与前文所述新雇主允诺形式(保有最低给付的缴费承诺)、保障实施形式(养老投资基金)同时引入的,还有新的基金筹资模

---

〔36〕 Reinecke, NJW 2001, 3511, 3513.

〔37〕 Reinecke, NJW 2001, 3511, 3513.

〔38〕 BAG v. 12. 06. 2007 = NZA-RR 2008, 537; BAG v. 15. 03. 2016 = NZA 2016, 1205; Steinmeyer in Müller-Glöge/Preis/Schmidt, Erfurter Kommentar zum Arbeitsrecht, 19.Aufl., 2019, BetrAVG §1 Rn. 14; Schlewing, NZA-Beilage 2014, 127, 129. 比如在多个雇主共同成立互助基金的实施形式中,如果其中一个雇主退出该基金,即不再作为该基金的"发起公司"(Trägerunternehmen)成员,基金的给付义务即行终止,此时,雇主由于未按约定获取和保有约定的保障实现形式,应由其直接履行所做出之照顾允诺,或另行获取新保障实施形式并达成协议。s. Matthießen, in: NZA 2018, 1509, 1514; BAGE 54, 176 = NZA 1989, 22 = AP BetrAVG §1 Unterstützungskassen Nr.17; BAG, NZA 1992, 934＝APBetrAVG §7 Widerruf Nr.17.

式,即被规定在《企业年金法》第 1 条第 2 款和第 1a 条的工资转换[39]方式。这次法律改革,是 21 世纪初德国老龄保障体系调整的重要组成部分,旨在扩大企业补充养老制度的覆盖面、强化雇员的自我预护意识、优化年金基金投资机制,以达到强化新老龄保障体系第二层次支持功能的目的。

在最初的德国老龄保障"三支柱"体系设计中,企业补充养老即代表"第二支柱",作为由雇主"自愿"建立的、补充性质的养老计划,其资金筹措义务首当由雇主自行承担。[40] 此亦为前者区别于私人养老投资储蓄的重要特征之一。2002 年的立法改革借对工资转换筹资形式的法律确认,实际赋予了雇员一项法定的年金设立(参与)请求权:其不仅可以请求雇主将自己将来部分比例的工资请求权等值转换为养老计划的筹资份额;并且在雇主未"预备"合适年金制度安排的情况下,还可要求(verlangen)其以直接保险形式实施其工资转换计划,以获取相应的年金期待权益。工资转换制度的建立,开启了德国企业年金缴费主体的法定多元时代,保障计划的筹资既可由雇主一方承担,也可由雇员雇主共同筹措,甚至实际只由雇员单独负责。

2. 雇主自主决定权之限缩与"企业—社会给付"属性之疑难

如前所述,在经典企业年金模式设定中,雇主可自由决定是否建立年金,保障范围、实施形式等框架性内容亦由其全权定夺。相应地,既已自由做出保障允诺,则承担筹资之负担,甚至在年金保障机构给付不足之时,由"幕后"登台以己身履行义务,亦符合法理逻辑。但在依雇员请求、经工资转换形式建立的补充养老保险制度中,企业年金真正成为"递延工资",对于非由其自愿及自身缴费而产生之年金给付期待权益部分,雇主是否仍应负担保义务(Einstandspflicht),即承担非基于其意愿的额外责任风险? 对此问题,虽有《企业年金法》第 1 条第 1 款关于雇主担保义务的一般性适用认定,但实践中也并非毫无争议。[41] 有学者从薪酬与年金期待价值"等值转换"的角度切入,认为就劳动合同的视角而言,工资转换实质仅是债之调整,即将原本报酬请求权之内容(即工资)转换为特定的保障待遇,因而仍保有双务合同中对待

---

〔39〕 由雇员参与筹资的保障计划在德国实践早于立法,多由行业集体协议约定。唯此经雇员"工资转换"而成立之累积是否属于企业补充养老保障,进而适用相关权利义务之规定,在联邦劳动法院及学界均经历长期争论。BAG v. 26.06.1990 = NJW 1991, 717 ff; vgl. Everhardt, DB 1994, 780ff; Höfer/Küpper, BB 1990, 849 ff.

〔40〕 Rieble in Hanau/Arteaga/Rieble/Veit, Entgeltumwandlung, 3. Aufl., 2014, A Grundlagen Rn. 3; Steinmeyer in Müller-Glöge/Preis/Schmidt, Erfurter Kommentar zum Arbeitsrecht, 19. Aufl., 2019, BetrAVG § 1 Rn. 19.

〔41〕 BAGE 123, 72=NZA-RR 2007, 650=AP BetrAVG § 1a Nr.1; vgl. Schlewing, NZA-Beilage 2014, 127, 130; Rolfs, NZA-RR 2020, 57, 57; Blomeyer/Rolfs/Otto, Betriebsrentengesetz, 7.Aufl., 2018, § 1. Rn. 316.

给付牵连性（Synallagma）之本质。[42] 据此，雇主此时责任之基础非应基于补充养老之照顾允诺，而是劳动合同之债的履行，否则就同一项给付内容将并存劳动报酬与养老保障两类请求权，于理不合。惟经联邦宪法法院判决所明确的是，《企业年金法》第1b条对于"工资转换"形式下，雇主接受直接保险实施形式的义务性设定，虽有违其在《基本法》第12条职业自由保护项下之意愿，但立法者旨在扩大企业补充养老作为法定养老保险重要"补充"之影响，本意为对具有更重要意义之公共福利的追求。衡量比例得失之下，此项干预仍当认为合理（gerechtfertigt）。[43] 显然，工资转换的引入虽对企业补充养老保障的制度逻辑构架造成了一定冲击，但出于对制度背后"社会给付"属性的坚守与认同，德国立法与司法均展示出较强的政策包容性。

3. 工资转换之具体实施

如前所述，企业补充养老保障虽不排斥雇员参与，但在工资转换形式是否符合年金制度实质内涵的问题上，长期以来并非毫无争议，直到联邦劳动法院于1990年判决[44]最终确认其归属。至于雇员工资转换请求权的具体实施，《企业年金法》则规定当经劳资双方"协议"（Vereinbarung）为之。依多数派观念，雇员此项转换要求（verlangen），仍应属《德国民法典》第145条项下要约范畴，因此，实施协议之细节，比如采用直接承诺抑或养老投资基金方式等，双方有相当之协商可能性。[45] 当然，基于雇主年金实施之概括自由，其在照顾允诺类型、保障风险范围、待遇给付形式乃至实施方式和保障承担机构的选择上，享有法定项目内的最终决定权。一方面，为避免雇主自由被过度滥用，导致雇员经由工资转换实现老龄生活保障目的落空，法律在明确此项"协议自由"的同时，亦暗示雇主负有"预备适当工资转换系统"之义务，除非其已提供合适的养老保险基金或养老投资基金选项，否则雇员可以要求以直接保险形式实施其工资转换。[46] 另一方面，国家通过立法，对以工资转换形式参与年金补充保障的雇员，其社会保险的缴费基数将在既定比例内扣除所转换之额

---

[42]　Vgl. Blomeyer, NZA 2000, 283, 283 f; Hopfner, DB 2002, 1050, 1050; Steinmeyer in Müller-Glöge/Preis/Schmidt, Erfurter Kommentar zum Arbeitsrecht, 19. Aufl., 2019, BetrAVG § 1 Rn. 27.

[43]　Schlewing, NZA-Beilage 2014, 127, 130; BverfG, Beschl. v. 07.05.2012 - 1 BvR 2653/ 08＝BeckRS 2012, 51723.

[44]　BAG v. 26.06.1990 ＝ NJW 1991, 717 ff.

[45]　Schwintowski in Beckmann/Matusche-Beckmann, Versicherungsrechts-Handbuch, 3. Aufl., 2015, § 43 Rn. 22 ff.

[46]　Schwintowski in Beckmann/Matusche-Beckmann, Versicherungsrechts-Handbuch, 3. Aufl., 2015, § 43 Rn. 22 ff.

度,其雇主所承担之社保费用亦可相应获得一定减免。国家以此项社会保险抵免的方式,补助雇主因实施工资转换而产生之管理等额外费用开支。

抛开所受争议不谈,对"工资转换"等制度的承认与改革本身既已表明,在政策包容性的背后,企业补充养老制度在德国老龄保障体系中所承担之角色已有微妙改变。20世纪中后期,德国渐入社会老龄危机,现收现付制度下的法定养老保险面临收入减少与支付增加的双向压力。如前文提及,进入新世纪后,德国养老保障体系开始反思不均衡的"三支柱"模式,进而尝试"三层次"模式的路径转换,[47]企业补充养老保障制度由"补充性雇主福利提供"的体系定位转向不可或缺的老龄保障中层支撑,面临扩面、增资的需求。随着补充养老计划保值增值压力上升,企业虽仍须在一定程度上(保有最低给付)履行其雇主责任,但更需借助间接承诺模式,对资金进行专业的市场化管理。尤其在采取"工资转换"模式下,法律"直接"规定了三种(类)保险实施形式的优先性,使得年金投资监管的重要性随之增强。如何通过企业年金监管措施,平衡补充年金累积资金分别作为"企业—社会给付"与作为"市场—金融产品"之间的潜在目的冲突,逐渐成为实现德国企业补充养老保障制度良性发展的重要议题。

四、"企业—社会给付"和"市场—金融产品"之平衡: 企业年金监管路径的选择

(一)基于"严格限量"模式下的一体化监管

1.混业监管模式下的严格保险监管

作为"企业—社会给付"的补充养老保障,即便采取外部实施形式,经由保险机构对所累积资金进行投资运营,也仍需顾虑劳动法上的照顾义务,思量雇员之根本利益。特别在雇员"工资转换"成为法定筹资方式后,更涉及对其既得财产(请求权)的干预处理。要满足法律规范中要求的(未来)工资请求权与年金期待权益的"等值"转化、保障所交付保费与所产生保险给付之间的"保险精算平衡",[48]则相应的监管必须专业而审慎为之,以尽力保证生物性风险发生后,给付之年金与被转化之权益在形式和实质上的"等值"兑现。从此考虑出发,德国年金监管采所谓"严格限

---

〔47〕　参见于秀伟:《从"三支柱模式"到"三层次模式"——解析德国养老保险体制改革》,载《德国研究》2012年第2期。

〔48〕　Klemm,NZA 2002,1123 f;Blomeyer,DB 2001,1413,1414.

量模式"〔49〕，实无意外。

联邦德国于上世纪 60 年代统一于联邦财政部下设立联邦金融监管机关（BAK），建立联邦层级单一监管构架，执行监管工作。至 2002 年颁布《统一金融服务监管法》，合并原银、保、证三家机关，组建新联邦金融服务监管机构（即联邦金融监管局，BaFin）承接前者职权，开启联邦金融混业监管模式时代。〔50〕联邦金融监管局为联邦直属，具有独立公营造物属性，立法赋予依法决策并执行措施的行政监督机关此种法律地位，目的在于将之与联邦预算脱钩，以提高其财政、组织与人事的独立性。联邦金融监管局的经费主要来源于受监管的金融机构的规费与应缴份额。其虽接受财政部的法律和技术监督，但以其内部组织构架规范性与行政行为合法性为限；于具体监管决定方面，原则上不被介入。〔51〕以联邦金融监管局为代表的保险监管机构依法严格履行事前监督和事后纠正职责，在一定情况下积极介入，披露和纠正年金保障机构的非合规经营措施，参与整改方案的制定。

德国企业补充养老保障制度的 5 种实施模式中，直接保险、养老保险基金和养老投资基金的运营，受联邦金融监管局保险及其内部企业年金监管分部监管。但在采取直接承诺或互助合作基金形式时，雇主亦可将资金委托养老保险或投资基金，或交由保险机构代为业务管理，因此，此二模式的实施亦"间接"受到年金保险监管的影响。

2. 逐层严格的一体化监管规则

（1）一般监管规范

由于企业补充养老保险实施形式呈现多样性，〔52〕德国企业年金并未形成独立监管体系，而是作为（人寿）保险监管的组成部分予以调整。在《保险监管法》（VAG）总则、保险与再保险、保险安定基金部分之后，设置"企业年金保障承担机构"专章作为第四部分，结合《养老投资基金监管条例》（PFAV）、《保险公司会计条例》《保险报

---

〔49〕 一般来说，年金保险监管模式分为审慎监管模式和严格限量监管模式。审慎监管模式主要根据"谨慎人"规则对年金基金实施监管，要求投资管理人像对待自己的资产一样，谨慎地为企业年金基金选择最能分散风险的资产组合，监管机构相对放松对有关合同条款、市场准入条件、投资组合等的约束，多为事后介入，此种模式以美国为典型代表。严格限量监管模式主要是根据严格限量原则，政府对企业年金基金投资实行较为硬性的管制，作出较为明确的限制和规定，包括对市场准入资格的限制，对合同条款、投资组合等都制定指导原则。德国的年金监管更趋近于"严格限量"监管模式。

〔50〕 陈敬元：《德国保险业风险防控的实践与启示》，载《中国保险》2017 年第 12 期。

〔51〕 黄相博：《德国及欧盟金融监理法制》，载台湾行政法学会（主编）《台湾行政法学会研讨会论文集（2015）》，元照出版社 2016 年版，第 316 页。

〔52〕 比如直接保险模式即为一类特殊寿险，由雇主与人寿保险公司直接签订保险合同，以雇员作为被保险人和受益人，运营年金计划。

酬条例》等规章条例中的执行细则,对企业补充养老保险实行全面监管。

德国的保险监管针对金融业保持一贯的严格监管风格。《保险监管法》中一方面强调保险公司自我监督与内部风险管理体系优化,要求其基于谨慎经营人原则(Grundsatz der unternehmerischen Vorsicht)配置资产和处理投资事宜。另一方面,在第 7 条中对包括参与企业、外部评估机构、集中风险、市场风险、经营报酬等与保险服务与监管相关的近 40 项重要概念进行了统一定义,并在市场准入、机构组织经营、投资比例、信息披露和收益储备方面做了相对明确的标准要求或条件限制。

(2) 针对人寿保险的监管要求

首先,在一般性规则的基础上,对于可经营年金直接保险业务的人寿保险公司,法律明令其须依适当精算假设制定保费计算标准,并得为各项合同设置足够的精算准备金,以保证能够履行所有保险义务。因此,保险公司须按要求将其保费和精算准备金的计算准则告知监管机关,并聘任获得其认可的总精算师,确保精算准备金合规设立并依法管理。如事实表明预任命的总精算师非可靠适格,或已任命的总精算师未正确履职,监管机关可要求另行任命,或在特殊情况下自行指定。

其次,作为长期保险业务提供者,公司须定期对内部风险和偿付能力,特别是偿付能力要求的满足、风险状况偏差严重程度与公司的长期风险承受能力等事项进行评估考察。风险模块设置应充分反映其基于所承保业务及其流程所产生的义务性风险,如死亡、长寿、法律修订、保单取消(变更)以及灾难等风险类别,并与其偿付能力的资本要求相结合。

最后,基于人寿类保险合同保险利益长期性的特征,德国建立专门寿险安定基金(Sicherungsfonds)[53],要求在德国从事人寿保险业务的保险公司必须加入,养老保险基金也可加入。当联邦金融监管局判定保险公司偿付能力不足、有无法履约之虞时,寿险安定机制即可启动。保障机构将接管保险公司所有人寿保险合同并持续履行其义务,直到最后一份合同履行终止,或相关业务成功由另一保险公司承接。德国寿险安定机制,实际就是以继续履行代替单笔赔偿,从而最大化地保障被保险人的权益。[54]

(3) 对职工养老保险承担机构的特别规定

对于职工养老基金机构,《保险监管法》在一般规则的基础上,又针对性地做了进一步规定。

首先,为保证基金机构始终保有至少达到偿付能力要求的自有资本,法律明令其须具备与经营规模相适应的完整业务组织结构,风险管理系统应能够及时识别、

---

〔53〕《保险监管法》第 3 部分,第 221 至 231 条。

〔54〕 台湾财团法人保险安定基金:《出国考察报告书——德国寿险安定机制介绍》,2010 年,第 8 页。

评估和管控与投资相关的环境、社会及其他重要治理因素风险。在具体的资金运营方面，一方面规定在机构内部准则中，应加入对精算职能的设置规范，以保证投资决策的稳健合理；另一方面则对基金保证资金（Sicherungsvermögen）的投资范围做出明确限制，强调该项资金的安全性与保值性。同时，为适时缓和硬性规则与灵活市场引发的决策矛盾，《保险监管法》亦授权监管机关，可依申请视个案情形作出临时投资许可，从整体上实现权益人和受益人长期利益的最大化。

在保证机构中立性方面，法律要求基金监事会成员须包含发起公司的雇主与雇员代表，内部审计职能负责人不得再履行机构其他关键职能。为避免利益冲突，一般情况下，机构中关键职能的负责人员不得在发起公司中承担类似职责；确需兼任的，应即报监管机关；若发生利益冲突情形，基金机构决策亦仅考虑权益成员及其相关受益人的利益。

在信息告知方面，基金机构须向其成员及其受益人提供每个运行的老龄保障项目的一般信息。除此之外，还应在合理间隔时间内，告知与其年金计划有关的制度变更和规则调整的所有重要内容及其影响。《保险监管法》特别指出，在年金保障法律关系建立之初、存续之时和年金领取期间，信息告知义务应考虑不同阶段的需求偏好，有针对性地全面履行。

与养老保险基金相比，由于养老投资基金类型在资金投资和经营方面更加自由，因而对其的监管规则又更加具体。一般情况下，适用于人寿保险公司和养老保险基金机构的规定亦对其有约束力。[55] 但该类基金的经营主体限于获得监管机构专项许可的股份公司，法律要求其必须始终保证，自有资本额不低于根据整体业务规模所测定的偿付能力要求，且针对相应的养老金计划（Pensionsplan），特别考虑其具体的年金待遇类型与给付时限标准，筹建保证资金。因此，投资基金须每年向监管机关提交其资本偿付能力的核算记录与自有资本证明，其投资政策基准说明中须有对各项退休金计划的经营策略陈述，包括按照待遇类型与给付时限对资产价值的分配。

（二）欧盟一体化的压力之下监管体系的相对独立

《偿付能力指令Ⅱ》（Solvency Ⅱ）于 2009 年 11 月 25 日获欧洲议会与理事会通过，并以 2009/138/EC 号指令形式公布。该指令希望在欧洲范围内创建新的金融监管框架，实现保险业内部市场广泛而全面的协调（Harmonisierung）。固然，统一的竞争标准对于提高欧盟内部保险行业整体实力、保护投保人保险利益有好处，[56] 但若将分担重要社会风险抵御功能的年金保险机构一并推入完全的金融市场漩涡之

---

〔55〕 《保险监管法》第 237 条。

〔56〕 Vgl. Armbrüster, Recht und Schaden 2015, 425, 425 ff.

中,面对自由竞争与份额抢夺,其是否还能坚守年金计划非单纯追逐资本最大利益的企业—社会给付本质,保持作为企业养老保障最有效提供者的中立与谦抑性,结果存疑,更不可以先试验后判定。[57] 养老保险与投资基金的特殊性,在于其基于劳动法,基于个别劳动合同或团体协议的约定而建立,因而其核心功能亦包含企业的社会(福利性)给付,而非仅是"金融(逐利)产品";而作为前者,企业养老金计划与其他金融市场产品无法实现完全竞争。因此,联邦议会最终在 2012 年作出决定,接受保险监管的职工养老保险、投资基金机构(EbAV)不适用《偿付能力指令Ⅱ》规则。[58]

相较于《偿付能力指令Ⅱ》对欧洲金融制度框架的改革雄心,2016 年全新修订的《企业年金承担机构经营与监督指令》则致力于成员国间年金制度的"最小化协调"(Mindestharmonisierung),意在为年金权益人提供更好的保护。其将规制与监管的重点放在了四个方面:(1)提高机构业务经营与组织管理要求,构建风险管理机制,加强相关金融监管;(2)为(潜在)受益权人,尤其是在期待权利阶段,提供全面信息;(3)调整业务经营可持续性;(4)消除跨境经营者监管障碍。[59] 这与德国企业补充养老保障的制度优化理念是基本一致的。因此德国在 2018 年 12 月 31 日颁布《〈企业年金承担机构经营与监督指令〉转化法》,据此对包括《保险监管法》《养老投资基金监管条例》《保险公司会计条例》等多部法律法规中涉及企业补充养老保障机构的规则进行了修改。

五、新《企业年金强化法》:"企业—社会给付"属性的妥协与突破

1. 企业年金扩展之困:中小企业的"社会给付"忧虑与"工资转换"之检讨

2002 年改革引入新的照顾允诺、实施形式和筹资方式后,德国企业补充养老保障制度的扩面工作取得了很大进展。至 2013 年年底,约有 1780 万属于法定养老保险义务参保人的雇员,在其雇主处取得了企业补充养老保障的年金给付期待权,约占所有义务参保人数的 6 成,与 2001 年相比,增长了近 30%。但从数据分析中也发现,企业年金的参与率虽有所提高,但覆盖群体很不均衡。中、小企业中年金保障制度筹建仍面临较大困难,特别是在少于 10 人的小型公司中,只有 30% 的员工享有某

---

〔57〕　Vgl. Wiesner, BetrAV 2015, 307, 307 ff.

〔58〕　Bundesrat Drucksache 90/12 v. 30.03.12 (Beschluss), S. 1 ff; Wiesner, BetrAV 2015, 307, 307.

〔59〕　BMF(德国财政部):BMF-Monatsbericht Februar 2019, Neue Aufsichtsregeln für Pensionskassen und Pensionsfonds.

一形式的补充养老保障资格。[60]

造成这一现象的原因有二。其一,在现有复杂的劳动、保险及税收制度规则下,基于传统社会给付属性的设计,雇主一旦表明以企业年金形式内化分担雇员老龄风险的意愿,就必须默认其认可承担年金给付获取、维系和兜底保障的制度内责任。而在人均寿命期望不断提高、长期困于低利率经济环境的欧陆德国,雇主实现上述责任的外在条件愈加苛刻,对于中小企业而言,实为不能承受之重。其二,2002 年改革引入的工资转换制度本身亦存在需检视之处。虽不否认,赋予雇员此种通过递延补偿方式建立年金保险的法定请求权,一定程度上有助于提高雇员的自我保障意识、扩大企业年金影响力。但是,自愿且能够从自己即期工资中抽出一部分转换为未来的养老给付期待,本身即意味着,其"减损"后的收入水平至少仍足够维系一般生活。中高收入群体或许无须顾虑,但对平均收入相对较低的中小企业员工而言,则并非可轻易决定之小事,更何况后者还面临决策时信息获取不全、风险理解偏差等困难。

特别地,如前所述,为鼓励雇员采用工资转换的筹资方式主动建立年金保障,2002 年的立法采取了法定社会保险"补贴"措施。即以工资转换方式参保企业补充养老保险的雇员,可以直接从其税前酬劳中先行扣除被转换的工资额度,上限为法定养老保险保费计算基数(Beitragsbemessungsgrundlage)的 4%。这样,基于该雇员扣除后工资酬劳所折算的法定养老保险的缴费额亦相应减少。立法者本意借此弥补雇员与企业的部分年金筹资成本,减轻其经济负担。然而法定养老保险缴费额度的减少,意味着折算后的养老金补偿点数(Entgeltpunkt)亦减少,或将导致所领取养老金额度的减损。更值深思之处在于,对执行现收现付制的德国法定养老保险而言,当期收入的减少势必会影响养老金当前价值(Aktueller Rentenwert)的确定和预期,从而进一步影响所有领取者的养老金水平。[61]联系上文所述中小型企业补充养老保障开展不足、工资转换对中高收入者更具吸引力的现状,低收入者一方面难以从企业年金保障中获得适当老龄收入补充,另一方面却被迫分担法定养老金实际减少的后果,最需获得风险保护的人反可能成为福利制度的牺牲者,这无疑与制度改革的初衷相违背。

2.《企业年金强化法》的新突破与导向调整

针对本世纪初改革的企业补充养老保障制度在此后 10 余年执行过程中反映出

---

[60] Rolfs, NZA-Beilage 2015，67，69.

[61] Vgl. Rische/Thied, NZS 2013，601，604. „Kannibelisierung der Alterssicherung"; Uckermann/Heilck/Eversloh, DStR 2014，1009，1009 ff.

的"新"问题，多名学者从各自领域提出了相应的优化方案。〔62〕2013年德国联邦政府的《联合执政协议》中已写明，要通过减少内外部障碍、创造有利框架条件，促进企业补充养老保障制度在中小型企业中的扩展。〔63〕经多轮讨论与咨询，《企业年金强化法》(Betriebsrentenstärkungsgesetz)〔64〕终于2017年获得通过，内容涉及劳动法、社会保险法和税法等多方规则的调整。该部法律的重心在于促进"劳资伙伴模式下"的企业年金制度优化，在此基础上，引入纯缴费承诺的雇主照顾允诺形式和雇员工资转换"退出选择"机制，同时，在税收优惠和社会基本给付方面〔65〕给予低收入者更多支持。

（1）纯缴费承诺

如前所述，德国企业补充养老保障制度从实践产生到立法规范，一直以给付承诺形式的雇主照顾允诺为逻辑起点，以雇员给付请求权保障为中心。虽然经历实施形式外部化、保障资本金融化、承担机构保险化和雇员筹资参与等结构性调整，实现由单一"待遇给定"(DB)模式向与"缴费给定"(DC模式)结合的多元模式转变，〔66〕但对这个有百余年历史的传统企业—社会给付制度而言，雇主始终扮演年金给付最终守卫者的角色，肩负此项待遇实现的担保责任，以履行其所允诺的老龄照顾义务。从此角度出发，2018年《企业年金强化法》中有关纯缴费承诺的规定，对整个体系而言是突破性的。因为以此类承诺形式建立的补充养老计划中，雇主在履行了约定的保费缴纳义务后，其于《德国民法典》第362条第1款意义上的"债务给付"即已完成，

---

〔62〕 其中最重要的两套咨询意见为经济学家 Kiesewetter 和法学家 Hanau 等受联邦财政部(BMF)、劳动与社会事务部(BMAS)委托所做咨询意见：Kiesewetter/Grom/Menzel/Tschink, Optimierungsmöglichkeiten bei den bestehenden steuer-und sozialversicherungsrechtlichen Förderregelungen der betrieblichen Altersversorgung (2016)；Hanau/Arteaga, Rechtsgutachten zu dem „Sozialpartnermodell Betriebsrente" des Bundesministeriums für Arbeit und Soziales (März 2016). 上述两项咨询意见在财政部、劳动与社会事务部网站上可以获得。

〔63〕 Deutschlands Zukunft gestalten, Koalitionsvertrag von CDU, CSU und SPD vom 16.12. 2013, S. 52.

〔64〕 Gesetz zur Stärkung der betrieblichen Altersversorgung und zur Änderung anderer Gesetze v. 17.8.2017, BGBl. I 3214.

〔65〕 配合纯缴费承诺与退出选择机制的正面刺激，《企业年金强化法》亦加大对参与主体的税费优惠。与此前的措施相比，新规更倾向于对低收入群体的补贴与支持，除一般性提高税收起征点与免税额之外，亦针对性设置"企业养老保障支持金"(BAV-Förderbetrag)和社会基本保障(Grundsicherung)既有收入扣减制度，从费用缴纳和待遇领取两个阶段入手，提高中小雇主和中低收入雇员的参与积极性。

〔66〕 即立法先后引入基于缴费的给付承诺和保有最低给付的缴费承诺两种雇主照顾允诺方式，实际执行偏向DC模式的年金计划。

与年金基金的投资风险,以及雇员退休时的年金给付风险再无直接权责关联,自然也无须承担其他照顾允诺类型中,基于允诺给付而衍生的给付担保义务。

在此情形下,外部保障承担机构[67]作为养老金待遇实际履行人,根据保障协议的年金分配计划向受领人为持续性给付。在初版《企业年金强化法》草案中,此类机构被科以最低待遇保证的义务(比如以已缴保费总额为基数),[68]然而问题在于,其一,既然雇主照顾允诺之主义务已随保费缴纳而履行完毕,即源义务已不包含给定待遇水准相关的内容,法律又何以苛求被委托执行的外部机构做唯一的履行保证义务人? 其二,这一设计看似对雇员友好,然低利率环境中,养老保障机构在高风险收益和低风险稳健类投资间寻求比例均衡,本已不易,若还需承担待遇保证,更容易打乱阵脚,或为保障原始资本过度求稳,或为减轻保证压力冒险求胜,致项目萎缩,不利于年金资本的累积与增值。[69]故而正式文本中,无论雇主或年金保障承担机构,均不可就养老金最低给付为保证,甚至"零利率保值保证"(Null-Zins-Garantie)亦不获许可。

当然,无须负最低给付保证并不意味资本审慎经营义务的免除,后者多经由年金监管制度和措施落实。如在申请经营许可时对风险类别及其资质的特定要求,年金计划执行过程中信息告知义务和监管机构报告义务,以及年金保障机构独立保证资金或投资基存资金的设立与管理等方面,《保险监管法》和《养老投资基金监管条例》均在《企业年金强化法》颁布后做了对应修正与补强,加强了对纯缴费承诺模式下执行年金计划的监管力度。

(2)"退出选择"

除纯缴费承诺外,经《企业年金强化法》引入的另一项新规则即所谓"退出选择"(Opting-Out)机制。雇主得以此为其全体雇员建立以工资转换形式实施的企业补充养老制度,雇员自动加入其中,若无意于此,则须在合理期限内做出"选择退出"的意思表示。此时法律拟制了一项合同缔结,以异议权(Widerspruchsrecht)的行使为其解除条件。[70]

"退出选择"机制便捷高效,规模化管理便于成本控制。立法者意在将之与"纯缴费承诺"相结合,为中小企业建立劳资共筹的补充养老保障计划提供可行路径。然而,其一,即便有《德国民法典》第 126b 条规定的文示义务,过短的异议期间是否

---

〔67〕 为避免雇主滥用此项承诺形式,故《企业年金法》第 1 条第 2 款第 2a 项明确规定,纯缴费承诺形式的年金计划只能委托外部保障承担机构以直接保险或两类职工养老基金模式实施。

〔68〕 Vgl. Hanau/Arteaga, DB 2015, 613, 615, 618 ff; Ulbrich, BB 2016, 2363, 2365 f.

〔69〕 Vgl. Rolfs, NZA 2017, 1225, 1228; Hanau, NZA 2016, 577, 580.

〔70〕 Steinmeyer in Müller-Glöge/Preis/Schmidt, Erfurter Kommentar zum Arbeitsrecht, 19. Aufl. 2019, BetrAVG § 21 Rn. 3.

足够非专业的雇员充分了解其切身利弊,做出正确选择,实存疑问;其二,有学者忧虑,虽立法者意在"劳资共筹",但规则所赋予的雇主建立工资转换之"自由",或会使雇主逃避资方缴费责任,甚至将已执行的补充养老计划转至此种方式,使企业年金成为雇员的又一"义务"保险,终与强化中小型雇主参加的立法本意相悖。[71] 因此,须以某种方式强化雇员能力,平衡双方实力,以实现改革之初衷,德国立法者选择了强化集体协商的解决路径。

(3) 团体协议:劳资伙伴模式下的企业年金构建

纯缴费承诺形式已有他国适用,"退出选择"亦有制度实践;德国立法者顾虑于雇员因此可能承担的待遇减损风险,与传统照顾允诺之教义不相匹配,因此迟迟未予采纳。如今虽引入此二选项,以减轻中小型企业雇主之负担,但考虑到为雇员提供老龄保障这一制度初衷,也须有实力者为雇员利益参与年金计划制定,以调节双方责任分配。基于此考量,《企业年金强化法》加强了劳资伙伴模式下(Sozialpartnermodell)的企业年金构建路径,凸出团体协议的作用地位。法律规定,纯缴费承诺形式的雇主照顾允诺和"退出选择"模式须经团体协议,或基于一项团体协议的工厂协议(Betriebsvereinbarung)约定始得许可建立。以纯缴费形式实施的企业年金制度建立后,团体协议双方均须参与其实施管理,其中包括对年金计划的执行调整,以及对外部保障承担机构资金投资基准的调控。[72]

鉴于团体协议约束力在中小型企业中的局限性,立法者认为可借助《团体协议法》第 5 条规定的一般约束力声明(Allgemeinverbindlicherklärung)方式,即以特定行业成熟团体协议为实践模板,由联邦劳动与社会事务部依申请,经集体谈判委员会(Tarifausschuss)同意,基于公共利益需要声明该协议的一般约束力,劳资伙伴可据此建立共同机构(Gemeinsame Einrichtung),对年金计划的实施进行管理。[73]

3. 劳资伙伴模式——回归"企业社会给付"的初衷

由于本世纪初的企业补充养老制度改革并未完全实现针对低收入者和小型企业雇员的扩面和保障目标,因而联邦劳动与社会事务部期望经此轮"新型劳资伙伴模式下的企业年金"改革,消除现存主要障碍,点燃中小雇主建制兴趣。

多年来,德国企业补充养老保障之法律改革几乎陷入了"给付保障"的死胡同,似乎雇主照顾允诺必须以"给付保障"为限,否则制度之救济照拂目的不张,企业社会给付意义不显。然而,就企业补充养老保障法律制度本身而言,其规制基础实为

---

〔71〕　Vgl. Schlewing, NZA-Beilage 2014, 127, 135 f.

〔72〕　Rolfs, NZA 2017, 1225, 1225.

〔73〕　BT-Drucks 18/11286, S.33; vgl. Rolfs, NZA 2017, 1225, 1226; ders., NZA-Beilage 2015, 67, 68 f.

雇主基于劳动关系而自愿为之照顾允诺,企业的实质参与才是关键。须雇主履行了支持与管理责任,先筹资建制,雇员方可获保障权益人身份,再谈保护年金期待权益以及依约实现给付方才有意义。纯缴费承诺形式下,基于照顾救济初心建立的企业社会给付制度并未丧失其本质,而是立足当下社会之现状,对所共御之社会老龄风险在雇主、雇员和外部保障承担机构间的责任再分配。[74] 此时纠结于允诺形式已无必要,一则确保雇主筹资义务与雇员期待权益实现,二则确保风险分配即年金计划制定公平合理,三则确保约定之年金计划依法合规执行,才是保障雇员权益之内核。对于第一点,德国修订《企业年金法》,在第 23 条中加入纯缴费承诺模式下雇主的保障保费(Sicherungsbeitrag)缴纳责任,作为额外保障助力年金计划实现;同时第22 条第 2 款亦规定,在此模式下雇员的养老金期待权一经取得即不可丧失。第二点则可通过强化劳资伙伴模式和团体协议,平衡各方利益。关于年金计划合规实施的第三点,则依托德国严格的保险监管路径实现。

六、总结与启示

(一)德国企业补充养老保障制度之总结

社会现象非静态不变,新的行为模式随社会发展产生,法律反映社会变革、影射变革结果,同时亦可透过改变人民制度性行为达成特定社会变革之目的。[75] 法律效用因法而异,也因社会而异。德国企业补充养老保障制度源自工业革命后期雇主对雇员的"自愿"救助,以"基于劳动关系的,为年老、伤残和遗属照顾目的而为之雇主照顾允诺"为概念核心,兼有延付酬劳与照顾救济双重特征,弥补雇员人生"后工作阶段"生存保障不足、内化老龄社会福利赤字风险,具有企业—社会给付属性。生存保障往往以即时收入为直观表现,德国年金法律制度长期坚持雇主给付保障的允诺"底线",不惜部分牺牲雇主制度筹建之"自主决定权"(见"工资转换"),当然有出于保障雇员年金期待权益实现的初衷,然长期形成的路径依赖亦是重要原因。2002年的改革形式上坚持"企业—社会给付"表象,实际或致对中低收入者不公,并未完全实现改革之目的。2018 年之新法,寄望于纠正现实中扩面之掣肘因素,突破性引入纯缴费承诺形式,制度导向回归雇主参与的企业补充养老保障实质,通过劳资协商、团体协议约定年金计划,平衡双方权利义务,并辅之以年金(保险)监管和年金支

---

〔74〕 Vgl. Schlewing, NZA-Beilage 2014,127,136.

〔75〕 陈铭祥:《法政策学》,台湾元照出版社 2019 年版,第 26—29 页。

付保障机制[76]，以保障计划依约实施、权益合理实现。（德国企业补充养老保障制度基本结构见图1）

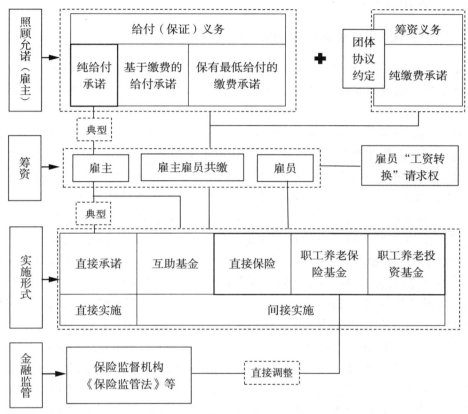

图1　德国企业补充养老保障制度基本结构

当然，《年金强化法》之政策目的能否转为执行实效，仍旧依托于立法与当前社会现状的审慎互动与磨合。特别是纯缴费承诺形式是否会引发"转型潮"，即雇主设法从已实施的给付承诺年金制度中逃离，而选择责任范围较窄的纯缴费模式，实质取决于立法所设计的劳资伙伴模式的实施效果。同时，要维系年金"企业—社会给付"属性、保障雇员的实质利益，避免制度"金融产品化"、沦为外部承担机构的产品

---

〔76〕　雇主与年金保障机构之支付保障机制此前有学者进行研究介绍，列如参见杨复卫、张新民：《企业补充养老保险制度的德国经验与中国启示》，载《甘肃政法学院学报》2016年第5期。但不同照顾允诺形式与实施形式下，破产与给付不能之保障方式与顺序亦有所不同，特别是2018年立法引入纯缴费承诺前后，雇员期待权益之破产保障问题引发多方讨论，鉴于本文写作目的与篇幅所限，在此不予详论。

推销战场,[77]就更需要在减轻雇主在给付保障层面的经济负担的同时,通过劳资协商,要求其承担更多制度筹资、管理和维系责任。从这个角度出发,立法者此时亦赋予了(行业性)团体协议一定的公共利益内涵。

(二)对我国企业年金制度发展的启示

基于以上对德国企业补充养老保障制度的梳理,结合前文提及的我国企业年金在扩面提质上遭遇的困境与问题,针对目前存在的主要制度含混之处,提出三点拙见,以待引玉。

其一,概念内涵之明确。就养老保障的三层次体系而言,第二层次之主体之范畴应包括所有企业补充养老保障制度(即企业年金制度),企业补充养老保险(即企业年金保险)为前者下位形式之一。但据我国《企业年金办法》第一章总则中第2、3条规定的内容归纳,我国企业年金制度指的是企业及职工在依法参加基本养老保险的基础上,自主建立并共同缴纳费用的、完全累积基金制的补充养老保险制度。也即是说,我国法律所调整的企业补充养老保障制度实际仅指年金保险制度。首先,此种限制不利于鼓励用人单位根据自身情况,采取多种形式的保障手段,取得国家多方政策性优惠支持。其次,单就内容而言,此法律概念更多体现管理规制性要素,如涉及共同缴费、完全累积基金制等有关筹资、实施形式方面的限制性条件,有过度管控之嫌,且无法从中推导出主体间核心权义关系。再者,制度虽称"自主建立",但企业与职工双主体,在实施企业年金制度一事上,本存在一定的目的冲突性,究竟为何方之"自主",并不明确。[78]不如参考德国企业补充养老保障制度,从助力明晰权责关系角度,确定制度概念内涵,界明用人单位自主决定权的范围。明确"自主"之宽窄,方可确定"共决"之方圆;确定私主体"共决"之方圆,方可划定公权力管理之边界。

其二,主体权利义务之明确。根据《企业年金法》与《企业年金基金管理办法》的规定,我国企业年金制度关联法律主体范围较广,实际包括用人单位、职工、受托人(含企业年金理事会)、账户管理人、托管人和投资管理人共六类,其中《企业年金基金管理办法》主要从基金信托投资关系[79]角度,对后四类主体的资质、职责、收益与报告做出了较为详细的规定。

然而从《企业年金办法》到《企业年金基金管理办法》,法律的规制似乎缺少中间衔接的一环:若立法规定企业年金为一项"保险"制度,则基金信托投资非为企业年

---

〔77〕 Vgl. Ewald/Fischels, NZS 2016,58,61.

〔78〕 参见郝大为、唐擎、盛梅:《对企业年金基金账户所有权和投资决定权的研究——从企业和职工关系的角度》,载《保险研究》2015年第1期。

〔79〕 参见郝大为:《企业年金基金的信托法律关系研究》,载《保险研究》2014年第5期。

金的实施形式(Durchführungsweg),而是实施投资工具(Instrument)。年金保险实施形式涉及用人单位、职工与外部实施公司(即所谓"保险"公司)的权利义务设置,包括保险形式、实施公司资质、三方权利义务、保险待遇调整与履行、职工权益保障特别是年金破产保护等内容,应在《保险法》勾勒之法律关系框架基础上,采其特殊之处由《企业年金办法》明确规定,再由金融监管法律负责保险类公司之合规经营。在明确职工年金权益内容及其义务主体和保障手段之基础上,可以由具体的基金监管条例负责基金的投资管理,保障年金缴费之保值增值,确保职工期待权益之实现。目前的企业年金制度结构杂糅,兼有保险与信托特征,各主体之间责任义务交错,权利层层委托,职工的账户所有权、投资共决权乃至最重要之救济权,早已架空而无法行使,甚至基本之信息获取权亦难以真正实现。[80]

　　总体而言,我国企业年金规范更具有制度管理的特征,此概与我国年金制度推广较晚、企业缺少运行经验、政府须承担规范引导职责相关。然而制度发展的真正动力在于参与者本身的目的实现,于单位一方,是企业人力成本经营,于职工一方,则是退休收入支持。立法应该以实现社会老龄保障为目的,协调双方目的同向性,明确各方核心权利义务及救济途径,尤其可强化年金理事会、职工民主参与以及集体协商机制,平衡双方实力。在此基础上,应尊重企业与职工根据自身情况作出的方案选择。政府之干预以值守中立,监督各方履行法定和约定义务、保障权利实现为主,兼有正向鼓励支持,或更能激发企业内部对补充养老保障制度内容与实施形式之创新。

　　其三,制度整体导向之明确。鉴于多方原因,我国企业年金制度虽然被承认为企业福利的一种,但现实中往往强调基金投资而忽视福利支持,强调外部资本运行规制而忽视劳动关系双方的参与协商。目前需要明确的是,我国企业补充养老保障之定位,即究竟是更偏向于中高水平收入者的生活水准保障之补充,还是更偏向于中低水平的收入者生活保障之补充。前者会让企业补充养老保障制度更关注其"金融产品"功用,以实现资本增值,后者则更强调"社会给付"属性即给付保障。值得注意的是,与采取新自由主义福利补足模式、职业年金在老龄收入中占据主要地位的美国不同,我国养老保障体系目前呈现的是社会基本养老保险为主、企业年金保险与个人补充养老为辅的结构,且短期内不会发生实质翻转。随着经济发展、人口老龄化、社会保障意识觉醒,企业年金之"补充"作用不变,但"向下"(即向中小企业与中低收入者群体)扩面的内、外部动力与压力俱存,需要在调动用人单位积极性同时,强化其中低收入雇员生活保障补充的功能。因此,健全金融市场,实现基金规范投资与增值当然重要,但此为更高阶目标,现阶段立法与施法调整之导向应更着力

---

〔80〕 相似观点参见郝大为、唐擎、盛梅:《对企业年金基金账户所有权和投资决定权的研究——从企业和职工关系的角度》,载《保险研究》2015年第1期。

于以下三点：(1) 以保障劳动者年金权益为中心，构建不同实施形式下用人单位、外部经营机构与雇员间权利义务关系，特别须明确前两者在雇员期待权利保障与实现问题上的责任分配。(2) 强化国家对中小企业建立年金制度的支持，通过制度规范，明确雇主和雇员在税收、社会保险及其他社会保障制度中享有的优惠与补贴措施，有效减轻企业与职工的经济负担。(3) 在明确用人单位和外部保障机构相应的缴费、经营与给付责任配置的基础上，补强现有年金期待权益保护规则，改变当前职工在年金制度中的被动参与局面，增强其参保动力。在此基础上，适时引入工资转换筹资模式与退出选择机制，提高制度参与率。

中德法学论坛

第 18 辑·上卷,第 73～89 页

论行政补贴中法律保留原则的适用[*]

韦科顺[**]

摘　要:依据"重要性理论",涉及基本权利的"重要事项"均须保留给立法机关制定。行政补贴具有负担性、侵益性、公共性及合目的性等属性,是一种非纯粹授益性行为,兼具干预行政的效果,对公民基本权利产生深远影响。因此,基于行政补贴对公民的"重要性",在行政补贴领域应适用法律保留原则。然而,由于"重要性理论"在补贴事项"重要性"的判定方面过于抽象。因此,对于行政补贴法律保留事项的判断,应在"重要性理论"的基础上,进一步结合"功能适当学说"与"影响范围理论",形成具体化判断标准,据此建立行政补贴领域层级化的法律保留体系。

关键词:行政补贴;法律保留;重要性理论

Abstract:According to the "materiality theory", all important matters involving fundamental rights must be reserved for legislators to formulate. Administrative subsidies have the attributes of affordability, intrusion, publicity, and purposefulness. It is a non—pure benefit-giving behavior and has the effect of interfering with administration. It has a profound impact on the basic rights of citizens. Therefore, based on the importance of administrative subsidies to citizens, the principle of legal reservations should be applied in the area of administrative subsidies. However, the "materiality theory" is too abstract in determining the "importance" of subsidy matters. Therefore, the judgment of the legal reservation of administrative subsidies should be based on the "materiality theory", further combine the "functional appropriate theory" and "influence range theory" to form specific

---

[*]　本文为江苏省研究生科研与实践创新计划项目"行政补贴的法律规制"(项目编号:KYCX19_0007)的阶段性研究成果。

[**]　韦科顺:南京大学法学院博士研究生。

judging criteria, and establish a hierarchical legal reservation system in the field of administrative subsidies according to these criteria.

Key Words：Administrative Subsidies；Law Reservation；Materiality Theory

　　行政补贴是国家宏观调控的重要手段,其在市场经济中发挥着举足轻重的作用,但是,作为行政给付的下位概念,其是否适用法律保留原则是德国行政法学界长期争议的问题之一。我国自 2000 年《立法法》引入法律保留原则以来,行政补贴是否适用于法律保留的问题日渐凸显,亟须得到理论上的合理阐释,并进行相应的制度构建。笔者从论述法律保留原则的内涵功能着手,探讨行政补贴领域是否应适用法律保留原则,并进一步深入分析研究如何具体适用法律保留原则的问题。

一、何谓法律保留：内涵功能阐释

　　法律保留概念为德国行政法学家奥托·迈耶所提出。其意指在特定领域的国家事项应保留由立法机构制定的法律来规定,行政机关唯有依法律的规定作为。[1] 其作为宪政主义的宪法工具,[2] 对于权力的配置具有重大的政治和宪法意义,是公法上重要的理论和制度。[3] 纵观法律保留原则的发展历程,其主流学说包括"侵害（干预）保留说"、"全面保留说"及"重要事项保留说"等。[4] 干预（侵害）保留是法律保留的最初形态,是干预行政背景下"警察行政法"的体现。[5] 伴随着给付行政的发展,法治国理论要求加强法律对行政权的约束,从而扩大了法律保留的适用范围,提出了"全面保留说"。该学说认为不论干预行政抑或给付行政均应受法律保留原则的控制,法律保留原则适用于行政法的全部领域。1972 年,德国宪法法院通过判

---

〔1〕　Otto Mayer, Deutsches Verwaltungsrecht, Bd. I, 3.Aufl., 1924, S.68；吴庚：《行政法之理论与实用》,中国人民大学出版社 2005 年版,第 53 页。

〔2〕　[德]哈特穆特·毛雷尔：《行政法学总论》,高家伟译,法律出版社 2000 年版,第 109 页。

〔3〕　参见吴万得：《论德国法律保留原则的要义》,载《政法论坛》2000 年第 4 期。

〔4〕　所谓侵害保留说,简单地讲就是指行政机关在作出"侵害"相对人权利或者课予相对人义务等不利行政行为或称"负担行政"的情形下,必须有法律的根据。而对相对人的"给付行政"则不需要有法律的根据,属于行政自由裁量的范围。所谓全面保留,简单地讲就是指所有行政行为都必须有法律的根据,不管行政行为是"侵害行政",还是给付行政（或称授益行政）都必须以法律为依据。所谓重要事项保留说,又称为本质性保留说或者本质事项保留说,是指不仅干涉人民自由权利的行政领域应适用法律保留原则,而且在给付行政领域中,凡涉及人民基本权利的实现与行使,以及涉及公共利益尤其是影响共同生活的"重要基本决定",应当有法律的明确规定。

〔5〕　参见喻少如：《论给付行政中法律保留原则的适用》,载《武汉大学学报（哲学社会科学版）》2011 年第 2 期。

例提出了"重要事项保留说",在德国占主导地位。该"重要性理论（Wesentlichkeits-theorie)"[6]主张，凡涉及基本人权的重要事项均须保留给立法机关制定，但"重要性的标准并不是事物的性质，而是某规则对组织和个人的意义、分量、基础性、深远性及其强度等"。[7] 重要性理论跳出了行政干预与行政给付之划分、特别关系之考量、国家任务之变迁等传统法律保留争论的框架，而直接以国家事务对基本权利之行使或实现是否重要为标准，决定某类事务是否属于法律保留的范围。[8] 在法律保留范围的维度上，重要性理论扩大了传统的干预保留范围，同时也限缩了全面保留范围，不是所有的国家事务对基本权利的实现都占据重要地位。在法律保留密度[9]的维度上，重要性理论表现为一种动态模式，最早可追溯至 1976 年第 51 次德国法律大会(51.DJT)上提到的公式：越是持久地涉及或者威胁公民个人基本权利的，在公众中的问题越有争议的，法律规范就越须精确和受限制。[10] 如同阶梯结构：十分重要的事务只能由法律调整；比较重要的事务可以由法律授权的法令制定机关调整；非重要性的事务，则属于法律保留的适用范围之外，由行政机关保留（如图 1）。从调整密度的不同要求来看，这种阶梯顺序是紧密衔接的，不会中断。[11] 在重要性理论下，行政机关具有一定程度的自由裁量权，有效避免了传统干预保留和全面保留学说对立法权与行政权关系的分离和僵化。

重要性理论不仅跳出了传统的干预行政与给付行政、警察国家与福利国家的分析框架，将法律保留原则的范围从侵害保留发展到基本权利保留，而且让人们关注到传统法律保留原则下立法者恣意授权的弊端，进而发展出国会保留[12]（绝对保留）理论。[13] 具言之，君主立宪时代的法律保留，即侵害保留，其实质是将政府对人

---

〔6〕 Wesentlichkeitstheorie，学界译为"重要性理论"或"重要事项保留说"。

〔7〕 ［德］哈特穆特·毛雷尔：《行政法学总论》，高家伟译，法律出版社 2000 年版，第 110 页。

〔8〕 叶海波、秦前红：《法律保留功能的时代变迁——兼论中国法律保留制度的功能》，载《法学评论》2008 年第 4 期。

〔9〕 德国学者毛雷尔认为，在法律保留的总体范围内，什么事务应当由立法机关自行调整，什么事务可以授权法令制定机关，法律的调整应当精确到什么程度，这是法律保留的调整密度问题。

〔10〕 参见张慰：《"重要性理论"之梳理与批判——基于德国公法学理论的检视》，载《行政法学研究》2011 年第 2 期。

〔11〕 ［德］哈特穆特·毛雷尔：《行政法学总论》，高家伟译，法律出版社 2000 年版，第 110 页。

〔12〕 "国会保留概念的提出，意在立法的这种不受限制的选择或授权自由，课予其就法律保留范围内的特定事务，无论如何必须'亲自'以法律规定的义务，不得委由行政机关决定。"参见许宗力：《法与国家权力》，台湾月旦出版社 1993 年版，第 196 页。

〔13〕 参见喻少如：《论给付行政中法律保留原则的适用》，载《武汉大学学报（哲学社会科学版）》2011 年第 2 期。

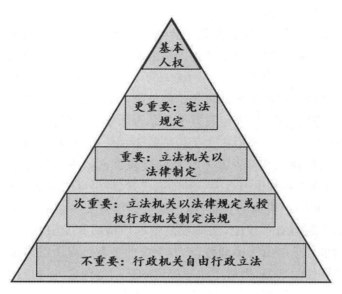

图 1　重要性理论的阶梯结构

民财产与自由的干涉权交由人民代表组成的国会,以控制行政机关权力的滥用,实现对人民权利的保障。现代国家机构的任务不仅仅是维护公共安全与秩序,国会亦不再是唯一具有民主正当性的机构,行政干预和行政给付均成为国家实现目标。维护社会秩序的手段。自 20 世纪 70 年代德国联邦宪法法院提出"重要性理论"以来,产生了一个新的争论点,即:"在法律保留原则的适用范围内,是否存在某些特殊事项,无论如何均必须由立法者'亲自'以法律规定,不得授权行政机关制定?"〔14〕重要性理论延伸出国会保留(绝对保留)理论,即法律保留原则在控制行政权的同时又演化出限制立法者怠于立法、任意授权行政机关立法的功能。

二、为何法律保留:我国行政补贴领域适用法律保留原则的原因证成

　　法律保留源于代议机关对王权的限制,其以民主、法治国和基本权利保障为理论基础,主要体现在对重要事项调控上的法律垄断。因而,法律保留原则存在的主要形式是法律的专属调控事项。〔15〕我国《立法法》第 8 条列举了只能制定法律的十大事项,其中有关犯罪和刑罚、剥夺公民政治权利的和限制人身自由的强制措施和处罚、司法制度等事项属于绝对保留事项,只能由全国人大及其常委会亲自行使而不能任意授权;第 9 条规定"本法第八条规定的事项尚未制定法律的,全国人民代表

---

〔14〕 参见许宗力:《法与国家权力》,月旦出版社 1993 年版,第 119 页。

〔15〕 参见张峰振:《论宪法保留》,载《政法论坛》2018 年第 4 期。

大会及其常务委员会有权作出决定,授权国务院可以根据实际需要,对其中的部分事项先制定行政法规",属于可授权的法律保留(相对保留)事项。因此,我国《立法法》第8、9条关于全国人大及其常委会的专属调控权的规定具体明确,被认为是我国的法律保留条款。[16] 我国法律保留的适用范围所采用的亦是重要事项保留说。[17] 理论上,既然《立法法》第8条规定了法律保留的范围,那么可能产生的问题是:在《立法法》第8条所规定的范围之外是否还存在其他的保留事项? 如果答案是肯定的,则表明《立法法》关于法律保留的规定只是一部分,除此之外的其他事项仍存在进一步加以界定的必要。考虑到《立法法》第8条第10项的概括性规定,其他法律保留事项的存在似乎是不言自明的。由此就引发了法律保留原则是否涵盖行政补贴的问题。

依据"重要性理论",若某个规则在对公民个人或组织的意义、分量、基础性、深远性及其强度等方面具有重要性,[18] 则皆有法律保留原则适用的空间,而不论是干预行政还是给付行政,是一般法律关系还是特别法律关系。那么,给付行政补贴是否对组织及公民个人具有"重要性",是否适用法律保留原则,可从如下几个方面进行考量:

(一)给付行政补贴行为对受补贴者的负担性[19]

行政机关在给予补贴的同时亦规定了受补贴者须履行相应的义务,遂产生了授益性和负担性相结合的效果。如果行政机关不履行给付补贴的义务,将侵害相对人的信赖利益,造成不亚于单纯权利受侵犯所造成的损害。若行政机关可以任意根据新的情况随时撤销给付,那么受补贴者的生存或发展将极大地受制于行政机关对这些权利或利益的处分。因此,行政补贴不仅仅是政策层面的问题,更是关系到社会正义、权利保护的信赖利益问题,当前亟须形成一套法律规范来控制行政机关任意使用其权力。

(二)给付行政补贴行为对同业竞争者的侵益性[20]

即使给付行政补贴的行为是纯粹授益的行政行为,对受补贴者不具侵益性,但对于未获得补贴的竞争者来说,其在竞争中将处于相对不利的地位,"况且补贴的发

---

〔16〕　参见应松年:《〈立法法〉关于法律保留原则的规定》,载《行政法学研究》2000年第3期。

〔17〕　参见周佑勇:《行政法基本原则研究》,武汉大学出版社2005年版,第197页。

〔18〕　[德]哈特穆特·毛雷尔:《行政法学总论》,高家伟译,法律出版社2000年版,第109—110页。

〔19〕　[德]罗尔夫·施托贝尔:《经济宪法与经济行政法》,谢立斌译,商务印书馆2008年版,第478页。

〔20〕　同上注。

放通常只是在有限的条件下进行的"〔21〕,"在一定程度上扭曲平等竞争秩序"〔22〕。因此,从竞争者的视角分析,行政补贴是一种侵益的,涉及平等权问题的行政行为。〔23〕平等权属基本人权,根据宪法的基本人权规定,可推导出凡涉及基本人权的事务必须由法律规定。即行政补贴对同业竞争者的基本权利产生了实际影响,必须受法律保留原则的约束。〔24〕

(三)给付行政补贴行为的公共性

行政补贴是利用国家的财政资金去促进相关产业的发展,因而补贴资金的给付将关涉宪政体制下公共财政支出。按照宪政与法治的观念,行政补贴的支出应有法定依据。公共财政的核心即公共性,而公共性主要体现在财政管理制度上,国家须制定详细的法律对财政收入与支出进行管理,权力机关才可以通过预算审批等权力来监督政府的财政活动,使财政行为按照人民的意志在法律的轨道上运行。

(四)给付行政补贴行为的合目的性

给付行政补贴不仅仅是为了授予相对人利益,其实质是对国家资金的合理配置,以实现政治、经济、文化、生态、社会方面的特定目标。按照民主原则,涉及国家和社会的重大事项必须由具有直接民主基础的人大立法机关规定,而不能任由行政机关自我规制。行政补贴是行政机关进行社会治理的一种经济手段,不同于基于社会保障性给付而实施的纯获益行为,它是政府为实现某些政策目标而对特定行业进行调控的行政行为,具有显著的经济和社会效应,这就要求制定法律对补贴的实际效应是否符合目标的实质合法性进行考量。

"根据法治国家原则和'重要性理论'中的基本权利保护原则,即便是授益性行为,亦需要立法机关的授权。"〔25〕行政补贴具有负担性、侵益性、公共性及合目的性等属性,其并非纯粹授益性行为,兼具干预行政的效果,对个人或组织的权利产生了深远影响。因此,行政补贴的给付规则必须受法律保留原则的约束。在法治国家,有权利必有救济,无救济即无权利,而能否获得有效救济的前提是该权利是否有法律的依据。如果公民请求给付补贴的权利未找到明确的法律规定,则在行政机关拒

---

〔21〕　[德]罗尔夫·斯特博:《德国经济行政法》,苏颖霞等译,中国政法大学出版社 1999 年版,第 69 页。

〔22〕　[德]罗尔夫·施托贝尔:《经济宪法与经济行政法》,谢立斌译,商务印书馆 2008 年版,第 477 页。

〔23〕　柳砚涛:《行政给付研究》,山东人民出版社 2006 年版,第 276 页。

〔24〕　参见黄学贤:《行政法中的法律保留原则研究》,载《中国法学》2004 年第 5 期。

〔25〕　[德]汉斯·J.沃尔夫等:《行政法》,高家伟译,商务印书馆 2002 年版,第 15 页。

绝给付或者不完全给付甚至废止给付的情况下,法院将缺乏足够充分的审查标准进行司法审查,将无法有效发挥保障相对人权利的功能。[26] 为了防止补贴不足或者补贴过剩等假借补贴之名但未行补贴之实的情形出现,任何行政补贴的给付都必须由法律保留原则支配。法律保留对行政补贴的约束符合现代民主条件下社会国原则的要求,但这并不意味着法律保留必须涵盖行政补贴全部的事项,也不意味着完全涵盖才会达到法律保留所追求的目标。正如德国学者欧森布尔所言,"法律保留范围的全面扩张对人民而言,无异于'特洛伊木马的糖衣毒药'"。[27] 法律保留对行政补贴的完全涵盖在具有诸多优越性的同时,也存在着其本身所固有的瑕疵。应松年教授认为,"法律保留原则是为了保证全国人民代表大会对国家最重大问题的绝对决策权,保证国家的发展方向和人民的权利。只有那些最重大的事项(才)须由最高权力机关决策,其他不属于最重大的事项则可保留给其他机关"。[28] 因此,我们在适用重要性理论时,必须清楚地认识到重要性程度难以准确判断,在具体个案中适用该理论缺乏明确性和可预期性。德国通过宪法法院解决此问题,而我国则亟须进一步分析研究。

三、法律保留什么:行政补贴领域法律保留密度的判断标准

行政补贴的设立可否由行政法规规定,抑或只能由法律保留规定?该问题的实质是根据重要性程度确定法律保留的事项范围,即哪些补贴事项应由法律保留。作为民主法治的助推器,法律保留的适用和功能在法秩序发展中发生了变迁,但其核心始终围绕着国家权限的划分,并且核心价值仍是基本权利的保障,不同的只是新时代背景下法律保留密度的不同。因此,在行政补贴领域适用法律保留最为关键的问题是"补贴事项"在立法与行政、中央与地方间的配置问题。法律对行政补贴的调整并非事无巨细,而须建立筛选标准,后依此标准分别由法律、行政法规或更低位阶的规范进行调整。这种在行政补贴领域根据一定标准而决定补贴事项的调整程度或深度的制度,就是行政补贴领域的法律保留密度。在行政补贴领域直接适用"重要性理论"作为判断标准,缺乏可操作性,需进一步细化"重要性"标准,建立行政补贴领域的法律保留密度,在分析该问题之前,首先需要明确我国行政补贴领域法律保留适用的实际情况。

---

[26] 黄学贤:《给付行政适用法律保留原则若干问题探讨》,载《江海学刊》2005 年第 6 期。

[27] 许宗力:《法与国家权力》,台湾月旦出版社 1998 年版,第 155 页。

[28] 蒋剑云:《论法律保留原则》,载《行政法学研究》2005 年第 1 期。

(一) 法律保留在行政补贴领域适用的现状及其存在的问题

我国目前并未形成系统性的补贴立法,也尚未制定行政补贴法,关于行政补贴的法律规定散见于各部门法中,如《农业法》《节约能源法》《邮政法》和《电影产业促进法》等法律,而根据法律制定的行政法规、地方性法规、部门规章亦未形成体系。据北大法宝统计,当前涉及补贴的法律 15 部、行政法规 17 部、地方性法规 59 部、部门规章 44 部、地方政府规章 22 部。基于当前关于农业机械补贴的法律规范在行政补贴立法中是最为系统的,其在法律、行政法规、省级地方性法规、部门规章等层级都有相关规定,因而选择农业机械方面的补贴为样本进行观察,剖析目前关于农业机械补贴法律法规的具体规定(见表 1)。通过对农业机械补贴相关法律样本的剖析,窥一斑而见全豹,从而宏观总览行政补贴法律规制的现状。

表 1　涉及农业机械补贴的相关法律法规

级别	法律法规	具体条款	设定主体	对象		标准	方式
				个人/组织	义务		
法律	《农业机械化促进法》	第 3 条	全国人大常委会,具体办法由国务院规定	无	无	无	财政支持、税收优惠政策以及金融扶持等措施
		第 26 条		农业机械生产者	农业机械的科研开发和制造实施	无	税收优惠政策
		第 27 条		农民和农业生产经营组织	购买国家支持推广的先进适用的农业机械	无	贴息方式支持金融机构提供贷款
		第 28 条		直接从事农业机械作业的农民和农业生产经营组织	从事农业机械生产作业服务;农业机械的农业生产作业用燃油	无	税收优惠;燃油补贴
	《农业技术推广法》	第 29 条	全国人大常委会	县、乡镇国家农业技术推广机构的专业技术人员	农业技术推广工作	无	补贴
行政法规	《农业机械安全监督管理条例》	第 4 条	国务院	农民	购买农业机械	无	增加补贴

续　表

级别	法律法规	具体条款	设定主体	对象		标准	方式
				个人/组织	义务		
地方性法规(以江苏省为例)	《江苏省农业机械安全监督管理条例》	第19条	江苏省人大常委会,具体办法由省农业机械化主管部门会同省财政部门制定	无	无	无	由财政给予农业机械保险费补贴
		第21条		农民和农业生产经营组织	报废农业机械	无	财政补贴
	《江苏省农业机械管理条例(2010年修订)》	第5条	江苏省人大常委会,农业机械报废更新的具体办法由省人民政府制定	无	无	无	财政支持、税收优惠和金融扶持等措施
		第8条		农民和农业生产经营组织	购买政府支持推广的先进适用的农业机械	无	补贴;采用贴息等方式
		第30条		报废农业机械的所有人	办理报废手续	无	凭报废凭证在购买列入推广目录的农业机械时优先享受财政补贴政策
		第36条		直接从事农业机械作业的农民和农业生产经营组织	直接从事农业机械作业	无	农业机械作业用燃油补贴
		第41条		购买农业机械者	享受各级财政补贴购买的农业机械应当为所在地农业生产提供不少于二年的服务	无	未到服务年限转让农业机械套取补贴资金的,由县(市、区)农业机械管理部门收回补贴资金
部门规章	《农业机械试验鉴定办法》	第7条	农业农村部	无	通过农机鉴定的产品	无	财政补贴、优惠信贷、政府采购等政策支持的范围
	《农业机械质量调查办法》	第11条	农业部	无	列入质量调查计划的农业机械产品	无	属于国家财政补贴、优惠信贷、政府采购等政策支持范围的

通过梳理,我们发现农业机械补贴领域的法律保留主要存在以下两方面的问题:

一是权限划分不明确。农机补贴的设定主体可以是全国人大、国务院、地方人大甚至政府部门,换言之,法律、行政法规、地方性法规、部门规章均可设定补贴,且并未明确划分中央与地方、立法与行政的权限配置。例如,在法律尚未规定的情况下,《江苏省农业机械管理条例》增加了受补贴者须履行义务的条款,该条款规定购买农业机械享受财政补贴的,须为所在地农业生产提供两年以上的服务。如未满足该条件获得补贴资金的,农业机械管理部门则可收回补贴资金。

二是法律保留事项不明确。现行的部门法对农机补贴的主体、目的、对象、条件及方式等事项的规定得过于抽象,甚至尚未规定。实践中具体的实施办法多由地方政府的规范性文件制定。例如,关于江苏省农机购置补贴的总体要求、范围、机具、对象及标准等均规定在《江苏省农业机械购置补贴实施办法》中。

此外,补贴领域存在自主性行政立法,即在没有上位法授权规定的情况下行政机关自主立法,在规范性文件中确立行政补贴相应的给付条件,过分依赖行政机关的自我规制。政府通过发布规范性文件的形式进行给付,事实上拥有了大量的裁量空间。行政补贴的设立,行政补贴范围与标准的规定,受补贴者资格的确定,以及行政补贴的实施方式、程序,甚至是未获得补贴的救济,均由政府决定。政府既是规则的制定者,也是规则的执行者;既是事实的认定者,也是利益的分配者。由于法律的原则性与抽象性,导致行政补贴的法律规制体系虽有部门法的规定,但真正起决定作用的却是行政机关的规范性文件。根据"重要性理论",有关基本权利的补贴事项应适用法律保留原则,由法律或授权行政法规予以规定。因此,给付行政补贴的合法性与正当性令人质疑。正如毛雷尔教授所言,每一项基本权利的法律保留都包含国家给付的相关因素,并要求制定保障给付的法律规则。这是一个合乎逻辑的结论,尤其是从有限的资金,限制条件和筛选程序的角度来看,拒绝申请付款的条件必须由法律规定。[29]之所以存在上述问题的根本原因是法律保留原则在我国行政补贴领域的适用尚不完善,尤其是关于行政补贴法律保留的权限划分仍不清晰,须进一步确定法律保留密度,并建立法律保留密度的判断标准。

（二）行政补贴领域法律保留密度的判断标准

重要性理论源于德国联邦宪法法院对受刑人基本权利的判决,然后通过对教育管理领域法律保留的判决,如限额条款判决和性教育课程判决等,逐渐成为德国联邦行政法院和各邦行政法院实务上的主流观点。[30]后世学者固然有质疑其理论品格的,但他们多是对"重要性之标准"进行完善与细化,即建立重要性的评价标准及标准的具体化。[31]重要性理论为补贴事项的关键衡量标准,但由于该理论过于抽

---

〔29〕 ［德］哈特穆特·毛雷尔:《行政法学总论》,高家伟译,法律出版社 2000 年版,第 113 页。

〔30〕 参见叶海波、秦前红:《法律保留功能的时代变迁——兼论中国法律保留制度的功能》,载《法学评论》2008 年第 5 期。

〔31〕 参见许宗力:《法与国家权力》,月旦出版社 1993 年版,第 142 页。

象化,在行政补贴领域难以具体适用,须根据我国行政补贴的实际情况进一步细化与具体化。

1."重要性理论"是我国法律保留密度的重要判断标准

目前,我国划分立法与行政、中央与地方的权限主要依据是重要性程度。这也构成了我国法律保留事项的主要判断标准。《立法法》第8、9条规定了制定法律的重要事项,表明"重要性"是我国法律保留事项的判断标准。《行政处罚法》《行政许可法》及《行政强制法》中有关法律、行政法规、地方性法规、政府规章等不同层级法律规范对行政处罚、行政许可及行政强制设定权的立法规定,"重要性"均是判断标准。从目前有限的梳理来看,我国法律保留密度的主要判断标准是事项的"重要性"。税收法律保留事项的演变过程成为重要性理论应用的有效例证(如图2)。首先,《宪法》(1982)规定了公民纳税的义务;其次,《税收征收管理法》(1992)规定了税收的征收法定;再者,《立法法》(2000)规定了税收的基本制度为法律保留事项,但税收基本制度是一个不确定法律概念,直到2015年修正的《立法法》对税收基本制度进行了示范性列举,包含税种的设立、税率的确定以及税收征收管理等税收基本制度,此时税收法律保留事项就进一步明晰了。从"公民纳税的义务"到"税种的设立、税率的确定和税收征收管理等税收基本制度",税收法律保留事项的入法历程,"重要性理论"均提供了判断标准和依据。

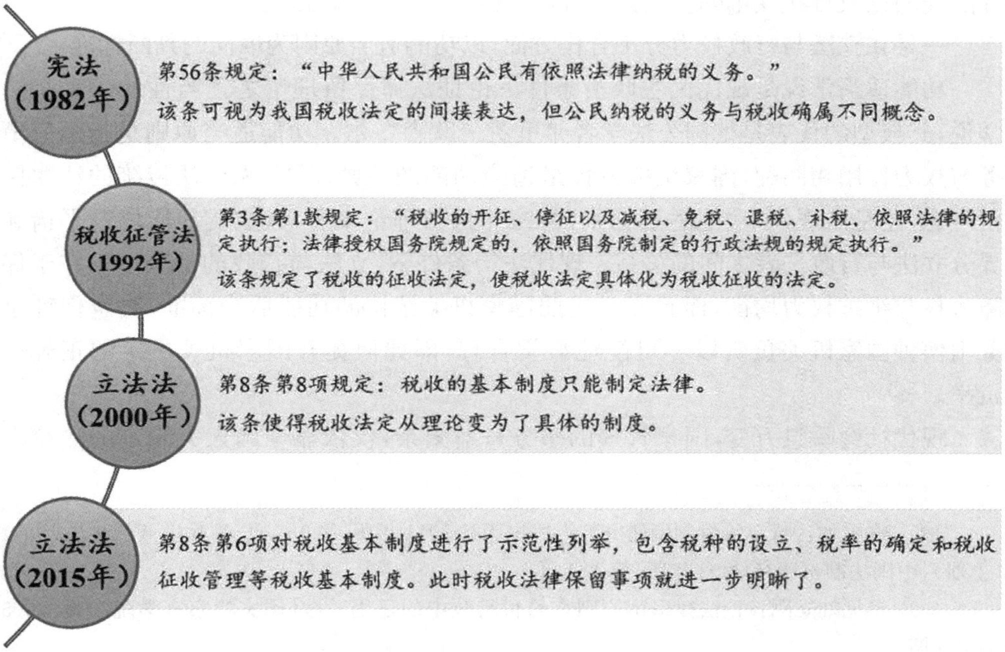

图2 税收法律保留事项的演变

2. 建立行政补贴领域法律保留密度的判断标准

我国采用重要性理论作为法律保留密度的判断标准，虽有批评之声，但它仍然是至今占优势的主流学说。在划定立法权与行政权之边界时，重要性理论发挥着无可替代的作用。在权力分立的横向维度上，重要性理论为法律保留范围提供了重要的依据，为立法权与行政权的界分提供了判断标准。在纵向维度上，重要性理论为法律保留密度以及不同层级规范的保留提供了判断依据。然而，单纯从宪政角度考量公民基本权利保障的重要与否尚不够全面，并且重要性理论的缺陷在于重要与否的判断不清晰，缺乏明确的标准，难以使行政补贴法律保留密度的判断落到实处，因此需要进一步规范优化，扬长避短，确立我国行政补贴领域法律保留事项的判断标准，从而为行政补贴领域的立法与行政、中央与地方权限划分提供科学合理的依据。

根据我国的国家结构和法律规定，并借鉴其他国家的相关经验。我们应优选以"重要性理论"为基础，结合"功能适当学说"与"影响范围理论"，进一步细化"重要性理论"，建立行政补贴法律保留密度的判断标准。对于法律保留事项的确定以及法律保留的深度问题，可参考德国重要性理论中的"基本权利重要性标准"和"政治重要性标准"，对于前者，即意味着凡是某事项对基本权利的实现具有"重要意义"，原则上就应适用法律保留；对于后者，同样是程度的判断问题，原则上应根据"行政机关职能之合理、受规范人范围之大小、影响作用之久暂、财政影响之大小、公共争议性之强弱以及现状变革幅度之大小等等"而定。[32] 具体言之：

一是在立法与行政权力分工合作方面，以功能适当原则为取向的判断标准。

功能适当学说是现代民主政治条件下论证法律保留理论之正当性的一种宪法学说，其典型的代表是德国公法学者弗里茨·欧森布尔。功能适当原则是指国家事务与权力作用相匹配，国家机关发挥最适当功能的原则。[33] 无论从传统的法律保留理念，还是从现代"功能适当原则"的法律保留理论来看，其主要功能均是平衡和界分立法与行政二者之间的关系。现代法治条件下，立法与行政的划分不仅在于保障人权与维护权力均衡，而且在于按照国家机关结构的功能适当标准，决定何种事务由何种国家机关负责以尽可能地科学合理，即如何提升国家机关决定的正确性机率。[34]

现代社会瞬息万变，国家管理的事务日益繁杂，仅依靠全国人大制定的法律来

---

〔32〕 喻少如：《行政给付制度研究》，人民出版社 2011 年版，第 157 页；翁岳生：《行政法 2000》（上册），中国法制出版社 2002 年版，第 184 页。

〔33〕 参见刘志刚：《论法律保留原则在给付行政中的适用》，载《国家检察官学院学报》2005年第 6 期。

〔34〕 参见朱应平：《以功能最适当原则构建和完善中国上海自由贸易试验区制度》，载《行政法学研究》2015 年第 1 期。

维持社会安全秩序已难以支撑起大国公平法治的现实需要,同时管理事务中出现了大量专业性、技术性、时效性强的问题使得立法机关不堪重负。因此,须由行政机关根据法定程序制定规范性文件,以协调新的社会矛盾。如行政补贴标准的制定,一般由立法机关授权行政机关制定,符合功能适当原则的要求。全国人大授权国务院制定全国性的补贴标准,地方政府根据国务院的行政法规制定符合地方的补贴标准。相较于立法机关,行政机关作为执法机关,更了解行业水平,程序上也更为灵活,对于标准制定这种技术性及专门性强的活动更为擅长。但根据"重要性理论",涉及基本人权的事项,由立法机关保留,属于绝对保留(国会保留)事项,不能随意授权。如补贴的设立、增加受补贴者的义务等事项,须由立法机关制定,而不能任意授权行政机关,否则易形成过分仰赖行政机关的现象。

二是在中央与地方立法权限分配方面,以事务的影响范围为取向的判断标准。

我国社会正处于转型时期,中央与地方的关系也在调整变化。《中共中央关于全面推进依法治国若干重大问题的决定》提出了明确立法权力边界,明确了地方立法权限和范围。该决定实际是明确划分中央与地方的立法权限。重要性理论的适用确定了法律保留密度,它的适用同时带来了法律保留体系的层级化。在这个层级化体系中,重要性理论无疑也成为中央与地方立法权限划分的标准之一。然而,在美国、德国等国家,中央与地方政府权限的划分以事务的影响范围为标准,而不是重要程度。〔35〕例如,在库利诉费城港务局案(Cooley *v.* Board of Wardens of the Port of Philadelphia)中,美国联邦最高法院指出:"无论什么事物,只要它们在性质上是全国性的,或者只允许一个统一的系统或规制计划,那么,可以公正地说,是这种事物的性质要求国会对此享有专有立法权。"〔36〕该案从事务的影响范围角度厘定了联邦与州之间的权限。即联邦与各州在权限划分的判断上采用的是事务的影响范围标准。德国《基本法》规定,"在联邦领域内建立等值之生活关系,或在整体国家利益下为维护法律与经济之统一,而以联邦法律规范为必要者,联邦有立法权。"〔37〕该款的规定即是以事务的影响范围作为联邦行使立法权的标准。

从民主自治角度看,事务的影响范围是划分中央与地方权限,确定法律保留密度的重要参考依据。我们可以借鉴美国、德国的"影响范围理论",作为行政补贴领域法律保留密度的参考依据。当补贴事项关系人民切身利益时,人民才会真正关心并通过自己的代表行使决策权,再对行政机关的执行情况进行监督。如果该补贴事

---

〔35〕 张千帆:《宪法学导论》,法律出版社 2004 年版,第 210 页。

〔36〕 See Cooley *v.* Board of Wardens of the Port of Philadelphia, 53 U. S. 299(1851). 该案直译为"库利诉费城港务局案"。

〔37〕 《德意志联邦共和国基本法》第 72 条第 2 款规定:"在联邦领域内建立等值之生活关系,或在整体国家利益下为维护法律与经济之统一,而以联邦法律规范为必要者,联邦有立法权。"

项与地方居民没有利害关系,该地居民就难以积极参与,进而对相关执行情况也不会认真监督。这实际上与财政事权划分理论中的受益原则是一致的,即凡政府提供的资助,受益对象是全国人民,或事关全国范围内的整体利益的,则属于中央财政的公共支出;凡受益对象是不同层级的民众,或与地方利益有直接的关系,则属于地方财政的公共支出。但是,在适用"事务的影响范围理论"时,仍需以"重要性理论"为基础。我国是单一制国家,地方没有独立的宪法地位,是中央政策的执行者,中央通过各种方式对地方的经济、政治、文化、生态环境等各项事务进行直接或间接的管理。同时,为调动地方的积极性,中央通常采取权力下放的方式以赋予地方更多的自主权,下放的多是"重要性"与地方政府的管理能力相适应的事项。即使影响范围限于地方的事务,如果中央认为事务的重要性不适合地方管理,则中央亦可介入。如因各地经济发展水平参差不齐,公民享有的社会保障权益将产生差别,但对公民最基本的人权保障应是平等的。此时,关涉公民基本权利的实现,应以"重要性理论"为判断原则,由高位阶的规范保留,而不宜交由地方处理。

功能适当原则强调的重点不是从传统的形式(结构)方面予以考察,而是从功能主义视角审视权力的配置,强调国家机关对权力的行使是最为适当的、科学的以及符合规律的。[38] 但并非功能合适即可,同样应优先考虑事务的重要性程度。事务的影响范围会影响法律保留密度,但并非影响范围大的事务一定需要由高层级的规范保留。在影响范围同样超越地方的多个事务中,是需要法律保留,还是需要行政法规、地方性法规保留,此时就需要根据事务的重要性程度予以决定。因此,需要将事务的重要性与功能结构及影响范围等因素联合起来进行考察,才能准确地界定出法律保留的规范层级。权衡我国行政补贴法律保留规范密度的规定及不足,可将相对人权利保障为主辅以影响范围的深远、功能结构的合理性作为划定行政补贴法律保留密度的判断标准。换言之,法律保留密度的判断须以"重要性理论"为基础,从结果层面考虑"相对人权利保障""影响范围"及"功能结构属性"三方面的重要性。

四、法律如何保留:建立行政补贴领域层级化的法律保留体系

近年来全国人大及其常委会制定了多部涉及行政补贴的法律,并在其中确立了相应的补贴规则,如《就业促进法》《中小企业促进法》《义务教育法》及《公共文化服务保障法》等,但《立法法》并未明确规定行政补贴的法律保留。为了更好地保障公民的权利,根据"重要性理论",在行政补贴领域须建立起法治主义的约束机制。法律保留密度是法律对特定事项介入的深度或程度,其主要表现为不同层级的法律规范对某一事项的介入程度不同所形成的层级化保留体系。依据保留深度,由不同层

---

〔38〕 王晓强:《行政组织法律保留原则及其保留范围研究》,载《河北法学》2019 年第 5 期。

级规范保留所形成的体系就是层级化保留体系。在我国行政补贴领域，主要是规范行政补贴的设定权，可参照《行政处罚法》的立法例，在不同的设定主体之间依据法律保留密度的判断标准进行配置，建立层级化的法律保留体系。

（一）法律可以设定行政补贴

行政补贴中哪些事项属于全国人大的立法范围，应由全国人大及其常委会来决定。《立法法》第8条第11项规定了"必须由全国人民代表大会及其常务委员会制定法律的其他事项"。全国人大常委会将必须制定法律的行政补贴事项纳入立法范围，或者其可以通过立法解释予以明确。全国人大及其常委会在决定保留哪些事项并决定是否进行补贴立法时，可参考"重要性理论""影响范围理论"及"功能结构合理性"标准。基于重要性理论中的"基本权利重要性标准"，如果该补贴事项对基本权利的实现具有"重要性"，原则上就应适用法律保留。对于属于法律保留的补贴事项，由法律予以规定，或者全国人大常委会通过事前授权或事后批准的方式，由国务院制定行政法规。全国人大保留对有关行政补贴规定的撤销权，全国人大常委会可以根据宪法第67条第7项的规定撤销国务院制定的与法律相抵触的行政法规。人大更侧重于行政补贴的框架性立法，对于补贴的具体执行则可授权行政立法。

（二）行政法规在法律授权的范围内规定补贴的执行

除绝对保留事项，行政法规依法律的授权可以设定行政补贴。我国法律涵盖的领域较为有限，行政立法以其高效性和实效性而大行其道。[39] 随着经济、科技及生态环境的变迁，行政补贴的应用日益普及，为满足瞬息万变的社会需求，有必要在补贴领域适用层级化的法律保留。全国人大及其常委会的授权必须明确，行政立法在形式上要有法律的授权，且授权本身必须明确该授权的内容、目的与范围。如果授权规定本身过于笼统，不符合授权明确性要求，则不仅该授权本身违宪，且根据该授权制定的行政立法亦因失其授权依据而归于无效。从立法权方面而言，应禁止人大无限制的空白授权、概括授权而逃避自身的立法责任；从行政权方面而言，则是避免行政权借授权之便僭越立法者的地位。[40]

法律与行政立法在组织、程序及规范等结构方面存在差异，依据"功能适当原则"，两者分别适合解决不同性质的补贴事项。弗里茨·欧森布尔根据功能适当理论，对"核能案"[41]中的立法与行政之间的权限配置进行了分析。核能属于国家的

---

〔39〕 王贵松：《论法律的法规创造力》，载《中国法学》2017年第1期。

〔40〕 赵宏：《立法与行政——从行政立法角度思考》，载《行政法学研究》2002年第3期。

〔41〕 BVerfGE 49, 89. 对于该案的中文介绍，参见伏创宇：《核能规制与行政法体系的变革》，北京大学出版社2016年版，第74页。

重大事项,须由立法机关制定法律进行规制,但是立法机关通常难以充分预见核能发展的潜在可能和风险,所以立法机关更适合规定基本的引导与原则。针对风险的具体规制,适合由拥有更多专业人员并且决策迅速的行政机关作出。同样地,关于行政补贴事项,在符合民主法治原则的前提下,应考察各机关有何功能优势,各自适合承担何种责任,以及相互之间应达成怎样的相互牵制与权力均衡,其中补贴目标的最优化是核心考量。[42] 德国战后发展的功能适当理论,在保障公民基本权利的同时也注重国家机关正确地行使权力,认为应尽可能作出最优选择,将国家职能配置给在组织结构方面具有优势的机关。对于补贴具体事项,如补贴标准的确定,行政机关具有功能结构上的优势,对该职能的行使拥有配套的行政组织及专业的知识,所以其在功能上应配置给行政机关。

(三)地方性法规在法律、行政法规规定的范围内制定适合本地的补贴规范,原则上限于本级政府的支出责任权限

基于"影响范围"理论,中央与地方权限的划分问题,原则上应根据受规范人范围的大小、影响作用的大小等因素而定。行政补贴的影响范围在很大程度上取决于补贴数额的大小。一般而言,数额较大的行政补贴相较于数额较小的行政补贴对周边市场的影响更大,其效应通常溢出地方政府的辖区范围波及周边市场,对同业竞争者造成不利影响,补贴数额越大,影响范围就越广,对同业竞争者的影响也越大。[43] 根据比例原则,给付行政补贴所造成的损害应小于可获得的利益。但是,地方政府在作出是否给予行政补贴的决定时,通常只重视行政补贴在辖区内的正负效应,而不考虑是否对周边市场产生不利影响。因此,为了全面考虑行政补贴所需达成的目标,有必要建立层级化法律体系以划分中央与地方的设定权限。可借鉴欧盟法中关于补贴数额的相关立法,《罗马条约》第 93 条第 2、3 款规定,欧盟成员国必须向欧盟委员会及时报备各自的补贴政策。如果委员会判定该补贴与共同体市场相抵触或者滥用补贴,则可要求成员国在指定的期限内停止或者修改该项补贴。在委员会对补贴的申请作出裁定之前,成员国不得实施该项补贴。但是,3 年以内补贴额为 10 万欧元以下的国家补贴,无须向委员会通告。根据这一规定,欧盟成员国可自由实施期限为 3 年以下补贴额低于 10 万欧元的补贴,此类补贴对其他成员国的影响较小。超过此期限和额度的补贴必须通告欧盟委员会,委员会将审查该补贴是否可以实施。

在我国的行政补贴实践中,地方政府在地方利益的驱动和地方预算的支持下,

---

〔42〕 张翔:《国家权力配置的功能适当原则——以德国法为中心》,载《比较法研究》2018 年第 3 期。

〔43〕 温晋锋、杭仁春:《WTO 视野下我国行政补贴制度化的探索》,载《行政法学研究》2005年第 1 期。

通常自主决定行政补贴的对象、标准及数额等。[44] 为了防止行政补贴的地方保护主义倾向，我国可借鉴欧盟的相关立法，根据补贴数额的大小，划分中央与地方立法的设定权限。如3年以内补贴额为200万元以下的补贴项目，可以考虑由地方性法规设定；3年以上且补贴额为200万元以上的补贴项目，应由行政法规设定。

（四）规章及以下的规范性文件原则上不能设定行政补贴

根据"重要性理论"，规章及以下的规范性文件一般是不能设定行政补贴的。我国《预算法》规定：各单位的支出必须以经人民代表大会批准的预算为依据，未列入预算的不得支出。地方预算由地方人大及其常委会批准执行，而规章却是由政府部门制定，通常情况下，仅有政府规章的规定，但没有人大批准的预算安排，补贴在实践中很难落到实处。基于此，规章一般不应设定行政补贴。然而，社会生活中充斥着大量的紧急性、技术性问题，一旦出现异常，亟须行政机关作出快速且专业的处理。因此，根据"功能适当原则"，相关部门可制定临时性的规章，以维持社会的安全与稳定。

同样地，规章以下的规范性文件亦不得设定行政补贴。因为行政补贴规则的制定需要建立在科学的经济学分析基础上，市级以下政府一般缺乏此类专业人才。此外，行政补贴的实施需要财政预算的支持，而市级以下政府的财政预算波动较大，很难保证补贴规则的稳定性和持续性。[45]

五、结语

随着现代行政的不断扩张，法律保留原则发生了变迁，"重要性理论"因跳出了传统的法律保留干预行政与给付行政划分的框架，直接以某事项对基本权利的行使是否重要为标准来判断法律保留的范围，成为法律保留原则适用的重要标准。行政补贴行为具有负担性、侵益性、公共性以及合目的性等属性，兼具干预行政的效果，将对公民的基本权利产生显著影响。因此，根据"重要性理论"，对行政补贴的规制应适用法律保留原则，然而有关具体事项保留问题仍须进一步探讨。由于当前行政补贴的立法规制仍存在中央与地方、立法与行政权限划分不清，保留事项不明等问题以及"重要性理论"本身所固有的缺陷，因此，亟须在"重要性理论"的基础上，结合"功能结构学说"与"事务的影响范围理论"作为法律保留密度的判断标准，在行政补贴领域建立起层级化的法律保留体系，以期进一步完善行政补贴的法律规制问题。

---

〔44〕　庄汉：《WTO下我国行政补贴司法审查制度的建构》，载《行政法学研究》2005年第1期。

〔45〕　前注〔43〕，温晋锋、杭仁春文。

中德法学论坛

第 18 辑・上卷，第 90～107 页

德国参审制及其对我国人民陪审员制度改革的启示

禹得水 *

摘　要：德国参审制历史悠久，是大陆法系国家参审制的典型代表。德国参审制的内容由参审范围、遴选机制、参审员参加庭审、上诉机制等方面组成。从比较法上说，德国参审制在参审员职权分配、随机遴选制度、有限制的参审员阅卷制度、书面判决说理制度方面独具特色。德国参审制在运行过程中，取得显著功效，但也存在参审员代表性不足、参审过程法官主导性过强、参审员管理职业化等问题，制约制度效用的发挥。然而，任何制度都不是完美的，应该正视德国参审制的优劣。德国参审制对我国的人民陪审员制度改革具有重大的借鉴和启示意义。

关键词：德国；参审制；参审员；人民陪审员制度改革；启示

Abstract：Germany has a long history of Lay Participation system and is a typical representative of Lay Participation system in civil law countries. The content of the German Lay Participation system consists of the scope of the trial, the selection mechanism, the participation of the judges in the trial, and the appeal mechanism. From the perspective of comparative law, the German system of participation in the review is unique in the distribution of the powers of the reviewers, the random selection system, the defined right-of-access-to-case-files, and the written judgment system. In the process of operation, the German Lay Participation System has achieved remarkable efficacy, but there are also problems such as the Lay people lacking of representation, the dominance of judges in the trial process, and the management professionalism of judges, which restrict the play of the system.

　＊　禹得水：西南政法大学 2017 级博士研究生，研究方向为刑事诉讼法学、司法制度等。

However，no system is perfect，and the merits of the German participation system should be faced. The German Lay Participation System is of great significance to the reform of the people's jury system in China.

Key Words：Germany；Lay Participation System；Lay People；Reform of the System of People's Jury；Enlightenment

引言

德国的参审制度是大陆法系国家参审制度的典型代表,研究参审制度绝不能忽视德国参审制度。德国与我国同属于职权主义国家,德国参审制度无论从制度设计还是实践运行等方面,均能够为我国人民陪审员制度改革提供有益借鉴。特别是经过三年试点期间的人民陪审员制度改革试点,我国于 2018 年 4 月 27 日通过了第一部关于民众参与审判的法律《人民陪审员法》,调整遴选资格、完善遴选程序、改革参审范围、建立大合议庭模式、确立事实与法律分离机制、完善合议表决规则、建立陪审履职保障制度等,必将对我国审判制度产生深远而重大的影响。但是,我们同样存在职权主义主导过强、陪审员"陪而不审""审而不议""议而不决"等突出的实践问题,因此急需从域外法治发达国家寻求经验支撑。而对于德国参审制的系统性、全面性、整体性梳理就显得尤为必要。然而,德国参审制度的研究文献零散、不全面;有的研究参考文献较老,存在误解;有的研究自相矛盾,不能自圆其说。因此,为充分借鉴德国参审制度,弥补国内研究的薄弱环节,文章以德国参审制为主题展开全面细化的研究,并且结合新颁行的《人民陪审员法》提出若干完善建议。

一、德国参审制度简史

德国陪审制的历史可以追溯至公元 8 世纪的法兰克王国,当时的民众集体审判制度便是当今德国陪审制度的雏形。[1] 14—15 世纪,由于继受罗马法的历史逐步完成,审判官和裁判者的分野逐步被取消,专业法官的群体基本形成,陪审员的地位就为具有法律专家身份的审判官所取代。[2] 直到今天,仍然有德国学者认为德国参审制具有本土的历史渊源。

现代德国参审制起源于法国的拿破仑征服德国之后,1848 年德国爆发三月革

---

〔1〕 周泽民:《国外法官管理制度观察》,人民法院出版社 2012 年版,第 267 页。

〔2〕 周泽民:《国外法官管理制度观察》,人民法院出版社,2012 年版,第 267—268 页。

命,法兰克福民众大会呼吁保障人民权利,其中包括要求模仿英国建立陪审制度。[3] 尽管州与州之间关于引进陪审团审判的情况不同,但是德国大多数州都引进了陪审团制度。在 1850 年,汉诺威(Hanover)王国提供一种陪审团的替代模式:由专业法官和非职业法官组成参审法庭(舍芬庭)合作裁决案件,并逐渐被一些州采纳。[4] 在该阶段,关于参审法庭和陪审团审判的辩论不断,最终舍芬庭在这场辩论中胜出。[5]

1877 年德意志帝国刑事诉讼法典正式生效,产生了基于重罪与轻罪区别的两种不同陪审形态:大多数严重的刑事案件由 3 名职业法官和 12 名参审员组成的陪审团法庭(Schwurgericht)审理。轻微案件由 1 名职业法官和 2 名参审员组成的舍芬庭(Schöffengerichte)共同审理裁决。[6] 至此,德国确立了双轨并行的陪审模式。

"一战"后,1924 年,魏玛共和国议会通过立法取消了陪审团法庭,转而采用 3 名职业法官和 6 名非参审员组成的参审法庭。虽然废除陪审团的决定在当时引起很大的争议,但是刑事陪审团的消亡似乎并未造成持久的异议。[7] 德国只保留了参审法庭,并且再也没有恢复重建陪审团。但是,随后由于纳粹政府上台,德国的参审制度实际上被废止不用。

第二次世界大战后,德国分裂为西德和东德。在东德实行的是苏联式的人民陪审员制度,在西德则是逐渐恢复参审法庭。1975 年,在审理最严重刑事案件(尤其是涉及有人死亡的案件)的参审法庭中,参审员的数目由 6 个减少为 2 个。德国人认为:"2 个人与 6 个人一样可以达到非职业法官参与审判的目的。"[8]现在德国参审制的框架结构基本上是当时的产物。1990 年德国统一后,原来的东德也实行西德的参审制度。1993 年,《法院组织法》修订后,法官单独审理案件的范围从原来的 1 年以下轻罪扩展至 2 年以下轻罪,参审审判的案件范围也大大缩小。[9]

---

〔3〕 胡云红:《陪审制度比较与实证研究》,人民法院出版社 2014 年版,第 107 页。

〔4〕 Gerhard Casper, Hans Zeisel, *Lay Judges in the German Criminal Courts*, 1 J. Legal Stud.135(1972), p.138.

〔5〕 Marijke Malsch, *Democracy in the Courts—Lay Participation in European Criminal Justice Systems*, Ashgate Publishing Limited,(2009), p.135.

〔6〕 [德]托马斯·魏根特:《德国刑事诉讼程序》,岳礼玲、温小洁译,中国政法大学出版社 2004 年版,第 26 页。

〔7〕 [德]托马斯·魏根特:《德国刑事诉讼程序》,岳礼玲、温小洁译,中国政法大学出版社 2004 年版,第 26 页。

〔8〕 龙宗智:《论我国陪审制度模式的选择》,载《四川大学学报(哲学社会科学版)》2001 年第 5 期,第 122 页。

〔9〕 胡云红:《陪审制度比较与实证研究》,人民法院出版社 2014 年版,第 108 页。

二、德国参审制的主要内容

（一）参审范围

在德国，适用参审制审判的刑事法院主要有三类：区法院（Amtsgericht）、地方法院（Landgericht）和州高等法院（Oberlandesgericht）。不同审级、不同类型法院的法庭组成人员各不相同。

1. 刑事案件一审

州高等法院是最高级别的一审法院，不设参审员，由五名职业法官组成合议庭，审理危害国家安全的严重犯罪。区法院是最低级别的一审法院，分为职业法官（Strafrichter）独任审判与参审法庭审判两种：职业法官独任审判审理的是只需处以罚金或 2 年以下监禁刑的案件；由 1 名职业法官与 2 名参审员组成小合议庭（Kleine Strafkammer）（也称为"二一法庭"），负责审理可能判处有期徒刑 4 年及以上的刑事案件。地方法院则是中间级别的一审法院，由 2—3 名职业法官与 2 名参审员组成大合议庭（Große Strafkammer），也称为"三二法庭"，负责审理可能所有情节较为严重的刑事案件，当"三二法庭"审理的是杀人罪的时候，则使用的是"Schwurgericht"的称谓。

2. 刑事案件上诉审

德国实行的是三审终审制，包括第二审上诉（Berufung）及第三审上诉（Revision）。第二审上诉中，地方法院为二审法院，对区法院作出判决的事实与法律问题全面复审，法庭由 1 名职业法官和 2 名参审员组成（Strafkammer）。第三审上诉中，不设参审员，由 5 名职业法官组成合议庭审理法律问题，其中针对地方法院和州高等法院一审判决提起的第三审上诉由联邦最高法院（Bundegerichtshof）受理，针对地方法院第二审上诉判决提起的第三审上诉，由联邦高等法院受理。[10]

（二）遴选机制

1. 遴选资格

在德国，参审员选任资格包括三个方面，即一般条件、职责不兼容及不适格、职责豁免。第一，在德国，参审员一般要求必须具有德国国籍，年满 25 周岁且不能超过70 岁，在该区居住需要满一年，身体健康、掌握德语，财务状况良好。[11] 第二，职责

〔10〕　参见施鹏鹏：《陪审制研究》，中国人民大学出版社 2008 年版，第 173 页。

〔11〕　《德国法院组织法》第 31、33 条。

不兼容是指已经担任公共职务,享有相应的公权力,与参审员的平民身份不一致,因此不得被选任为参审员。如总统、政府组成成员、公务员、法官、检察官、公证人、律师、刑事执行人员、专职看护士、专职司法辅助人员、神职人员、共同生活的宗教团体成员、曾担任两届参审员及其他。[12] 第三,不适格是指经法官判决不具有担任公职资格之人,或基于故意犯罪被判处 6 个月以上自由刑之人以及正被侦查程序调查可导致丧失担任公职资格之人。[13] 第四,职责豁免是即使在符合上述条件之后,但为避免给其增加负担,准许其拒绝担任参审员,包括:联邦众议院、联邦参议院、欧洲议会、州议会或州议会下院的成员、先前已履行参审员义务 40 日之人、医师、牙医、护士、儿童护士、护理师、助产士、未聘用其他药剂师之药房老板、需直接亲自照看家庭导致执行职务不能者、年满或在公职任期结束时将满 65 周岁者、因执行职务将严重影响自己或他人经济生活地位者。

2. 遴选程序

选任程序是指从具备选任资格的公民中按照一定的程序选出符合条件的参审员。

第一,以行政区为基础制作建议名单。各区(Gemeinde)每 5 年制定一份参审员建议名单。建议名单应当适当考虑人民依性别、年龄、职业及社会地位区分之所有群体。[14] 不服建议名单者,可以在公示期限结束后一周内,以书面或记明笔录方式提出异议,并由参审员选举委员会以简单多数对该异议进行裁判,对此裁判,不得声明不服。[15]

第二,制作正式的参审员名单。区法院应每 5 年开一次委员会。委员会应从更正后之建议名单中,以三分之二之多数决,为下一届 5 个事务年度选出所需之主参审员及辅参审员。选任时,应当注意适当考虑人民依性别、年龄、职业及社会地位区分之所有群体。然后,将被选任之主参审员及辅参审员姓名,在每个区法院纳入分开之名录中,此即为最终的参审员名单。[16]

第三,抽选决定参审员。参审法院之全年庭审日期应预先确定。主参审员参加一年内个别通常庭审之顺序,通过在区法院公开开庭中抽签决定。当一个区法院设立数个参审法院时,每位主参审员仅参加一个参审法院之庭审。抽签应尽可能让每

---

〔12〕《德国法院组织法》第 34 条。

〔13〕《德国法院组织法》第 32 条。

〔14〕《德国法院组织法》第 36 条。

〔15〕《德国法院组织法》第 37、38、41 条。

〔16〕《德国法院组织法》第 40、42、44 条。

位被抽中之主参审员参加 12 个庭审日。[17]

（三）参审机制

1. 庭前准备阶段

在开庭前,允许参审员有限制地阅卷(后面专门论述),法官会提供一份解释给参审员,是关于指控被告人的罪名,可采信的证据以及在审判进程中需要特殊注意的要点。[18]

2. 庭审阶段

整个庭审主要包括开庭、法庭调查、法庭辩论以及总结发言和被告人最后陈述四个阶段。[19] 在开庭阶段,审判长宣布案由,确认各诉讼参与人是否到庭。之后,检察官宣读起诉书,被告人可进行陈述,也可以放弃陈述,法庭可能据此作出不利推断。在法庭调查阶段,审判长指挥各诉讼参与人询问证人、鉴定人,出示各种物证和书证。在法庭辩论阶段,检察官和辩护人交互诘问证人及鉴定人,若检察官或者辩护人滥用诘问权,则审判长得剥夺其讯问权。[20] 审判长依要求应准许参审员向被告、证人及鉴定人提问,若出现滥用讯问权的,审判长得驳回不适当或与案情无关之问题。[21] 最后,先由检察官、然后由被告发言,阐述其意见及声请,检察官有辩驳权,被告有最后陈述权,即使辩护人已为被告发言,仍应询问被告,是否自己要对该辩护进行补充陈述。[22]

3. 评议表决判决阶段

当合议庭退席评议,法官同样会提供一份解释和指导。而且,参审员有机会向审判长提问题。他们在法庭外进行。在这些问题中包括证据的可采性以及可能的量刑轻重。[23] 合议由审判长主持。如果经合议后未达成一致意见,则投票表决。[24] 有关罪责问题及犯罪效果之任何不利于被告之裁判,均需三分之二多数票

---

[17]　《德国法院组织法》第 45 条。

[18]　Marijke Malsch, *Democracy in the Courts—Lay Participation in European Criminal Justice Systems*, Ashgate Publishing Limited(2009), p140.

[19]　施鹏鹏教授认为只有开庭、法庭调查与法庭辩论,这不符合庭审完整性的一般规则。参见施鹏鹏:《陪审制研究》,中国人民大学出版社 2008 年版,第 175 页。

[20]　《德国刑事诉讼法》第 239 条。

[21]　《德国刑事诉讼法》第 240、241 条。

[22]　《德国刑事诉讼法》第 258 条。

[23]　Marijke Malsch, *Democracy in the Courts—Lay Participation in European Criminal Justice Systems*, Ashgate Publishing Limited(2009), p140.

[24]　《德国法院组织法》第 197 条。

决定。〔25〕这种多数决的模式确保参审员作为刑事合议庭成员对于判决能发挥很大的作用：在小型合议庭中，他们占据大多数(2∶1)；在大型合议庭中，如果参审员反对，就不能作出不利于被告人的裁决。〔26〕因为参审员一票反对，表决就达不到三分之二多数。

(四)上诉机制

德国设有两种不同类型的上诉，即第二审上诉和第三审上诉。不管是有罪判决还是无罪判决，当事人都可以提起上诉。其中，第二审上诉实行全面审理原则，既审查原判决中的法律问题，也审查事实问题。第三审上诉则原则上只审查书面判决、正式审判记录(证据除外)以及上诉理由中所包含的法律问题。〔27〕

三、德国参审制的特色——比较法视角

(一)参审员与法官同职同权

陪审制在世界上主要有几种形态：一种是分工模式，如英美陪审团制度，法官主要负责法律适用及解释程序问题，陪审团负责认定事实问题；一种是合作模式，如德国、法国的参审制，共同负责事实认定与法律适用；最后一种是建议模式，如韩国的影子陪审团、我国台湾地区曾经适用的"人民观审"制度以及我国河南省推行的人民陪审团制度，陪审团不参与事实认定与法律适用，但是可以向法官提出建议，以供参考，也被称为"建议性陪审团"。〔28〕建议性陪审团由于只能够表意，而不能表决，因此其实质上在刑事审判中并不享有参审职权。德国模式是非常典型的合作模式，参审员与法官是同职同权，共同决定被告人的定罪和量刑。在确定一项判决上，参审员和法官一样具有相同的投票权。这种参审法庭使得"德国的法庭以令人羡慕的速度审理案件"。〔29〕正是因为德国参审制度中，职业法官与参审员的同职同权模式，才使得其成为大陆法系参审制度的典型代表。

〔25〕《德国刑事诉讼法》第 263 条。

〔26〕［德］托马斯·魏根特：《德国刑事诉讼程序》，岳礼玲、温小洁译，中国政法大学出版社 2004 年版，第 27 页。

〔27〕施鹏鹏：《陪审制研究》，中国人民大学出版社 2008 年版，第 176—177 页。

〔28〕高一飞：《东亚文化背景下的"建议性陪审团"》，载《财经法学》2015 年第 1 期。

〔29〕宋冰：《读本：美国与德国的司法制度及司法程序》，中国政法大学出版社 1998 年版，第 172 页。

（二）严格中性的随机抽选制度

遴选机制的不同,决定了裁判组织构成不同,影响到裁判的作出。从比较法上说,与英美陪审团相比,德国参审制的遴选制度严格中性,能够保障随机组庭的目的,确保了裁判组织的公正性。

英美陪审团的遴选机制非常复杂,因为陪审员来源广泛,控辩双方为了胜诉,需要尽量排除具有特定利益、政治倾向性严重、种族偏见严重等容易形成偏见、对己不利的陪审员。英美陪审团还建立了复杂的无因回避与有因回避制度,将挑选陪审员的过程制度化。在很多案件中,实际上控辩双方的竞争在陪审员挑选中就已经开始,或者可以说就已经结束。与之相反,德国参审员们不是被随便分配和委托的,想通过某种策略伎俩把某人安排在参审员席位上是根本不可能的。一旦当选,参审员就会被分配到一整年的案件庭审中去,在此之后这个分配方案原则上是不能改变的。这可以让被告人放心,因为法庭上没有成员会与他个人有利害关系。[30]

有学者对比后指出,美国的陪审团制度里充满着利益集团的博弈;德国的参审法庭里面,利益集团的作用弱得多,并且具有某种程度上的偶然性。参审员参加审判日程是通过抽签方式预先确定的。就具体案件而言,当事人对于参审员的选择就像对职业法官的选择一样,其空间是非常小的。美国的陪审团是因案件而选择的,而德国的参审员与具体的案件之间并没有必然的联系。[31]

（三）有限制的参审员阅卷制度

作为普通公民的陪审员能否在开庭前阅卷,不同陪审模式下的要求存在差异。一般来说,陪审员是不能够在参审前阅卷的,如英美陪审员、日本裁判员等,法律要求其内心如同白纸一般,只能够在正式审判中听审后形成心证,为此,英美陪审团制度、日本裁判员制度确立了独特的起诉书一本主义、一案一组庭模式,从源头上防范陪审员提前接触卷宗的可能性。即使是实行卷宗制度的法国,也只是允许职业法官阅卷,而禁止参审员阅卷,参审员根据自由心证原则作出裁决。例外的是,德国允许参审员有限制地阅卷,以弥补与职业法官之间的资讯落差,提高参审质量。这在施行陪审制度的国家中是非常独特的。

关于参审员的阅卷问题,事实上涉及参审制之本质,即参审员要等同或接近于

---

〔30〕　周泽民:《国外法官管理制度观察》,人民法院出版社 2012 年版,第 304 页。

〔31〕　何家弘:《中国的陪审制度向何处去——以世界陪审制度的历史发展为背景》,中国政法大学出版社 2006 年版,第 196 页。

陪审员,还是要将参审员与职业法官同视。[32] 事实上,对于参审员阅卷存在两种不同观点:一种观点认为参审员阅卷违背了直接审理主义和言辞辩论主义。这两种主义必须在言辞辩论集中审理时,才得以具体化。起诉前作成的卷宗及证物,是由检察机关单方面所作成的书类,没有经过言辞辩论程序,因此不符合直接言辞辩论主义的精神。[33] 如果允许参审员提前阅卷,则存在将卷宗中的印象与庭审中的信息混同的风险。另一种观点认为,赋予参审员接触案卷的权利能够提高他们在审判和合议中的参与性,同时不会影响他们的裁判。[34]

　　在德国的实务界及通说最早均对参审员阅卷持"否定"态度,参审员阅卷可以成为第三审法律审上诉的理由。1958 年 11 月 17 日的联邦最高法院的一次判决,由于审判法官手腕受伤,由旁边的参审员帮忙翻阅起诉书,参审员在翻阅的同时看到了起诉书的内容。尽管参审员辩解其行为没有妨碍直接言辞辩论主义,但是联邦法院认为,无法排除参审员先入为主的偏见,无法贯彻落实直接言辞辩论主义的精神,因此决定撤销该案的原判决。

　　然而,学说及实务立场,近年来有逐渐向"肯定"说修正的趋势。[35] 容许参审员接触起诉书中关于犯罪事实之描述,但不及于证据清单。[36] 甚至容许在长期进行之审判期日,特别是审理复杂或疑难案件,可以在检察官陈述起诉意旨后,给予参审员起诉书之影本。[37] 为了让参审员可以实现掌握案件内容,将监听译文交付参审员的做法,也被联邦最高法院认可。[38] 欧洲人权法院也认为审判长事先既已告知参审员除非该译文事后在审判期日中经历证据调查,否则参审员不受拘束,故而不

---

〔32〕　何赖杰:《司法的民主化与平民化:论德国刑事参审制度》,载台湾地区《司法改革杂志》第 83 期,第 38 页。

〔33〕　张丽卿:《刑事诉讼制度与刑事证据》,中国检察出版社 2016 年版,第 26 页。

〔34〕　See Bliesener(2006),in Marijke Malsch:Democracy in the Courts——Lay Participation in European Criminal Justice Systems,Ashgate Publishing Limited,(2009),p137.

〔35〕　参见何赖杰:《从德国参审制谈司法院人民观审制》,载《台大法学论丛》2012 年第 41 卷特刊,第 91 页。

〔36〕　Thomas Weigend,"Lay Participation in German Criminal Justice",平民审判权研讨会发表论文,2012 年 3 月 9 日,第 5 页,转引自张永宏:《我国引进国民参与刑事审判制度之研究——以日本裁判员制度为借镜》,(台北)政大出版社 2014 年版,第 390 页。

〔37〕　《德国刑事程序与罚缓程序规则》第 126 条第 3 项规定,但该条只是注意事项,并不具有法律约束力,参见王士帆:《参审员阅卷权——德国联邦最高法院刑事裁判 BGHST 43,36 译介》,载《月旦刑事法评论》2016 年第 2 期,第 47 页。

〔38〕　张永宏:《我国引进国民参与刑事审判制度之研究——以日本裁判员制度为借镜》,(台北)政大出版社 2014 年版,第 390—391 页。

违反《欧洲人权公约》第 6 条之规定。[39]

（四）独特的书面判决理由制度

从比较法上说,大多数实行陪审制或参审制的国家不需要说明判决理由。英美的陪审团的裁决被认为是"上帝的声音"[40],陪审员在投票表决时不需要说明理由;而法国、西班牙、俄罗斯设计了独特的问题列表制度,将复杂的裁决问题进行技术性处理(陪审员只需要回答"是"或"否"即可),成为简单的判决理由书,代替了判决理由制度。[41] 德国出于对成文法律的尊重,加之德国职业法官具备极高的司法能力、严谨的思维逻辑以及德国一直以来奉行裁判公开原则,产生了独特的书面判决理由制度。

德国书面判决理由制度将所谈论的各个要素列入其中,被告人被判决有罪的时候,判决理由必须写明已经查明的、具有犯罪行为法定特征的事实,写明所适用的刑法和对量刑起决定性作用的情节,对于程序参与人主张刑法特别规定的排除、减轻或者提高可罚性情节的,不管这些情节有无确定,判决理由都必须写明。被告人被判决无罪的,必须明确是否被告人没有实施这些被指控的罪行,或者是否以及因何种原因认为已经查明的行为并不构成犯罪的事实。书面判决理由一般应在判决宣告后的五周内进行,判决理由要体现多数派的观点和依据,参审员无须签名。[42]

当然,也有学者质疑德国参审制是否可准确反映参审员意见、意见少数派职业法官怎样制作判决理由书、书面判决理由制度能否移植等,认为该制度并不能够完美协调陪审制和判决理由制度的冲突,但是提供了可选择的、最可能有效解决冲突的方案之一。[43]

四、德国参审制度的效果评估

（一）德国参审制的功效

1. 体现司法民主

罗科信教授认为,参审工作是民主宪政的一个要素。让民众可以参加司法的审

---

[39]　ECTHR,Elezi *v.* Germany,Judgment of June 12,2008,Case No.26771/03.

[40]　高一飞:《上帝的声音:陪审团的法理》,中国民主法制出版社,2015 年版。

[41]　施鹏鹏:《陪审制研究》,中国人民大学出版社 2008 年版,第 120 页。

[42]　参见施鹏鹏:《陪审制研究》,中国人民大学出版社 2008 年版,第 123—124 页。

[43]　施鹏鹏:《陪审制研究》,中国人民大学出版社 2008 年版,第 124—125 页。

判,确保法律是在人民的手中,人民可以通过参审审查法律,而非被动成为法律的客体。〔44〕在德国,有将近四分之一的刑事审判采用参审制模式。根据学者统计,在2000 年,参审员参与刑事审判的人数是职业法官的 3 倍。〔45〕魏根特教授认为,在德国,参审员只参与大约 5％的刑事案件,对刑事司法运行负担较小,更主要是作为一种"民主的"制度具有积极的象征意义。〔46〕

2. 弥补职业法官不足

德国的刑事司法由职业法官与参审员共同组成合议庭认定事实与法律,更能发挥合议庭发现真相的功能。有学者认为德国参审制"比起陪审制度之下,只能由陪审员认定事实,职业法官不能参与评决,无法纠正陪审员可能错误判断的情况,自是比较符合合议庭审判之理念。因为,在参审制度下,职业法官与参审员共同作成裁判,职业法官可依其办案经验及法律素养,引导办案,提供正确数据给陪审员参考,防止误判"。〔47〕还有学者指出,德国参审员参与的重要方面是他们在案件上面提供了新视角,他们能够阻止职业法官过度依赖既定的路径。〔48〕

3. 增强民众对于司法的信赖感

从司法理念上来说,参审员参与裁判,有助于抑制官僚体系的膨胀,发挥制衡的功效,让人民信赖司法的公正性。在德国的判决书经常要写:依人民的意见,本法官作如下的判决,因此参审符合裁判是以民意来宣判。〔49〕有学者对 13 名受访人(9 名专业法官与 4 名参审员)进行问卷调查,发现 10 名受访人认为参审员的加入对于公众以及被告人对于法庭裁决的接受性具有重要贡献,只有 2 名职业法官认为没有影响,1 名参审员不能回答该问题。10 名持支持态度的受访人认为,由于参审员的参与,判决准确性提高、合议质量提升、程序透明性增强、参审员偏见更少、参审员给予被告人重新做人的机会等,因此提高了判决的可接受性和公信力。〔50〕

4. 教育公众

参审法庭无疑成为连接社会与司法的桥梁,参审员通过传播参审知识和经验给

---

〔44〕 参见张丽卿:《刑事诉讼制度与刑事证据》,中国检察出版社 2016 年版,第 27 页。

〔45〕 Marijke Malsch, *Democracy in the Courts—Lay Participation in European Criminal Justice Systems*, Ashgate Publishing Limited,(2009),p.136.

〔46〕 [德]托马斯·魏根特:《德国刑事诉讼程序》,岳礼玲、温小洁译,中国政法大学出版社2004 年版,第 30 页。

〔47〕 张丽卿:《刑事诉讼制度与刑事证据》,中国检察出版社 2016 年版,第 13 页。

〔48〕 Marijke Malsch, *Democracy in the Courts—Lay Participation in European Criminal Justice Systems*, Ashgate Publishing Limited,(2009),p.138.

〔49〕 张丽卿:《刑事诉讼制度与刑事证据》,中国检察出版社 2016 年版,第 27 页。

〔50〕 Marijke Malsch, *Democracy in the Courts—Lay Participation in European Criminal Justice Systems*, Ashgate Publishing Limited,(2009),p.147.

不特定的人,体现了参审制的民主与法治教育功能,有利于规范和指引社会大众的行为。根据学者实证分析,对于参审员来说,其参与审判有助于获得关于法律体系的知识以及了解司法体系是如何运作的。而他们大多数会将自己在法庭上担任参审员的经历告诉家人、朋友以及同事等。除了由于合议保密而很少有人讨论定罪和量刑之外,20％的参审员通常告诉人们他们作为参审员的活动,70％的参审员经常或有时会这样做,只有10％的人从来没有这样做,大多数参审员谈论的是程序透明性和审判公正性,以及审判长如何处理案件。[51] 还有学者通过调查发现,年龄在参审员分享参审经历中具有重要作用,年轻人更容易分享所见所闻,在教育公众方面的作用更为明显。[52]

(二) 德国参审制的问题

1. 参审员

根据德国立法,参审员建议名单应当适当考虑人民依性别、年龄、职业及社会地位区分之所有群体。[53] 但是,实践表明,德国参审员结构不合理、政党优先性不合理,造成参审员代表性不足。

第一,参审员结构不合理。根据学者于1973年的统计,参审员中男性、中产阶级特别是公务员中的代表最多,劳工阶级只占所有陪审员的12％,家庭主妇则只占13％。[54] 2006年,有学者统计后发现,参审员的构成发生变化,家庭妇女的比率相对高,私人公司员工的比率则相对低,参审员通常年龄偏大。[55] 原因可能是因为德国经济社会结构发展,相应的群体比重发生变化,比如无固定工作的家庭妇女受到欢迎,私人公司因为业绩考核原因以及受到经济危机影响等,不愿意员工担任参审员。[56] 但是不能否认的是,德国参审员的结构失衡问题仍然没有转变。

第二,政党优先性不合理。德国的遴选机制中的政党提名推荐制度,在实践中产生了"政党优先性"的问题。魏根特教授认为,参审员"最初的筛选是与每个社区的政治代表们进行的事实有关,而这些政治代表们则倾向于选择活跃的公众人物,

〔51〕 Marijke Malsch, *Democracy in the Courts—Lay Participation in European Criminal Justice Systems*, Ashgate Publishing Limited,(2009),p.138,149.

〔52〕 Stefan Machura, *Silent Lay Judges—Why Their Influence in the Community Falls Short of Expectations*, 86 CHI.-KENT L. REV.769(2011).

〔53〕 《德国法院组织法》第36条第2款。

〔54〕 Gerhard Casper, Hans Zeisel, *Lay Judges in the German Criminal Courts*, 1J. Legal Stud.135(1972),p.151.

〔55〕 See Bliesener(2006), in Marijke Malsch, *Democracy in the Courts—Lay Participation in European Criminal Justice Systems*, Ashgate Publishing Limited,(2009),p.137.

〔56〕 参见周泽民:《国外法官管理制度观察》,人民法院出版社2012年版,第305页。

例如政党、工会或类似团体的成员"。[57] 即使到了 2009 年,政党优先性依然没有改变,有学者调查后发现,一些市民认为自己没有获得公平机会成为参审员,仅仅因为他们不是"正确政党"的成员。[58] 这种根据政党身份遴选出来的参审员,实际上排斥了很多公民加入参审员队伍,这也被认为是民主代表性不足、与人民主权基本价值理念存在一定的冲突。[59]

2. 参审过程的法官主导性

在德国同样存在严重的"陪而不审""审而不议"问题。有分析认为原因在于德国对于职业法官精英化的推崇,与参审制体现的司法大众化之间存在典型悖论。[60] 也有学者认为由于职业法官与参审员同职同权,造成参审员比较容易受法官的影响乃至操纵。[61]

第一,庭审中参审员依附法官,极少发问。庭审中的发问权是参审员有效参与庭审的重要表现。但是在审判实践中,参审员不发问、简单附从法官意见的情况十分普遍。还有学者做了专门访谈,受访法官表示参审员缺乏基本的审判知识,有没有他们的参与,庭审效果是一样的。[62] 有的受访参审员表示,只有很少的专业法官想听到参审员的声音,因为担心问错或是重复别人的问题,他在多年的参审生涯中只提问过一次。[63]

第二,合议过程中法官凌驾于参审员。有学者统计既往文献,发现学者们一致认为德国参审合议庭存在一个"潜规则",即在合议过程中不会出现不同意见,通常合议庭在讨论过程中就已经达成了一致。职业法官的观点通常凌驾于参审员们之上,即使这些参审员们在审理案件过程中已经获得司法经验后,这种状况仍然不会改变。[64] 以至于德国的参审员被认为是一件家具、装饰,而非真正的裁判者。[65]

---

〔57〕 参见[德]托马斯·魏根特:《德国刑事诉讼程序》,岳礼玲、温小洁译,中国政法大学出版社 2004 年版,第 28—29 页。

〔58〕 Marijke Malsch, *Democracy in the Courts—Lay Participation in European Criminal Justice Systems*, Ashgate Publishing Limited,(2009),p.139.

〔59〕 施鹏鹏:《陪审制研究》,中国人民大学出版社 2008 年版,第 179 页。

〔60〕 最高人民法院政治部编著:《〈中华人民共和国人民陪审员法〉条文理解与适用》,人民法院出版社 2018 年版,第 22 页。

〔61〕 何家弘:《德国的陪审不用团》,载《法制资讯》2010 年 10 月 30 日,第 37 页。

〔62〕 Marijke Malsch, *Democracy in the Courts*—Lay Participation in European Criminal Justice Systems, Ashgate Publishing Limited,(2009),p.141.

〔63〕 Ibid,p.148.

〔64〕 Ibid,p.138.

〔65〕 Ibid,p.141.

3. 参审员管理的职业化

德国参审员的管理实行准法官模式,没有显示其独特的平民属性,造成德国参审员与法官"同质化"问题。

第一,五年任期制规定。德国的参审员实行的是任期制,该种制度不同于英国、美国、日本等国家实行的一案一组庭模式,而是规定参审员的固定任期。这和我国人民陪审员制度的固定任期制度的规定颇为相似。参审员任期时间在 1976 年时只有两年,随后被延长到 4 年,从 2008 年开始就定位为 5 年。有学者认为,这个任期太过漫长:一方面,在此期间无法去除不合适的参审员;另一方面,很多人不能预期在这么长的一段时间里,他们的人生将会如何发展。[66] 这种将参审员与公职人员一样设定任期的管理模式,不符合参审员的平民代表身份,也容易造成参审员在长期履职过程中形成固定思维,容易与法官形成"默契",不利于发挥其制约司法权、防止司法专横以及补充法官知识不足的作用。

第二,参审员接受法律培训。1993 年联邦荣誉法官协会成立,专门负责对初任参审员进行教育培训。除此之外,在地方法院,对于新任参审员有一个特殊课程,课程需要两三天,通常是在周末。在这个介绍性课程里,参审员们得以了解刑事司法制度以及案件是如何审理的。他们通过阅读一些起诉书来准备审判。会向他们介绍需要用到的法律,解释审判中面临的问题以及他们在法庭中的任务。[67] 这种通过简短培训后,结合司法实践中法官个案指导的制度,可以最快速度让参审员们熟悉审判流程、提高审判技能,迅速融入审判实践。然而,这种模式相当于将参审员视作法官一样,要求其具备相应的法律知识,不符合参审员来自民间、代表民意、体现平民视角、发挥民间智慧作用的制度设计目的。

五、德国参审制对我国人民陪审员制度改革的启示

中国和德国同为职权主义国家,施行的都是职业法官占据主导的刑事庭审模式,公众和被告人对职业法官的知识和能力抱有高度的信任。从制度理念上来说,两国都认同民众参与审判的制度价值,如能够形成对法官裁判知识的补充、对于法官裁判权的监督制约、促进程序公开透明、提高裁判的信赖感、推动实现法治教化功能,从而确保司法公正、体现司法民主、提高司法公信力。因此,两国都有悠久的吸收民众参与审判的历史和传统,也不断改革以顺应时代的发展要求。从制度设计上来说,两国都采取了参审制度,选任上采取任期制度,庭前可以阅卷、庭审中可以发

---

〔66〕　参见周泽民:《国外法官管理制度观察》,人民法院出版社 2012 年版,第 304 页。

〔67〕　Marijke Malsch, *Democracy in the Courts——Lay Participation in European Criminal Justice Systems*, Ashgate Publishing Limited,(2009),p.139.

问、庭后共同评议、建立相应的履职保障机制等。在实践运行中,两国同样存在一些不足,比如参审员代表性不足、法官主导性过强、参审员职业化等。事实上,这些问题带来的后果就是我们经常诟病的"陪而不审""审而不议""议而不决"的问题。

　　然而,我们自始至终应该明白,任何制度都不是完美无缺的,民众参与审判制度更是如此。对此,我们应该增强制度自信心,坚持客观公正看待域外制度,在仔细分辨其制度构成、特色、优点与缺点后,借鉴其经验,回避其不足,为完善我国人民陪审员制度提供参考。

（一）推进参审职权改革

　　在改革前,我国和德国一样规定法官和陪审员同职同权,共同参与事实认定与法律适用,因此实践中共同存在法官强势主导法庭,陪审员参审形式化的问题。为了有效发挥陪审员作用,保障其参审实效,十八届四中全会提出"逐步实行人民陪审员不再审理法律适用问题,只参与审理事实认定问题"。《人民陪审员法》区分三人合议庭与七人合议庭,明确三人合议庭不区分"事实审"与"法律审",七人合议庭区分"事实审"与"法律审",在七人合议庭中,陪审员不需要对事实认定问题表决,对于法律适用问题表意不表决。[68] 该种参审职权模式,既不同于英美陪审团模式,也不同于大陆法系参审制模式,更不同于建议陪审团模式,而是为了应对实践问题产生的新模式,被称为参审职权的"中国模式"。[69] 如此,陪审员将充分运用经验、理性和良知参与事实认定,回避了其在法律适用上的短板,有助于从根本上解决"陪而不审""审而不议""议而不决"问题。

　　所以,依笔者观之,参审职权改革是本轮人民陪审员制度改革的重中之重,尽管存在很多困难,但是为了能够保障参审效果,需要我们毅然决然将其进行到底。一是继续探索事实法律分离的最低标准。事实与法律区分是个世界性难题,甚至可以说没有绝对的区分标准,笔者认为我们可以将刑事案件分为定罪和量刑两部分,定罪部分由陪审员和法官共同负责,量刑部分则由法官单独进行,陪审员可以表意但不表决。对于难以区分是定罪问题还是量刑问题的,将其概括认定为事实问题,由陪审员和法官共同认定。二是继续完善问题列表制度和法官指示制度。问题列表制度和法官指示制度是确保事实与法律分离的两种机制。[70] 应当建立模式化的问题列表制度,方便司法实践掌握和操作,提高适用问题列表制度的积极性;仿效国外

---

〔68〕《人民陪审员法》第 21、22 条。

〔69〕 参见贾志强:《人民陪审员参审职权改革的中国模式及反思》,载《当代法学》2018 年第 2 期;刘奕君:《模式、依据与冲突:人民陪审员参审职权研究》,载《法学杂志》2018 年第 9 期。

〔70〕 事实与法律分离问题,参见陈学权:《刑事陪审中法律问题与事实问题的区分》,载《中国法学》2017 年第 1 期。

编撰法官指示手册,由法官向陪审员宣读,进一步规范法官指示方式、限定法官指示范围、明确错误指示的救济等。三是确立庭审两段模式。建议将庭审区分为两段,前一段是事实审,后一段是法律审,并在其间设置中间程序。陪审员与法官参与事实审,在中间程序进行事实审合议;然后陪审员与法官共同参与法律审,但是只表意不表决。

(二)完善随机抽选机制

我国和德国一样存在严重的陪审员代表性不足问题。在改革前,人民陪审员主要采用的是个人报名、组织推荐、法院审查的模式,因此陪审员来源不广泛、代表性不足,存在陪审员"精英化"问题。党的十八届四中全会首次明确提出"完善随机抽选方式,提高人民陪审员制度公信度"。《人民陪审员法》规定,司法行政机关会同基层人民法院、公安机关,从辖区内的常住居民名单中随机抽选拟任命人民陪审员数五倍以上的人员作为人民陪审员候选人。[71] 可以说,陪审员随机抽选方式的推动,对于我国陪审员来源广泛性起到重要作用,是发扬社会主义民主、坚持民主司法的重要表现。

但是,我们不能忽视的是,《人民陪审员法》同时也规定了因审判活动需要,可以通过个人申请和所在单位、户籍所在地或者经常居住地的基层群众性自治组织、人民团体推荐的方式产生人民陪审员候选人,比例不超过五分之一。[72] 这就是所谓的组织推荐模式。该制度模式实际上和德国的政党推荐模式有某种相似性。当然,笔者深知保留该条的用意在于为司法实践中保证法官便利化联系陪审员提供方便,也是保障陪审员来源和质量的一种现实需要。从司法实践来说,很多法官仍然倾向于选择自己熟悉、随叫随到、听话的陪审员,而这五分之一的陪审员正是为了满足需要而设定的。即使是平时随机抽选确定陪审员,仍然可以保留几个陪审员到需要"听话"的时候备用。因此,笔者认为,这五分之一的组织推荐比例看似很小,实际上既不符合陪审员民主代表性要求,也等于是在随机抽选机制上面开了口子,容易引发法官随机操纵审判组织构成、架空随机抽选机制的隐患。据此,笔者主张应当进一步完善《人民陪审员法》的随机抽选机制,实行全面"海选"机制,从根本上保障陪审员来源的广泛性和代表性。

(三)执行参审上限规定

在改革前,我国人民陪审员制度在运行中,存在典型的"驻庭陪审""编外法官"现象,即法官倾向于选择使用得心应手、保证随传随到甚至长期驻庭的陪审员,固定

---

〔71〕《人民陪审员法》第 9 条。

〔72〕《人民陪审员法》第 11 条。

组成合议庭,随时满足参审要求。这种现象的后果就是陪审员参审数量严重不均衡,有的陪审员每年可以参审数百件,有的陪审员每年只有一两件,甚至有的陪审员从来不来参审。这种不均衡参审的模式,实际上否定了陪审员民意代表的身份,架空了陪审员参审机制。

《人民陪审员制度改革试点工作实施办法》借鉴德国严格中性遴选机制的规定,仿照其每年参审十二件的规定,规定了陪审员参审上限,以确保陪审员均衡参审。在试点改革期间,有的试点法院开发陪审员参审信息化系统,将超出参审上限的陪审员屏蔽,从技术上保障均衡参审。因此,最高人民法院经过调研后认为,设定参审案件数上限被认为是解决"驻庭陪审员""编外法官"问题的一剂良方。[73] 之后,《人民陪审员法》吸收该条规定,明确要求人民法院应当结合本辖区实际情况,合理确定每名人民陪审员年度参加审判案件的数量上限,并向社会公告。[74] 据此,笔者认为,我们应该继续借鉴德国严格中性的遴选机制经验,在吸纳我国既往经验基础上,严格执行参审上限规定,利用信息技术手段,公布陪审员参审案件上限数量,倒逼法院在参审中随机抽选陪审员,从根本上解决"驻庭陪审""编外法官"问题。

(四) 限制陪审员阅卷权

理论界对于陪审员阅卷权持有不同观点,有的认为,应该允许陪审员阅卷,法官阅卷尚且不能保证内心确信,何况是没有阅卷的陪审员。[75] 也有人持相反观点,认为陪审员在庭审之前就看到案卷,将污染心证,不符合直接审理原则和言辞辩论原则。实际上,这反映了对于卷宗制度的不同观点。我国长期以来允许陪审员阅卷。《人民陪审员制度改革试点工作实施办法》指出"人民法院应当在开庭前……为其阅卷提供便利条件"。试点改革期间,很多试点法院为陪审员阅卷提供专门的阅卷室,有的还利用手机 APP 方便陪审员阅卷等。但是,《人民陪审员法》对此并没有作出明确规定,留给实践很多困惑。

笔者认为应当树立"相对合理"的理念,借鉴德国有限制的阅卷制度,适度限制我国陪审员阅卷权。一方面是陪审员的介入案件的最佳时间,应当设定在庭前准备程序完成至开庭之前这段时间,即争点归纳完毕、证据基本固定后。之所以这样规定,是因为在此时,法官已经排除了非法证据等误导性线索,有效阻隔了事实审理者与受污染的信息源之间的联系;陪审员省去参与庭审准备程序的过程,却可以共享

---

〔73〕 最高人民法院政治部编著:《〈中华人民共和国人民陪审员法〉条文理解与适用》,人民法院出版社 2018 年版,第 282 页。

〔74〕 《人民陪审员法》第 24 条。

〔75〕 潘金贵、蔡岱燐:《论陪审实质化改革的机制构建》,载《贵州民族大学学报(哲学社会科学版)》2016 年第 3 期。

庭前准备程序的成果,大大节省了时间精力,有利于其将精力集中在正式开庭审理中。另一方面,法官应当制作阅卷笔录,阅卷笔录应当成为简略的事实认定清单,以案件事实为核心制作控辩要点及争点,有利于陪审员获得庭审基础信息,提高其庭审参与质量。[76]

(五) 完善判决说理机制

我国和德国一样是由职业法官撰写判决书。长期以来,我国判决书也存在和德国判决说理制度一样的问题,陪审员的意见容易被忽略。然而,陪审员参审职权改革要求陪审员只参与事实审,进一步严格陪审员参审的心证要求,那么完善判决理由制度就显得尤为必要:一是当前的判决说理制度粗陋,陪审员心证不公开,与发挥陪审员参与"事实审"作用的改革要求不相匹配;二是二审需要对一审"事实审"进行有效复审,就要求一审判决书对于事实认定过程详细描述,方便二审作出有效审查。

对此,笔者建议我国借鉴德国参审制度的书面说理机制,并在避免其问题基础上予以完善,一是细化判决说理内容。借鉴《德国刑事诉讼法典》第 267 条的规定,将所有查明的事实以及推断事实列入。对于程序参与人主张刑法特别规定的排除、减轻或者提高可罚性情节的,不管这些情节是否已确定或没有确定,判决理由都必须写明;判决理由必须写明所用的刑法和对量刑起了决定性作用的情节。对于被告人被判处无罪的,判决理由必须明确是否被告人没有实施被指控的罪行,或者是否以及因何种原因认为已经实施的行为并不构成犯罪的事实。二是明确判决说理的时间。建议在表决后,合议庭重新回到法庭,审判长口头宣布判决,并以言辞形式简单说明判决理由。在判决结果公布后的 5 周内,职业法官应作出书面判决及判决理由并签名。[77] 三是维护陪审员事实认定的独立性。如果存在陪审员与法官在事实认定上面存在重大分歧的,由职业法官将案件提请审委会讨论决定,审委会决定应当回应陪审员意见,最后将审委会决定以及陪审员主张在判决书中反映,并要求法官和陪审员签名确认,以切实维护陪审员事实认定的独立性。

---

〔76〕 参见龚浩鸣、梅宇:《陪审制大合议庭事实审与法律审分离的程序保障——以北京市法院大合议庭陪审机制试点为基础》,载《法律适用》2018 年第 9 期。

〔77〕 参见施鹏鹏:《陪审制研究》,中国人民大学出版社 2008 年版,第 225 页。

中德法学论坛
第 18 辑·上卷，第 108～136 页

规范科学抑或文化科学？

——新康德主义维度下凯尔森与拉德布鲁赫法哲学的方法论比较

徐子煜*　雷　磊**

　　摘　要：凯尔森和拉德布鲁赫在法哲学史上具有重要地位。但同为深受新康德主义哲学传统影响的学者，两者的学说立场却呈现出较大的差异。这需要深入其分歧的根源，即从法哲学方法论进行理解。从"模态规范性命题"出发，可以将两位法哲学家讨论的核心问题归于法科学的属性问题。新康德主义哲学的马堡学派为凯尔森提供了将法科学归结为规范科学的方法，西南学派则为拉德布鲁赫提供了将法科学归结为文化科学的方法。从法科学的属性的分歧中，可以衍生出两位法哲学家对于法概念和法效力、法理念、相对主义的限度等问题的分歧。理解两位法哲学家学说立场分歧的关键在于理解他们对法科学属性的不同认识。

　　关键词：新康德主义；凯尔森；拉德布鲁赫；科学价值

　　Abstract：Kelsen and Radbruch have important positions in the history of legal philosophy. The differences between them and the causes are worthy of discussion. Starting from the "modal normative thesis", the core issues discussed by the two legal philosophers can be attributed to the mode of legal science. The Marburg School of Neo-Kantianism provided Kelsen with a way to attribute legal science to normative science，while the Southwestern school provided Radbruch with a way to attribute legal science to cultural science. From the differences in the mode of legal science, two legal philosophers can derive their differences on the concept, the validity of law, the idea of law, the limits of relativism, and so on.

---

　　* 徐子煜：中国政法大学法学理论专业研究生。
　　** 雷磊：中国政法大学教授，博导，"钱端升学者"。

The key to understanding the differences of the two legal philosophers is to under-stand their different interpretation of the mode of legal science.

Key Words：Neo-Kantianism；Kelsen；Radbruch；Science Value

一、引言

（一）研究的背景与意义

汉斯·凯尔森（Hans Kelsen，1881—1973）和古斯塔夫·拉德布鲁赫（Gustav Radbruch，1878—1949）都是 20 世纪德语法哲学[1]的重要代表人物。凯尔森以其超越传统经验实证主义和自然法的"纯粹法学"而闻名，拉德布鲁赫则以在司法实践中得到应用的"拉德布鲁赫公式"而为人所知。两位法哲学家在德语区的法哲学史中具有承上启下的作用。在他们的时代之前，法哲学是一般哲学的一个部门，往往被置于一个更加宏大的哲学体系之中；而自他们的时代开始，随着体系哲学的解体，法哲学逐渐成为一门更加专业化的学问。这使得凯尔森和拉德布鲁赫的法哲学有着鲜明的过渡特色，如果无法对他们的法哲学做出法哲学史的阐述，就难以对当代法哲学做出理解。同时，两位法哲学家的思想在今天也是重要的思想资源。凯尔森的纯粹法学今日仍被实证主义学者广泛引用，以罗伯特·阿列克西为代表的当代德语非实证主义法哲学家则将拉德布鲁赫的思想资源与当代哲学成果广泛结合进行新的阐释。[2] 两位法哲学家在实践领域的指导作用也得到了广泛承认，凯尔森将其纯粹法学应用于他在奥地利宪法法院中实际工作的尝试以及拉德布鲁赫公式在德国司法界或明或暗地被引用都得到了各国实务工作者的关注。[3]

基于此，国内关于凯尔森与拉德布鲁赫的研究起步虽晚，但渐成热门，并分别形成了几个集中的兴趣点：对于凯尔森的"纯粹法学"，学者们主要关注如下两个方面：① 学说史问题，即在实证主义学派的演进中比较凯尔森与经验实证主义和当代实证

---

[1]　需要说明的是，凯尔森并不使用"法哲学"一词来称呼他的"纯粹法学"，如在《纯粹法学说》第二版中，他将"纯粹法学"称为一种"一般法学说"。这涉及德语哲学界对于"哲学"一词做价值哲学的理解，下文会进行更详细的叙述。本文为了行文便利，将凯尔森的"纯粹法学"也称为一种"法哲学"。See Hans Kelsen. *Pure Theory of Law*，translated by Max Knight，The Law Book Exchange，2005，p1.关于"一般法学说"的界定，参见雷磊：《法理论及其对部门法学的意义》，载《中国法律评论》2018 年第 3 期。

[2]　参见［德］罗伯特·阿列克西：《法概念与法效力》，王鹏翔译，商务印书馆 2015 年版。

[3]　近年来的作品，参见雷磊编：《拉德布鲁赫公式》，中国政法大学出版社 2015 年版；汉斯·凯尔森，等：《德意志公法的历史理论与实践》，王银宏译，法律出版社 2019 年版。

主义的联系与区别;〔4〕② 文本学研究,即从某一个维度陈述凯尔森的"纯粹法学"体系,或阐释凯尔森的"纯粹法学"体系中的基本概念。〔5〕对于拉德布鲁赫,学者们最为关注的问题有二:① 对于拉德布鲁赫法哲学体系中的概念和立场进行阐明;〔6〕② 以"拉德布鲁赫公式"为中心,阐释其法哲学意义与适用问题。〔7〕从以上归纳可以看出,今日中国学界对于两位法哲学家的研究虽然已经取得很大进步,但普遍停留在他们的文本本身,少有涉及法哲学史的研究;既有的少数法哲学史的研究也很少突破现存法哲学史的叙事框架。在我国传统的法哲学史论著中,凯尔森常被视为介于奥斯汀的经验实证主义法哲学和哈特的实证主义法哲学之间的一位规范实证主义法哲学家进行论述,而拉德布鲁赫则由于其从实证主义向非实证主义变化的"大马士革体验"而被视为一位以德国哲理法哲学方式开启新自然法复兴的一位法哲学家。〔8〕然而近年来的研究者逐渐认识到,凯尔森与拉德布鲁赫虽然在立场上似乎有根本性的不同,却同样受到 19 世纪末 20 世纪初流行于德语区的新康德主义哲学的强烈影响。〔9〕尽管这些研究使得传统的法哲学史叙事模式受到了冲击,但

---

〔4〕 相关文献参见陈锐:《论法律实证主义的不一致性——以奥斯丁与凯尔森为比较视点》,载《前沿》2009 年第 3 期;李旭东:《法律规范与法律规则——凯尔森与哈特的法律概念之比较》,载《学术交流》2006 年第 6 期。

〔5〕 相关文献参见王晖:《论凯尔森的归属观》,载《浙江社会科学》2018 年第 3 期;王莉君:《论凯尔森纯粹法理论的基本概念》,载《政法论坛》2003 年第 6 期;苗炎:《凯尔森法律规范性理论评析》,载《法制与社会发展》2009 年第 6 期。

〔6〕 相关文献参见季涛:《法哲学的阿卡琉斯之踵——论拉德布鲁赫对法律神学的知识立场》,载《同济大学学报(社会科学版)》2006 年第 5 期;张龑:《拉德布鲁赫法哲学上的政党学说批判》,载《清华法学》2013 年第 2 期。

〔7〕 相关文献参见柯岚:《拉德布鲁赫公式的意义及其在二战后德国司法中的运用》,载《华东政法大学学报》2009 年第 4 期;柯岚:《拉德布鲁赫公式与告密者困境——重思拉德布鲁赫—哈特之争》,载《政法论坛》2009 年第 5 期;林海:《哈富论战、拉德布鲁赫公式及纳粹法制迷案——从历史视角透析理论问题》,载《南京大学法律评论》2008 年第 1 期;钱锦宇:《拉德布鲁赫公式的限度与法官的统治》,载《环球法律评论》2010 年第 3 期;关于拉德布鲁赫研究的类型,参见徐江顺:《当代实证主义与非实证主义之争中的拉德布鲁赫》,清华大学 2017 年版;[日]铃木敬夫:《中国的拉德布鲁赫研究》,宋海斌译,《太平洋学报》2009 年第 12 期。

〔8〕 参见严存生:《西方法律思想史》,法律出版社 2004 年版;张乃根:《西方法哲学史纲》,中国政法大学出版社 2002 年版。

〔9〕 参见刘建伟:《新康德主义法学》,法律出版社 2007 年版;朱力宇、刘建伟:《新康德主义法学三论》,载《法学家》2007 年第 5 期,第 29 页以下;张龑:《凯尔森法学思想中的新康德主义探源》,载《环球法律评论》2012 年第 2 期,第 5 页以下;吴彦:《新康德主义的两种路向:施塔姆勒与凯尔森》,载《南京社会科学》2013 年第 12 期,第 56 页以下;何雪锋:《人的理性为法律立"法"——凯尔森的法律认识论及其现实意义》,载《华东政法大学学报》2017 年第 4 期,第 73 页以下。

大多倾向于使用叙述式的写作模式,缺乏对于两位法哲学家如何继受新康德主义哲学的思维的论证。

(二)范围界定

本文开始之前,有必要对本文所要讨论的凯尔森与拉德布鲁赫法哲学思想作一范围界定。通常认为,凯尔森的思想前后有较大的变化,其中,前期更倾向于新康德主义的先验论立场,后期则带有实在主义色彩。[10]一般而言,以两版《纯粹法学》为代表的新康德主义时期是学术研究的重点。因此,本文所述凯尔森法哲学思想,限于凯尔森的新康德主义阶段。当前通说认为,拉德布鲁赫的观点自始至终受到新康德主义哲学的影响是毋庸置疑的。[11]因此,本文所述的拉德布鲁赫法哲学思想,贯穿其各个阶段。

本文的目的在于通过揭示凯尔森与拉德布鲁赫学说所受到的不同的新康德主义哲学的渊源,对两位法哲学家的法哲学思想进行比较研究,进而揭示其根本分歧点所在。本文分为三部分:第一部分介绍两位法哲学家的法哲学思想的总体框架;第二部分分别揭示它们的新康德主义哲学思想渊源,即凯尔森对马堡学派的继受以及拉德布鲁赫对于西南学派的继受;第三部分通过对比,揭示两位法哲学家发生分歧的原因。

---

〔10〕 对凯尔森思想阶段的划分,则有四阶段和三阶段两种不同的说法,但基本内涵是一致的。如鲍尔森(Stanley L Paulson)的三分法的划分是:从 1906 年到 1920 年的批判建构阶段,1920 年到 1960 年的经典阶段和 1960 到 1971 年的晚期阶段。其中,前两个阶段的区别较为模糊,主要区别体现在前一阶段凯尔森尚未形成独立于耶利内克的德国传统方法论,后一阶段凯尔森的思想则已经完整和独立。而前两阶段与第三阶段的最核心差别则在于凯尔森在前两个阶段主要受到新康德主义的影响,后一阶段则有鲜明的实在主义特点。参见斯坦利·L.鲍尔森:《纯粹法学的终结? 凯尔森—克鲁格书信往来作为凯尔森法学颠覆之开端》,张龑译,载张龑编《法治国作为中道:汉斯·凯尔森法哲学与公法论集》,中国法制出版社 2017 年版,第 266 页;张龑:《凯尔森法学思想中的新康德主义探源》,载《环球法律评论》2012 年第 2 期,第 6 页。

〔11〕 传统法哲学史认为,拉德布鲁赫的前后思想有着巨大的转折,即从实证主义向自然法(非实证主义)的转折。然而,最近的关于拉德布鲁赫的研究已经产生了新的通说观点,即拉德布鲁赫的思想,就其整体结构而言,前后并无根本性的变化,只有结构内部的部分调整,以实证主义和自然法的二分法看待拉德布鲁赫的法哲学在立场上即有问题。支持传统立场的文本参见[美]博登海默:《法理学:法律哲学和法律方法》,邓正来译,中国政法大学出版社 1999 年版,第 177 页。支持新通说的文本参见[德]阿图尔·考夫曼:《古斯塔夫·拉德布鲁赫传》,舒国滢译,法律出版社 2004 年版,第 27 页;[日]足立英彦:《关于拉德布鲁赫〈法哲学的日常问题〉的意义》,满喆、刘小勇译,载《太平洋学报》2008 年第 9 期,第 35 页。

二、凯尔森与拉德布鲁赫学说的总体框架

(一)新康德主义哲学

新康德主义哲学是统治 19 世纪中后期和 20 世纪初期的德语哲学界的哲学思潮。从哲学史的视角看,新康德主义是哲学的一次自救运动,其共同敌人是多种试图以"应然"由"实然"决定的论述来取消哲学的研究对象而以实证科学取而代之的自然主义和历史主义观点。[12] 而康德严格区分"应然"与"实然"世界的观点成了反对自然主义和历史主义的重要思想资源。除了"回到康德"这一基本立场以及坚持康德的先验论证、去除其物自体观念等共同特点外,新康德主义哲学不能算作一个统一的学派,而是一个由数个不同的学派组成的哲学运动。除去早先以亥姆霍兹等人为代表的心理主义流派,新康德主义哲学最重要的两个流派是以赫尔曼·柯亨(Hermann Cohen)为代表的马堡学派和以威廉·文德尔班(Wilhelm Windelband)、海因里希·李凯尔特(Heinrich Rickert)为代表的西南学派。前者主要试图从实在的科学出发实现康德的先验论证的去心理主义化,后者主要试图从价值出发统一康德的理论与实践两个领域,并对以现实为对象的诸科学进行更为精细的划分。[13] 凯尔森主要受到前者影响,而拉德布鲁赫主要受到后者影响。[14] 本文认为,两种新康德主义哲学流派的不同兴趣取向和观点最终决定了凯尔森与拉德布鲁赫两位法哲学家的分歧。

(二)方法论中心主义

新康德主义哲学所统治的 19 世纪中叶到 20 世纪初,德语哲学界流行的并非今日运用分析手段对具体的部门哲学问题进行考察的哲学方式,而是面对蓬勃发展的

---

〔12〕 Fredrick C. Beiser, *Normativity in Neo-Kantianism: Its Rise and Fall*. International Journal of Philosophical Studies. Feb 2009, Vol. 17 Issue 1, p.11 - 12,19.

〔13〕 〔美〕L. W. 贝克:《新康德主义》,孟庆时译,涂纪亮校,载《世界哲学》1979 年第 5 期,第 67—70 页。

〔14〕 近期的研究也展现出了凯尔森对西南学派的继受和拉德布鲁赫对马堡学派的继受的情况。本文将对这些观点中涉及本文论述主旨的部分做出回应。参见张龑:《凯尔森法学思想中的新康德主义探源》,第 17—19 页;〔美〕斯坦利·L. 鲍尔森:《汉斯·凯尔森的规范主义》,张龑译,载张龑编《法治国作为中道:汉斯·凯尔森法哲学与公法论集》,中国法制出版社 2017 年版,第 141—142 页;普佛尔滕:《论 Kant, Hegel, Stammler, Radbruch 及 Kaufmann 的法律理念》,颜厥安译,载刘幸义主编《多元价值、宽容与法律——亚图·考夫曼教授纪念集》,台湾五南图书出版公司 2004 年版,第 367 页。

自然科学和人文社会科学，寻找经验科学无法涉足的先天领域，以确保哲学学科的独立性的哲学方式。[15] 达成这种哲学目的的一个必要方法就是对新兴的科学自身的方法进行考察，从而寻找到一个科学无法接触的先天领域。因此，在新康德主义哲学占据统治地位的时代，研究自然科学和新兴的社会科学的分类与其各自的方法，是哲学家们普遍关心的工作。

这一哲学兴趣的倾向同样反映到凯尔森与拉德布鲁赫的法哲学之上。鲍尔森在论述看待凯尔森的法哲学体系的两种视角时，采取了"内容规范性命题"和"模态[16]规范性命题"的二分法。[17] 前一命题的核心立场是，"法的规范性概念与服从法的义务的概念，二者在分析上是相互联系的"；[18] 后一命题的核心立场则是，通过给予自然主义者以答复，从而发现捍卫法自身的独立于固有法则的工具。[19] 简言之，"内容规范性命题"反映的是以确立包含法效力的法概念为目的的研究范式，属于现代法哲学关切的问题；"模态规范性命题"反映的是以确立独立于自然科学的法学范式为目的，进而通过康德主义式的认识论模式，论证法独立于自然现象的研究范式。鲍尔森认为，"无论从系统性的还是历史性的视角观察，将凯尔森归为这个（内容规范性命题）都是不合适的"，而"模态规范性命题的研究结果则完全不同，它直接反映了凯尔森的中心关注点"。[20]

"模态规范性命题"在提出时尽管只是对于凯尔森法哲学的一种理解的视角，但它以方法论为核心的视角代表了 19 世纪中期到 20 世纪初德语哲学界普遍持有的与今日哲学界不同的方法论关切。拉德布鲁赫同样体现出强烈的方法论关切：1922 年的《法律哲学概论》、1933 年的《法哲学》和 1948 年的《法哲学入门》都是以提出"使用什么样的视角观察法律"的问题开始，并以提出他的"三元方法论"入题。"三元方法论"也是拉德布鲁赫的独到之处。[21]

就本文处理的问题而言，"模态规范性命题"体现的视角要更加适合于我们展开论述，而"内容规范性命题"尽管也被两位法哲学家不同程度地接纳，但都居于从属地位。因此，借助以"模态规范性命题"，我们可以重构凯尔森与拉德布鲁赫两位法

〔15〕 ［美］弗兰克·梯利：《西方哲学史》，贾辰阳、解本远译，光明日报出版社 2014 年版，第 472 页。

〔16〕 模态（Modalität）一词除在逻辑学意义上有"模态"之意外也有"方式"、"方法"之意。笔者认为，在这里，鲍尔森更多是在强调法学独特的方法。

〔17〕 前注〔14〕，［美］斯坦利·L. 鲍尔森：《汉斯·凯尔森的规范主义》，第 130 页。

〔18〕 Joseph Raz, *Kelsen's Theory of the Basic Norm*. The American Journal of Jurisprudence, 19（1974），p.105. 转引自［美］斯坦利·L. 鲍尔森：《汉斯·凯尔森的规范主义》，第 133 页。

〔19〕 前注〔14〕，［美］斯坦利·L. 鲍尔森：《汉斯·凯尔森的规范主义》，第 156 页。

〔20〕 同上，第 156 页。

〔21〕 前注〔6〕，张龑：《拉德布鲁赫法哲学上的政党学说批判》，第 28 页。

哲学家的法哲学观点。从而更好地揭示其理论分歧点。

（三）分裂的中道

当代的法哲学学者普遍认识到，凯尔森与拉德布鲁赫在他们的时代面临着一个巨大的挑战：自然科学和历史科学的兴起使得将应然问题归结于自然事实或历史的倾向笼罩于法学研究之上，而近代自然法虽然遭到猛烈批判，但依然呈现出"百足之虫死而不僵"的态势。它们共同否定法律规范作为一种独立的现实，从而使得作为法科学的法教义学的独立性面临挑战。凯尔森与拉德布鲁赫正是试图批判这两种倾向，从而树立法科学的独立性。[22]

凯尔森与拉德布鲁赫所批判的自然法学说基本是一致的，即是以欧洲古典自然法至近代自然法以来建立的实在法—自然法二元论。[23] 不过，他们所针对的实证主义倾向[24]有着不同的模板：凯尔森以法社会学和奥斯汀的经验实证主义为批判重点，[25]而拉德布鲁赫则以历史法学派—黑格尔主义—历史唯物主义的路径为批判重点。[26] 但是，这两种实证主义倾向展现出一种共性：将法律规范视作非独立的、可以被还原为某种非规范的事实，因而可以从对事实的研究中展开法学的研究，我们可以称之为"现实主义的实证主义"。从"模态规范性命题"的视角来看，他们不约而同地认为，自然法学说和传统实证主义学说都出现了方法论上的错误。前者是将本不实际存在的"应然法"视作是实际存在的，后者则是将法律与自然事实混为一谈。这两种方法论都违反了康德以来批判哲学的基本观点：实然与应然无法互相推导，且前者是理论理性的对象，在现象界中存在；后者则是实践理性的对象，无法在

---

〔22〕 参见徐江顺：《当代实证主义与非实证主义之争中的拉德布鲁赫》；Stanley L. Paulson, *The Purity Thesis*. Ratio Juris. Sep 2018, Vol. 31 Issue 3, p.296-299.

〔23〕 ［奥］汉斯·凯尔森：《科学法庭上的自然法学说》，见［奥］汉斯·凯尔森：《纯粹法理论》，张书友译，中国法制出版社2008年版，第235页；［德］古斯塔夫·拉德布鲁赫：《法哲学》，王朴译，法律出版社2013年版，第19—20页。

〔24〕 这里的"实证主义倾向"并非今日以"分离命题"为核心的实证主义，而是前文所述的将法律规范归结于被自然事实或历史所决定的倾向。

〔25〕 早期的凯尔森以法社会学为重点批判对象，随着凯尔森来到美国与英美法哲学有了更多的接触，他也将奥斯汀的经验实证主义理论纳入批判对象。前注〔23〕，［奥］汉斯·凯尔森：《纯粹法理论》，第37—49页；［奥］汉斯·凯尔森：《法与国家的一般理论》，沈宗灵译，中国大百科全书出版社1996年版，第183—200页。

〔26〕 前注〔23〕，［德］古斯塔夫·拉德布鲁赫：《法哲学》，第19—32页。

现象界中被经验。[27]

然而,在试图建立一种超越实证主义倾向与自然法的新方法时,两位法哲学家却出现了巨大的分歧。基于应然与实然的二分,凯尔森通过归属律和基础规范的先验范畴建立了一套规范科学的法学体系,[28]而拉德布鲁赫则通过价值有涉的法概念的先验范畴建立了一套文化科学的法学体系。[29]从"模态规范性命题"来看,在两位法哲学家的法哲学体系中,法概念同样被视为作为法科学的研究对象的法的概念(由此区别于今日作为社会成员行为理由的法的概念),因而相对于法科学的方法问题处于从属性的地位。两位法哲学家关于法的价值问题的讨论,也同样与他们对法科学属性的不同认识密切相关。

三、凯尔森与马堡学派

(一)马堡学派体系的展开:以科学和逻辑为核心

1. 柯亨的本体论修正:科学事实

康德在《纯粹理性批判》中建立的经典先验认识论体系为后人留下了诸多富有挑战性的难题。马堡学派创始人柯亨试图解决的难题有两个:其一,是早期新康德主义哲学受到康德主观演绎的心理学遗留而产生的心理主义的阐释方式,[30]其二,是久经批判的"物自体"概念和由此而生的不得不依靠带有知性直观色彩的先验想象力进行弥补的知性—感性二元体系。[31]前者带有取消康德哲学的先验性的危险,后者则可能导致康德哲学的体系性危机。针对这两个问题,柯亨提出了"批判观念论"的思想体系。

针对第一个问题,柯亨使用了"科学事实"这一概念。柯亨否认对康德的心理主义阐释,他不认为康德的兴趣在于阐述认识主体的认知心理结构,而在于阐明数学与纯粹自然科学——力学何以可能的先天原理。他预设了数学与力学的表述作为我们目前科学的最好方法所做出的真表述,作为"科学事实"。他否认康德在知性概

〔27〕 [德]康德:《纯粹理性批判》,邓晓芒译,杨祖陶校,人民出版社2009年版,BXXIV—BXXXII。A表示《纯粹理性批判》第一版,B表示《纯粹理性批判》第二版,罗马数字表示序言页码,阿拉伯数字表示正文页码,下同。

〔28〕 张龑:《凯尔森法学思想中的新康德主义探源》,第16页。

〔29〕 前注〔23〕,[德]古斯塔夫·拉德布鲁赫:《法哲学》,第136—137页。

〔30〕 Ernst Cassirer. *Hermann Cohen*,*1841-1918*,Social Research,Vol. 10,No. 2（MAY 1943）,p.223-225.

〔31〕 邓晓芒:《〈纯粹理性批判〉讲演录》,商务印书馆2013年版,第158—160页。

念主观演绎中的"三重综合"是对主体的认知心理的结构分析，而认为这是数学与力学何以可能的原理的先验演绎。寻找经验科学的依据，而非寻找主体的心理结构，是自柏拉图以来全部古典观念论的核心追求。[32] 因此，柯亨不认为心理主义阐释所使用的研究生理经验的心理学或内省方法可以完成对先验范畴的演绎，而必须首先列明经验自然科学的"科学事实"，随后以"科学事实"为前提展开先验论证，去寻找经验自然科学所以具有普遍必然性的原理。[33]

针对第二个问题，柯亨采取了彻底的观念论方法。康德的体系致力于调和经验论与观念论，因此，"一切知识均开始于感性经验，而感性经验的质料原因是物自体"是康德认识论的开端。[34] 不过这导致了康德体系的内在张力，使得他不得不使用带有知性直观色彩的先验想象力来联结感性与知性，而知性直观正是违反"一切经验均开始于感性经验"这一基本法则的。柯亨与前辈一样致力于批判物自体概念，将物自体视作理念而非本体论的实存，仅仅发挥作为经验的限制的功能。[35] 物自体概念被取消实存性后，感性的质料也就失去了原因，柯亨因此否认了接受性的感性是知识的起源这一观点，而认为知识是从"纯粹思维"开始的，一切都是思维自身的活动，因为思维是自发性和能动性的，它不但提供思维的形式，也提供内容。而思维活动的结果，也即"科学事实"，正是我们的可能经验。[36] 为了拒斥心理主义，这一"思维"不是经验性的人类思维，而是观念论中的"无限科学史的主体"。[37] 因此，在这个意义上，先验范畴具有了对于现象界的全部可能经验的构成性意义。对于柯亨而言，对于我们有意义的世界仅仅限于现象世界，而这一世界只是思维自身活动的产物，而先验范畴正是其柱石。柯亨将康德不很彻底的逻辑学—认识论—现象界本体论彻底化为逻辑学—认识论—本体论的三位一体。

2. 先验方法与无穷小方法

以科学事实为前提，通过先验论证得出科学知识的先天范畴的方法被柯亨称为"先验方法"。柯亨认为，在康德的理论体系中，即使在《纯粹理性批判》中这一点体现得不明显——其主观演绎和客观演绎都带有一定的心理学成分——在《未来形而

---

[32] Andrea Poma. *The Critical Philosophy of Hermann Cohen*，translated by John Denton，State University of New York Press，1997，p.57.

[33] Scott Edgar，*Hermann Cohen*，https://plato.stanford.edu/entries/cohen/.

[34] 前注[27]，[德]康德：《纯粹理性批判》，B33—B34。

[35] Andrea Poma. *The Critical Philosophy of Hermann Cohen*，translated by John Denton，State University of New York Press，1997，p.45.

[36] Scott Edgar，*Hermann Cohen*，https://plato.stanford.edu/entries/cohen/.

[37] 前注[13]，[美]L. W. 贝克：《新康德主义》，第 67 页。

上学导论》一书中康德已经明确指出了这种方法。[38] 鲍尔森将前者的论证称为"前进性论证(progressive argument)",将后者的论证称为"回归性论证(regressive argument)"。

"前进性论证"可以表述为:

(1) P(经验性命题被我们思考的事实是不证自明的)

(2) ◆P↔Q(当且仅当存在先验范畴,思考经验性命题才是可能的)

(3) Q(先验范畴存在);

"回归性论证"可以表述为:

(1) R(科学事实是存在的)

(2) ◆R↔Q(当且仅当存在先验范畴,科学事实的存在才是可能的)

(3) Q(先验范畴存在)[39]

二者的区别是,前者的论证前提(1)较弱,对于怀疑论者缺乏说服力,后者论证的前提(1)则较强。[40] 而且,前者带有更强的心理主义色彩,而后者则是柯亨所追求的从科学事实出发完成先验论证的方法。

柯亨对这一方法实际应用的一个重要结果则是他的"无穷小方法"。在柯亨的视野中,"科学事实"只能体现为数学式的自然科学的"科学事实"。[41] 因此,全部自然科学统一于数学,而数学的基础就是一切自然科学的基础。所以,柯亨在处理康德的先验范畴时,尤其注意数学的量的关系范畴以及力学的质的关系范畴与前者的联系。柯亨部分修改了康德的范畴表,撤换了质的范畴表为"起源、同一、矛盾"三个范畴。质的范畴的图型是"度",即异质之间的连续变化,[42] 而无穷小则作为这一连续性的基本单位而出现。它是思维创造范畴的起源,无穷小不但是数学中"数"的基本单位,由于柯亨的绝对观念论视经验现实为思维的创造,便也成了力学中物质的基本单位。[43] 因此,柯亨视无穷小为纯粹思维产生范畴的起源,因而也是全部自然科学和现象界的起源。[44]

3. 法学与伦理价值

柯亨试图将康德的先验演绎从理论领域推向实践领域,以此将实践领域也奠基

---

[38] Scott Edgar, *Hermann Cohen*, https://plato.stanford.edu/entries/cohen/.

[39] Stanley L. Paulson. *The Neo-Kantian Dimension of Kelsen's Pure Theory of Law*, Oxford Journal of Legal Studies 12(3) (September 1992), p.329.

[40] Ibid.

[41] [德]M. 海德格尔:《自1866年以来的马堡哲学讲座教席的历史》,王庆节译,载《世界哲学》2011年第1期,第55页。

[42] 前注[27],[德]康德:《纯粹理性批判》,B208—B218。

[43] 刘放桐等编著:《新编现代西方哲学》,人民出版社2000年版,第81—82页。

[44] 前注[13],[美]L. W. 贝克:《新康德主义》,第67页。

在科学的基础之上。柯亨认为实践领域的先验论证也必须奠基在"科学事实"的基础上,只不过并非理论科学而是关于人的科学。通过分析各种人文科学的类型后,柯亨认可只有法学符合这一要求。这意味着,在柯亨的实践哲学中,法学在其结构中蕴含着伦理价值。[45]

(二)凯尔森对马尔堡学派的继受

1. 法科学的基本视角:一种规范科学
(1)规范性法科学的内容

柯亨的第一回应使用的"科学事实"概念是凯尔森通过先验方法建立纯粹法学的基础。既然知性的范畴只能在科学事实而非人类的认知结构中寻找,那么凯尔森为法学建立先验范畴的尝试,首先必须确立一个法科学的科学事实。然而对于凯尔森而言,这一任务必须面临一个巨大的挑战:存在独立的法科学吗?

柯亨为理论理性的先验范畴寻找的"科学事实"是数学与力学的"科学事实",这一组科学在康德的《纯粹理性批判》中便已经被反复提及,因为数学与力学不但是独立的科学,而且被视为全部关于现象界的科学的基础。[46]凯尔森必须证立法科学是独立于数学与力学的科学,才能保证法科学拥有独立于数学与力学的先验范畴。

凯尔森的理论灵感来源于耶利内克在《主观公法权利体系》中对于国家的社会学与法学视角的区分。耶利内克承认不同的科学对于国家有着不同的视角,而对规范性的无矛盾的建构属于法学的世界,必须与对客观世界的、以自然律为基础的思考区分开来。[47]经验的自然科学世界之存在,等同于我们在科学中设定它是实体;规范中的存在,等同于我们在科学中设定它有效。[48]在这一基础上,凯尔森认为,法学是一门独立于自然科学的规范科学。

我们可以认为耶利内克的态度——即对于国家(或者对于法律规范)可以同时存在两种以上不同的科学视角,或国家(法律规范)并不必然以自然因果律的视角看待——为"包容性规范科学命题"。然而柯亨的第二回应所建立的绝对观念论体系使得凯尔森没有止步于此。凯尔森试图支持一个更强版本的规范科学命题,即"对于法律规范只能使用规范科学的视角",或者"法律规范必然不用自然因果律的视角看待",即"排他性规范科学命题"。如上所述,柯亨拒斥了接受性的感性的独立性,而认为科学知识的内容同样由思维给予,这样,可能经验的对象只能是特定科学的

---

〔45〕　Scott Edgar, *Hermann Cohen*, https://plato.stanford.edu/entries/cohen/.

〔46〕　前注〔27〕,〔德〕康德:《纯粹理性批判》,B14—B21。

〔47〕　参见赵真:《没有国家的国家理论——读〈社会学与法学的国家概念〉》,载《政法论坛》2012年第3期。

〔48〕　前注〔25〕,〔奥〕汉斯·凯尔森:《法与国家的一般理论》,第32页。

产物。因此，凯尔森认为，法社会学（也包括一切试图用因果律看待法律事物的科学）所认识的是与法律规范风马牛不相及的事实。[49][50]

通过上述方法，凯尔森确立了绝对独立于自然科学范式的规范的法科学，作为先验论证的"科学事实"的出发点。

（2）规范法科学的结构——先验论证

凯尔森论述规范科学的方法与柯亨也如出一辙，即使用先验论证的方法。同时，凯尔森也没有采纳"前进式论证"，而是使用了柯亨总结的"回归式论证"。凯尔森的思路是：

（1）R：人们有关于法律规范的认知（给定）

（2）◆R↔Q：关于法律规范的认知是可能的，当且仅当规范的归属范畴被预设（先验前提）

（3）因此，规范的归属范畴是被预设的。[51]

这样一组论证之中，凯尔森提出了规范性法科学的第一个先验范畴：归属（归属律）。归属律的范畴被凯尔森视作是与因果律相对应的科学的先验范畴。这一范畴的确立，向前可以追溯至康德在《纯粹理性批判》中关于意志自由的规定。康德认为，自由的存在性问题并非经验科学可以解决的问题，而是一个超验的、属于物自体领域的问题，因此不能通过理论理性对其进行回答，但却可以通过实践理性进行预设和自我证明——因为经验科学不能确认自由的存在，也不能否定自由的存在。[52]凯尔森亦支持这一观点。虽然他并不承认实践理性，但柯亨的观念论体系却给了他在理论理性内部自圆其说的可能性：因果律的范畴和归属律的范畴，属于不同的科学类型，创造的是不同的"科学事实"，因此也产生不同的对象。因果律与归属律在理论理性内部并行不悖，依然是可能的。[53]从归属律出发，凯尔森构建了他的法静态学的诸范畴。

---

〔49〕 前注〔23〕，〔奥〕汉斯·凯尔森：《纯粹法理论》，第44页。需要说明的是，凯尔森并不试图以此否定法社会学等研究的价值，只是否认了它们研究的是法律规范，而认为是作为事实的法律。从认识论的视角出发，作为事实的法律与法律规范并非同一对象。从而，为法律规范设定唯一的研究范式：规范的法科学。

〔50〕 参见前注〔47〕，赵真：《没有国家的国家理论——读〈社会学与法学的国家概念〉》。

〔51〕 See supra note 39, Stanley L. Paulson. *The Neo-Kantian Dimension of Kelsen's Pure Theory of Law*，p326.

〔52〕 前注〔27〕，〔德〕康德：《纯粹理性批判》，B473—B480.

〔53〕 〔奥〕汉斯·凯尔森：《因果、报应与归属》，见前注〔23〕，〔奥〕汉斯·凯尔森：《纯粹法理论》，第389—392页。

　　不过，凯尔森依然面临一个困难：归属律只能解决个别法律规范的先验结构问题，却不能回答规范的法科学如何描述一个法律体系的问题。在这里，凯尔森再度使用了一组先验论证：

　　（1）R：人们有关于法律规范体系的认知（给定）
　　（2）◆R↔Q：关于法律规范体系的认知是可能的，当且仅当规范的授权范畴被预设（先验前提）
　　（3）因此，规范的授权范畴是被预设的。

　　由于法律规范与道德规范同样拥有规范的结构，凯尔森引用了伦理学中的"授权"为其体系进行建构，区别是，伦理学中的授权是从上位规范演绎出下位规范，但法科学的授权则是上位规范授予某个主体发布下位规范的权能。[54] 然而，伦理学中授权结构的最高等级，即最高命令可以被认为来自上帝因而拥有绝对的权威，凯尔森却不能在法律中找到这样一个绝对的权威。

　　在康德的理论哲学中，数学与自然科学的结构被分为三部分进行论述：概念、判断、推理。[55] 前两者可以通过先验范畴的演绎和运用进行阐明，后者却只能用理念进行阐明。且对理念的超验运用，康德认为是不合法的。然而，柯亨关于纯粹理性产生范畴的起源，即无穷小方法，较好地解决了这一问题。无穷小使得数学与自然科学的根基奠定在一个非理念的图型之上，从而规避了难以说明"科学事实"作为体系存在的问题。

　　凯尔森提供的解决方式即是另一个先验范畴："基础规范"。基础规范虽然在从法科学的"科学事实"到其先验逻辑的推演中处于最后阶段，但从思维向法律规范的创造中则位于开端：从基础规范出发，确立全部法律规范构成的法律体系。因此，我们可以说基础规范相对于规范科学，与柯亨的"无穷小"相对于自然科学，有着相同的作用。在康德的哲学中，先验自我迈向经验世界的第一步是创造形式化的"先验对象"，[56] 但对于马堡学派的批判观念论而言，由于经验世界是由思维自身创造，因此思维的开端必然是有着实在内容的现象界的基础。正如同在任何自然科学的对象上通过范畴分析都可以回到无法经验，但又并非理念的无穷小，任何具体的法律规范通过"效力之链"都可以回溯到"基础规范"。基础规范是人们日用而不知的先验范畴。[57]

---

〔54〕　前注〔25〕，〔奥〕汉斯·凯尔森：《法与国家的一般理论》，第 126—128 页。
〔55〕　前注〔31〕，邓晓芒：《〈纯粹理性批判〉讲演录》，第 144 页。
〔56〕　前注〔31〕，邓晓芒：《〈纯粹理性批判〉讲演录》，第 133 页。
〔57〕　前注〔23〕，〔奥〕汉斯·凯尔森：《纯粹法理论》，第 82 页。

通过以上的论证，凯尔森基本解决了他的第一个问题：确立独立的法科学，并确认其先验范畴。[58]

（3）规范性法科学与价值

对于规范性法科学，凯尔森还面临着另一个问题：法律与道德同为规范，那么，法科学如何自证相对于伦理学的独立性？这意味着，法律规范与价值[59]是什么关系？

凯尔森否认实践理性，以确保法科学独立性的立场是很明确的，[60]但这并不意味着凯尔森认为规范与价值之间不存在联系，否则他甚至无法保证规范科学对于自然科学的独立性。凯尔森对于这一问题的态度可以被视作柯亨的法哲学的一个弱版本：认可在规范中可以寻找到价值，但不认为这一价值具有实践理性意义上的绝对性。

在传统德语哲学中，"规范"一词一般用来表达对自由意志的规定，以区别于对非自由的实在物的因果规定。而道德规范是绝对有效的。[61]凯尔森将法律规范作为区别于道德规范的对象提出。法律规范同样代表着对某种行为的积极和消极意义的评价，因而可以认为是蕴含着一定的"法律价值"的。[62]然而，道德规范的"基础规范"常被视为是由超人的绝对权威——上帝发出的，因此价值具有排他性；法律规范则是由人类指定的，由于凯尔森对实践理性的否定，"法律价值"也只是相对的。[63]不过，相对的"法律价值"由于拥有有效的法律规范作为基础，因而是一种客观价值；而不具有以法律规范为基础的——也即以个人的愿望和意志为基础的——价值，则是主观价值。对于凯尔森而言，主观价值只对个人而言是存在的，不具有普遍性；而客观价值则由于其基础——法律规范——具有有效性，因而在它有效的范围内存在。[64]这样，凯尔森将规范的有效依赖于它能实现价值的传统观点转换为价值的存在依赖于规范有效的观点，从而使得法律规范脱离了价值而独立。

---

[58] 需要说明的是，凯尔森并没有真正建立一个绝对确定的范畴表。这与他兴趣的转向有关。

[59] 本小节中的"价值"，指的是伦理和美学上的价值，存在于在凯尔森的理解中无法用理论理性证成的范围。凯尔森对价值的理解较为狭窄，相对而言，下文中要提及的拉德布鲁赫和西南学派对价值问题有更为宽泛的理解。

[60] 类似的观点参见［奥］汉斯·凯尔森：《何谓正义》，见前注〔23〕，［奥］汉斯·凯尔森：《纯粹法理论》。

[61] See supra note 12, Fredrick C. Beiser. *Normativity in Neo-Kantianism：Its Rise and Fall*.

[62] ［奥］汉斯·凯尔森：《法科学中的价值判断》，见前注〔23〕，［奥］汉斯·凯尔森：《纯粹法理论》，第 340 页。

[63] Hans Kelsen. *Pure Theory of Law*, translated by Max Knight. The Law Book Exchange，2005. p.18.

[64] Ibid，p.20.

不过,"法律价值"虽然是相对的,但以法律规范为前提做的"法律价值判断"却是有真假之分的。前者的设定无法用理性证成,属于意志的领域;后者则只是将一定的事实归于一个由归属律联结的规范之中,因而是属于逻辑的领域,在理论理性内部即可解决。[65] 规范的法科学正是通过揭示法律规范的结构,从而使得判断"法律价值判断"的真假成为可能。

(4) 作为规范科学对象的法概念——法效力

凯尔森的法概念论则带有复杂的二元色彩,笔者认为,如前文所述,只有将凯尔森的法概念带入他的规范性法科学的体系之中,对于规范性法科学的对象才能有恰当的理解。

表面上看来,凯尔森的法概念似乎要从经验的方向出发。如他认为:"人们必须从'法'这一词的最可能的广泛性出发",以构建一个"在范围上大体和习惯用法相符合的法律概念"。[66] 但如果将纯粹法学说视为一种从"科学事实"出发的观念论体系,则这一法概念的方向恰恰是先验式的。由于现存的全部被构建的法律规范都是法科学的"科学事实",因此也只有囊括所有现实的法律规范的法概念,才能表达规范法科学所构建的全部法律对象。凯尔森的法概念的出发点,在于以从先验范畴到"科学事实"的逻辑顺序为基础,以相反的顺序追溯法概念的先验用法。[67] 通过考察凯尔森建立法概念和法效力体系的过程,我们能看到凯尔森通过先验论证建立的归属律和基础规范两大先验范畴的具体运用。

通过对既存法律现实的考察,凯尔森将法律界定为"一种通过有组织的制裁实现的强制秩序"。[68] 法律的必要条件是通过规定某种有组织的制裁借以实现立法者的目的。对于凯尔森而言,以制裁为核心的法概念反映了法科学的归属律的先验范畴。归属律拥有条件性、义务性的特征。[69] 条件性的特征即,使用归属律的语句可以表述为:"如果 A,那么应当 B"。而制裁作为法律后果出现在归属律的后句中(即 B)。同时,义务性的特征即,并非所有的后果都可以成为归属律语句的后句,否则法律规范将无法区别于其他规范,如"如果有人在承受痛苦,你应该帮助他"这一道德规范也拥有类似特征。只有能够与义务紧密联系的制裁才能够成为法律后果。

同时,如前文所述,规范之所以区别于自然事实,就在于它的存在等同于它被设定为是有效的。如果将效力问题推入实然领域,那么法律规范就无法和自然事实相

---

〔65〕　Ibid,p.19 - 20.

〔66〕　前注〔25〕,[奥]汉斯・凯尔森:《法与国家的一般理论》,第 4—5 页。

〔67〕　事实上,已经有学者指出,凯尔森的"纯粹法学",与其说是实证主义的,不如说是唯心主义的。参见张龑:《凯尔森法学思想中的新康德主义探源》,第 20 页。

〔68〕　前注〔25〕,[奥]汉斯・凯尔森:《法与国家的一般理论》,第 31 页。

〔69〕　[德]罗伯特・阿列克西:《汉斯・凯尔森的应然概念》,张龑译,载张龑编《法治国作为中道:汉斯・凯尔森法哲学与公法论集》,中国法制出版社 2017 年版,第 161—162 页。

区别;如果将这一问题推入应然领域,那么效力便不再属于理论理性范围,因而在理论理性中的规范科学同样无法构建出区别于自然事实的法律规范。

并且,归属律的义务性特征决定了凯尔森的法概念必须具有规范性。与凯尔森体系有着类似之处的奥斯丁的体系同样是以制裁为核心,但由于经验性的制裁无法证立义务,而只是对违反义务所负有的责任,因此奥斯丁的法概念是不具有规范性的法概念。在归属律预设了义务性的情况下,凯尔森必须为法概念的规范性特征证明。

因此,法律规范的效力问题只能和法律规范的概念问题一并解决。凯尔森证立效力问题的方法正是前述的以授权—基础规范为核心的授权链条式的法律体系学说。规范的效力不能通过制裁本身证成,而只能通过其立法者业已经过上位规范的授权而证成。而为了终止无限授权链条的追溯,第一部宪法的立法者则被基础规范所授权。凯尔森论证法效力的方法同样是理论理性性质的,授权和基础规范成为凯尔森为法律科学设定的另一组先验范畴。

2. 法哲学与彻底相对主义

回顾凯尔森为法科学设定的结构,我们并没有发现法哲学的存在领域。凯尔森从未用"法哲学"称呼其"纯粹法学",而是更多地将之视为规范性法科学的前言。在康德之后的批判哲学传统之中,"哲学"一词的用法常被限制在康德的实践理性的范围内,而"法哲学"一词则由于黑格尔的《法哲学原理》一书而具有强烈的整体论色彩。[70] 这也是凯尔森不使用"法哲学"自称的原因之一。如果将"法哲学"一词与"法的价值论"画等号,那么凯尔森必然否认法哲学作为科学存在的可能性和必要性。不过,如果我们肯认不讨论实质价值问题的形式法哲学作为一种法哲学形式,依然可以称"纯粹法理论"为一门"形式法哲学"。

这种法哲学立场导致了凯尔森的彻底相对主义。从凯尔森对规范的态度可以看出,他对于价值问题的立场并非是"我们无法认识到价值"的本体论相对主义,而只是"我们无法判断何种价值是最高价值"的认识论相对主义。[71] 不过,对于凯尔森而言,既然规范科学可以完全独立于价值问题而成立,在讨论规范科学时,进行价值的预设是没有必要的,用理论理性进行证成也是不可能的。因此,我们可以把凯尔森的"彻底相对主义"表述为:我们可能认识到价值,但是,在规范科学问题中并没有必要谈论价值问题。

(三) 小结

综上,马堡学派的思想中从"科学事实"出发建立先验论证的"先验方法"决定了

---

〔70〕 Dietmar von der Pfordten, *Radbruch as an affirmative holist. on the question of what ought to be preserved*. Ratio Juris. Vol.21 No.3 September 2008(387 - 403), p.389.

〔71〕 关于价值问题的本体论相对主义与认识论相对主义的分立,参见雷磊:《再访拉德布鲁赫公式》,载《法制与社会发展》2015 年第 1 期。

凯尔森必须确立独立于自然科学的规范法科学作为其先验范畴论证的起点,"知识即科学"的表述使得凯尔森试图将法科学归入价值无涉的理论理性层面。凯尔森以作为关系范畴的归属律和作为起源范畴的"基础规范"为基点的"规范"作为法科学理解法律现象的方式。以"规范"的先验范畴为核心,马堡学派从如下几个角度影响了凯尔森的体系:

1. 从先验范畴适用的范围上,"批判观念论"体系使得凯尔森支持强版本的规范法科学,从而实现规范的法科学对自然科学的完全独立;同时,这也使得一种以经验形式表达的先验法概念成为可能;

2. 从先验范畴得出的方法上,以"回归式论证"为核心的"先验方法"是凯尔森推导出归属和"基础规范"的先验范畴的方法,以此方法在自然科学领域发现的使得自然科学的体系成为可能的无穷小方法影响了凯尔森使规范的法科学体系成为可能的"基础规范"理论;

3. 通过将"规范"视为先验范畴,凯尔森用"规范"吸收了马堡学派中的实践理性的层面,改造了马堡学派从法科学的"科学事实"中发现实践理性的先验范畴的学说;

4. 由于实践理性的层面被理论理性中"规范"的先验范畴吸收,而马堡学派强调理论理性独立于实践理性,从而使得实践理性的讨论不再有意义。因而凯尔森否认实践理性,建立起了彻底相对主义。

四、拉德布鲁赫与西南学派

(一)西南学派体系的展开:以价值哲学和文化科学为核心

1. 文德尔班:作为价值哲学的哲学

与所有的新康德主义哲学家一样,西南学派代表人物文德尔班同样面临着来自心理主义的挑战。文德尔班的策略是试图首先为哲学构建出一种不同于经验科学的研究对象,进而使其独立于心理主义。

文德尔班要求哲学"回到康德",这意味着他将哲学视为"第二顺序的科学",以研究"第一顺序"的经验科学的先天原理,这决定了哲学必须采取不同于经验科学心理学的方法论:心理学采取经验的方式研究知识产生的经验的、发生学的原因,而哲学则采取批判的方式研究作为知识的判断之所以有效的先验原理。[72] 先验原理作为一种判断知识是否有效的标准,而成为一种规范。哲学的任务正是寻找这些规

---

〔72〕 Supra note 12, Fredrick C. Beiser. *Normativity in Neo-Kantianism: Its Rise and Fall*, p.13.

范,并且研究从这些规范中应当产生出什么样的知识。[73]

从规范中必然可以发现一定的价值是哲学家的普遍共识。如果哲学是一门研究规范的哲学,那么也就可以认为哲学成了一门价值哲学:研究关于真的价值的哲学是逻辑学,研究关于善的价值的哲学是伦理学,而研究关于美的价值的哲学是美学。[74] 在文德尔班的论述中,由于更细致的划分,价值的概念被从伦理学和美学中扩大到关于真理的学说,价值成为凌驾于所有哲学部门之上的最高概念。

2. 李凯尔特:“价值有涉”的文化科学

李凯尔特继承并发挥了文德尔班关于价值哲学的学说,并进一步对抗心理主义。他将康德主义经典的“三世界”——即理论理性的和自然科学统领的经验世界、实践理性的和形而上学统领的超验世界、判断力和美学统领的主观世界——进一步细化为“四世界”,即把经验世界划分为依靠感性获得经验对象的自然世界和依靠悟性获得经验对象的文化世界。这一划分对西南学派的文化哲学产生了决定性的影响。[75]

由于笛卡尔关于广延的物质实体和思维的精神实体的二分,德语哲学传统中已经有对经验世界科学的大致划分,即以物质实体为对象的自然科学和以精神实体为对象的精神科学。[76] 十九世纪中期以后,心理学迅速崛起,并试图成为历史学等精神科学的基础学科——就像数学和力学成为自然科学的基础学科一样。李凯尔特意识到,心理学虽然从研究对象上似乎与其他精神科学的对象一样具有不可直观性,但在方法上却明显偏离精神科学的方法,将心理学作为精神科学的对象显然是不合适的。因此,精神科学的对象与方法在心理学上已经出现了不一致。李凯尔特试图寻找一种更加彻底的方式重新界定两种科学的对象和方法,同时实现“两个世界”的划分。

(1)“包含”价值的文化对象

在对象层面,李凯尔特不再以笛卡尔的广延—思维的绝对二元论标准划分经验世界,而引入了西南学派“价值”的概念进行相对二元论的划分。他认为,同一个对象既可以从自然的角度考察,也可以从价值的角度考察:前者是将事物视为自在的、自然的,与价值无关的事物;后者则是将事物视为人按照某种可以满足特定价值目的生产出来的,或者人们为了满足特定价值而故意保存的。后者被称为“财富”或“文化”。[77] 以此,我们可以区分不同的科学对象:

---

[73]　Ibid, p.14.

[74]　[德]文德尔班:《文德尔班哲学导论》,施璇译,北京联合出版公司 2016 年版,第 163 页。

[75]　前注[13],[美]L. W. 贝克:《新康德主义》,第 69 页。

[76]　前注[15],[美]弗兰克·梯利:《西方哲学史》,第 285—286 页。

[77]　[德]H. 李凯尔特:《文化科学和自然科学》,商务印书馆 1986 年版,第 20—21 页。

其一，自然的事物是价值无涉的，但如果被人们按照一定的目的保存，就可能是价值有涉的文化对象；

其二，人造的事物都可以被视为价值有涉的文化对象。

需要注意的是，"财富"属于独立的"第二世界"，上一段已经阐述了它与"第一世界"的自然事物的区别，它与"第三世界"的价值同样不可混淆。西南学派继承了康德关于实践理性的学说，价值并不是和现象对立的经验现实，而是并非实际存在的思维产物，文化则是一种经验现实，但它"包含"了价值。[78] 根据西南学派关于价值的学说，"包含"意味着主体可以根据某种有效的价值对这一对象进行评价，因而实际是一种主客体关系的表达。

（2）文化科学方法：价值联系

在方法层面，李凯尔特从康德主义的认识论层面提出，所有的科学都并非对现实的完全描述，而只是通过特定的原则对无限丰富的经验现实进行的简化。因此，科学的方法论起点是确立一种先验的"选择原则"，依照这种原则，科学家可以把经验事物区分为"本质"和"非本质"的，只有本质性的经验现实会被纳入特定科学的考察之中。[79] 其中，自然科学的选择原则是"普遍性"，它们试图从具体事物中排出非本质的"个别性"而抽象出"普遍性"，进而形成规律；[80] 而文化科学的选择原则则是"个别性"，或者具体说，"价值联系原则"。由于具体事物的无限丰富性，文化科学不可能面面俱到地呈现所有的个别性，而会对必然性有所筛选。这种筛选的方式就是通过考察经验对象是否对于文化的特定价值而言是有意义的，也即是否会促进或阻碍文化价值实现。[81]

同样，文化科学的方法除了与自然科学的方法区别，也必须和研究价值的哲学方法相区别。李凯尔特认为，文化科学涉及价值的方法仅限于考察经验对象是否对于文化的特定价值而言是有意义的，却不能对对象究竟是促进了还是阻碍了文化价值的实现进行评价。李凯尔特举例说：历史学家只会考察法国大革命对于政治历史的文化价值是否是有意义的，因而是否将法国大革命写入政治历史的书籍中，却不能评价法国大革命究竟是促进了还是阻碍了政治历史的文化价值的实现。[82]

（3）文化价值的客观性

关于价值的有效性问题，李凯尔特并不试图在讨论文化科学时将它弄得过于复杂，但是，如果无法确认文化价值的客观性，那么"科学"在传统意义中的必然性也无

---

〔78〕 同前注〔77〕，[德]H. 李凯尔特：《文化科学和自然科学》，第 21 页。

〔79〕 同前注〔77〕，[德]H. 李凯尔特：《文化科学和自然科学》，第 34 页。

〔80〕 同前注〔77〕，[德]H. 李凯尔特：《文化科学和自然科学》，第 37 页。

〔81〕 同前注〔77〕，[德]H. 李凯尔特：《文化科学和自然科学》，第 74 页。

〔82〕 同前注〔77〕，[德]H. 李凯尔特：《文化科学和自然科学》，第 77—79 页。

法在"文化科学"的概念中实现。因此他持一个弱版本的文化价值客观性命题:只要是能够在经验中确定为某一文化集体范围内的所有人共同承认为有效的或者期待为有效的,即可作为文化所"包含"的价值。但是,这也使得这种文化科学的范围被限定在这一文化集体之中,从而其范围受到限制。[83]

(4) 文化概念

在文化科学的研究中,李凯尔特还提出了"文化概念"的理论。李凯尔特的"文化概念"并不是一个描述性的定义方式,而是对特定文化科学的本质成分的概括。[84] 而文化科学的本质成分,如前文所述,正是通过"价值联系"的方式从无限的个别性中筛选出的。因此,"文化概念"必然是一种价值有涉的概念。

除此之外,"文化概念"还负担着将文化科学体系化的作用。从李凯尔特的定义上看,文化概念实际也就是文化科学所研究的对象。文化科学并不像自然科学那样拥有着数学和力学的作为基础的学科,而作为文化价值的对象,也规定着文化科学统一的方法论。[85]

从这个意义上而言,"文化概念"在文德尔班的文化科学体系中,起着先验范畴的作用。

(二) 拉德布鲁赫对西南学派的继受

拉德布鲁赫的法学理论基本继受了西南学派关于文化科学的基本理论,因此呈现出法科学—法哲学的二元体系。拉德布鲁赫将法科学视为一种文化科学,而拉德布鲁赫的法哲学是关于法律的文化科学的价值哲学。

1. 法科学的基本视角:文化科学

拉德布鲁赫将法科学视为"文化科学"的论证也是一种试图将法科学区别于自然科学和伦理学的尝试。

(1) 文化性法科学的内容

拉德布鲁赫认为,从内容上看,法科学的对象只能是涉及一定价值的文化对象。如前文所述,在李凯尔特的文化科学体系中,文化对象属于"第二世界",与"第一世界"的感性经验对象相比,它不能依靠感性直观直接获得;与"第三世界"的价值相比,它又是现象世界的存在。拉德布鲁赫在这这一立场上,拒斥了法科学可以被归结为自然科学或伦理学的规范科学。

首先,法科学不同于自然科学,这是因为法律是人为了实现一定目的创造出来的产物,因而必定与某些价值相联系。因此,对于法律无视价值的思考是不可能成

---

〔83〕 同前注〔77〕,〔德〕H. 李凯尔特:《文化科学和自然科学》,第 86 页。

〔84〕 同前注〔77〕,〔德〕H. 李凯尔特:《文化科学和自然科学》,第 71 页。

〔85〕 同前注〔77〕,〔德〕H. 李凯尔特:《文化科学和自然科学》,第 123 页。

立的。法律只有在涉及价值的框架中才可能被理解。[86]

其次,法科学又不同于伦理学,也不被视为一种规范科学。拉德布鲁赫采取了一种康德传统的观点看待"规范"这一概念:① 规范是针对自由意志的规定,因而意味着出自绝对有效价值;② 规范属于"应然"世界,因而并不实存于经验世界。换言之,规范意味着道德性,拉德布鲁赫理解的"规范"仅限于道德规范;而法科学中的法律则并非如此,由于法律是一种经验世界的文化现象,因此法律不要求必然符合价值世界中的道德,相反,它要求在经验世界中的存在。因此,拉德布鲁赫将法科学中的法律理解为一种"命令":相较于规范,命令只是达成价值的手段,这意味着它要求规范的对象不是出于自由意志(自律),而是出于他律发生行为,因而不需要价值的必然有效;同时,命令也是经验中的存在。[87] 价值由规范所引发的法律的效力问题,只能在法哲学中进行探讨,却不是作为文化科学的法科学的对象。[88]

(2)文化性法科学的方法

在法科学的方法问题上,拉德布鲁赫认可一种多元的法科学方法:首先,是规范科学的方法,这是因为,命令与规范虽然分属不同的世界,却共享同样的结构,即"应然"的结构。因此,法律也可以被以"规范"的结构重述——尽管它实际上不是规范;[89]其次,是文化科学的个别化方法,因为法科学并不关注建立一个普遍适用的法律原则,而是关心具体法律的适用和裁判;最后,是文化科学的价值联系方法,出于相对主义立场,拉德布鲁赫认为不同的时代会设定不同的法的价值,从而导致从法律现象中筛选出的"法本质"有所不同。这也可以回应基尔希曼对于法科学对象可变性的诘责。[90]

综上,如果法学的对象是一种文化事实,我们就必然要承认,对于法学采取"价值无涉"的自然科学立场或者"价值评价"的伦理学立场都是不可取的。前者的典型是历史法学派和黑格尔主义的一元论传统,也即"法律形式主义";后者的典型是自然法学说,也即"法律的目的论"。[91] 通过确立法是一种文化科学,拉德布鲁赫得以同时拒斥两种一元论的法律传统,并连同其文化科学的立场一起,建立起一种"三元

---

〔86〕 前注〔23〕,[德]古斯塔夫·拉德布鲁赫:《法哲学》,第 5 页。

〔87〕 [德]古斯塔夫·拉德布鲁赫:《法律哲学概论》,徐苏中译,陈灵海校,中国政法大学出版社 2007 年版,第 55 页。

〔88〕 同前注〔87〕,[德]古斯塔夫·拉德布鲁赫:《法律哲学概论》,第 63 页。

〔89〕 同前注〔87〕,[德]古斯塔夫·拉德布鲁赫:《法律哲学概论》,第 162—163 页。

〔90〕 前注〔23〕,[德]古斯塔夫·拉德布鲁赫:《法哲学》,第 136—137 页。

〔91〕 [德]古斯塔夫·拉德布鲁赫:《法哲学入门》,雷磊译,商务印书馆 2019 年版,第 78—79 页。

方法论"。[92]

2. 法哲学与有限相对主义

(1) 法哲学的任务:法理念

拉德布鲁赫的法哲学产生的目的在于对法科学的对象所指涉的法价值的探讨。在西南学派的哲学中,康德哲学中的"理念"一词是缺位的,"法理念"一词是拉德布鲁赫借用施塔姆勒法哲学中的概念,但拉德布鲁赫实际上使用了西南学派的"价值"概念来理解"理念",这两个词在拉德布鲁赫的体系中可以等价使用。[93]

法理念的探讨方式是实践理性的。拉德布鲁赫采取了西南学派使用价值统摄各个哲学部门的方法,为法哲学设定了一个独立于真、善、美的独立价值:正义。

拉德布鲁赫认为,正义意味着平等。他通过援引亚里士多德的理论将之区分为以按数量上的绝对平等为内容的矫正正义和以比例分配的平等为内容的分配正义。其中,前者是对后者的修正,因此分配正义是正义的原始形式。在早期理论中,拉德布鲁赫没有进一步论述分配正义的内涵,而是将之阐述为"相同事物相同对待,不同事物不同对待"的要求。这是因为他对正义的理解是形式化的。这种分配正义在社会中指向形式上的一般性,即法律规范的普遍适用性。[94]而在后期的理论中,正义则拥有了一些实质性的内容,如"人权",但在其他具体价值的层面上依然是形式化的。[95]而其他的法理念都是从正义这一理念中衍生出来的结果。

形式化的正义的要求仅仅是"相同事物相同对待,不同事物不同对待"。这一要求是空洞而缺乏内容的。为了提出法律的内容,拉德布鲁赫引入了合目的性理念。这一理念要求法不仅为"正义"这一理念服务,同时也为"善"这一伦理学中的理念服务。在这一理念中,拉德布鲁赫的主要任务是从实存的法律价值判断中推导出其体系,并进一步穷尽这些体系。[96]他列举了三种既存的法律价值判断体系:个人主义的、超个人主义的和超人格的。[97]

然而,由于拉德布鲁赫的相对主义立场,合目的性理念中的诸目的无法判断何者优先。而法律作为凌驾于个人生活之上的共同生活的规则,必须对这些价值判断做出最终的决断。这要求法律必须明确,并且拥有可执行力。这导致了通过决断产

---

〔92〕 前注〔23〕,〔德〕古斯塔夫·拉德布鲁赫:《法哲学》,第29—30页。

〔93〕 关于拉德布鲁赫对于"法理念"一词的借鉴和改造,参见前注〔14〕,普佛尔滕:《论 Kant, Hegel, Stammler, Radbruch 及 Kaufmann 的法律理念》。

〔94〕 前注〔23〕,〔德〕古斯塔夫·拉德布鲁赫:《法哲学》,第35—38页。

〔95〕 前注〔91〕,〔德〕古斯塔夫·拉德布鲁赫:《法哲学入门》,第31页。

〔96〕 前注〔6〕,张龑:《拉德布鲁赫法哲学上的政党学说批判》,第28页。

〔97〕 前注〔23〕,〔德〕古斯塔夫·拉德布鲁赫:《法哲学》,第60页。

生的安定性理念。[98]

法理念的论述是通过价值哲学的方式完成的,这意味着它不可能为各个价值做出孰高孰低的最终决断。正因如此,拉德布鲁赫支持人们通过实践理性对价值的顺序做出具体的判断,而不应该剔除这些判断。此即"法理念的二律背反"。[99]

(2)拉德布鲁赫的有限相对主义

拉德布鲁赫在价值问题上同样持相对主义的立场。他认为:"我们有可能建立一套完整的针对特定社会情境的评价体系,但我们不能以一种科学的、可证明的和不可反驳的方式来对这些可能性做出决定,在它们中加以选择只能通过决断来进行。"[100]这种态度同样是一种"不可知论"的态度。正因如此,拉德布鲁赫的法哲学部分的内容总是充满张力的。拉德布鲁赫没有为其三个法理念进行固定的排序,而是认为它们之间是"二律背反"的关系;[101]同样地,拉德布鲁赫也放弃证成一个对所有人适用的法效力概念。[102]

但是,拉德布鲁赫将法科学视为一门文化科学,意味着法学必须满足李凯尔特为文化科学设定的条件:在经验中确定为某一文化集体范围内的所有人共同承认为有效的或者期待为有效的价值。不过,拉德布鲁赫并不满足在经验中确立法理念,而是进一步通过实践理性的方式设定符合西方文化集体的文化价值。因此。我们可以将拉德布鲁赫的相对主义立场称为"有限的相对主义",即,我们可能认识到价值,但不可能通过理论理性确认最高价值,但是,在文化科学问题中我们必须谈论价值问题。

3. 文化性法科学视角下的法概念和法哲学视角下的法效力

相对于李凯尔特的"文化概念",拉德布鲁赫建立了"法概念"。前文已述,"文化概念"是文化科学的本质成分的概括,这意味着特定的"文化概念"与特定的文化价值有着密切的联系。而"文化概念"作为文化科学的统一性的保障则暗示了"文化概念"是一种理解文化现象的先验范畴。因此,有两种可以得出法概念的方式:其一是

---

〔98〕　前注〔91〕,[德]古斯塔夫·拉德布鲁赫:《法哲学入门》,第 31—35 页。

〔99〕　前注〔23〕,[德]古斯塔夫·拉德布鲁赫:《法哲学》,第 85 页。

〔100〕　[德]古斯塔夫·拉德布鲁赫:《法哲学中的相对主义》,见前注〔91〕,[德]古斯塔夫·拉德布鲁赫:《法哲学入门》,第 156 页。

〔101〕　前注〔23〕,[德]古斯塔夫·拉德布鲁赫:《法哲学》,第 85 页。"二律背反"(Antinomie)意指两个逻辑上矛盾的命题,都可以证明自己成立。从消极的意义上,二律背反排除了理念在理论理性中使用的可能性;但在积极的意义上,理论理性无法否定矛盾命题中的任何一个使得实践理性预设其中任何一个为真都有可能性,从而为实践理性开辟了空间。见前注〔27〕,[德]康德:《纯粹理性批判》。

〔102〕　前注〔23〕,[德]古斯塔夫·拉德布鲁赫:《法哲学》,第 94 页。

从作为"法本质"的法科学对象中归纳,其二是从法价值(法理念)中直接推导。拉德布鲁赫采取了后一种方式。[103] 因此,拉德布鲁赫认为,"法律是一个有意识服务于法律价值与法律理念的现实",具体说来,则是"有意识服务于正义的现实"和"人类共同生活一般规则的总和"。[104] 这种法概念必然指向法价值(或法理念),无论它是促进了法价值的实现,还是阻碍了法价值的实现,也即"法律可能是最高的公正和最大的不公正"。[105]

这样,法概念被视为法科学的一个先验范畴。除了狭义上的"法概念"之外,"单一的法的概念",如构成要件、法律后果等,也被拉德布鲁赫视为从法概念中衍生出来的法科学的先验范畴。[106]

对应作为现实层面的"法概念",拉德布鲁赫的"法效力"则处于价值层面。拉德布鲁赫拒斥了当时流行的历史学—社会学的效力理论,这样一种效力理论的两种表现形式:权力理论和承认理论都是彼时实证主义大潮的体现,因此不能为三元方法论所容。这样一种"哲学的效力理论"不但需要证成法律的规范性问题,也同时需要证成法律义务的承担者遵守法律义务的义务。如此一来,拉德布鲁赫的"法效力"便不能通过理论理性的方式证成,而只能通过实践理性的方式证成。质言之,法效力只能建立在通过法律能够实现其价值的基础之上。[107] 因此,一部可以被实施的法律,至少可以满足法律的安定性理念,因此可以被证成是有效的。然而,根据相对主义的观点,一个文化集体中可能存在并不认同这部法律能够实现其他理念的情况。由于三个理念之间不存在高低之分,法律的有效性不能够对所有人被证成。只有对作为法律的实施者而有维护法律实施义务的法官而言,基于安定性理念的法效力才

---

[103]　在1922年的《法律哲学大纲》中和1948年的《法哲学入门》中,拉德布鲁赫提供了一种对第一种方法的反对论证:即,既然我们在认识法律现象时已经在使用"法概念",采取归纳的方式获取"法概念"便是一种循环论证。但笔者认为,这种方式同样可行,因为被我们界定为法概念的法律现象一定有着我们先验的法概念的共同特征,两种方式无非是康德的主观演绎与客观演绎的区别,第一种方式的缺点只在于在界定"法科学的对象"时容易发生混淆和争议。参见[德]古斯塔夫·拉德布鲁赫:《法律哲学概论》,第29—30页;前注[91],[德]古斯塔夫·拉德布鲁赫:《法哲学入门》,第39页。

[104]　后两种法律概念的演绎是由于拉德布鲁赫将"正义"形式化理解为"一般性"。参见前注[71],雷磊:《再访拉德布鲁赫公式》。

[105]　前注[23],[德]古斯塔夫·拉德布鲁赫:《法哲学》,第5页。

[106]　前注[23],[德]古斯塔夫·拉德布鲁赫:《法哲学》,第39页。

[107]　前注[91],[德]古斯塔夫·拉德布鲁赫:《法哲学入门》,第42—43页。

可以被普遍证成。[108]

（三）小结

综上，西南学派关于价值有涉的文化科学的对象和方法的理论决定了拉德布鲁赫将法科学规定为一门价值有涉的文化科学。拉德布鲁赫将法理念视为理解作为文化现象的法律的前提，进而从法理念推导出了价值有涉的"法概念"这一法科学的先验范畴。以"法概念"的先验范畴为核心，西南学派从如下的几个角度影响了拉德布鲁赫的体系：

其一，从先验范畴得出的方法上，李凯尔特关于文化概念的理论是拉德布鲁赫构建先验的法概念的基础，他认为文化概念必然是涉及有效价值的文化科学的本质成分，理解文化概念的前提是理解相应的价值。这使得拉德布鲁赫有必要构建一门独立的法哲学；

其二，关于法概念这一先验范畴所涉及的价值的讨论必然是哲学的，文德尔班关于价值哲学的学说是拉德布鲁赫将法价值作为法哲学的主要内容，并将正义的法理念作为独立的价值论述的基础；

其三，由于讨论价值有涉的法概念这一先验范畴的需要，西南学派对于文化与价值关系的问题的论述决定了拉德布鲁赫的相对主义是有限的。

五、理论体系的对比

通过对凯尔森和拉德布鲁赫两位法哲学家的法哲学体系的构建和对比，我们可以发现：两者共同的兴趣点——取自然法与经验实证主义倾向的中道——都开始于论证法科学是一门独立于自然科学和伦理学的独立科学。新兴的新康德主义哲学通过将传统的应然—实然二分法进行进一步的细化，为这种论证提供了可能性，但新康德主义哲学不同学派的论证方式，也决定了两位法哲学家从一开始就走上不同的道路。通过分别将法科学视为规范科学和文化科学，凯尔森和拉德布鲁赫分别总结出了以归属律和基础规范为核心的"规范"和价值有涉的"法概念"两个不同的法律现象的先验范畴。不同的法科学先验范畴进而导致他们对法概念的认知截然不同，凯尔森的法概念是可以价值无涉的，而拉德布鲁赫的法概念必然是价值有涉的。不同的法概念认知进而导致他们对作为价值哲学的法哲学的态度有所区别，也使得

---

[108]　前注[23]，[德]古斯塔夫·拉德布鲁赫：《法哲学》，第 94—96 页。需要注意的是，后期的拉德布鲁赫体系中正义理念的地位上升，不仅是对一般守法者，甚至是对于法官而言，如果法律与正义之间的冲突不可容忍，就拒斥法律效力的证成。参见前注[91]，[德]古斯塔夫·拉德布鲁赫：《法哲学入门》，第 42 页。

他们虽然同样在价值认识上坚持相对主义,但限度却截然有别。

(一)法科学

凯尔森与拉德布鲁赫的根本区别在于分别将法科学视为规范科学和文化科学两种不同的科学类型,这进而导致他们根据康德主义的方法得出了不同的法科学先验范畴。不同的先验范畴则使得他们对法概念的认识存在不同。

1. 法科学的属性

无论是将法科学归结为价值无涉的规范科学还是价值有涉的文化科学,都可以实现将法科学作为独立于自然科学和伦理学的科学的目标。但是,马堡学派没有触动康德应然—实然二分的根本体系,在整合两种体系的时候依然选择了宗教哲学的方法。[109] 这使得凯尔森更加倾向于仿造自然科学的体系建立规范的法科学的先验范畴。而一旦如此,除非借助超验概念,法科学便与价值问题再无法产生联系;相对地,西南学派为康德的哲学创造了"文化"这一全新的世界作为应然世界与实然世界的联系。"文化"概念与法科学研究具有很好的切合性,因而拉德布鲁赫将法科学界定为一种文化科学。这也为法律与价值的联系打开了一扇门。

2. 法科学的先验范畴

各种流派的康德主义哲学都带有强烈的认识论特征,先验范畴是科学和客观性认识所以可能的必要条件,寻找既有认识中的先验范畴是各种流派的康德哲学必要的工作。康德哲学仅是对当时统治科学世界的自然科学进行了必然性的分析,但新康德主义哲学面对新兴的各种科学,进行了不同的划分,也相应地给出了不同的先验范畴学说。马堡学派基本继承了康德的范畴表学说,在保持康德的以因果律为中心的关系范畴的同时,通过观念论体系发展出了范畴的起源理论,以数学中的"无穷小"概念为范畴的思维起源,这使得凯尔森得以比照这一体系发展出归属律—基础规范这一组规范科学的范畴;[110] 而在西南学派的体系之中,文化科学所指向的文化价值所产生的文化概念则承担了这一角色,这使得拉德布鲁赫将他的法概念和通过法概念推导而产生的一般法学说的各要素作为法科学的先验范畴。

3. 法概念和法效力

无论是凯尔森还是拉德布鲁赫都将法概念视为法科学研究的对象的范围规定。由于凯尔森和拉德布鲁赫使用了不同的法科学的先验范畴,因此,通过不同的先验范畴从现实中拣选出的"法概念"也变得截然不同。马堡学派的先验论证是从"科学事实"出发,凯尔森倾向于从现实的法科学研究对象——法律现象中出发归纳法概

---

[109]　Supra note 30, Ernst Cassirer. *Hermann Cohen*, p.229.

[110]　原则上而言,规范科学的先验范畴数量应不止于此,但凯尔森在其体系初步建立后不再有继续推演其他先验范畴的兴趣。

念的内涵,这也使得凯尔森的描述性法概念是一种建构在观念论基础之上的实证主义法概念。同时,这样一种理论体系也使得凯尔森必须将法效力问题与法概念问题一并解决,否则,他将面临无法使得法律规范独立于自然事实和价值问题的困境;相对地,西南学派建立了与价值相关的"文化概念"理论,这使得拉德布鲁赫采取了一种从法理念出发,反向推导出法概念的方法。因此,拉德布鲁赫的法概念从一开始便和实证主义—自然法主导的一元传统有着不同的特征:法既可以是实现法理念的,也可以是背离法理念的,但必须是追求法理念的。这种"不那么典型的描述的"法概念理论在今日的视角下仍应被归属到实证主义阵营,但"追求法理念"也为实质正确性打开了方便之门。[111] 同时,法概念相对于自然事实和规范问题的独立性已经由"文化"这一概念担保,拉德布鲁赫也就得以将法效力问题推入应然领域,从而实现一种不包含法效力的法概念。

(二) 法哲学

由于使用了不同的先验范畴得出了不同的法概念,凯尔森与拉德布鲁赫对法价值(理念)的态度也就截然不同。在凯尔森的体系中,价值已经被规范所吸收,只有规范涉及的客观价值是可以谈论的,而主观价值的有效性则无法用规范科学阐明,这也使得他得以主张彻底的相对主义;而拉德布鲁赫的法概念则是价值有涉的,这意味着他必须对价值有效性的问题进行实践理性的说明,他的相对主义也是有限的。

1. 对于法理念的态度

康德哲学中的"理念"是作为理性的先验幻象看待的,只能对于知识体系起到调节性作用,却不是现实中的存在物。[112] 马堡学派继承了这一用法,但由于马堡学派更加关注先验范畴的起源问题,因此理念的地位更加不突出;马堡学派继承的经典康德体系则阻断了应然与实然世界通过非超验方式联结的可能性。凯尔森则完全放弃了寻找法理念的尝试,转而通过借助柯亨的无穷小方法为法科学提供体系的统一性;对于价值问题,凯尔森虽然认同规范中蕴含着客观的法价值,但他无意越过理论理性的边界对之进行深入探讨;西南学派的哲学体系中理念的地位同样不突出,取而代之的是"价值"的概念。拉德布鲁赫使用的"法理念"实际是"法价值",在拉德布鲁赫将法科学设定为一种文化科学后,就必须对法的价值问题做出说明。因此,拉德布鲁赫不仅要设定法理念的存在,还需要对其有效性进行阐述。

2. 相对主义的限度

凯尔森和拉德布鲁赫同样自称为相对主义者,拉德布鲁赫也在一些作品中将凯

---

[111]   前注[71],雷磊:《再访拉德布鲁赫公式》,第 114 页。

[112]   前注[31],邓晓芒:《〈纯粹理性批判〉讲演录》,第 188—189 页。

尔森引为同道。[113] 不过，由于两人在处理法概念时的差异，在相对主义问题上他们也是有所不同的。

我们可以将相对主义区分为三个层次：

① 价值是否可以被认知？

② 如果价值可以被认知，那么一个价值体系内的最高价值可否被证立？[114]

③ 在特定的领域中，谈论价值有效性问题是否有意义？

基于凯尔森和拉德布鲁赫在价值和规范问题上的态度，我们可以认可他们都会在第一个问题中给与肯定答复，而在第二个问题上给与否定答复，也即前文所述的"认识论相对主义"。所不同的是第三个问题：对于凯尔森而言，由于价值已被规范所吸收，因而在规范科学领域中只能谈论个别规范所设定的客观价值，而对于主观价值的有效性问题则无必要谈论；但对于拉德布鲁赫而言，法科学的文化科学的属性要求他必须对法概念所涉及的价值问题的有效性做出实践理性的说明。

法哲学中的两个问题都可以化约为法科学中的问题：对于法科学而言，必须要讨论法的价值吗？而凯尔森和拉德布鲁赫的回答，植根于他们对法科学属性的不同认识。而这一不同认识则植根于马堡学派与西南学派在处理康德遗留的时代问题时，对于人类知识体系的不同划分。

（三）小结

我们将本部分的内容通过以下图表的形式做出总结：

		凯尔森	拉德布鲁赫
法科学	法科学的属性	价值无涉的规范科学	价值有涉的文化科学
	先验范畴	规范：基础规范和归属律	价值有涉的法律概念和单一法律概念
	法概念和法效力	从法科学的"科学事实"中归纳，包含法效力的体系资格与规范性两大要素	从法理念中推导，不包含法效力中规范层面的要素
法哲学	对于法理念的态度	否定	肯认
	相对主义的限度	彻底的	有限的

[113] 前注[100]，[德]古斯塔夫·拉德布鲁赫：《法哲学中的相对主义》，第156页。

[114] 前注[71]，雷磊：《再访拉德布鲁赫公式》，第114页。

六、结语

综上可知，凯尔森与拉德布鲁赫两位法哲学家的法哲学立场的区别，根植于影响他们建构法科学体系的两种不同的新康德主义哲学的立场之中。在讨论这一问题时，尤为困难的是认识到两位法哲学家面临的时代问题：如何突破传统经验实证主义倾向与自然法学的两种一元论方法论，进而证明法科学是一门独立的科学。正是在二十世纪初自然科学实证主义方兴未艾和传统自然法学说死而不僵的时代，新康德主义哲学为他们提供了耳目一新的方法。

在今天，"法学是不是一门科学"和"法学是不是一门独立的科学"依然是学界的热点话题。尽管凯尔森与拉德布鲁赫在这一问题上最终走向了不同的方向，但他们依然为我们留下了宝贵的精神财富。新康德主义哲学的研究者弗里德雷克·贝瑟尔（Frederick C. Beiser）曾经告诫哲学界：不要做一个躲入深山之中闭门造车，造成后却发现山外的世界早已经造出了更好的产品的人，[115] 以此提醒哲学家们要关注，在自己所不了解的世界中，是否有人已经就他们正在研究的问题给出了精妙的答复。这一告诫对今日的我们同样有启发意义。

---

　[115]　Supra note 12，Fredrick C. Beiser，*Normativity in Neo-Kantianism：Its Rise and Fall*，p.9.

中德法学论坛

第 18 辑 · 上卷，第 137～156 页

异议股东评估权行使中的"合理价格"

——德国法的经验与启示

邹青松 *

摘 要：公司法的异议股东评估权制度，其目的在于维持少数股东与大股东及公司之间于公司重大变化过程中的利益平衡。实现此制度目的的关键在于保障退出股东获得合理的补偿价格，并因此有赖于在法律上明确补偿标准和选用估值方法的规则。对此，我国目前的公司法在立法上存在不足，司法裁判上估值方法选用不统一、不恰当，资本市场背景下采用的现金选择权制度欠缺保护功能，这些问题使得异议股东行使评估权时难以获得公平合理的补偿。在比较法上，德国法经过长期的司法实践和学术探讨，业已形成合理和规范的做法，实现了从宪法理念、补偿标准到估值方法选用规则的一致，同时较好地将补偿定价的实施与异议股东评估权的制度目的相衔接。此经验值得中国法的借鉴。我国公司法应当在检讨现有立法和司法缺陷的基础上，建立符合异议股东评估权制度目的的补偿定价机制，同时根据不同的公司类型，规定不同的估值方法选用规则。

关键词：评估权；合理价格；补偿标准；估值方法；现金选择权

Abstract：The appraisal right institution is aimed at achieving an interest balance between minority shareholders on one side and majority shareholders as well as the company on the other side. The key to achieve this goal is to guarantee the withdrawing shareholders fair price of compensation for their shares, which can only be realized under reasonable and effective rules especially on compensation standard and application of valuation methods. Due to the problematic legislation

* 邹青松：广东财经大学法学院讲师，德国科隆大学法学博士。本文为 2021 年度广东省教育厅特色创新类项目"金融消费者权益保护视角下的复杂金融产品规制研究"（2021WTSCX030）阶段性成果。

and jurisdiction, the current Chinese corporate law is unable to guarantee minority shareholders a fair price of compensation as they decide to withdraw. In comparison, German corporate law so far has established a reasonable and effective system of rules, which not only makes sure a coherence between the constitutional principle on protection of property and the compensation standard as well as the application of valuation methods, but also connects the pricing of compensation to the purpose of appraisal right institution. These experiences could inspire Chinese corporate law in many ways. To improve the Chinese appraisal right institution, especially its pricing mechanism, this paper, taking the current legal situation and judicial practice into consideration, would give Chinese lawmakers and judges concrete advice on setting compensation standard and applying valuation methods relating to implementing appraisal right.

Key Words: Appraisal Right; Fair Price; Compensation Standard; Valuation Methods; Cash-Option-Right

一、引言：作为法律任务的补偿定价问题

　　基于多数决原则形成的涉及公司重大变化的决议,在实现公司整体利益的同时,也可能给异议的少数股东带来明显的负担。为了保护少数股东在此过程中免受多数股东的压迫,实现两者之间利益的平衡,公司法设计了异议股东评估权制度：公司及多数股东可以实施其公司计划,异议的少数股东则有权要求在获得补偿的前提下退出公司。[1] 少数股东能否就其股权获得合理的补偿价格,关系到其能否公平体面地退出公司,同时也是评估权制度成败的关键。

　　评估权制度下的补偿定价问题,从表面上看,是一个会计层面上的估值问题,是针对企业及其股权之价值的数值测算；然而在更深入的层面,估值涉及不同估值方法及相关因素的取舍,不同的选择会导致股东之间不同的利益分配结果,因此,它也是一个法律层面上的价值选择、利益关系平衡的问题。换句话说,会计层面上的"估值"是事实判断,以经济逻辑为支撑,体现了其对于补偿定价的工具性意义,因此是会计专业人员的任务；法律上的补偿定价问题,则是立法判断,应当体现立法者赋予评估权制度的调整利益关系的价值使命。估值方法及相关因素的具体选用理所应当服务于评估权制度的价值取向,为其所用。唯有如此,补偿定价机制才能得出符

---

[1] Herbert Wiedemann, Gesellschaftsrecht Band I, Verlag C. H. Beck 1980, S. 468.

合评估权制度目的的、“正确的”估值结果。[2] 本文正是从法律判断的意义上,来研究评估权制度下的补偿定价问题的。

实现评估权制度中合理的补偿定价,简单来说,需要解决目标及手段两个方面的问题。首先需要明确的问题是退出补偿的目的以及符合此目的的补偿标准;在明确了补偿标准之后,补偿价格是否合理才有一个最终的评价标准。其次要解决的是确定合理价格的具体方法问题,这就需要从评估权制度的价值追求出发,在不同的估值方法及相关因素当中,选择最能符合补偿目的及其标准的方法。确立了合乎制度价值的补偿标准,并以此指导不同估值方法及相关因素的选用,才能最终实现补偿价格的“合理性”。

二、我国公司法异议股东评估权补偿定价的立法及实施状况

(一) 异议股东评估权制度的立法状况

异议股东评估权制度在我国公司法中是一个历史较短的制度。1993 年首创公司法之时,受限于当时公司法服务国企改革的时空背景,评估权制度并未进入立法者的视野。在随后颁布的行政法规及部门规章中,虽然有不少涉及了异议股东的权利保护问题,但都未对异议股东评估权作出明确规定。[3] 直到 2005 年《公司法》修订时,异议股东评估权制度才正式地被引入。

根据《公司法》,异议股东评估权的法律基础分列于该法第 74 条(有限责任公司)和第 142 条第 1 款第 4 句(股份有限公司)。前者为有限责任公司股东搭建了行使评估权的基本框架,并规定异议股东在特定事项发生时,可以请求公司“按照合理的价格”收购其股权;对于何为“合理的价格”且以何种方法计算,则并未涉及,使得这些问题被交由司法实践定夺。至于后者,从《公司法》第 142 条规范整体来看,其主旨在于确立股份回购禁止的基本原则;异议股东评估权的行使,只是作为回购禁止原则的例外情形之一,因此可以说,此权利是一种间接的权利。学界甚至有声音认为,此权利根本就未被规定。[4] 此近乎“妾身未明”的状态,难免会减损评估权在实践中的功能和效力。

---

〔2〕　相关论述见邓峰:《普通公司法》,中国人民大学出版社 2009 年,第 291—292 页;Riegger, in: Riegger/Wasmann (Hrsg.), Kölner Kommentar zum Spruchverfahrensgesetz, 1 Aufl., Carl Heymanns Verlag 2005, Anh. § 11 Rn. 1.

〔3〕　有关的详细立法沿革,参见谭津龙:《公司法体系中的异议股东评估权制度》,法律出版社 2015 年,第 157—158 页。

〔4〕　例如,邓峰:《普通公司法》,中国人民大学出版社 2009 年,第 382 页。

（二）异议股东评估权定价的实施状况

在前述立法不完善、补偿定价制度缺失的情况下，实践中如何解决因异议股东行使评估权而产生的补偿定价问题呢？本文首先通过实证分析，介绍我国司法实践对异议股东评估权行使中补偿定价问题的大致处理方法；然后将考察、总结我国上市公司现金选择权制度的实施状况。

1. 异议股东评估权的司法实践考察

为了查明我国司法实践中评估权补偿定价的方法，本文依据最高人民法院《民事案件案由规定》第 268 项"请求公司收购股份纠纷"在"中国裁判文书网"进行搜索，收集了从 2015 年到 2019 年五年期间，中级以上人民法院作出的所有判决书。为了更准确反映评估权补偿定价案例在其中的比例，本文将针对同一案件作出的全部判决书视为一个案例，譬如 2019 年广西百色市中级人民法院处理的韦文钰等与广西登高（集团）田东水泥有限公司之间关于请求公司收购股份纠纷的案例中，共作出 50 份判决书，本文将其视为一件案例。依此逻辑计算，2015 年到 2019 年五年间，我国一共发生了 109 件中级人民法院以上的"请求公司收购股份纠纷"案例。

经分析，上述大部分案例只涉及当事人是否有权请求公司回购其股份，只有较少部分，即 20 件，更进一步地处理到异议股东评估权行使时补偿定价的问题，且基本上所有都发生在有限责任公司的情形。其中也有关于股份公司情形下股份回购的案例，但不涉及异议股东评估权，因此不在本文讨论范围内。

表 1　近五年中级以上人民法院"请求公司收购股份纠纷"及评估权补偿定价案件分布

年份	"请求公司收购股份纠纷"案例	涉及评估权补偿定价的案例
2015	1	0
2016	15	6
2017	29	4
2018	28	7
2019	36	3
总数	109	20

通过仔细阅读上述相关的 20 件案例，本文总结出了我国各地法院对异议股东评估权补偿定价的大致处理方法。为此，本文从补偿定价的两个基本考虑因素——估值方法和基准日——出发，进行如下总结。

首先，我国法院并未选用统一的估值方法；选用何种方法，具有较大不确定性。所有案例中，有 13 件，即大部分，采用了净资产估值的方法。有 2 件以资产评估机构评估结果或司法鉴定结果为定价标准，但未言明具体采用的估值方法。有 1 件以异议股东的出资额为补偿定价标准。有1件以"收入扣除债务后的权益"为基础,按照异议股东的持股比例确定补偿价格。[5]也有3件案例,法院径自"酌情判定"补偿价格的,比如在韦文钰等与广西登高(集团)田东水泥有限公司请求公司收购股份纠纷案[6]中,法院"根据公平原则以本案股权买受之初的价格为基数,结合被上诉人近几年来会计年报的资产负债情况,酌定以每股3元即原股价三倍的价格确定本案股权价格"。

其次,我国法院并不重视评估权补偿定价中基准日的意义,在选用时也伴随着相当的随意性。在上述所有案例中,大部分,即13件,未言明定价的基准日。有3件以起诉日上一年度年底的净资产价值为准。有2件以涉及公司变更的股东会决议当年年底的净资产价值为准。有1件似以一审和解日当月月底为基准日。[7]有1件以起诉日前后两年年底的净资产值的中间值为准。[8]

2. 异议股东评估权的异体——上市公司现金选择权

上市公司是一种特殊的股份公司,它拥有股份转让的公开市场。根据对上述司法案例的调查,司法案例中几乎未涉及上市公司股份评估权的补偿定价问题。[9]那么,现实中上市公司如何处理异议股东评估权的补偿定价问题呢?在此就不得不提到所谓的现金选择权制度。

所谓的现金选择权(Cash Option),是指当上市公司拟实施资产重组、合并、分立等重大事项时,相关股东按照事先约定的价格在规定期限内将其所持有的上市公司股份出售给第三方或者上市公司的权利。[10]自2004年第一百货吸收合并上海华联商厦案[11]首次使用现金选择权这一概念和制度安排以来,它已经广泛运用于上市公司吸收合并的领域,成为我国资本市场上对公司重大变更持异议的股东退出公

---

[5] 见上海铭新环卫工程科技有限公司与殷巧玲、冯崇谦请求公司收购股份纠纷二审民事判决书,(2016)沪02民终7672号。

[6] 譬如见韦文钰、广西登高(集团)田东水泥有限公司请求公司收购股份纠纷二审民事判决书,(2019)桂10民终201号。

[7] 见上海铭新环卫工程科技有限公司与殷巧玲、冯崇谦请求公司收购股份纠纷二审民事判决书,(2016)沪02民终7672号。

[8] 见广州市红日燃具有限公司、杨富钢请求公司收购股份纠纷二审民事判决书,(2018)粤01民终19159号。

[9] 更早的文献,也显示并无上市公司异议股东评估权的司法案例,见谭津龙:《公司法体系中的异议股东评估权制度》,法律出版社2015年,第162页。

[10] 见深交所《深圳证券交易所上市公司现金选择权业务指引》第三条和上交所《上市公司现金选择权业务指引(试行)》第三条。

[11] 《上海市第一百货商店股份有限公司吸收合并上海华联商厦股份有限公司报告书》,网址:http://quotes.money.163.com/f10/ggmx_600631_70479.html,2020/7/18访问。

司的通用途径。[12] 同时,随着深交所和上交所相继出台有关业务指引,它得到了交易所的"官方认可";甚至在证监会的部门规章中,它也获得了一席之地[13]。

与此同时,现金选择权对于异议股东的保护功能也日益受到质疑。首先,在定价主体上,公司或大股东主导价格确定,异议股东无可置喙。[14] 其次,是定价过程中,基准日及参考时段的确定充满任意性,如实证资料所显示,大部分以上市公司收购公告日前 20 个交易日的该个股成交均价为定价基础,部分以公告日前最后交易日的收盘价为定价基础,还有以协议价定价的。[15] 在基准日及参考时段可以任意选择的情况下,作为定价基础的股价自然很容易受到操控。[16] 再次,在定价结果上,现金选择权的定价通常低于公司股票的市价[17]或换股价格[18],常常引起异议股东不满,引发诸多批评。基于此种种状况,有学者甚至从现金选择权制度的生成及目的的角度,釜底抽薪地指出,现金选择权的创设和实施本无关少数股东之保护,而是服务于公司和大股东的多方面自私目的;其自身的种种特征,也使得它无法承担保护异议股东的功能。[19]

(三) 总结、评价及改革展望

在立法层面,我国公司法为有限责任公司建立了基本的异议股东评估权实施框架,但对于评估权的补偿定价问题,则交由司法定夺;另一方面,对于股份公司的异议股东评估权制度,我国公司法表现出暧昧不清的态度,相关法律规定陷于整体缺漏的状态,评估权补偿定价机制无从谈起,需要加以完善。

---

〔12〕 现金选择权被视为 2005 年《公司法》修订前缺少股份回购制度背景下的一种补救措施。见刘雨峰:《深交所报告:现金选择权四大问题待解》,载《上海证券报》2010 年 5 月 25 日。

〔13〕 如《关于改革完善并严格实施上市公司退市制度的若干意见》第十八条。

〔14〕 刘雨峰:《深交所报告:现金选择权四大问题待解》,载《上海证券报》2010 年 5 月 25 日。

〔15〕 王月溪,姜盼:《中国资本市场换股并购现金选择权问题研究》,载《哈尔滨商业大学学报(社科版)》2013 年第 5 期,第 6 页。

〔16〕 陆佳莹:《现金选择权只是个传说——以东航吸收合并上航案例为例》,载《今日中国论坛》2013 年第 13 期,第 245—246 页。

〔17〕 林凯:《异议表意机制的法律分析——以我国上市公司合并协议中的现金选择权条款为背景》,载《政治与法律》2014 年第 1 期,第 91—92 页。

〔18〕 王月溪,姜盼:《中国资本市场换股并购现金选择权问题研究》,载《哈尔滨商业大学学报(社科版)》2013 年第 5 期,第 5—8 页。

〔19〕 见林凯的系列论文:《论现金选择权的制度动因与生成机制》,载《河北法学》2015 年第 33 卷第 12 期;《现金选择权的规则需求与功能定位》,载《江苏大学学报(社会科学版)》2016 年第 18 卷第 4 期;《异议表意机制的法律分析——以我国上市公司合并协议中的现金选择权条款为背景》,载《政治与法律》2014 年第 1 期。

　　在实践层面,我国司法判例中,关于请求公司收购股份的案例中,只有少部分涉及评估权补偿定价的问题,而其基本上发生在有限责任公司的情形。在这些案例中,法院并未阐明补偿的标准——如何补偿才是合乎异议股东评估权制度目的的"合理价格",从而割离了两者的关系;估值方法和基准日的选用不统一,甚至充满任意性;即便大部分法院选用了净资产价值法,但适用过程缺乏说理,过于僵化。同时,在立法整体缺漏的背景下,股份公司的异议股东评估权制度经由资本市场的积极推动,化身为以私法自治为基础的所谓的现金选择权制度;但是这一制度日益面临着诸如定价主体单方面、定价过程任意性、定价结果不公平等质疑,因此需要重新检讨其保护功能。

　　我国的经济发展已经进入到一个新的阶段,现实经济生活中,企业的合并、分立、重组及退市等公司重大变化,也愈加频繁,不断引发少数股东与公司及大股东的矛盾,异议股东评估权制度的意义由此空前凸显[20]。目前的法律状况,特别是评估权的补偿定价机制,尚不足以保障少数股东公平体面地退出公司。因此,我们亟须探索补偿定价机制的完善之道,从而为相关立法和司法实践提供科学的指引,以最终激活评估权制度保护少数股东的功能。在德国公司法中,异议股东评估权有着较长的发展历史,对于其中的补偿定价问题,也累积了丰富的司法判决和学术文献,形成了较为成熟的经验和规则,因此可以为中国公司法相关发展提供启发和借鉴。

三、德国法的经验

　　长久以来,因行使异议股东评估权而产生的补偿定价合理性的问题,一直是德国司法实践和学术界激烈争论的焦点。从根源上来讲,补偿定价合理性的问题产生自股东的股权财产的宪法保护要求。在此基础上,才进一步产生了退出股东的补偿标准和相关估值方法的选用的法律问题。针对这些问题所产生的规则体系由此形成了一个严谨、自洽的逻辑体系。

(一) 补偿的"合理性"标准

1. 合理补偿:基于股权财产保护的要求

　　在德国法里,股权被视为股东所拥有的一种财产,即股权财产。作为一种财产,它与传统上的有形财产类似,也受德国《基本法》第 14 条财产保障原则的保护。《基本法》第 14 条的保护作用体现在两个方面:它既可以作为股权财产所有人对抗公权力入侵(如征收)的宪法依据;同时,还以德国宪法基本权利所具有的独特的第三人效力(Drittwirkung der Grundrechte),发挥着平衡公司股东之间利益关系、保护少数

----

〔20〕　从上述司法案例的实证考察中也看出此趋势。

股东免受多数股东压榨的作用[21]。异议股东评估权体现的正是《基本法》第 14 条第三人效力平衡股东利益关系的结果：基于多数决原则作出的公司决议，在追求公司整体利益的同时，也可能构成对异议股东的股东权利的显著侵犯（tiefer Eingriff），此时赋予异议股东评估权，则既可以让多数股东实施其经营计划，又可以让少数股东获得补偿并退出公司，从而实现双方的利益平衡。[22]换言之，赋予异议股东请求公司以合理价格回购其股权的权利，是宪法及法律允许多数股东借助公司决议的形式入侵异议股东权利并导致其退出公司的前提条件。补偿定价的合理性，也因此成为隐含在评估权制度之中的关于股权财产保护的合宪性要求。

　　2. 合理补偿的内涵——"完全补偿"

　　基于股权财产宪法保护的原理，德国的司法判决逐步在异议股东评估权制度中确立了给予退出股东"完全补偿"的原则，从而明确了补偿定价合理性的标准。其中，对股份有限公司股东因结构变更措施（Strukturmaßnahme）[23]而行使评估权的情形，相关司法判决形成了最为丰富的和典型的关于"完全补偿"的论述。同时，在有限责任公司法里，对股东行使退出权的情形，也殊途同归地确立了"完全补偿"的要求。

　　首先是股份有限公司法里的"完全补偿"。早在 1962 年的"Feldmühle"判决中，德国联邦宪法法院就认为，只要少数股东拥有对抗经济权利滥用的法律救济手段，且就其股份获得"经济上完全的补偿"，立法者就可以基于企业的共同利益将企业经营的自由优先于少数股东的财产权保护。[24] 此观点的法理依据是，少数股东与大股东处于平等的地位，且触发补偿请求的公司情事通常是由大股东发起并且符合其自身利益的，这不同于征收情形下公共和个人之间的利益状况；德国《基本法》第 14 条允许被征收人获得少于"完全补偿"的规定，也因此不适用于股东退出的情形。[25]因此，少数股东应当在退出公司时获得"完全补偿"，从而避免承受经济上的损失。[26] 德国宪法法院的这一判决，在德国股份有限公司法上确立了对退出股东的"完全补偿"原则。

　　然而，对于何为"完全补偿"，上述判决并未作具体阐述；直到 1999 年，联邦宪法法院才在其"DAT/Altana"判决中，作出了相应的补充。在此判决中，联邦宪法法院

---

〔21〕 关于宪法财产保障原则的第三人效应对于股东之间利益关系的调节作用，见：Christian Hofmann, Minderheitsschutz im Gesellschaftsrecht, De Gruyter 2011, S. 99 ff.

〔22〕 Herbert Wiedemann, Gesellschaftsrecht Band I, Verlag C. H. Beck 1980, S. 468.

〔23〕 即可能会导致股东权利受到明显侵犯（tiefer Eingriff）的公司重大变化，如合并、分立等。

〔24〕 BVerfG, NJW 1962, 1667, 1668 f.

〔25〕 BVerfG, NJW 1962, 1667, 1669.

〔26〕 Veil, in: Spindler/Stilz, Kommentar zum Aktiengesetz, 3.Aufl., C.H.BECK 2015, § 305 Rn. 45.

首先认为,对于补偿数额的确定,应当保证(少数)股东获得等同于其股份份额的价值,就此,它赞成司法界和法学界的主流见解,即给予退出股东的补偿,只有反映了该股份份额的、包括静储备(stillen Reserven)和内在商业价值(good will des Unternehmens)的"真实"价值时,才可以被认为是"完全补偿"。同时,它根据股份财产的流通性特征,认为一个"完全"的补偿绝不能低于实施结构变更措施时的交易价值(Verkehrswert)。对此,它阐释道:股份财产所具有的保障股东个人自由的功能,依赖于股份所具有的显著的流通性特征,这是股份有限公司股份与其他法律形式的企业的股份的不同之处,因此在衡量股份的价值时,不应无视股份财产的流通性特征。显然,这一观点对于上市公司的估值方法的选用,尤其具有深刻的影响。

其次是有限责任公司法里的"完全补偿"。严格来讲,德国有限责任公司法里并未规定如股份有限公司法里的异议股东评估权,而是具有更宽泛意义的、在集合上包含前者的退出权。[27] 这一权利是德国有限责任公司法在注销出资法律制度框架下的法律续造的产物,[28] 它使得股东在出现"重要原因"[29] 的情况下可以退出公司。对于退出股东的补偿标准,德国司法判例同样发展出了"完全补偿"的原则。根据联邦最高法院在1955年的判决,对退出股东的补偿,以相关决议作出时公司财产的价值为准;公司财产的价值取决于"存续企业的真实价值——包含所有静储备和企业的内在商业价值"。[30] 在1991年的判决中,联邦最高法院又明确规定,对退出股东的补偿数额即根据出资的"完全经济价值(交易价值)"来确定——只要公司章程中未包含与之相左的、限制补偿数额的条款。[31] 尽管这两个判决并未如联邦宪

---

[27] Vgl. Herbert Wiedemann, Gesellschaftsrecht Band I, Verlag C.H.Beck 1980, S. 401.

[28] 关于其发展,见:Ulmer/Habersack, in: Ulmer/Habersack/Löbbe (Hrsg.), GmbHG Großkommentar, 2. Aufl., Mohr Siebeck 2014, Anh. § 34 Rn. 3 f.

[29] 所谓"重要原因",指的是这样的情形:股东继续留在公司变得"不可期待",且无有效补救手段,同时该股东退出公司的利益相比于公司和其他股东的利益更值得保护。在分类上,此"重要原因"不但包括公司相关的事实,如公司的重大变化,而且还包括股东个人相关的事实,如迁居、疾病、离婚等。这也构成了退出权与股份公司下异议股东评估权的最大不同。见:Strohn, in: Fleischer/Goette (Hrsg.), Münchener Kommentar zum GmbH, 2. Aufl., C.H.BECK 2015, § 34 Rn. 180 ff.

[30] BGH, v. 21. 4. 1955, NJW 1955, 1025, 1027.

[31] BGH, v. 16.12.1991, NJW 1992, 892. 值得注意的是,此判决不加论述地将"完全价值"等同于"交易价值",其原因在于,有限责任公司出资在通常情况下不存在一个有效的转让市场,不能基于从中形成的市场价格获得出资份额的交易价值,因此,交易价值基本上就是按照分摊到各个出资份额的企业("真实")价值来决定。见:Strohn, in: Fleischer/Goette (Hrsg.), Münchener Kommentar zum GmbH, 2. Aufl., C.H.BECK 2015, § 34 Rn. 208; Ulmer/Habersack, in: Ulmer/Habersack/Löbbe (Hrsg.), GmbHG Großkommentar, 2. Aufl., Mohr Siebeck 2014, § 34 Rn. 77.

法法院关于股份有限公司股东评估权那般做出了详细的论述,它们在事实上却成为司法上普遍遵循和学术上普遍援引的最重要案例,从而确立了有限责任公司法领域的"完全补偿"原则。

综上所述,德国股份有限公司法和有限责任公司法在各自的司法判例体系中,不约而同地发展出关于退出补偿的"完全补偿"原则,可谓殊途同归。这一原则表明,只有反映股权的"真实价值"且不低于其"交易价值"的补偿价格,才能满足法律上关于补偿价格的合理性要求;同时,这一原则也体现了股东平等的公司法精神,明确否定了所谓的"少数股东折扣"。[32] 其中的深层原因,毫无疑问在于德国宪法股权财产保护的作用力。

(二)合理的补偿价格的确定

在"完全补偿"原则的要求之下,德国立法和司法需要进一步解决的问题是,当事人之间以及法院通过何种适当的路径,确定一个与此原则相一致的合理的补偿价格。在德国法股权估值的法学理论中,以估值对象为区分,存在两种不同的路径:一是以企业本身作为估值对象的所谓间接估值方法,根据此方法,人们先通过估值获得企业作为一个整体的价值,再根据相关股权在该企业所有股权中的比例,获得其相应的价值;二是以股权本身作为估值对象的所谓直接估值方法,这一方法将股份视为一种可以进行独立转让的商品,以存在转让市场及市场价格为条件。股权估值方法的这一区分,适应了具有不同法律形式和投资者群体的公司的估值需求。在德国公司法里,有限责任公司和非上市股份有限公司情形下的股权估值基本遵循统一的估值思路和操作方法,上市公司情形下,其估值思路和操作方法则具有更多的特殊性。

1. 有限责任公司和非上市股份有限公司的情形

有限责任公司具有高度的人合性,其出资通常不存在自由的转让市场及市场价格;非上市股份有限公司的股票虽然在法律上可以自由转让,但实际上难以获得自由有效的转让市场。在这两类公司的情形下,直接估值方法显然无用武之地,间接估值方法成为股权估值的不二之选。[33] 在间接估值的路径里,居先也是最重要的一个步骤是,采用何种估值方法来测量企业本身的价值。在德国,企业的价值通过公认的会计学方法来获得,至于采用哪一种方法,则无论是立法还是司法都没有限

---

〔32〕　Hans-Georg Koppensteiner, Kölner Kommentar zum Aktiengesetz, 3. Aufl., Carl Heymanns Verlag 2004,§ 305 Rn. 95.

〔33〕　Simon/Leverkus, in: Simon (Hrsg.): Spruchverfahrensgesetz Kommentar, Verlag C. H. Beck 2007,Anh. § 11 Rn. 13.

定,只不过所选择运用的方法必须能满足估值的目的。[34]

在德国的司法实践中,所谓的收益价值法(Ertragswertmethode)是法院首选的企业估值方法,它也是被德国宪法法院特别确认为"宪法上无疑虑"的估值方法。[35]作为企业估值方法的收益价值法建立在这样一种经济逻辑之上,即一个企业的价值是由其未来可能获得的收益所决定的。[36] 在操作层面上,此方法通过将企业未来的、预测得出的盈余进行贴现,得出企业现有的价值。[37] 这意味着,这一方法承认企业的存续价值,以企业的未来盈利为导向,这对于看重企业的投资回报价值的股东而言,显然很有意义。与此同时,与收益价值法具有相同的理论基础的估值方法还有所谓的现金流量折现法(DCF-Methode),此两者的区别仅在于计算企业未来收益的方式不同:前者以依据资产负债表法探索得出的期间损益为基础,而后者则以未来现金流为基础。[38] 在德国企业估值的法律实践中,在依照收益价值法得出企业的收益价值之外,还须依照清算价值法(Liquidationsmethode)[39]对企业的所谓的非经营必要的财产另行估值;收益价值与后者的总和,才是企业估值的结果。采用这一做法的原因是,企业的收益价值只反映了为实施企业经营活动所必要的企业财产的价值;非经营必要的财产,如闲置的设备和与企业经营目的无关的参股,对企业经营活动无直接影响,与企业的收益价值无相关性,因此应当另外进行估值并归入总的企业价值。[40]

除了上述的收益价值法和现金流量折现法之外,净资产价值法(Substanzwert-methode)和清算价值法两种方法在估值实践中也常常进入人们的视野。与前两者对企业作为一个整体进行估值的方法不同,后两者则对企业财产进行所谓的个别估值,企业的价值因此等于各个财产估值的总和。净资产价值法的经济学逻辑在于,

---

〔34〕 Paulsen, in: Goette/Habersack/Kalss (Hrsg.), Münchener Kommentar zum AktG, 4. Aufl., C.H.BECK 2015, § 305 Rn. 75.

〔35〕 BVerfG, Beschluss vom 27. 4. 1999, NZG 1999, 931, 932.

〔36〕 Hans-Georg Koppensteiner, Kölner Kommentar zum Aktiengesetz, 3. Aufl., Carl Heymanns Verlag 2004, § 305 Rn. 68.

〔37〕 Simon/Leverkus, in: Simon (Hrsg.): Spruchverfahrensgesetz Kommentar, Verlag C. H. Beck 2007, Anh. § 11 Rn. 57 ff.

〔38〕 Simon/Leverkus, in: Simon (Hrsg.): Spruchverfahrensgesetz Kommentar, Verlag C. H. Beck 2007, Anh. § 11 Rn. 50.

〔39〕 见下文介绍。

〔40〕 Strohn, in: Fleischer/Goette (Hrsg.), Münchener Kommentar zum GmbH, 2. Aufl., C.H.BECK 2015, § 34 Rn. 209.

企业的价值等同于建立一个相同企业所必需的支出。〔41〕显然，与收益价值法不同，净资产价值法并不反映企业未来的财务盈余；在这一方法之下，基于企业的各部分财产、经营管理水平、市场地位及专业知识之间的相互作用而产生的增值，以及企业的商业价值，都未包含在净资产价值之内。〔42〕因此，基于对企业"存续"的假设，对企业财产进行个别估值的方法，已然不能反映企业的真实价值。〔43〕它一般仅适用在一些特殊的情形，如净资产价值高于其收益价值的企业，或者盈利主要依赖于员工个人能力的自由职业性质的企业。〔44〕总而言之，净资产价值法已被视为一种会计学理论上已经"过时"的估值方法〔45〕，难以为实现股东之间的利益平衡得出准确的估值。在清算价值法下，人们将企业在自由市场上出售各部分财产所获得的价格总额，减去企业债务和清算费用，从而得出了企业的清算价值。〔46〕显然，清算价值并不能反映一个"存续"的企业对于股东的价值。会计学理论一致认为，清算价值反映的只是存续企业的最低价值，一般适用于清算价值高于收益价值的情形。〔47〕另外，如上文所述，清算方法对企业非经营必要的财产的估值也有意义。

如果说估值方法如一台体重测量仪，那么，企业估值的基准日的意义，就在于它规定了以哪一特定时刻的体重为准。这是因为，企业及其股权价值会随时间迁移而发生变化，只有将企业估值确定在某个特定时刻，补偿是否合理才具有衡量的标准。〔48〕因此，基准日的确定对于企业估值结果的意义不言而喻。立法者在选定基准日时，通常将估值目的、权利行使的特点等因素考虑在内。因此，在以补偿退出股

---

〔41〕 Christoph Kuhner/Helmut Maltry, Unternehmensbewertung, 2. Aufl., Springer Gabler 2017, S. 50 f.

〔42〕 Dreier, in: Dreier/Fritzsche/Verfürth, Spruchverfahrensgesetz Kommentar, 2. Aufl., Erich Schmidt Verlag 2016, Annex § 11 SpruchGRn. 14.

〔43〕 Dreier, in: Dreier/Fritzsche/Verfürth, Spruchverfahrensgesetz Kommentar, 2. Aufl., Erich Schmidt Verlag 2016, Annex § 11 SpruchGRn. 15.

〔44〕 Ulmer/Habersack, in: Ulmer/Habersack/Löbbe (Hrsg.), GmbHG Großkommentar, 2. Aufl., Mohr Siebeck 2014, § 34 Rn. 77.

〔45〕 Dreier, in: Dreier/Fritzsche/Verfürth, Spruchverfahrensgesetz Kommentar, 2. Aufl., Erich Schmidt Verlag 2016, Annex § 11 SpruchGRn. 15.

〔46〕 Dreier, in: Dreier/Fritzsche/Verfürth, Spruchverfahrensgesetz Kommentar, 2. Aufl., Erich Schmidt Verlag 2016, Annex § 11 SpruchGRn. 16; ChristophKuhner/Helmut Maltry, Unternehmensbewertung, 2. Aufl., Springer Gabler 2017, S. 46.

〔47〕 Christoph Kuhner/Helmut Maltry, Unternehmensbewertung, 2. Aufl., Springer Gabler2017, S. 47.

〔48〕 Hans-Georg Koppensteiner, Kölner Kommentar zum Aktiengesetz, 3. Aufl., Carl Heymanns Verlag 2004, § 305 Rn. 60.

东为估值目的的情形下,德国股份有限公司法和有限责任公司法并未对企业估值的基准日作出统一规定。具体而言,股份有限公司法里评估权的实施,一般以作出相关决议的股东大会召开之日为基准日〔49〕;有限责任公司法里退出权的实施,则以退出股东的退出声明到达公司之日为基准日〔50〕。

2. 上市公司的情形

在上市公司的情形下,股票在二级市场可以自由转让和流通,由此形成了以股价为形式的市场价格。以投资者的角度来看,股票成了可以独立进行交易的甚至与企业本身相分离的一种商品。在此意义上,股票的价格——股价是否以及在多大程度上可以反映股份的价值,进而可以作为确定退出股东补偿价格的参考基础,这一问题在法律未作规定的情况下,成为德国法里长久以来争论的焦点。从更抽象的层面来看,这一争论所涉及的是,德国法如何对待以股份本身为估值对象的、以市场为导向的直接估值方法。

(1) 股价的估值意义——从拒绝到部分接受

长期以来,德国法上对于股价在补偿定价中的作用,持否定态度。这一时期里,宪法法院确定的"完全补偿"应当反映股份的"真实"价值的原则,决定了采用间接估值的路径更为适当,股价则难有用武之地。联邦最高法院在其1967年的判决中,以股价受到"与价值无关的因素的影响"且"处在令人捉摸不透的晃动和变化之中"为由,〔51〕明确否定了股价对确定企业价值的参考意义。对此,学术界不乏批评,其中包括,这一否定态度导致股价在高于股份"真实"价值的情况下,股东获得的赔偿反而不如通过公开市场转让而本可获得的数额,这令退出股东蒙受损失,保护股东的目的落空。〔52〕

这一法律状况一直持续到1999年才发生了变化。联邦宪法法院在其"DAT/Altana"判决中,在重申"完全补偿"应反映股份的"真实"价值的同时,进一步补充,基于股份有限公司股权财产的流通性(Verkehrsfähigkeit)特征,"完全补偿"不得低于股份的"交易价值",该价值在通常情形下又等同于股价,因此,给予股份的补偿不得低于其股价。〔53〕联邦宪法法院的这一判决,表明其终于允许在确定退出补偿价格

---

〔49〕 譬如德国《股份有限公司法》§§ 305 Abs. 3. S. 2, 320b Abs. 1 S. 5, 327b Abs. 1 S. 1AktG,《公司改组法》§ 30 Abs. 1 S. 1 UmwG。

〔50〕 Strohn, in: Fleischer/Goette (Hrsg.), Münchener Kommentar zum GmbH, 2. Aufl., C.H.BECK 2015, § 34 Rn. 215.

〔51〕 BGH, Urteil vom 30.3.1967, AG 1967, 264.

〔52〕 Emmerich, in: Emmerich/Habersack, Aktien- und GmbH-Konzernrecht, 4. Aufl., Verlag C. H. Beck 2005, § 305 Rn. 43.

〔53〕 见联邦宪法法院的解释:BVerfG, NZG 1999, 931, 932。

的过程中，引入对股份进行直接估值的方法。

联邦宪法法院的这一判决在联邦最高法院于 2001 年所作的同案判决中得到了进一步深化。联邦最高法院首先补充了联邦宪法法院将股价与交易价值等同的经济学基础：股票市场可以根据市场上的信息，准确地对上市企业的收益能力进行估值；股票的购买者则以此市场估值为导向，并由此引起供求关系的调整，最终使得市场估值反映在股票的股价之中。可见，联邦最高法院赋予股价作为确定退出补偿价格的参考意义，建立在资本市场效率理论基础之上。[54] 其次，联邦最高法院还规定了，当股价不能反映公司股份的交易价值时，就不能作为补偿的最低限度；这指的是长时间实际上无交易、因市场深度不足导致股东无法按股价转让其股票以及股价受到操纵的几种情形；在这些情形下，企业的交易价值应当以受到认可的会计学的方法来测量。[55] 其三，也是最重要的，联邦最高法院还规定，考虑到不同的估值路径会导致不同的估值结果，因此，给予退出股东的补偿价格，若股价所反映的交易价值高于企业估值的结果，则按照股价来确定，相反，若企业估值结果高于股价，则按照企业估值的结果来确定。[56] 这一规定确立了影响巨大的所谓"最惠原则"，依此原则，退出股东可以在股价和企业估值结果中选择较有利的一个作为主张补偿价格的依据，以实现自身的利益最大化。但这一原则也导致了，几乎在所有的上市公司股东退出补偿情形下，都要实施上述两种方式的估值；[57] 这无疑会极大地增加企业在时间和经济上的负担。

概括言之，德国法传统上长期反对以股价作为确定退出股东补偿价格的标准；这一做法在 1999 年之后，因联邦宪法法院和联邦最高法院的判决发生了修正，补偿定价的"最惠原则"也随之引入。但是，股价只是作为确定补偿价格的最低限度，并未获得与以会计学方法为基础的估值方法同等有效的地位。

（2）股价的估值意义——走向完全承认

自 2010 年起，德国一系列的司法上的新动向，预示了这样一个趋势：股价作为确定补偿价格的意义，已经不再限于作为补偿价格的最低限度，而是可以"单独有效"地充当反映股份及企业价值的参考标准，从而获得了与其他估值方法同等的反映企业价值的地位。

首先是自 2010 年起的一系列州最高法院（OLG）的判决。法兰克福州最高法院

---

〔54〕　Vgl. Adolff, in: Fleischer/Hüttemann, Rechtshandbuch Unternehmensbewertung, Dr. Otto Schmdt 2015, § 16 Rn. 61.

〔55〕　BGH, NJW 2001, 2080, 2082.

〔56〕　BGH, NJW 2001, 2080, 2082.

〔57〕　Emmerich, in: Emmerich/Habersack, Aktien-und GmbH-Konzernrecht, 4. Aufl., Verlag C. H. Beck 2005, § 305 Rn. 40.

在 2010 年的一个判决中认为,在通常情况下,以股价为基础的市场方法是探索企业价值的"有效且恰当的估值方法"。[58]其原因在于,正如同其他商品的价格可以反映其价值那样,股票的股价也可以反映其所代表股份的价值,企业的价值则可以根据股份价值的总数而得出。[59]法兰克福州最高法院这一论断以股价的形成机制为支撑,通过论证德国资本市场存在半强式信息有效性,[60]认为股价可以反映股份及企业的价值。[61]另外,该法院还认为,在收益价值法和股价两者之间,不存在普遍意义上更优越的方法,估值方法的选择取决于待估值企业的具体情形。[62]这一判决承认了股价对于企业估值以及确定退出股东补偿数额所具有的"单独有效"的意义,认为估值方法的选择,属于法院在具体情形下的自由裁量权。除此判决之外,斯图加特州最高法院和慕尼黑州最高法院也分别在 2011 年和 2012 年做出了类似判决。[63]

在这一趋势中最具决定性意义的,当属联邦宪法法院于 2011 年和 2012 年作出的两个判决中,对于股价的参考意义的最新观点。在 2011 年的 T-Online/Deutsche Telekom 判决中,联邦宪法法院修改了其在 1999 年判决中的看法,认为股价的意义不仅仅是作为最低限度的角色,同时规定,宪法并未要求法院在估算企业的价值时,应穷尽使用所有可能想到的估值方法并以此给予退出股东最有利的补偿价格。[64]在 2012 年的 Deutsche Hypothekenbank 判决中,联邦宪法法院又明确规定,宪法上并未要求(法院)对各种估值方法进行比较,也未要求在确定退出股东的补偿价格时采用所谓的"最惠原则";按照诸如收益价值法所实施的企业估值,其过程中也必须运用具有不确定性的预测,因此其估值结果并不比市场估值的结果"更正确"。[65]借此两个判决,联邦宪法法院彻底推翻了联邦最高法院所确立的"最惠原则",确立了股价在确定退出股东补偿价格中作为单独有效标准的地位。

(3) 参考股价的选定

在采用股价作为补偿定价的参考基础的情形下,鉴于股价的即时变动性,法律

---

[58]　OLG Frankfurt a. M., Beschluss vom 3.9.2010, WM 2010, 1841, 1845.

[59]　OLG Frankfurt a. M., Beschluss vom 3.9.2010, WM 2010, 1841, 1845.

[60]　法兰克福州最高法院还阐释了,在弱式、半强式及强式这三种有效性的资本市场中,只要在半强式的资本市场有效性的条件下,股价就可以反映股份的价值。见:OLG Frankfurt a. M., Beschluss vom 3.9.2010, WM 2010, 1841, 1846.

[61]　OLG Frankfurt a. M., Beschluss vom 3.9.2010, WM 2010, 1841, 1846 ff.

[62]　OLG Frankfurt a. M., Beschluss vom 3.9.2010, WM 2010, 1841, 1851.

[63]　OLG Stuttgart, Beschluss vom17.10.2011, AG 2011, 49, 53 f.; OLG München, Beschluss vom 26.7.2012, AG 2012, 749, 750 f.

[64]　BVerfG, Beschluss vom 26.04.2011, AG 2011, 511, 511 f.

[65]　BVerfG, Beschluss vom 16.5.2012, NZG 2012, 907, 909, Rn. 25.

还面临选择参考股价的问题。对此,德国法确定了以特定期间的平均股价作为参考基础,以尽量避免参考股价受到当事双方有意操控和偶然因素的影响。这当中涉及的因素,既包括参考期间结束的日期——基准日,也包括参考期间的长度。

联邦宪法法院在 1999 年的 DAT/Altana 判决中就强调,选择的参考股价应当足以克服当事双方的滥用行为,为此,可以将相关结构变更措施公开前一段时间里所形成的平均股价确定为参考股价。[66] 随后,联邦最高法院在 2001 年针对同一案件的判决中,总体上遵循了联邦宪法法院的精神;细节上,它"出于法的安定性的理由",将基准日设在相关股东大会决议作出之日;将参考长度定为三个月,并认为这一长度已经足以克服对股价的人为操控。[67] 联邦最高法院的这一规定虽然在往后的司法实践中受到普遍的遵从,但是其将"股东大会决议作出之日"作为参考股价基准日的规定,从一开始就受到学术界的激烈批评。[68] 2010 年,联邦最高法院终于在其 Stollwerck 判决中将参考股价修改为相关结构变更措施公开之日前三个月的平均股价,并在判决理由中接受了批评的观点:在股东大会召开之日,股价通常已经受到预计中的补偿价格的重大影响,相比之下,计划实施的结构变更措施公开前的平均股价更适于反映股票的交易价值[69]。联邦最高法院这一"拨乱反正"力求排除针对补偿本身的投机对参考股价的影响,以更准确地复原当事各方在不实施相关措施时本应所处的利益状况。

(三) 德国法的经验与启示

德国法中,异议股东评估权制度框架下的补偿及其价格合理性要求,根源于股权财产所享有的宪法财产保障地位。在此宪法要求之下,德国股份有限公司法和有限责任公司法不约而同地在司法实践中确立了"完全补偿"的原则,为行使评估权的异议股东树立了统一的补偿标准。以此补偿标准为指导,德国司法实践形成了选用估值方法的基本规则。

从德国法对于补偿定价合理性的发展过程和现状中,可以看出,首先,德国法坚持的"完全补偿",将补偿标准扎根于宪法的股权财产保护原则,从而保障其合宪性基础;在法律效果上,它为法院和当事人树立了明确的补偿定价标准,为其公平性评价提供了最终的尺度。其次,德国法对于估值方法的选用,充分展示了其对法律妥当性的追求和对经济学理论的开放性态度。相关司法判决立足于现代经济学的理

---

〔66〕　BVerfG,NZG 1999,931,933.

〔67〕　BGH,NJW 2001,2080,2082.

〔68〕　Vgl. Paulsen, in: Goette/Habersack/Kalss (Hrsg.), Münchener Kommentar zum Ak-tG, 4. Aufl., C.H.BECK 2015,§ 305 Rn. 88.

〔69〕　BGH, Beschluss vom 19.7.2010, NJW 2010,2657,2658.

论认识,区分不同估值方法的会计学意义及其对实现评估权制度目的的影响,在此基础上形成了选用估值方法及基准日的规则。尤其令人印象深刻的是,德国法对于股价充当估值基础所持的谨慎态度,以及在此态度变迁中,司法者所展现的将股票定价理论与本国资本市场及法律制度状况相结合的实事求是精神。总体来看,德国法在补偿价格合理性方面的制度发展成果,实现了具体的估值法律规则与宪法上股权财产保护的价值理念的一致,实现了异议股东评估权制度与股权财产保护制度之间的协调。这为实现公司重大变化情形下的少数股东、多数股东及公司等各当事方之间的利益平衡,创造了妥当的制度基础。

四、我国相关法律改革之建议

通过上文与德国公司法的对照,中国公司法可以得到这一启发:为了保障异议的少数股东的公平补偿及退出,应当在确定补偿价格时,明确地以实现异议股东评估权的制度目的为导向,同时在股权财产领域切实贯彻关于财产权保护的宪法和法律要求。在此逻辑下,立法者制定妥当的规则,司法者考量实际情形实施判决,以实现宪法及法律精神上下一体的实施,使得退出股东在个案上能感受到补偿价格的公平性。

就具体的法律改革来说,以我国既有的法律和实践为依托,并适当以德国法经验为借鉴,我国对于异议股东评估权定价的法律制度可以从下面几个方面进行改进。

(一)补偿价格的合理性标准

我国《公司法》第74条规定有限责任公司应当给予行使评估权的异议股东"合理的价格"。从语义上来看,补偿价格是否"合理",可以因当事方的不同立场而有不同的理解,它无法反映法律所主张的对异议股东的补偿范围,无法充当补偿是否公平的评价标准,因此需要在立法或司法中将此标准进一步明确化。至于《公司法》第142条关于股份有限公司股东的评估权,则如前所述,依旧处于整体缺漏的状况,对回购价格的合理性及其标准也只字未提,这一状况应当予以完善。

为实现评估权保障异议股东公平补偿及退出的制度目标,将"合理的"回购价格定义为"完全补偿",应当成为我国公司法无可回避的选择。在解决因公司重大变化产生的利益冲突中,异议股东获得补偿并退出,是同时实现公司整体利益和异议股东保护的最佳途径,而这一补偿必须是"完全"的补偿:异议股东因退出公司受到多少"损害",就应当获得多少补偿。只有按照这一标准实施的补偿,才符合我国宪法及民法对于作为财产权利的股权财产的保护要求,也才符合社会大众最基本的公平正义观念。任何低于"完全补偿"标准的补偿,都将构成公司和其他留下的股东对退出股东的剥削,并诱发公司和大股东以公司变更的名义排挤中小股东共享企业发展收益的道德风险。在"完全补偿"的要求之下,实践中公司推出的形形色色的补偿计划,各式各样的估值方法的选用,相关司法审查结果是否公平和恰当,将有一个可以最终评价的标尺。

(二)估值方法的选用

估值方法的选用,对于获得企业及相关股份的真实价值和以此为基础确定的补偿价格,具有关键性的意义。如篇首所述,我国公司法目前并未形成统一的关于估值方法的选用规则。目前实践中所选用的估值方法,如净资产价值法,显然落后于当代会计学理论的主流认识;对于估值基准日的意义,缺乏足够的认知,导致其选用充满了随意性。

会计学理论的与时俱进和企业实际状况的千差万别,使得我国公司法不能一刀切地规定某一固定的估值方法,而应当赋予法院根据估值企业的具体情形选择恰当的估值方法及其组合运用的裁量权力。与此同时,法院应当在判决中对于估值方法的选用进行说理论证,尤其是当涉及尚未被广泛接受的估值方法的时候。法院在运用其自由裁量权时,应当充分注意不同估值方法的作用和意义。具体来说,收益价值法是目前广为接受的对一般企业进行估值的方法,可以反映存续企业的真实价值,因此通常适合用于行使评估权的情形。现金流量价值方法也是如此。净资产价值法则忽视了企业作为一个"活着的"经济实体的情形,不考虑企业的无形资产,因此无法反映企业的真实价值;法院应当将其运用限制在特殊情形的企业,如收益能力弱、净资产价值显然多于收益价值或盈利主要依赖于员工个人能力的企业。账面价值只考虑资产入账时的价值,不能反映企业即时的价值,[70]因此原则上应当排除其运用。在实践中,法院也可以组合运用两种以上方法,譬如在所涉企业拥有较多的不创造收益的资产的情形下,可以借鉴德国法的经验,在企业整体的收益价值之外,另加相关部分资产的净资产价值。

估值基准日方面,我国公司法应当确立其法律强制性的地位,而不能任由法院和当事人选定。此必要性根源于评估权的制度目的:补偿应当反映的是异议股东在公司不实施变化的假设下本应获得的利益,而此利益状态应当以该假设被打破、评估权随之产生的日期为准——如德国法里股份有限公司的股东大会决议之日和有限责任公司股东的退出声明的到达之日。基于早于或晚于此日期的基准日而得出的企业及股权价值,都不能反映异议股东所"本应获得"的利益。基于此法理,我国公司法可以将有限责任公司和股份有限公司的估值基准日统一设定在相关股东会决议之日。

---

〔70〕　Hans-Georg Koppensteiner, Kölner Kommentar zum Aktiengesetz, 3. Aufl., Carl Heymanns Verlag 2004,§ 305 Rn. 71.

（三）上市公司情形下的补偿价格

1. 反思中国资本市场背景下股价的意义

事实上，上市公司与有限责任公司及非上市股份有限公司一样，都可以在"完全补偿"的标准下适用相同的估值方法选用规则。但是，人们无法忽视股价的存在——股价反映了市场参与者在自由的市场经济中对于特定股份的估值，理所应当地可以作为企业及股份估值的一种方法。[71] 再加上以股价为参考基础的估值具有简易、低成本的优点，因此，将股价作为企业估值的参考基础纳入考量，显得无可回避。问题在于，股价能否以及在多大程度上可以反映股份的真实价值，从而作为适当的企业及股份估值的基础？

股价反映股份的真实价值，立足于有效市场理论：在一个有效的证券市场中，股价反映了所有可以获得的信息，从而可以反映企业及股份的价值。[72] 显然，该理论的前提在于存在一个有效的证券市场。在弱式、半强式、强式有效市场的分级中，德国法认为，只要存在半强式有效市场，股价即可反映企业的真实价值，其近年来逐渐认同将股价作为企业估值的恰当的参考基础，也以认定德国证券市场具备半强式有效性为前提。[73] 然而，这一前提在我国目前的资本市场背景下并不存在：虚假陈述、内幕交易、市场操纵等证券欺诈行为屡见不鲜，以及公权力对证券市场的广泛干预，都造成了股票价格的严重扭曲；更有经济学研究结果直接指明，我国资本市场的有效性尚处在无效和弱式有效之间。[74] 考虑到现实经济生活对交易效率和成本节约的诉求，本文不敢贸然否定股价作为企业估值基础的意义。但是，我国公司法及证券法立法起码应当对股价在估值中的运用保持谨慎的态度；法院在当事人有证据证明股价不能反映企业价值时，应当裁定选用更具公信力的估值方法，如收益价值法。

2. 现金选择权路径的摒弃以及异议股东评估权制度的改进

如前所述，尽管现金选择权制度在股份公司股份评估权"妾身不明"的背景下，

---

[71]　OLG Frankfurt a.M., Beschluss v. 3. 9. 2010, WM 2010, 1841, 1845；Emmerich, in：Emmerich/Habersack, Aktien- und GmbH-Konzernrecht, 4. Aufl., Verlag C. H. Beck 2005, § 305 Rn. 40.

[72]　Vgl. Eugene F. Fama, Efficient Capital Markets：A Review of Theoryand Empirical Work, in：The Journal of Finance, Vol. 25, No. 2, 1970, pp.383 - 417.

[73]　OLG Frankfurt a.M., Beschluss v. 3. 9. 2010, WM 2010, 1841, 1846 f.

[74]　汪卢俊：《中国股票市场是弱式有效的吗》，载《当代经济科学》2014 年第 2 期，第 68—69 页。Ma Shiguang, *The Efficiency of China's Stock Market*, Burlington 2004, p243；Pradipta Kumar Sanyal /Padma Gahan /Smarajit SenGupta, *Market Efficiency in Emerging Economics：An Empirical Analysis*, in：GMJ, Vol. Ⅷ, Issue 1&2, 2014, p.37.

为异议股东提供了一条退出公司的路径,但是其在实践中暴露出来的诸多问题,使得其保护功能日益受到质疑。穿透批评者所历数的种种弊端,现金选择权对少数(异议)股东的保护不力是由其私权性质决定的。尽管它在特征上与评估权有诸多相似之处,甚至某种程度上达到了鱼目混珠的效果,但是,它与评估权的差异是本质存在的:现金选择权是公司和股东之间约定的权利(如其声称的),服从双方所谓的意思自治;评估权是法律为解决公司因重大变化而产生的内部冲突,在公司和少数(异议)股东之间所作出的法定的权利义务安排,并且偏重对后者的保护。此带有强烈公益目的的制度价值,显然不能期待通过强弱对比明显的私法主体之间的约定来实现。因此,为实现上市公司重大变化情形下异议股东与多数股东及公司之间的利益均衡,根本之道,仍在于回归异议股东评估权的制度框架。鉴于目前《公司法》第142 条所显露的缺漏,未来的立法应当将其着重完善。具体来说,应当设立独立且完善的评估权条款,以彰显异议股东的权利基础,并为之提供行使权利的程序框架;同时,在立法或司法中明确以"完全补偿"作为补偿价格合理性的标准,以保障补偿及退出的公平性。

3. 补偿定价时参考股价的选定

就股价迄今为止在现金选择权制度框架内的运用经验来看,存在基准日和参考期间的选定不统一且颇具任意性的问题,这导致了现金选择权的价格易受公司和大股东的操纵。未来在上市公司领域,在行使评估权的过程中引入股价作为股份估值基础的时候,应当记取这一教训。

具体来说,我国公司法应当放弃使用易受操纵的、以单一交易日的股价为准的参考股价,而选择恰当的平均股价为参考,以克服或减弱当事各方通过操纵市场对补偿定价实施的影响。在确定平均股价的时候,首先应当明确基准日的法律强制性。为了反映异议股东在公司不实施变化的假设下本应获得的利益,应当将公司变更计划的公开之日前一段时间的平均股价,确定为评估权价格的参考股价;这一"公开之日"(即基准日)也可以依照证券法上临时披露规则来确定,以实现公司法和证券法的衔接和法律的可预见性。股东大会决议之日通常而言并不适合作为基准日,因为公司变更计划公开之后,股价往往随之发生变化,股东大会决议之日的股价,其实已经渗入了公司变更的影响,因此不能反映异议股东"本应获得"的利益。[75] 至于参考期间,其以克服人为操纵和偶然性因素影响为目标,理论上可以赋予法院根据具体情形确定其长短;但是从法的安定性出发,可以由法律设定一个具有最低限度的期间,综观国际上的实践,此期间可以设定为三个月。

---

〔75〕 退一步说,若股价走高,异议股东自然可以通过出售股票获得高于平均股价的收益。

中德法学论坛

第18辑·上卷，第157～185页

恢复性少年司法的检视与反思

——从未成年人利益最大化原则出发

彭心韵 *

摘　要：恢复性司法已然成为未成年人犯罪领域一项重要的刑事政策。然而，在重刑化以及被害人地位提升的趋势下，恢复性司法若只着重各方利益（加害人、被害人、社区）的平衡，可能会与未成年人利益最大化原则相冲突。一味强调涉罪未成年人认错道歉的重要性、要求其承担修复的责任，可能会使得未成年人犯罪的社会背景原因被忽略，继而损害少年司法的福利色彩，不利于未成年人利益最大化原则的贯彻。本文从涉罪未成年人认错道歉的心理过程、少年司法应当如何看待涉罪未成年人、涉罪未成年人的社会复归等观点进行分析、检视并反思，以期恢复性司法在少年司法中的适用更加谨慎与完善。

关键词：少年司法；恢复性司法；利益最大化；少年责任；被害人意见

Abstract：Restorative justice has become an important part of criminal policy in the area of juvenile delinquency. However, with the trend towards heavier sentences and the increased status of victims, restorative justice may conflict with the principle of maximizing the interests of minors if it only focuses on balancing the interests of all parties (victim, perpetrator, community). The emphasis on the importance of the minor's apology and the responsibility of restoration may cause the social background of the minor's crime to be neglected, which may damage the welfare of juvenile justice and is not conducive to the implementation of the principle of maximizing the interests of minors. This paper analyzes, examines and reflects on the psychological process of a juvenile's admission of guilt and apology,

---

* 彭心韵：南京大学法学院助理研究员。

how juvenile justice should view the juvenile involved in the crime，and the social rehabilitation of the juvenile involved in the crime，in order to make the application of restorative justice in juvenile justice more prudent and perfect.

Key Words：Juvenile Justice；Restorative Justice；Child's Best Interests；Juvenile Responsibility；Victims' Comments

一、问题的提出

在福利模式与刑事模式治理少年犯罪均遇瓶颈时，少年司法提出了第三条路径选择：恢复性司法模式。在传统刑事司法中，犯罪视为对国家法律的违背，着重国家追诉的正当性，而恢复性司法理念则强调犯罪是对人与人关系的侵害，强调将社区纳入司法过程，将关注点从犯罪是对社会公共利益的损害转移至受害人和犯罪人的个人需求上，鼓励受害人和犯罪人的直接对话。主张修复关系应当作为刑事司法的主要目标。该理念在被害人地位崛起的推动下，不仅促成了刑事司法领域的众多变革，也对少年司法领域带来冲击，甚至可以说，恢复性司法理念对少年司法的影响更为深远。

恢复性司法要求犯罪人用他们的行为去修复因其非法行为所损害的社会关系。恢复性司法的责任形式主要表现为：第一，赔偿，就是要求行为人补偿被害人因其犯罪行为所遭受的损失；第二，道歉，即由行为人为自己的行为而向被害人表示真挚、诚心诚意的忏悔；第三，社区服务，要求行为人为社区提供某种形式的无偿服务。我国在 2012 年对《刑事诉讼法》（以下简称《刑诉法》）进行修改时，已将诸多各地司法改革纳入其中，如社会调查、刑事和解以及附条件不起诉制度等，均是恢复性司法在制度适用上的具体体现。2018 年《刑诉法》保留了 2012 年《刑诉法》的相关规定。

2020 年 4 月最高人民检察院颁布的《最高人民检察院关于加强新时代未成年人检察工作的意见》（以下简称《未检意见》）指出，办理未成年人犯罪案件，"应当坚持以未成年人利益最大化理念为指引"，提出要"标本兼治"，要求"注重结合办案推动解决未成年人案件背后的社会问题，坚持督导而不替代，助推职能部门充分履职，凝聚家庭、学校、社会、网络、政府、司法各方保护力量，形成未成年人保护大格局，促进社会治理体系和治理能力现代化建设"，表明我国在承认未成年人利益最大化原则的同时，也正式将恢复性司法确认为处理未成年人犯罪案件的司法理念。

此外，近日受热烈讨论的《刑法修正案（十一）》对法定最低刑事责任年龄作个别下调的规定，意味着我国也有意对未成年人犯罪加大惩罚的力度。当保护与惩罚的天平逐渐倾斜于惩罚一端时，恢复性司法的拥护者认为，此时若采用恢复性司法，推行恢复损害、弥补关系的宽容理念，或许有助于天平的再次平衡。他们认为恢复性司法是抵挡未成年人犯罪重刑化最好的选择,可以最大限度地避免未成年人的利益被压缩。

在当前进一步推进恢复性司法在少年司法领域运用的背景下,本文主张对恢复性少年司法进行谨慎的扩张。不可否认,恢复性司法提倡的正义观以及可能带来的美好愿景令人向往,在推动恢复性司法理念的过程中,也不乏口耳相传的感人故事,如促使当事人双方思想上的觉悟,让加害人真正了解自己行为所造成的伤害,并努力修复被害,实现真正的和解,让被害人得到心理上的慰藉,所受伤害得以疗愈等。这些感人至深的故事中的司法效果在传统刑事司法程序中却难以实现,这也是恢复性司法之所以能够快速崛起的重要原因之一。

但是,在将恢复性司法视为处理犯罪的通用机制时,讨论的面向就不应当局限于某些个别的理想案件,而须从制度的角度进行更为整体的考察。此时,不难发现恢复性司法的良好运行往往建立在一定的理想情境之上:一个充满悔悟之情的涉罪未成年人,一个信奉道德教化、善尽公民义务且愿意原谅的被害人,一个充满热情且行为规范的司法机关。继而就能意识到上述触动人心的故事虽然存在,但未必是恢复性司法呈现的常态,甚至在宣传这些感人效果时忽略了一些关键的负面因素,如对被害人利益的强调会导致对"未成年人利益最大化"原则的背离。换言之,在恢复性司法适用上,当存在被害人利益与涉罪未成年人利益相冲突时,能否同时兼顾双方的利益?恢复性司法强调的是以被害人为中心,以修复被害人为重心的程序,这样的程序能否符合未成年人的利益最大化原则?恢复性司法的推行会给以未成年人利益为主要考量的少年司法带来何种冲击?从以上疑问出发,本文对恢复性司法在少年司法领域的适用加以检视与反思。

二、恢复性司法在少年司法领域的适用

恢复性司法的英文表达为"restorative justice",有学者指出这既是一种司法理念,也是一种司法处理方案,并没有一个准确的定义。[1]这是因为"justice"一词有"正义"与"司法"两个中文词组与之对应,但是这两个中文词组传达的内涵却不尽相同。"恢复性正义"是一种司法理念,需要借以具体的制度加以实现,与之对应的是"distributive justice",即分配性正义,又称报复性正义。[2]而"恢复性司法"则是一种具体的司法处理方案,并不是宽泛的正义观。本文所说的恢复性司法其实是第一种意义"恢复性正义"的概念,但是由于"恢复性司法"的译法在国内已被普遍认可,本文仍采用"恢复性司法"表达"恢复性正义"的司法理念。

---

[1] 吴宗宪:《恢复性司法评述》,载《江苏公安专科学校学报》2002年第3期。

[2] 魏晓娜:《背叛程序正义——协商性刑事司法研究》,法律出版社2010年版,第6页。

　　恢复性司法理念在近二三十年来已经广泛应用在各国刑事司法体系中。该理念最早是在 19 世纪 60 年代由美国心理学家艾伯特-艾葛拉西(Albert Eglash)提出,强调在事后过程中纳入多方参与,要求行为人不仅应当承担刑事责任,还应当采取道歉、赔偿等方式,以主动恢复由犯罪行为造成的损害,弥补其与被害人之间的关系,继而重塑社区的平衡状态。

　　恢复性司法既包含了人类的各种情感,如宽恕、同情、治愈等,又包含了各种文化价值,如尊重、包容、责任、恢复等。[3] 学术界对恢复性司法的定义主要分为以下几种,如有学者认为恢复性司法是以当事人为中心,要求双方同时到场,当面解决纷争的一种模式;也有学者主张只要以修复为目的的措施都可称之为恢复性司法;[4] 亦有学者将其定位为由中立第三人召集利害关系人进行会谈的一种解决纠纷的现代司法机制。恢复性司法的定义并不是本文的重点,为了回答本文的研究问题,故分离出多数研究中涉及的恢复性司法的共通要素,作为本文的讨论对象。这些要素包括:被害人的核心地位,相关当事人(包括被害人、加害人及其他受到影响的社会主体)参与到纠纷处理中,讨论犯罪事实和犯罪所造成的损害结果、为修复损害应采取的行动、作出共同的意思决定。[5]

　　基于各个国家的文化、政治差异,恢复性司法在各国的具体形态不尽相同。如西方国家推行的被害人—加害人和解、家庭团体会议、量刑圈(Circle)、社区矫正,中国的社区帮教计划、人民调解制度等,都可以视为恢复性司法的具体表现。

　　1. 未成年人犯罪之恢复性司法的引入背景

　　恢复性司法为各方力量都提供了美好的愿景。对自由主义者来说,恢复性司法主张非刑罚的犯罪处理方式,监禁刑的减少与他们的美好愿望不期而遇;对保守者而言,恢复性司法强调加害人通过与被害人的对话,认识到自己所造成的损害并承担相应的责任,是保守者乐于看到的景象;对于被害人权利运动推动者来说,恢复性司法要求将被害人作为程序的主体,强调对被害的修复,与他们的目的不谋而合。能够让各方力量都抱有希望,这或许就是恢复性司法在短短数十年的时间在刑事政策领域占得一席之地的原因。而在上述优势外,恢复性司法在少年司法领域的引入还得益于一个重要原因:单纯的福利模式与刑事模式在迎合少年法制变迁潮流中的失败。亦即少年法制的变迁经历了福利模式—刑事模式—恢复性司法的模式变迁。

---

　　〔3〕　吴立志:《恢复性司法基本理念研究》,中国政法大学出版社 2012 年版,第 5 页。

　　〔4〕　Paul McCold, *Toward a Holistic Vision of Restorative Juvenile Justice：A Reply to the Maximalist Model*, 3(4) Contemporary Justice Review, vol. 3, no. 4(December 2000), p357, 401.

　　〔5〕　Kathleen Daly, *Restorative Justice：The Real Story*, Punishment and Society, vol. 4, no.1,(January 2002), pp.55－58.

（1）福利模式抑或司法模式：法治国的探索

在 19 世纪中期到末期，西方国家以"未成年人利益最大化"为原则，建构起一套有别于传统刑事司法制度的少年司法。少年司法构建的前提在于承认未成年人与成人的区别性，但是关于未成年人的角色定位一直有矛盾冲突的现象，如未成年人是单纯地需要保护挽救的对象，还是他们也应当为自己的行为负起责任。这也是西方国家一直以来福利模式与司法模式争议所在。

英美少年司法制度的发展，在 20 世纪前深受"转向"（Diversion）、"除罪化"（Decriminalization）、"非机构化"（Deinstitutionalization）以及"正当程序"（Due process）四大运动的影响。[6]"转向"是指针对本应由法院审判的少年非行案件，若不属于重罪或累犯者，应当转介至相关福利部门，以此一方面可以避免未成年人的污名烙印（Stigma），可以为涉罪未成年人提供针对性的教育处遇方案；另一方面也可达到减轻法院负担的目的。"除罪化"主要是指针对少年的虞犯行为（Status offenses）进行可罚性的修正。此运动推行者认为虞犯的非行行为造成的危害不大，且无被害人，故应当将虞犯少年事件的当事人转至福利部门进行管理。"非机构化"运动的支持者主张以社区化矫治代替机构化矫治，认为社区矫正更能够为涉罪未成年人提供一个健康的生长环境，可以避免机构化矫正所附带的标签化、缺乏温情、容易沾染他人恶习等不良因素。[7]而"正当程序"则是指为保护未成年人的诉讼权益而提出，避免司法机关权力滥用，过度限制未成年人的人身自由或附加不合理的约束条件。[8]

一言蔽之，此四项运动皆是出于人道主义，主张柔性地处理未成年人犯罪问题，强调福利面向，认为社区化处遇功能优于传统的机构化矫治制度。然而，随着恶性未成年人犯罪的盛行，欧美国家的少年福利色彩逐渐被淡化，更多的是要求未成年人承担相应的责任。[9]如美国在 20 世纪 70 年代，逐渐用刑事模式取代了福利模

---

〔6〕 Finckenauer, J. O., *Juvenile Delinquency: The Gap Between Theory and Practice.* The Academic Press, 1984.

〔7〕 施慧玲：《少年非行防治对策之新福利法制观——以责任取向的少年发展权为中心》，载《家庭、法律、福利国家：现代亲属法论文集》，第 285 页。

〔8〕 Butts J.A., *Necessarily Relative: Is Juvenile Justice Speedy Enough?*, Crime and Delinquency, vol. 43, no. 1, 1977, p4.

〔9〕 John Muncie and Barry Goldson, *Youth Justice: In a Child's Best Interests*, in Jonathan Simon and Richard Sparks（eds.）, The SAGE Handbook of Punishment and Society, SAGE Publications Ltd，2013, p.341.

式。[10] 认为福利模式不重视正当程序要求，[11]容易导致司法滥用，一方面可能做出超过未成年人应负担责任的处遇决定，另一方面也可能做出不利于成年人保护的处遇决定。[12] 在此种忧虑下，"严罚主义"又重回少年法制的视野，认为应当缩小司法裁量空间，着重未成年人的行为责任，强调责任多于福利，"报应论"开始回归。[13]

在这种观念的影响下，各法治国家对福利模式进行反思，认为福利模式过于重视对少年的教育与保护，易于忽略少年责任，易造成对违法少年的过度保护。在承认刑事模式对处罚涉罪未成年人的威慑作用下，不少国家开始倾向采用强硬的手段来处理未成年人犯罪案件，如要求降低刑事责任年龄，扩大少年法院的豁免权、降低监禁刑的条件等。[14] 在此种背景下，未成年人犯罪案件严罚化趋势明显，例如 20 世纪 90 年代美国未成年人监禁案件增加了 43%。[15]

英格兰是在保护主义与责任主义间进行挣扎的法治国典型代表。在 21 世纪前，英格兰的普通法中的不能犯罪原则是少年司法中最为重要的处理原则。不能犯罪原则是指只有当主体能够准确认识自己的犯罪行为的危害性时，刑法才能对其实施制裁行为。故当时的判例法认为 7 周岁以下的少年不能犯罪，已满 7 周岁未满 14 周岁的少年则被推定为不能犯罪。对于判断少年是否能够认识自己行为的危害性，一般要结合犯罪情节以及少年的心智来认定。[16] 不能犯罪原则因其在司法实践中的不确定性而饱受质疑，并在 1998 年颁布的《犯罪和违反秩序法》中被废除。[17] 随着该原则的废止，英格兰将刑事责任年龄统一确立为 10 周岁。但是该刑事责任年龄的

---

〔10〕 吴啟铮：《少年司法模式的第三条道路——恢复性少年司法在中国的兴起》，载《刑事法评论》2015 年第 1 期，第 539 页。

〔11〕 徐美君：《未成年人刑事诉讼特别程序研究——基于实证和比较的分析》，法律出版社 2007 年版，第 40 页。

〔12〕 狄小华：《"优先保护"理念下的我国少年刑事司法模式选择》，载《南京大学学报（哲学·人文科学·社会科学)》2009 年第 5 期，第 124 页。

〔13〕 姚建龙：《超越刑事司法：美国少年司法史纲》，法律出版社 2009 年版，第 162—165 页。

〔14〕 姚建龙：《长大成人：少年司法制度的建构》，中国人民公安大学出版社 2003 年版，第 311 页。

〔15〕 John Muncie and Barry Goldson, *Youth Justice：In a Child's Best Interests*, in Jonathan Simon and Richard Sparks (eds.), The SAGE Handbook of Punishment and Society, SAGE Publications Ltd，2013，pp.348 - 349.

〔16〕 *Sir William Blackstone Commentaries on the Laws of England*, University of Chicago Press，1769, at book Ⅳ, ch2, pp.23 - 24.

〔17〕 Crime and Disorder Act 1998, p34. "The rebuttable presumption of criminal law that a child aged 10 or over is incapable of committing an offence is hereby abolished."

下限饱受学者的批判,认为刑事责任年龄标准过低,应当适当予以提高。[18] 然而,持相反意见者指出随着少年心智的早熟以及信息时代的发展,当前的刑事责任年龄是适宜的,不宜提高。[19]

(2)恢复性司法——少年司法的选择

在福利模式与刑事模式都饱受诟病的状况下,一种新的理念被引进到少年司法程序中,即"恢复性司法"理念。恢复性司法可以理解成是福利模式与刑事模式的折中选择。一方面它主张涉罪未成年人应当主动承担责任弥补过错,积极进行自我反省和再社会化;另一方面它可以平缓刑事模式下对少年刑事责任的过度强调。少年责任的强调容易演变成过度惩罚,"标签效应"不利于涉罪未成年人的社会复归;同时,少年责任的强调忽视了被害人和社区的利益,不利于社区对未成年人的重新接纳,可能引起的后果就是涉罪未成年人的再犯风险。

在少年责任与复归社会的双重驱动之下,世界范围内,恢复性司法在少年司法领域开始如火如荼地推行。恢复性少年司法是在对既往的少年司法制度进行反思的基础上提出的,它试图纠正福利模式和刑事模式的两极化现象,以期通过教育挽救未成年人、保障其社会复归,最终实现恢复社会关系的目的。各个国家在适应其文化背景的基础上,都推出了不同的恢复性司法模式来处理未成年人犯罪案件。如英国将恢复性司法作为应对少年犯罪的出路,并配套建立了相关制度,例如合适成年人制度[20]、少年警示[21]、委托令[22]等制度,又如发布相关法案要求法院在做出量刑决定前,须听取缓刑官、社区工作者以及少年犯罪专家组的意见,以最大可能地适用恢复性司法程序。[23] 具体而言如英国在"Crime and Disorder Act 1998"以及"Youth Justice and Criminal Evidence Act 1999"中要求处理未成年人犯罪案件

---

[18]　Committee on the Rights of the Child Concluding observations of the Committee on the Rights of the Child: United Kingdom of Great Britain and Northern Ireland Isle of Man (CRC/C/15/Add.134,2000),p.19.

[19]　C v DPP [1994]3 Al ER 190,196.Laws J argued "[w]hatever may have been the position in an earlier age,when there was no system of universal compulsory education and when perhaps children did not grow up as quickly as they do nowadays,this presumption at the present time is a serious disserve to our law".

[20]　"合适成年人"是为维护涉罪未成年人的合法利益,在诉讼各个阶段与相关部门进行对话沟通的成年人。

[21]　在移送犯罪工作组之前,警察要对涉罪未成年人进行评估,以判断是否应当增附少年更生项目。Legal Aid,Sentencing and Punishment of Offenders Act 2012,s135(2).

[22]　委托令是指少年法院或治安法官对首次犯罪并认罪的未成年人做出移送少年犯罪专家组进行社区矫正的刑罚替代措施。见:Powers of Criminal Courts (Sentencing)Act 2000,s 16(1).

[23]　Criminal Justice Act 2003,s 158.

应当遵守以下原则:(一)重视责任:行为人以及他们的父母必须面对犯罪行为造成的损害,并避免行为人进一步的犯罪行为;(二)重视修复:行为人应向被害人道歉并对损害进行弥补;(三)再统合:协助行为人偿还对社会的亏欠,将所犯错误置之身后,并重新加入守法的社群。[24] 随着英国法的进一步探索,在 2008 年推行少年更生令,可以要求涉罪未成年人在确定的时间内(一般为 6 个月到 3 年)接受监督,同时还可以对涉罪未成年人进行一系列的管束,如限制其出行、要求其参加义务劳动、接受心理咨询等。[25] 一系列的制度探索表明英格兰的少年司法制度在经过长达数百年的探索中,逐步从强调福利到注重惩罚又到强调惩罚为主教育为辅、再到教育挽救优先的理念缓慢过渡,体现了恢复性司法理念在少年司法制度的逐步渗透。

泛而言之,各国运用恢复性司法理念来处理犯罪问题,主要的实现形式包括会议(Conference)、量刑圈(Circle)、调解(Mediation)以及委员会(Board)等。如芬兰在 19 世纪 80 年代的调解机制,让涉罪未成年人了解其非法行为造成的损害,并要求其向被害人道歉并进行赔偿,教育涉罪未成年人主动弥补过错承担责任。[26] 又如美国各州的少年司法体系也在 20 世纪 90 年代逐渐纳入恢复性司法的要素,强调“平衡且恢复性的司法”(Balanced and restorative justice)。贯彻“平衡且恢复性的司法”的出发点在于,一方面批评既有的未成年人利益最大化为原则的处遇模式,另一方面否定报应论模式之刑罚优先的处理方式。其立足点在于少年司法应当遵循三个原则:第一,行为人的责任(Accountability):此处的责任并不是传统意义上以刑罚作为负责的手段,而是强调行为人为修复损害为目的而负责的方式;第二,行为人的能力(Competency)发展:此面向强调的是行为人能力的培养以及社会关系网络的稳固,以帮助行为人的社会复归;第三,社区安全(Public Safety):此面向是为了预防行为人再犯罪而整合社区内专业人员、学校工作人员等,确保未成年人在接受教育以及工作生活中接受监督。

(3)恢复性司法理念的落实——以德国少年刑法为例

大陆法系的典型代表德国,基于涉罪未成年人国际转向(Diversion)运动及恢复性司法理念的影响,如联合国欧洲理事会关于未成人犯罪的处置指令,“转向”理念也逐步渗透进德国学界。在 19 世纪末期,因受预防主义的影响,强调法律教化功能的“教育刑法”开始登上历史舞台,即保护(Schutz)与教育(Erziehung)并重的法治原

---

[24] Adam Crawford, *Institutionalizing Restorative Youth Justice in a Cold, Punitive Climate*, in Ivo Aertsen, Tom Daems and Luc Robert (eds.), Institutionalizing Restorative Justice, Routledge,2006, pp. 120 - 124.

[25] Criminal Justice and Immigration Act 2008,s 6(1).

[26] 施慧玲:《从福利观点论我国少年事件处理法之修正》,载《月旦法学杂志》第 40 期,1998/9,第 62—63 页。

则。德国联邦最高法院的判决表明："对于未成年人犯罪是否执行纯粹的责任主义及其轻重判断,应当优先考虑符合未成年人最大利益的方案。"〔27〕鉴于此,德国采取双轨制(Zweispurigkeit)来处理未成年人犯错(Fehlverhalten)行为。对于涉罪行为,由区法院或州法院内独立审判的少年法院来应对,而对于一般犯错行为,则是由监护法院来处理。基于此理念,德国先后通过了《少年福利法》与《少年法院法》。〔28〕

德国《少年法院法》(JGG)引进"行为人刑法(Taeterstrafrecht)"理念,对涉罪未成年人适用个别化处遇、不定期刑、诉讼中止等措施,使少年法院在处理未成年人犯罪个案时,拥有较大弹性空间。〔29〕当未成年人属于初犯或者违法行为轻微时,司法机关应当避免介入;当其有反复的轻微违法行为时,则应优先采用帮扶措施,而避免刑事诉讼的适用;当未成年人犯有较为严重的违法行为时,则会采取相应的刑事诉讼措施,并紧接着开启帮扶程序,促其早日复归社会,以此推行恢复性司法的理念。〔30〕

《少年法院法》赋予少年法院法官依据涉罪未成年人自身辨识能力,来判断其应当承担"责任性"(Verantwortlichkeit)的大小。《少年法院法》第3条规定,对于应当负刑事责任的少年,若其道德及精神发展足够成熟,则可以使用该法。在不同时期,德国的少年法院分别以12周岁和14周岁作为承担刑事责任能力的下限,但同时其规定对于符合年龄下限要求的涉罪未成年人,法官仍应当运用经验知识,判断涉罪未成年人在行为时是否对其行为的不法性具有辨识能力。亦即只有当涉罪未成年人对其行为有"非法意识"(Unrechtsbewußtsein)时才会产生刑法上之责任。

依据德国《少年法院法》第二章第二节到第四节,对涉罪未成年人的制裁体系分为教育措施(Erziehungsmassregeln)〔31〕,管束手段(Zuchtmittel)〔32〕以及少年刑罚

〔27〕 BGHSt 16,261,263.

〔28〕 施慧玲:《从福利观点论我国少年事件处理法之修正》,载《月旦法学杂志》第40期,1998/9,第62页。

〔29〕 Schaffstein/Beulke, Jugendstrafrecht, 14. Aufl., 2002, S. 56; Streng, Jugendstrafrecht, 2003, § 3 Rn. 5.

〔30〕 Häns-Jürgen Kerner,许泽天:《德国少年刑法中刑事法与教育法之制裁体系》,载《月旦法学杂志》第146期,2007,第214页。

〔31〕 依据德国《少年法院法》第10条第1项的规定,教育措施包括:1.遵从有关停留居住地点的指示;2.居住在某个家庭或教养院;3.接受教育培训或工作的位置;4.履行特定的工作;5.接受特定人的照顾与监督;6.参加社会训练课程;7.尽力达成与被害人的调解;8.禁止与特定人的来往或禁止进入特定的场所;9.参加交通安全课程。

〔32〕 依据德国《少年法院法》第13条的规定,管束手段包括:第14条规定的训诫(Verwarnung),第15条规定的负担(Auflage)和第16条规定的少年短期逮捕(Jugendarrest)。负担(Auflage)包括:1.根据能力弥补其犯罪行为造成的损害;2.向被害人道歉;3.履行特定的工作;4.支付金钱给公益机构。

(Jugenstrafe)。其中少年刑罚是在监狱中施行。对于不符者,法官应当基于教育刑出发,对其施以转向处遇。〔33〕亦即现阶段的德国处置原则为,对于涉罪未成年人,应当优先采取非正式的教育程序,主张应当尽量将未成年人从正式的司法干预中分离出来。此种非正式的教育或转向模式,被视为补充原则(Subsidiaritätsprinzip),在一定程度上取代了刑事追诉所通用的法定原则及便宜原则。确切地说,补充原则指的是,尽可能地不对未成年人适用刑法,而应寻求其他的处置方式;若无其他合适的处置方式,则不得已适用刑法时,也应当尽可能地避免科处真正的刑事处罚,而应当代以教育措施。〔34〕如法官可以优先对涉罪未成年人适用训诫(Verwarnung),若训诫不足以达成目的时,法官可以施以如教育指令(erzieherische Weisungen),要求未成年人完成特定工作,参加交通练习等。也可要求其与被害人达成调解。对此,又可要求未成年人向被害人道歉,弥补损害等。

　　修正前的《少年法院法》认为少年刑罚的主要目的是希望通过教育的方式保证涉罪未成年人将来不会再犯,亦即教育理念是少年监狱受刑的要求。教育理念的达成一般通过监狱内的纪律、工作、上课、体能训练以及有意义的休闲活动实现。同时,对于监狱刑执行的方式可以较为宽松。而 2006 年 5 月 31 日,德国联邦宪法法院明确少年刑罚应当估计少年心理与生理之特殊性,以社会复归作为少年刑罚执行的唯一目标,给予足够的教育与职业训练,教育与矫治的确保,同时规定违反义务的惩戒种类,以明确教育与惩罚并重。〔35〕为了贯彻恢复性司法的理念,达成社会复归的最终目的,对于确需施以监禁刑的涉罪未成年人,德国联邦宪法法院于 2006 年 5 月13 日作出以下要求:〔36〕

　　第一,将共同生活团体(Wohngruppestrafvollzug,德国各州的生活团体的大小并未统一,一般为 8—15 人)之监狱行刑模式作为一种针对未成年人服刑的特殊的监狱行刑模式。〔37〕此目的是希望通过模拟社会生活,确保刑罚结束后涉罪未成年人顺利融入社会。相对传统的牢房模式,共同生活团体模式被认为更能落实教育目的,可以教会受刑人在面对冲突刺激时应如何处理。但是须注意的是,此种行刑模式并不适用于全部的受刑人,而仅仅适用于"合适的受刑人"(geeignete Gefangene),

---

　　〔33〕 施慧玲:《从福利观点论我国少年事件处理法之修正》,载《月旦法学杂志》第 40 期,1998/9,第 62 页。

　　〔34〕 Häns-Jürgen Kerner,许泽天:《德国少年刑法中刑事法与教育法之制裁体系》,载《月旦法学杂志》第 146 期,2007,第 216 页。

　　〔35〕 BVerfGE 116, 69 ff.

　　〔36〕 BVerfGE 116, 69 ff.

　　〔37〕 Ostendorf, Jugendstrafvollzugsrecht, Ein kommentierende Darstellung der einzelnenJu-gendstrafvollzugsgesetze, 1. Aufl., 2009, 3. Abschnitt, Rn. 39 ff.

即具有群体适应性的少年(Jugendlichen)。[38] 第二,少年监狱行刑也应促进受刑人在社会学习以及知识与能力上的教育,使其具备未来的职业基本素养。所以教育措施是少年刑罚的重点内容。[39] 为了确保教育的优先性,相较于其他的劳动或活动,受刑人的教育课程应是最优先的事项,[40]甚至对于已经允许释放的少年受刑人,仍可以继续完成在监狱中已经开始的教育课程。[41]

　　同时,德国各州也在探索各种有利于涉罪未成年人社会复归的措施。如下萨克森州(Niedersachsen)的 Basis 计划,为少年受刑人提供最长 6 个月的特别假期(Sonderurlaub)的可能。该特别假期时让少年受刑人释放前在监狱外生活,以提供他们一个从封闭管理到自由社会、就业市场的过渡期。Rosdorf 少年监狱与 Göttingen 少年协助协会合作执行此计划。因此参加 Basis 计划的少年受刑人在释放前几个月的时间便不再在监狱内度过,而是在他出狱后的未来住所地生活,并开启在住所地区域的教育及职业培训,由监狱的工作人员和协会人员共同照顾。[42]除此之外,Basis 计划还旨在促使少年受刑人具备工作动机,加强财务能力,因而该计划也包括面试训练及财务咨询等服务。又如巴登-符腾堡州(Baden-Württemberg)的 Chance 计划,是由数个司法协助联合协会的成员组成的犯罪人扶助组织,专门照顾结束服刑出狱后无监护人的少年受刑人。Chance 计划的运行模式为志愿者在少年受刑人还在监狱时便开展接触,一直延续到出狱后的 6 个月。[43]

　　而针对少年受刑人学校教育缺失的一面,教育与职业进修措施在少年监狱受刑过程中就显得十分重要。德国各州根据不同的传统,提供给少年受刑人不同的教育措施,分为可以取得毕业证书的教育类别,如高中(Hauptschule)、职业学校(Realschule)、特殊学校(sonderschule)等,以及不颁发毕业证书的教育类型,如夜间辅导课程(Nachtthilfeunterricht)、认字班(Alphabetisierungskurs)、基础班(Elemen-

---

〔38〕　Werner, Jugendstrafvollzug in Deutschland-Eine rechtstatsächliche Betrachtung zum Jugendstrafvollzug an besonders jungen Gefangenen, Ausländern und Aussiedlern sowie weiblichen Inhaftierten, 2012, S. 36.

〔39〕　BVerfGE 116, 69 ff.

〔40〕　Baden-Württemberg 邦少年监狱行刑法(JStVollzG BW)第 60 条第 1 项。

〔41〕　Nordrehein-Westfalen 邦少年监狱行刑法(JStVollzG BW)第 112 条第 6 项。

〔42〕　Werner, Jugendstrafvollzug in Deutschland-Eine rechtstatsächliche Betrachtung zum Jugendstrafvollzug an besonders jungen Gefangenen, Ausländern und Aussiedlern sowie weiblichen Inhaftierten, 2012, S. 115.

〔43〕　Stelly/Thomas, Evaluation des Jugendstrafvollzugs in Baden-Württemberg- Bericht 2013/2014, Kriminologischer Dienst Baden-Württemberg, 2015, S.66.

tarkurs)等。[44] 而有关职业进修措施,如 Aldelsheim 少年监狱则涵盖了如木工、电工、汽车修理、园艺、油漆工等 18 个工种的职业训练措施,并为少年受刑人提供相应的资格考试。[45]

可以看出,一方面恢复性司法强调行为人的"责任",要求行为人为修复损害主动负起责任;另一方面,也强调司法处理过程中对未成年人的人文关怀,尽可能给予非刑罚化、非监禁化的处理,最大程度地实现对未成年人的教育和矫正,弱化未成年人的犯罪标签心理,帮助其顺利复归社会。要言之,恢复性司法在少年司法领域的推行主要在于两个方面:其一,希望通过被害人的参与,让未成年人真正面对自己的不法行为,负起责任;其二,主张通过"柔性""修复"的理念,来缓解重刑化的趋势。

2. 少年司法与恢复性司法的亲和性

联合国《2005 年世界青年报告》第 85 条指出:"在初期采取措施是防止未成年人犯罪的最好方式,防范再次犯罪的最佳方法则是通过恢复性司法予以实现的方式"。相比于成年人犯罪,未成年人犯罪更易与恢复性司法的理念与运作相连接。[46] 针对少年司法与恢复性司法的融合,[47] 有学者如美国学者戈登·巴泽莫(Gordon Bazemore)提出"恢复性少年司法"(Restorative Juvenile Justice)的表述。[48]

少年司法与恢复性司法此种亲附性关系,主要源于几个方面。

第一,相较于成人刑事司法程序,少年司法以教育、感化、挽救涉罪未成年人为目的,在程序上较有弹性,如审判不公开、附条件不起诉、犯罪记录封存等制度均给人以柔性的印象,这些特质与恢复性司法所强调的尊重当事人需求、修复损害、重视当事人沟通等特征更为相容,与成年人刑事司法程序的核心价值如报应论、罪责刑相适应、一般预防等有所差异。

第二,少年司法的重点在于"人"而不是"行为"或者"犯罪事实",而法官审理未成年人犯罪的目的,也并不是审理犯罪事实,而是在于潜藏在犯罪事实背后的行为

---

[44]　Werner, Jugendstrafvollzug in Deutschland-Eine rechtstatsächliche Betrachtung zum Jugendstrafvollzug an besonders jungen Gefangenen, Ausländern und Aussiedlern sowie weiblichen Inhaftierten, 2012, S. 119 - 120.

[45]　Stelly/Thomas, Evaluation des Jugendstrafvollzugs in Baden-Württemberg-Bericht 2013/2014, Kriminologischer Dienst Baden-Württemberg, 2015, S.53 - 55.

[46]　翁跃强、雷小政主编:《未成年人刑事司法程序研究》,中国检察出版社 2010 年版,第 66 页。

[47]　吴啟铮:《少年司法模式的第三条道路——恢复性少年司法在中国的兴起》,载《刑事法评论》2015 年第 1 期,第 542 页。

[48]　Gordon Bazemore, *Three Paradigms for Juvenile Justice*, In Burt Galaway and Joe Hudson (eds.), Restorative Justice: International Perspectives, Monsey, NY: Criminal Justice Press, 1996.

人的人格及环境问题,例如涉罪未成年人的身心状况、家庭背景、社会关系等,[49]继而也发展出许多针对未成年人犯罪的价值理念,如行为人的主体性、行为人的挽救可能性、社区矫正等等,这些价值理念为恢复性司法在少年司法领域的适用提供了更大的空间。

第三,未成年人在身体与心理上的发展,以及情感与教育上的需求都与成年人有所区别。这种差异构成了未成年人刑事责任能力较弱的基础,这也是少年司法要求对未成年人施以不同的处遇措施的理由。未成年人此种特殊性并非仅仅基于人道主义的慈悲而创建,其具有心理学与脑科学意义上的明确依据。一方面,心理学从心理角度出发,指出未成年人在认知能力上不及成年人,思想意识不稳定,容易冲动,行为往往具有盲目性、跟随性和突发性,易于被引诱犯罪。即使接近成年时在认知能力上与成年人相近,但由于其在社会心理上的发展较为缓慢,使得其判断能力有限并影响其作出意思决定的能力。[50]另一方面,脑科学从生理角度出发,指出由大脑边缘系的变化与前额叶皮质的发展状况来看,即便是接近成年的未成年人,其在较高层次的认知能力上也有所欠缺,而导致克制冲动的能力不足,抗压性较低,易于追求冒险刺激。[51]此外,未成年人各项生理机能正处于发育的阶段,并未如成年人般发育完全,生理的相对不成熟引起未成年人在辨别是非、控制行为等方面与成年人不能同日而语。这些特质导致大多数未成年人犯罪都为激情犯罪。可以看出,大多数少年犯罪案件产生的背景是因为涉罪少年处于青春发育期,精力旺盛,自我控制情绪的能力较弱。对外界反应敏感,具有较强的好奇心和模仿欲,易受外界坏环境的影响和刺激,如因愤恨、争执产生的聚众斗殴或者故意伤害罪,或因金钱的诱惑而导致的盗窃、抢劫行为。[52]正是因为这些生理和心理特质决定了涉罪未成年人主观恶性相比于成年人较小,犯罪动机简单,犯罪的个性心理并未定型,具有较强的可改造性,教育比单纯的刑罚效果更好。因此,针对未成年人犯罪,应当设立符合未成年人特点的刑事程序,避免过重的惩罚和报复色彩,以教育和改造为出发点,加强家庭、学校、社会的正确引导,促使他们更好地复归社会,避免再犯罪。

---

〔49〕 谢如媛:《少年修复式司法的批判性考察——从少年的最佳利益到利益横平?》,载《政大法学评论》第 152 期,第 171 页。

〔50〕 孙彩虹,张进德:《新编刑事诉讼法学》,知识产权出版社 2018 年版,第 435 页。

〔51〕 谢如媛:《少年修复式司法的批判性考察——从少年的最佳利益到利益横平?》,载《政大法学评论》第 152 期,第 153 页。此外,笔者所在 2018 年南京大学"附条件不起诉制度"课题组受省检察院委托对 J 省内四市八区检察院开展了调研。从笔者调研的数据来看,未成年人犯罪动机主要出于追求利益(60.9%)、心怀愤恨(12.2%)、追求刺激(8.9%)以及偶然争执(5.9%),涉及的罪名主要集中在盗窃罪(48.3%)、聚众斗殴罪(12.5%)、寻衅滋事罪(9.6%)、抢劫罪(7.7%)以及故意伤害罪(4.8%)。

〔52〕 孙彩虹,张进德:《新编刑事诉讼法学》,知识产权出版社 2018 年版,第 435 页。

　　第四，相较成年人刑事司法程序，被害人权利在少年司法程序中更为受限，在被害人权利运动高涨的当下，少年司法必然受到更多的挑战，此时恢复性司法则是少年司法最好的回应方式。恢复性司法提倡慎用监禁刑，可以缓解重刑化的趋势，实现未成年人的社会复归。慎用监禁刑是现代未成年人刑罚理念中的重要指导思想，避免监禁刑给未成年人带来的负面影响。一般而言，避免监禁刑的适用，一方面有利于避免未成年人之间的"交叉感染"、互相学习犯罪经验，降低再次犯罪的可能性；另一方面可以避免给未成年人贴上犯罪的标签。一旦被标签化，在心理上易给未成年人打上耻辱的烙印，损害其自尊心，增加未成年人的改造难度。根据标签理论，若被附加了这种身份贬低的社会角色，这些未成年人则会被视为被社会所摈弃者，未成年人的其他形象都会被犯罪人形象取代。这种负面评价几乎会终身伴随未成年人的成长及未来生活，这对于未成年人复归社会无疑是巨大的阻碍。

　　然而被害人运动的兴起，可能会带来监禁刑适用的增加。如日本《少年法》修改后，有不少法官在审判时听取被害人的意见，只要法官不予制止，被害人可以在法庭上强烈表达未成年人的行为会给自己带来的损害及痛苦。而作为故事聆听者的法官可能会出于强烈的同理心，而对未成年人做出监禁的判决。换言之，被害人权利的强调，会提高未成年人被监禁的可能性。此外，我国近日引起热烈讨论的刑法修正案对法定最低刑事责任年龄作个别下调的规定，更是意味着我国对未成年人犯罪有重刑化的趋势。在此背景下，恢复性司法拥护者认为，若采纳恢复损害、弥补关系的理念，提倡慈悲、宽容的价值取向，弱化惩罚的色彩，或许有助于重刑化趋势的缓和。

　　综上所述，少年司法与恢复性司法都强调社会福利面向，重视行为人的社会复归，强调行为人的家庭及社区的角色等，故而恢复性司法在少年法制中更受推崇。[53]

3. 恢复性少年司法的具体样态

　　从具体的制度形态来看，若将刑事和解、调解等制度视为一般性的恢复性司法的制度体现，诸如域外的家庭团体会议、青少年司法会议、同伴调解等都是专门用于少年司法中的制度样态。而我国目前的少年司法模式很难被称为一种独立的司法模式。[54] 这是由于我国少年司法仍然处于高速发展的阶段，在各个方面仍依附于成年人刑事司法程序。如我国并未制定专门的少年刑法，也没有专门处理未成人犯

---

〔53〕 Gordon Bazemore, *Three Paradigms for Juvenile Justice*, In Burt Galaway and Joe Hudson（eds.）, Restorative Justice: International Perspectives, Monsey, NY: Criminal Justice Press, 1996, p.60.

〔54〕 姚建龙:《长大成人:少年司法制度的建构》，中国人民公安大学出版社 2003 年版，第 312 页。

罪的程序法。虽然我国有《未成年人保护法》与《预防未成人犯罪法》,但这两部法律分别强调的是对未成年人群体的保护以及犯罪的预防,而不能被视为少年司法的专门法律。而 2012 年《刑事诉讼法》新增的"未成年人刑事案件诉讼程序"一章也并未形成体系化的处理未成年人犯罪的特定程序,其大多数情况下仍然适用的是一般性的《刑事诉讼法》。运用治理成年人犯罪的一般性《刑事诉讼法》来处理未成年人犯罪,其实是以对成年人的态度来看待未成年人犯罪问题,忽略了未成年人的特殊性质。

但是恢复性司法理念在我国处理未成年人犯罪案件中有所体现,例如在侦查、审查起诉阶段的警察/检察转处(指分别由公安机关、检察机关将案件委托给其他专门调解结构进行调解,再依据调解结果作出是否起诉的决定),又或者警察/检察调解(指对于某些轻微刑事案件,由公安机关/检察机关担任调解人员对未成年人与被害人进行调解,再依据调解结果作出是否立案或是否起诉的决定);执行阶段的社区矫正制度;以及地方司法改革尝试的模式,如自行和解模式(未成年人与被害人及家庭双方直接和解),人民调解模式(指对发生在社区内的案件,运用人民调解制度在未成年人与被害人之间进行调解),学校调解模式(指对发生在校内的案件,由学校出面进行调解)等等都是恢复性司法在少年司法中的具体样态。其中附条件不起诉制度是我国对未成年人犯罪的恢复性司法理念的典型体现。附条件不起诉制度的恢复性司法理念体现在:其一,要求涉罪未成年人承担责任,如向被害人赔礼道歉、赔偿其损失并履行一定的公益服务;其二,通过不起诉决定让未成年人免于被刑事追诉,避免被标签化,扫清其复归社会的障碍,实现使其承担责任与复归社会的双重目的。[55]

三、恢复性少年司法与未成年人利益最大化原则的背离

从具体样态分析可以看出,恢复性少年司法的理念主要通过"和解(与被害人和解)——矫正(承担责任)——福利保障(基本生活、受教育的机会)"的方式达成。[56]具体而言,则是通过与被害人的对话,让被害人的受害意见得到充分表达,促使未成年人准确认识到自己的犯罪行为所造成的损害后果,继而主动承担起矫正责任,恢复被破坏的社会关系,最后实现善良人性的回归,顺利完成社会复归。然而,依照国际社会的发展,追求未成年人利益最大化仍为少年司法的最重要考量因素。如《儿

〔55〕 刘学敏:《检察机关附条件不起诉裁量权运用之探讨》,载《中国法学》2014 年第 6 期,第207 页。

〔56〕 吴啟铮:《少年司法模式的第三条道路——恢复性少年司法在中国的兴起》,载《刑事法评论》2015 年第 1 期,第 543 页。

童权利公约》第 3 条规定："关于儿童的一切行动,不论是由公私社会福利机构、法院、行政当局或立法机构执行,均应以儿童的最大利益为一种首要考虑。"但是例如上文所提到的恢复性少年司法主张通过恢复性司法的思想及配套的措施,来均衡地满足加害人、被害人以及社区的需求。令人疑虑的是,以追求未成年人利益最大化的少年司法制度,被要求和其他利益相均衡,这是否意味着未成年人利益不再被优先考量? 或者这几方利益确实具有相容性?

1. 被害人的意见表达:对于损害的认识与社会复归

恢复性司法要求未成年人必须认识到自己的错误,能够发自内心地向受害人道歉,并且担负起修复损害的责任,并强调此点对未成年人改过向善的重要性。从该理念出发,主张恢复性司法的学者认为未成年人的利益与受害人的利益是相容的,通过促进未成年人的真诚悔罪,进而担负起责任,可以使加害人、被害人以及社区三方都取得较为满意的结果。然而,此种效果是否真的会实现?

随着修复正义学的兴起,被害人的主体地位在刑事诉讼程序中逐渐得到重视,检察机关协助加害人与被害人和解的功能也日益增强。被害人有权在检察官做出决定以前,进行口头或书面的被害影响陈述。如《刑诉法》第 282 条规定,人民检察院在作出附条件不起诉决定以前,应当听取被害人的意见。虽然说《刑诉法》并未就"听取被害人意见"做进一步解释,听取意见究竟是告知、征求意见,还是必须征得被害人的同意? 但是不可否认的是少年司法已明确要求将被害人的意见表达纳入考量范畴。

主张将被害人的利益纳入少年司法的正当化理由,主要集中在:

其一,强调被害人利益有利于完善一味偏袒未成年人利益的少年司法情况。作为不法行为的直接利益相关者,被害人有强烈的表达诉求的愿望。以往的少年司法为了保护涉罪未成年人而限制被害人参与司法过程,相比普通刑事司法程序,被害人在少年司法程序中的处境更不不利,而恢复性司法对被害人角色的重视,能够矫正少年司法偏重少年利益的情况。赋予被害人表达意见及程序参与的渠道,有利于疏导被害人的消极负面情绪,减少后期申诉的概率。其二,通过恢复性价值观的渗透,有助于避免少年司法朝重刑化发展,体现少年司法宽容的一面。其三,因为涉罪未成年人欠缺人生经验,往往无法实际理解其行为所造成的后果,更不能体会被害人的痛苦,因而不能对自己的行为进行真正的反思。通过与被害人的对话,让未成年人了解被害人的处境及感受,认识自己行为对被害人及其家人所造成的伤害,并因此自然产生弥补伤害的责任感,有利于未成年人对自身行为的反省及社会复归。

然而,上述美好愿景均能实现吗? 此种以被害人为中心的恢复性少年司法,是否符合未成年人利益最大化原则? 以下从两个方面来进行回答:

第一,有关当事人参与恢复性司法的原因,研究显示被害人参与的动力在于获得赔偿,希望行为人负起责任、赔礼道歉、接受处罚等。在恢复性程序运作中,被害人的态度也不尽相同。虽说有些被害人通过对未成年人的进一步了解，可能引发同情心理，进而主动原谅未成年人，并支持对其的改造。但在实际生活中，也不乏有些被害人充满报复心理，所要求的就是赔偿及严惩未成年人，甚至被害人因为负面情绪的影响乃至复仇思想的萌发而"漫天要价"的情况也是客观存在的。在利益的驱动下，一旦其不合理的诉求得不到满足时，被害人一般不会同意司法机关对未成年人作出的"柔性"处理。[57] 此时若仍将被害人的需求作为决定未成年人之处遇的考量因素，则可能会导致做出不符合未成年人利益最大化原则的处遇决定。

第二，被害人的意见表达是让被害人与检察官、法官、涉罪未成年人进行直接接触的一种方式，可以更加直观地了解到涉罪未成年人的行为造成的损害。这种被害陈述不限于身体上、心理上或者财产方面遭受损害的程度，有时也包括被害人对涉罪未成年人个人特质的看法，甚至对涉罪未成年人处置的意见。然而，该种做法却背离了未成年人利益最大化的原则。少年司法本应当强调的是以科学的精神由专业人士对涉罪未成年人作个别化的处遇，寻求实现对涉罪未成年人复归社会最有帮助的效果。而由被害人对此进行意见表达并不合理，因为他们可能只对涉罪未成年人有短暂的接触，对涉罪未成年人的整体情况并不了解，更无法期待他们能够站在未成年人利益最大化原则的角度进行意见表达。因而，被害人在少年司法领域的介入，必然会冲击未成年人利益最大化的原则，进而影响少年司法的实践效果。

2. 道歉真的有用吗？ 懊悔之情的作用

强调犯罪对被害人的伤害，并重视如何修复被害的恢复性司法，是否能够实现帮助涉罪未成年人复归社会的目的，是本文进一步要讨论的议题。恢复性司法强调未成年人对被害人的道歉，理由在于对于损害的正确认识有助于未成年人的改造。然而，事实果真如此吗？

第一，许多涉罪未成年人在成长过程中遭受到来自社会各方面的非难甚至恶意，自尊心强，难以承认自己的过错。强制涉罪未成年人去理解被害人的痛苦，对其是否一定有所帮助呢？ 例如，采用认知行动疗法的处遇方案，让涉罪未成年人体验被害人的心情，进而理解自己行为带来的严重后果，继而矫正自己的行动。然而实证研究的成果表明，此种方式可能会带来未成年人再次犯罪之风险的提高。[58] 其原因可能是涉罪未成年人由于认识到自己的不法行为的恶劣性以及可遭责性，使其自尊心备受打击，造成心理上的沉重负担，反而增加了其恢复正常社会交往的困难

---

〔57〕 董林涛：《我国附条件不起诉制度若干问题的反思与完善》，载《暨南学报》2015 年第 1 期，第 50 页。

〔58〕 Mark W. Lipsey, Nana A. Landenberger, Sandra J. Wilson, *Effects of Cognitive-behavioral Programs for Criminal Offenders*, 2007(6) Campbell Systematic 20，22，available at https://www.campbellcollaboration.org/media/k2/attachments/ 1028_R.pdf.

性,更是增添了复归社会的难度。[59]

第二,恢复性司法也强调行为人道歉必须是发自内心的真诚道歉。而真诚道歉是在悔悟之情引导下的一个自然产物,而不是因为被强迫进行道歉而产生的真诚悔悟之情,此种做法会本末倒置。然而,恢复性司法却容易忽略一点,那就是未成年人向被害人道歉或进行赔偿的难度甚于成年人。这主要因为未成年人在心理上并未成熟,通过语言或态度表达出"真诚地道歉"对未成年人,尤其是对由于欠缺人际交往能力的未成年人来说,更为困难。"道歉是否真诚"的认定也具有一定的主观色彩,如会受被害人一方的意见所影响。

第三,被害人地位在少年司法中的提升,是否会让司法机关在处理未成年人犯罪时,更加关注未成年人对被害人的态度,如对被害人的处境有无同理心等方面,并以此判断未成年人接受刑事处罚的必要性。如美国少年司法程序增加被害人意见陈述机制,鼓励在法庭上被害人当面陈述其所受之伤害,而未成年人在听取此番陈述时所呈现的状态及反应,对法官作出未成年人处遇措施的决定有较大影响。据学者的研究表明,若未成年人在法庭上表现出强烈的同理心以及自责、悔罪之情,法官倾向于认为其具有更好的自我更生的能力,更易于作出较为缓和的处遇措施。[60]然而法官所重视的自责、悔罪之情是否是一种在犯罪后即刻产生的情绪表达,若在法庭上没有展现出悔罪之情,是否随着未成年人心理年龄的成熟而逐渐产生? 有学者研究已经做出了回答:自责、悔罪之情并不是产生于某一个瞬间,而是需要经过努力逐步随着时间的流逝而产生的。[61]此见解对于未成年人犯罪而言格外重要,因为未成年人在犯罪后不久的时间内往往处于焦虑震惊的状态,并不能达到反思自己行为所需的平静心态,继而不能外化为悔罪之情。

第四,要求犯罪人在事后立刻感到自责懊悔确属强人所难。从心理学上来说,自责懊悔是一种强烈的痛苦,使人不断受到良心的拷问,而人类天生具有的趋利避害的本质则会极力规避此种痛苦,故启动心理防卫机制避免犯罪人掉入此类挣扎之中。虽然此过程似乎让犯罪人看上去无动于衷、毫无悔罪之情,但是不可否认此局面仅仅只是一个正常人内心挣扎、努力规避无法承受之事实的结果。由于未成年人

---

〔59〕　浜井浩一『実証的刑事政策論——真に有効な犯罪対策へ』岩波書店 399 頁（2011 年 5月）。转引自谢如媛:《少年修复式司法的批判性考察——从少年的最佳利益到利益横平?》,载《政大法学评论》第 152 期,第 155 页。

〔60〕　Kristin N. Henning, *What's Wrong with Victim's Rights in Juvenile Court: Retributive versus Rehabilitative Systems of Justice*, California Law Review, Vol. 97, No. 4 (August 2009), p.1148.

〔61〕　Martha Grace Duncan, *"So Young and So Untender": Remorseless Children and the Expectations of the Law*, Columbia Law Review, Vol. 102, No. 6(2002).pp.1491‐1493.

更容易否认自己的行为,在少年司法中更应当正确看待未成年人的悔悟之情,不能因为未成年人的表现不符合预期,就变相地给予较为严厉的处置,而忽视未成年人的个别需求以及改造的必要性。

言而总之,未成年人主动认错、赔礼道歉有助于其改过向善的说法是建立在相关程序推进的目的、时间的合理性,对未成年人的心理状态充分评估,以及与未成年人充分对话的基础之上。若司法官作出的处遇决定仅仅依据未成年人在过程中的外在悔罪表现,而缺少对未成年人心理的疏导,则会引起上文所提之质疑。

3. 少年责任的强调

支持恢复性司法的理由,有一个说法是"让加害人为自己的行为负起责任"。而在少年司法领域,对该说法的延伸则是"让父母为自己的孩子负起责任"。在严惩未成年人犯罪的呼声中,有一种声音是:"若未成年人能够犯下如同成年人一般的残酷罪行,那么他们就应当能够承担起与成年人一般的责任,受到同样的处罚。"该种说法的弊端在于一方面欠缺对少年责任概念的理解;另一方面则是由于过分信仰刑罚的威力所致。

从比较法的观点来看,对于少年责任的内涵有着不同的理解。如美国法中起初将未成年人定位为与成年人截然有异的无责任的、需要保护的对象,强调责任之"质"的区别,到20世纪70年代逐渐变更为将未成年人定位为与成年人有一定区别的特殊群体,强调责任之"量"的区别。该种主张的出发点各有不同,有从社会防卫的角度出发,认为未成年人能够造成与成年人犯罪同样的伤害,继而带来相同程度的社会防卫的需求;有的则认为少年的责任同样应当以非难可能性为基础,理应与成年人犯罪只有"量"上的区别。[62]相较于美国,日本学界则更多认为应当将少年责任建立在"需保护性"的基础之上,并发展出有无再次犯罪之"再犯可能性"与是否能通过教育来挽救的"矫正可能性"两方面的分支,并以此进行少年责任的研究。[63]

无论从哪个角度进行少年责任的研究,在少年司法中若一味强调少年责任,则会与少年司法之基本原则"未成年人利益最大化"相抵触。

第一,少年司法应当以未成年人健康成长为目的,重视的不应当是未成年人实施的行为以及该行为对应的处罚,而应当是未成年人本身,以及如何通过处遇来改

---

〔62〕　即使持相同观点,认为应以非难可能性为少年责任基础的,内部也有不同见解。如有学者认为应对未成年人犯罪类型化,对不同类型的犯罪应当做出不同的处遇,而非个案考虑。

〔63〕　澤登俊雄「保護処分と責任の要件」平場安治(編著)『団藤重光博士古稀祝賀論文集第3巻』有斐閣167頁(1984年10月)。转引自谢如媛:《少年修复式司法的批判性考察——从少年的最佳利益到利益横平?》,载《政大法学评论》第152期,第162页。

善其面临的困境，进而预防未成年人的再次犯罪。[64] 亦即少年司法制度贯彻的是行为人主义，而非行为主义。故，即便要在少年司法领域谈论未成年人犯罪的责任问题，讨论的重点也须与成年人之犯罪行为及刑事责任有所区别。

第二，在少年司法领域过于强调少年责任，而非少年的需求，意味着从司法福利模式到刑事处罚模式的转变。司法福利模式认为犯罪问题不仅是行为人个人的问题，更是社会问题，主张进行宏观的政策改革来消除弱势者在社会上的困境。也就是说，在司法福利模式之下，解决犯罪问题必须通过个人处遇与政策改革同时落实，来满足行为人在心理方面与社会上的需求，达到预防其再犯并顺利复归社会的目的。[65] 司法福利模式与一般行政福利区别在于前者有司法的权威作保障，而较一般刑事政策而言，司法福利模式更重视未成年人的福利教育，而非社会防卫。在司法福利模式框架下，少年司法制度一方面要在法律规范层面解决未成年人犯罪的问题，另一方面也要通过个案的处理实质地完善相关的社会问题。[66] 该要求落实在实践层面，要求司法机关不能把犯罪的原因仅仅归咎于行为人本身，而应从其所处的社会环境来寻找引起行为人犯罪的本质原因，发现行为人面临的困难，为其提供必要的帮助，以改善其生活及社会交往的基础。刑事处罚模式则强调对行为人的管理与其应付的责任，尤其是责任的着重也是刑罚观发展的趋势所向。新的刑罚趋势注重以风险为基础，强调借助科学技术进行风险计算来避免可能引起犯罪的行为及环境，认为刑罚的重点应在管理行为人再犯的潜在危险因素，要求行为人承担责任，改善自己在心理、信仰以及行为举止方面的不足之处，以此降低再犯的可能性。随着该理念在少年司法领域的渗透，未成年人犯罪容易建构在行为人个人的道德认知、行为举止以及亲友关系的缺陷之上，而忽略引发行为人犯罪的社会环境面向。

第三，个人责任化的强调与恢复性司法的理念具有内在一致性。恢复性司法通常依赖在一个简化的"加害人—被害人"框架内，用二元对立的方式生硬地将加害方与受害方进行划分，而忽略角色区分的复杂性。事实上许多涉罪未成年人本身也是其他恶意甚至犯罪行为的受害者，其加害人的角色与受害人的角色通常紧密连接而难以区分。当一个案件中的涉罪未成年人长期受到家庭、学校、社会不公正的待遇，

---

〔64〕 谢如媛：《少年修复式司法的批判性考察——从少年的最佳利益到利益横平?》，载台湾《政大法学评论》第 152 期，第 162 页。

〔65〕 Patricia Gray, *The Politics of Risk and Young Offenders' Experiences of Social Exclusion and Restorative Justice*, British Journal of Criminology, Vol.45, No.6, (November 2005). pp.938 - 940.

〔66〕 谢如媛：《少年修复式司法的批判性考察——从少年的最佳利益到利益横平?》，载台湾《政大法学评论》第 152 期，第 163 页。

而要求其在恢复性司法程序中,主动承担"加害人"的身份负起责任,是否真的公平?[67] 尤其是在重大复杂案件中,恢复程序运行若忽略这种复杂的背景,仅仅将涉罪未成年人视为恢复损害的工具,结果可能就会与预期适得其反。即便被害人能够得到一些物质上的弥补,该效果与恢复性司法的核心价值(行为人的真诚悔过)相去甚远。因为核心价值的实现前提在于行为人能够正确地认识自己的不法行为,且主动进行道德情感上的自我反省。然而此种前提意味着未成年人已被视为或要求为一个完整的独立主体,此要求与上文所述之未成年人未成熟的身心状况并不契合。故对未成年人犯罪案件的处理应当注重教育功能,在给予帮助的过程中逐步实现上述目标。

第四,恢复性司法倡导者主张涉罪未成年人应当承担相应的责任,向被害人道歉并负起恢复(赔偿损失)的义务,却忽略了未成年人由于没有收入,无法单独进行经济赔偿。为了恢复损害,往往被害人都要求金钱赔偿,此时涉罪未成年人只有得到父母或者监护人的帮助才能够完成对损害的恢复。而父母的角色在以往的研究中通常被淡化,认为父母总能在精神上或物质上支持未成年人。但是此观点忽略了实践中易出现的两大情形。其一,当家庭经济困难时,父母无能力或意愿协助未成年人时,未成年人自己便无法进行金钱赔偿、恢复损害。其二,即便家庭状况良好,但由于涉罪未成年人的父母也会面临被谴责等羞愧心情,认为自己教育失败,责备其子女,以至于对涉罪子女撒手不管,故父母也并不是时时都能发挥支持者的作用,[68]继而影响涉罪未成年人是否主动承担责任的认定。

一言蔽之,从上文分析可以看出恢复性少年司法在多重维度都对未成年人利益最大化原则有一定的冲击。

四、以未成年人利益最大化原则为核心的恢复性少年司法之构建

无论是国际法上有关少年法制的原则,又或者我国已签署的《儿童权利公约》,均强调未成年人犯罪案件的处理应当以未成年人的利益最大化为优先考量。然而由于未成年人犯罪往往牵涉多方利益的冲突,将未成年人利益置于首要位置,则会不可避免地面临来自如受害方的质疑。此问题的产生,则回到本文最开始的问题:恢复性少年司法有没有在促进未成年人复归社会的同时,又能满足被害人的合理需

---

〔67〕　Grace Duncan, *"So Young and So Untender": Remorseless Children and the Expectations of the Law*, Columbia Law Review, Vol. 102, No. 6(2002).pp.1493 – 1500.

〔68〕　Jeremy Prichard, *Parent-Child Dynamics in Community Conferences—Some Questions for Reintegrative Shaming*, *Practice and Restorative Justice*, Australian and New Zealand Journal of Criminology, Vol.35, No. 3, (December 2002) pp. 330 – 346.

求？达到此种目的，又需要什么样的条件？

在进一步探讨之前，应当明确的是，少年司法的核心价值是保障未成年人的健康成长，并提供相应资源来改善环境。即便有其他因素步入少年司法领域，也应当在此框架之下进行探讨。故恢复性少年司法仍以未成年人为中心，而不是以被害人为中心。

1. 尊重涉罪未成年人的个人特质

以未成年人为中心的少年司法，应当尊重未成年人的个人特质，区别未成年人与成年人犯罪原因的本质差异。对成年人犯罪科以刑罚，现代刑罚理论是以其自由意志为基础的，强调的是成年人自身因素的影响。而未成年人犯罪原因则较为复杂，家庭、学校、社会对其都有一定的影响。对于这些未成年人来说，恢复有爱的家庭关系，解决身体健康问题，确保其接受正当的课业或者职业教育，对其社会复归有重要的作用。具体而言，应当关注以下几个方面：

(1) 兼顾加害者与被害者双重属性

联合国的调查发现，绝大多数涉罪未成年人都是社会上的弱势群体，拥有的社会资源匮乏，基本的生活物资短缺，且往往是暴力行为的受害者。他们尤其需要帮助与保护，以帮助他们恢复正常的生活秩序。[69]针对涉罪未成年人，尤其是当其也是其他不法行为的受害者时，为有效防止再犯的发生，应当处理好未成年人的被害经历，也就是要帮助未成年人真正去面对自己的被害经历，达到符合理智的认知。这是因为未成年人对自身情感、情绪的否认，通常会引起认知偏差，继而诱发犯罪行为的发生。处理被害经历会触碰到未成年人的痛苦回忆，触发其心理防卫机制的运行，故而会有一定的难度，应当交予专业心理医生进行辅导，流于形式的对话无法达到预期目的。例如美国则设立专门的 VOAR(Victim Offender Awareness Restitution)心理咨询课程，要求优先处理未成年人本身曾经受到的伤害，并尝试理解其感受。通过对过往伤害的疗愈，才能真正让涉罪未成年人感知其犯罪行为造成的损害，进而才有产生悔悟之情的可能。

恢复性司法理念的潜在假设是：只要未成年人在犯罪后主动理解其行为造成的损害，并承担责任进行修复，恢复被其破坏的社会关系，则未成年人的社会复归就会实现。而针对该种加害者与受害者身份的复杂性，恢复性司法应当如何处理未成年人犯罪的本质原因？

首先，"恢复损害"其实就是要求未成年人"承担责任"。恢复性司法理念中对责任的强调，使得未成年人更容易被视为可独立做出理性决定的个人，并且将解决犯

〔69〕 The United Nations, Juvenile Delinquency, World Youth Report 2003, 195 (2003), available at http://www.un.org/esa/socdev/unyin/documents/worldyouthre port.pdf (last visited: 2020.09.09).

罪的关键强加给未成年人自己,要求他们改善其生活习惯及行为,继而忽略少年福利的面向。为避免此现象的发生,国家及司法人员应当避免过分强调未成年人的个人负面个性特点,如游手好闲、顽固不化等,应当寻找适当的方式对其加以教育,提供必要的协助。

其次,未成年人的责任应当区别于成年犯罪的责任概念,在追究未成年人责任时应当着重探求未成年人的成长经历,以及可能引发其犯罪的各项社会原因,也就是说在对未成年人追究责任的同时,仍要将教育及矫正的目的置于其中,而不能将"教育矫正"与"责任追究"对立起来。若不重视未成人的特殊性,则少年司法独立于成年人刑事司法制度的根基也将不复存在。

(2)对犯罪进行分类

恢复性司法除强调程序和处遇的平和外,更应当关注通过恢复性措施是否可以达到降低犯罪人的再犯率。[70] 然而截至目前,对此问题的研究仍然极少。从仅有的研究入手,却发现不同学者的研究报告大相径庭。如茵布利特、科斯特斯、纽根特以及麦加里尔等人认为通过恢复性司法处遇的涉罪未成年人的再犯率,明显低于其他正式程序处置的未成年人。[71] 而麦考尔德研究表明,通过被害人与加害人协商对话柔性处置的未成年人的再犯率,与一般传统司法相差无几,认为恢复性司法的成效不如预期之乐观。[72] 对于学者结论的偏差,在 2003 年谢尔曼与斯特昂在澳大利亚进行的"重返社会的羞辱试验"通过对醉驾、财产型犯罪、顺手牵羊的偷盗行为、暴力型犯罪等不同未成年人涉罪行为进行分类,发现加害人与被害人的对话对于降低未成年人暴力型犯罪的再犯率有较为明显的作用,而对顺手牵羊型的偷盗行为与财产型犯罪并不能发挥预期效果。[73] 故对于被害人在恢复性司法中的参与程度,应

---

〔70〕 邓煌发:《二十一世纪刑事司法制度的新希望——论修复司法之内涵与困境》,载台湾《中央警察大学犯罪防控学报》2011 年 9 月,第 13 期,第 131—132 页。

〔71〕 Umbreit, M.S. &Coaste, R.B.(1993), *Cross-Site Analysis of Victim-Offender Mediation in Four States*, Crime & Delinquency, 39:565 - 585;Nugent, W.R., Umbreit, M.S., Wiinamaki, L. & Paddock, J. (1999), *Participation in Victim-Offender Mediation and Severity of Subsequent Delinquent Behavior: Successful Replications?* Journal of Research in Social Work Practice, 11:5 - 23;McGarrell, E.F., Olivares, K., Crawford, K. & Kroovand, N.(2000), *Returning Justice to the Community: The Indianapolis Juvenile Restorative Justice Experiment*, IN: Hudson Institute.

〔72〕 McCold, P.(2003), *A Survey of Assessment Research on Mediation and Conferencing*, in Walgrave, L.(ed.), Repositioning Restorative Justice, OR: Willan.

〔73〕 Sherman, L. & Strang, H.(2003), *Captains of Restorative Justice: Experience, Legitimacy and Recidivism by Type of Offence*, in Weitekamp, E.G.M. & Kerner, H.(eds.), Restorative Justice in Context: International Practice and Directions, OR: Willan.

当视未成年人涉罪行为的不同而类型化。

　　一般而言，未成年人犯罪通常可以分为三大类。第一类是轻微的财产型犯罪行为，如顺手牵羊的偷盗行为，这在未成年人犯罪中占了多数。这类未成年人往往法律意识薄弱，认为自己的行为并无不妥，被逮到则进行赔偿就是，此类案件中被害人以及未成年人家长也多是类似的想法，此时让被害人参与进恢复性司法程序的需求较低，若未成年人能够积极赔偿被害人损失，则被害人的意见表达权利可以加以限制，避免被害人的"报仇心理"影响对未成年人的处遇决定。第二类是暴力型犯罪，如故意伤害、抢劫等集体犯罪，这类犯罪的主体主要是成长环境恶劣且人际交往不佳的未成年人。这类未成年人通常有较强的自卑感与被害意识，在成长过程中也有过被害经历，对未来没有规划。对于这类未成年人的处遇，则应当着重建立其自信，协助他们肯定自我，只有对自己有准确的认识后，才能期待他们对自己的行为进行反思。[74] 第三类则是寻找刺激类。这类犯罪中不乏出现以"好学生"著称的个体。这类未成年人可能承受压力过大，且因为被过度保护，容易将犯罪责任转嫁他人，自尊心极强，内心格外的脆弱。针对这类未成年人来说，以与被害人接触交流进行修复的处遇，协助其自我性格的完善，使其早日回归学校，应当是较为理想的方法。以此分类为基础，在适当的时机引入被害人的意见表达应较为妥当。

　　（3）从复归社会走向复归善良人性

　　从社会学角度来说，复归社会是指"人与自己的过去彻底决裂，并将截然不同的规范准则、价值标准、认知态度等重新内化的过程"。[75] 涉罪未成年人接受社区矫治就是再社会化的过程，是借助社区成员的帮助，促使涉罪未成年人对自己的行为进行反思，促使其认识不法行为所产生的社会危害性，改变涉罪未成年人的处事方式乃至人生价值观，从而达到复归社会的目的。让涉罪未成年人复归社会，不仅是少年司法的目的，也是恢复性司法的目的之一。社会复归指的是个人在心理上和身体上重新融入其所处的社会环境，包括应当保障个人免遭社会之排挤，拥有参与社会文化生活的合适渠道。暂且不论未成年人于恢复性司法程序的参与，是否会对其复归社会有实质性的帮助，复归社会这个原始目的是否合理也值得进一步探讨。

　　复归社会强调的是行为人应主动适应社会，而忽略行为人身处一个什么样的社会，更不问复归此社会是否会让行为人的人性更加扭曲。例如《人权防卫论》则强调应恢复行为人人性的善良，使其重获人的尊严和价值。而再次犯罪的避免，则是恢

---

　　〔74〕　加藤幸雄「被害者感情と非行臨床」，日本福祉大学社会福祉論集 106 号 10 頁（2002 年 2 月）。转引自谢如媛：《少年修复式司法的批判性考察——从少年的最佳利益到利益横平？》，载《政大法学评论》第 152 期，第 171 页。

　　〔75〕　苗伟明：《再社会化与罪犯改造——再社会化在犯罪改造活动中的特殊性及其表现》，载《青少年犯罪问题》，2003 年第 5 期，第 66 页。

复善良人性的行为人之必然结果,并非刻意追求的目的。

2. 尊重各权利主体的独立性

对未成年人犯罪的不同处遇方式,加大了司法机关的集权程度,同时也增加了权力滥用的风险。[76] 为规避风险,应当对司法机构的自由裁量权进行法律规制。如前文所述,我国附条件不起诉制度是恢复性少年司法的最典型样态,故这里将附条件不起诉制度中检察机关的权力规范作为分析样本。

第一,既要排除涉罪未成年人出于风险规避,而被迫同意对其不利处遇决定的情况,也要对被害人进行心理疏导,平复被害人的不满情绪,减缓被害人的报复心理。例如,为了规避涉罪未成年人被迫同意适用附条件不起诉的可能性,应当赋予涉罪未成年人一定期限内的反悔权,如在检察机关作出附条件不起诉决定的 6 个月内,允许涉罪未成年人撤回当初同意适用附条件不起诉的认可。涉罪未成年人,尤其是首次涉嫌犯罪的未成年人,在检察机关的控制之下,很有可能基于紧张的情绪,作出不理智的决定。在这种情况下,给予他们 6 个月的冷静期,可以让他们平复心情,合理判断该决定对他们后续生活学习的影响。若认为该项决定带来的不利影响超过了他们的预期,会给自己贴上负面的社会标签,应当允许他们撤回适用附条件不起诉制度的认可。向检察机关申请撤回后,检察机关应当同意申请,并将案件重新纳入正常的诉讼程序,若仍然认为构成犯罪,可向法院提起公诉。否则,应当直接作出不起诉的决定。

第二,为了避免被害人的"意见表达"影响未成年人的处遇决定,应当保障各权力机关有做出相关处遇决定的独立主体地位。办案主体的独立性一方面意味着要保障司法机关的自由裁量权不受其他因素的干扰,如被害人方面的影响;另一方面,鉴于未成年人案件办理的复杂性,需要消除检察官对案件数量绩效考评的顾虑。具体来说:

首先,虽然《刑诉法》要求检察机关在作出处遇决定前听取被害人的意见,但是应当坚持法律赋予其的自由裁量权不能受被害人意见左右,即检察机关是否作出处遇决定不取决于被害人的同意与否。例如,要明确我国《刑诉法》并没有将和解作为附条件不起诉的前提条件,检察机关承担的是国家的追诉犯罪职能,是根据维护公共利益和法秩序为权衡因素而决定是否启动追诉权,并不是为被害人表达诉求而设立的机构。检察机关合理适用裁量权不应当受到被害人意见的约束,避免成为满足被害人报复心理的工具。因此,检察机关在作出处遇决定之前,无论是从维护公共利益的一般预防角度,还是从实现对涉罪未成年人特殊预防的角度,都不应当以被害人同意为前置条件。但是,被害人意见也不能被完全置于可有可无的地位。检察

---

〔76〕　谢登科:《集权与制衡:论附条件不起诉中的权力配置》,载《中南大学学报(社会科学版)》2016 年第 1 期,第 83 页。

机关也要尽力顾及被害人合法诉讼权利的保障,通过释法说理,被害人情绪得到合理疏导后,才能减少申诉或信访的发生。对于争议较大的案件可以举行听证,充分听取各方意见。如果可能激化或加深矛盾时,应当慎重作出决定,以免造成对未成年人的过度单向保护。[77]

其次,应当明确未成年人对处遇决定异议权的法律地位。如我国《刑诉法》赋予了涉罪未成年人对附条件不起诉制度适用的异议权,但是应当明确的是涉罪未成年人并没有被赋予与检察机关对等协商的权利。在符合法律要件的范围内,检察机关拥有对涉罪未成年人是否适用附条件不起诉制度的决定权。刑事诉讼法赋予涉罪未成年人及其法定代理人的异议权,是基于保障涉罪未成年人程序选择权的考量,体现了该制度的程序正当性。涉罪未成年人及其法定代理人拥有对检察机关作出附条件不起诉决定的异议权,但是该异议权并不意味着其对检察机关的法定裁量权拥有讨价还价的地位。

再次,较之于一般成年人案件的办理程序,附条件不起诉案件需要检察官投入更多的时间和精力,对涉罪未成年人多个方面进行考量。在该种局面下,保障专门办理未成年人案件的检察官对附条件不起诉制度的运用至关重要。由于未成年人案件与成人案件办理所需投入时间的差别,对检察官的绩效考评不应当单纯以工作量为基础,应当明确办理未成年人案件与成人案件的折算标准,消除检察官对绩效考评的顾虑,以保证未成年人犯罪案件的办理质量。

3. 保护处分制度的构建

保护处分制度强调对涉罪未成年人采用保护主义优先的替代刑罚措施,其更强调教育,关注的是如何矫正实施违法行为的未成年人,而不是其所实施的违法行为,主张"对人不对事"的司法处置理念。[78]

在施行保护处分制度的国家,对于该制度适用的对象和具体措施有一定的差异。如德国将其限制在触犯刑法的未成年人,而美国则将不构成刑事犯罪的未成年人的罪错行为也纳入管辖范围,日本的适用对象是"非行少年",如触犯刑法的犯罪行为、不满 14 周岁但触犯刑法的行为以及虞犯行为。[79]从保障未成年人的健康成长来看,美国和日本的适用对象更具有借鉴意义。除了犯罪行为,将有必要进行司法干预的未成年人一般违法行为甚至越轨行为都纳入保护处分制度可适用的对象范围,有利于在最初始的阶段将未成年人拉回正轨,防患于未然。

---

〔77〕　苗生明,叶文胜:《附条件不起诉的理论与实践》,法律出版社.2015 年版,第 118 页。

〔78〕　姚建龙:《犯罪后的第三种法律后果:保护处分》,载《法学论坛》2006 年第 1 期,第 32—33 页。

〔79〕　姚建龙、孙鉴:《触法行为干预与二元结构少年司法制度之设计》,载《浙江社会科学》2017 年第 4 期,第 46—47 页。

　　就具体措施而言,日本法保护处分的具体方式包括保护观察、移送"儿童自立支援设施"或"儿童养护设施"以及移送少年院三种方式。[80] 保护观察是日本适用最为广泛的保护措施,是指由观察官和保护司在一定期限内,对未成年人实施监督并进行援助,要求其遵守相关规定。移送至"儿童自立支援设施"主要是针对实施不良行为的未成年人,由于家庭环境不能满足对其进行教育的目的,故根据个案需求,将未成年人转送至专门场所进行援助。[81] 而送至"儿童养护设施"的保护措施主要针对的是无保护人的未成年人,以及被虐待的未成年人,对其进行养护以及教育以实现健康成长的目的。而移送少年院则是最为严厉的一种保护处分。又如,我国台湾地区的保护处分措施分为训诫、训诫并附加生活辅导、保护管束、安置辅导、感化教育等。其中保护管束与日本法中的保护观察相类似,由少年保护官负责少年履行一定的义务,如完成一定时间的社区劳动,在实践中适用频率最高。而感化教育是最为严厉的处遇措施,是将未成年人移送至专门的场所进行教育并矫正。[82]

　　可以看出,保护处分制度的构建与发展是符合未成年人利益优先的司法理念,由司法机构采用非刑罚措施,有利于促使未成年人迷途知返,重新步入正途。而我国具有"保护处分"色彩的制度主要为收容教养、工读学校等。工读学校一方面被定位为义务教育的一种方式,入学需要未成年人监护人的申请;另一方面,其同时又具有对就读生的一定的否定性评价色彩,而监护人惧怕该种否定性评价会给未成年人造成一定的标签效应,不利于其未来的复归社会。故工读学校面临被架空的局面,这也导致了近年来我国工读学校数量急剧减少的现状。而另一种具有"保护处分"色彩的制度"收容教养",由于缺乏具体的操作规章,在实践中也面临实施不畅的困境。

　　伴随着理论界对保护处分理论的日益关注,尤其是2019年2月最高人民检察院公布的《2018—2022年检察改革工作计划》中明确指出探索罪错未成年人的保护处分制度是未来工作的重点。对于我国保护处分制度的适用对象,可以将严重不良行为、一般违法行为、未达刑事责任年龄但触犯刑法的行为以及被检察机关适用附条件不起诉制度的未成年人,都纳入管理对象。这里需要指出的,根据最高检发布的2020年1月至9月全国检察机关主要办案数据,我国未成年人被不批捕、不起诉以

　　[80]　徐剑锋、崔倩如:《未成年人保护处分的基层实践研究》,载《法治研究》2021年第5期,第141页。

　　[81]　安琪:《触法少年司法干预的理论探讨与路径构想》,载《少年儿童研究》2020年第10期,第58—60页。

　　[82]　张知博:《台湾地区〈少年事件处理法〉中的保护处分制度》,载《预防青少年犯罪研究》2016年第6期,第54—62页。

及适用附条件不起诉制度的比例有递增的趋势，[83]这意味着有较大比例的未成年人并没有因为犯罪行为而受到刑事处罚，为了避免未成年人养成"未成年人＝免罚金牌"的心理暗示，有必要将这类未成年人纳入保护处分措施的适用范畴，对其贯彻"教育为主、惩罚为辅"，且不偏废一方的刑事政策。

而对于适用保护处分决定的权力主体，结合我国的司法实践，本文认为应当由检察机关未检部门承担起相应的责任。应当赋予检察机关提前介入、协助公安机关进行调查以及适用保护处分措施的决定权。对待涉罪未成年人，国家对其进行干预的原则必须是以有助于其发展与成长为目的，对其成长所需的环境与条件进行配适。为了实现复归社会的目的，处遇决定的作出应当以对涉罪未成年人教育矫正为出发点，通过合理的限制加强对检察机关自由裁量权的规制，例如对附条件不起诉制度中"附带条件"进行细化。对检察机关提供较为明确的行为指导，有利于检察机关在行使自由裁量权时保持相对的内在一致性，避免裁量权的恣意滥用。

虽说保护处分不同于刑罚，但不可否认的是其在本质上仍具有"惩处"的性质，检察机关在实施该种"惩处"时，须遵循一定的原则，如比例性原则和阶梯性原则。比例性原则主张检察机关作出的处遇决定，要与涉罪未成年人的过错以及改造之必要所相符，不能超出明显的需求而对涉罪未成年人造成额外的负担。根据该原则的要求，对涉罪未成年人的负担设置，应当在合理的限度之内，既不能提出超出涉罪未成年人能力之外的要求，也不能只做书面工作，忽略对涉罪未成年人的教育意义。在能够实现帮扶涉罪未成年人复归社会的目标的前提下，可以要求未成年人对其涉罪行为承担一定的社会责任，如进行志愿服务、参加特定期限的社区活动等。而阶梯性原则要求针对未成年人犯罪案件，首先应当重视未成年人的"被害者属性"，帮助其疗愈过往的被害经历，而后是协助其对自身"加害者属性"进行理解，在此基础上最后再进入恢复程序的运转，结合社会各项资源协助未成年人实现社会复归。

言而总之，恢复性少年司法成果运转的基础在于，一方面承认未成年犯罪之独特性，并通过保障少年的健康成长权，以维护未成年人的最佳利益；另一方面赋予成年人进行协助的义务，要求国家、社区通过对未成年人成长环境的调整与性格的矫治来确保少年具有实现自我的机会。

五、结束语

在赞美恢复性司法的论著中，往往都会提出一些美好的案例，但是这些案例的发生是否具有普世意义需严格加以审视。恢复性司法的推动者往往强调恢复性司

---

〔83〕　https://www.spp.gov.cn/xwfbh/wsfbt/202010/t20201019_482434.shtml♯1，最后访问时间：2020年10月20日。

法理念若能通过适当的方式加以落实,则这些美好的愿景都能实现。也就是说,通过被害人的意见表达,让未成年人认识到自己行为造成的损害,进而主动承担责任,有利于未成年人获得协助,进而实现复归社会。而被害人通过接受道歉、获得赔偿能够获得心理慰藉,减轻损害后果。通过修复被损害的社会关系,社区可以恢复和谐。这就是恢复性少年司法能够兼顾多方利益的逻辑脉络。

本文的出发点在于担忧恢复性司法理念可能会对少年司法造成负面效应。在此种忧虑之下,本文对恢复性少年司法进行了批判性的考察和反思,指出在某些情况下,恢复性司法会冲击未成年人利益最大化原则。尤其是在被害人权利高涨、加害人与被害人在个人能力与意愿上的不契合、司法机关的局限性以及当事人之间持有的不可调和之恶意等背景下,恢复性少年司法想要实现多方共赢的理想恐会沦为口号。但是需强调的是,本文的目的并不在于全盘否定恢复性少年司法,而是希望通过谨慎的审视,让恢复性司法成为促进少年司法目的实现的工具。例如,对让涉罪未成年人与被害人直接会面,能达到何种效果要进行审慎的评估。又如应当深刻检讨未成年人的道歉、恢复、社会复归的真正意义。过分强调未成年人的"道歉"与"责任",容易强化未成年人自身道德与性格上的缺陷,加大人们对其人身危险性的担忧,而忽略他们所处的社会困境,从而难以提供给未成年人复归社会必要的协助。

恢复性少年司法是对恢复性司法的超越。若将"以被害人为程序的重心"视为恢复性司法的一项基本原则,恢复性少年司法则是强调以"兼顾加害人与受害人"的理念为运行根基,要求将未成年人置于恢复性少年司法的核心地位,亦即应当在未成年人利益最大化的原则指导之下,才启动恢复性司法程序。为最大程度避免恢复性司法理念的推行可能带给少年司法的负面影响,恢复性少年司法的运行一方面要结合各项资源以提供给未成年人真正的协助,另一方面要将未成年人的特殊性纳入考量。如司法机关不应当仅仅以未成年人是否道歉或者是否表露真诚的悔改之意为决定处遇的因素,又如司法机关应当将未成年人的被害属性与加害属性相结合,先解决其被害经历再要求其承担矫正责任。在各方力量都能以未成年人利益最大化为目标的前提下,恢复性少年司法才有可能实现多方共赢的目的。

中德法学论坛

第 18 辑・上卷，第 186～218 页

论选择认定

王　静 *

　　摘　要：选择认定是德国刑法学界针对存疑案件发展出来的法律机制。我国刑法理论虽已引入这一概念，但研究之欠缺使得我国刑法学界对选择认定的理解存在若干偏差。德国司法实务与刑法理论以选择认定为切入点设计出来的包括阶层理论、前罪及后罪科断这一整套规则在处理存疑案件上发挥了重要作用，对我国刑法理论与司法实践具有参考价值与启示意义。选择认定的对象是具有本土性的刑法分则所规定的各个犯罪，故应当从我国刑法所规定的各个犯罪出发，判断具体的犯罪之间能否适用选择认定。

　　关键词：选择认定；存疑有利于被告；前罪科断；后罪科断

　　Kurzfassung：Die Wahlfeststellung ist ein von der deutschen Strafrechtswissenschaft entwickeltes Rechtsinstitut für Verdachtsfälle. Obwohl dieses Konzept bereits in China eingeführt worden ist, gibt es wegen Forschungsmängeln immer noch einige Missverständnisse darüber in der chinesischen Strafrechtswissenschaft. Die Regeln einschließlich der Stufentheorie, Präpendenzfeststellung und Postpendezfeststellung, die von der deutschen Lehre und Rechtsprechunganhand der Wahlfeststellung als Bezugspunkt entwickelt sind, spielen bei der Handhabung der Verdachtsfällen in Deutschland eine wichtige Rolle und sollten für chinesische Lehre und Rechtspraxis von Relevanz und Bedeutung sein. Gegenstände der Wahlfeststellung sind die verschiedenen Straftaten, die im Strafgesetz jedes Landesfestgelegt sind. Deswegen sollten wir von den Straftaten im chinesischen Strafrecht ausgehen, um festzustellen, ob die Wahlfeststellung auf konkrete Straftaten ange-

---

　　*　王静：湖南大学法学院助理教授，法学博士。

wendet werden kann。

Stichwörter：Wahlfeststellung；*in dubio pro reo*；Präpendenzfeststellung；Postpendezfeststellung

一、问题的提出

选择认定（Wahlfeststellung），又称为择一认定、选择确定、选择科断。[1] 选择认定最早由张明楷教授引介到我国刑法理论，这一点在学界几乎没有异议。[2] 随后，我国学界开始有少数学者将目光投注到这一问题，但都是在探讨存疑时有利于被告原则时有所涉及，[3] 而专门研究这一问题的著作屈指可数。[4]

综观我国目前这方面的论著，不难发现，绝大部分系援引台湾学者的研究成果，而非直接关注来源国德国的司法实务与刑法理论，这不免有"雾里看花，越看越花"之嫌，以至于甚至有学者将德国著名的判例"平底煎锅案"（Bratpfannenfall）也作为选择认定的适用案例。[5] 不仅如此，我国学界目前达成的共识仅限于选择认定是存疑时有利于被告人原则（*in dubio pro reo*）的例外，至于是否允许这样一个例外，以

————————————

[1] 德国刑法理论目前普遍采用 Wahlfeststellung 一词，出于尊重该词原意的考虑，本文采用"选择认定"这一译法。

[2] 张明楷：《"存疑时有利于被告人"原则的适用界限》，载《吉林大学社会科学学报》2002年第1期，第61页以下。

[3] 俞毅刚：《存疑有利于被告原则的理解与适用——兼谈几则案例的处理》，载《法律适用》2004年8月，第38页；吴学斌：《论"存疑时有利于被告人"的原则与例外》，载《法学杂志》2006年第6期，第67页；陈珊珊：《论罪疑唯轻原则》，载《法学评论》2007年第2期，第106页以下。

[4] 吴超：《论选择认定的本质及司法适用》，苏州大学2006年硕士学位论文；陈珊珊：《论刑事法上的"选择确定"》，载《国家检察官学院学报》2007年8月，第93页；张雪锋：《论刑事司法判决的择一认定》，苏州大学2008年硕士学位论文。

[5] 吴超：《论选择认定的本质及司法适用》，苏州大学2006年硕士学位论文，第3页。本案案情简要如下：H长期以来一直虐待其太太M及其继女F。1964年8月28日晚被告人F拿起一事先藏好的粗重的平底煎锅，满腔怒火地从H背后猛击其后脑勺三次。H在第一次被敲击时便已倒地。F立即跑开去打电话报警，在此期间，M拿起平底煎锅敲击了她丈夫"至少一次"；F打完电话回来后又继续用平底煎锅重重地敲击了仍发出呼噜声的H的脸部"至少一次"。不久之后，H死亡。初审认定M成立故意杀人罪，判处两年六个月有期徒刑，F成立谋杀罪，判处一年的青少年刑罚。然而，德国联邦最高法院废弃了原判决，认定在不能查明因果关系的前提下，根据存疑时有利于被告人原则，两人均只成立故意杀人未遂罪（BGH，NJW 1966，1823）。暂且不论德国联邦最高法院认为本案因果关系存疑这个结论在学界饱受诟病，即便果真如此，本案也只是存疑时有利于被告人原则的适用案例，与选择认定无关。

及何时且在何种范围内才允许适用这一例外,即选择认定的适用条件及范围问题——恰恰是司法实践更具现实意义的问题——则着墨甚少,更鲜有研究结合我国司法实践讨论选择认定的实际操作问题,这使得选择认定这一法律机制在我国仍然处于束之高阁之状态。有鉴于此,对于选择认定,了解其背景、厘清其内涵、明晰其适用,便成为我国当下刑法理论之亟需。

本文考虑到选择认定确系德国刑法学的舶来品,认为宜将目光直接投向德国刑法理论与司法实务,以便更为清楚地勾勒其"庐山真面目"。严格说来,人们不应称选择认定为"一个"问题,因为它实际上是一系列问题的集合体。为此,本文将主要围绕以下三个问题展开:一是选择认定是什么,这个问题不仅牵涉到选择认定的概念内涵,同时还不可避免地涉及选择认定的"来龙去脉、前世今生";二是选择认定为什么,或者说,选择认定的正当化基础是什么,这是选择认定在德国刑法理论中的核心问题之一,它与存疑时有利于被告人原则的关系是这部分不可回避的问题;三是选择认定怎么用,也就是说,只有具备哪些条件,司法者才允许对案件进行选择性认定,这是选择认定的另一个核心问题。本文旨在以浅薄之见抛砖引玉,希冀引起同仁对此问题的关注以及更加深入的探讨。

二、选择认定的概念内涵[6]

在德国刑法理论中,选择认定这个概念仍然不够明确,而且经常在不用意义上使用,[7]故素有"迷宫"之称。[8]一般而言,选择认定是指在不明确的案件事实基础上择一犯罪作出判决(alternative bzw. wahldeutige Verurteilung auf wahldeutiger Tatsachengrundlage),[9]区别于法院一般情况下所作出的是一个在明确的犯罪事实基

---

〔6〕 德国刑法理论与司法实务存在争论:选择认定究竟属于实体刑法还是程序法的范畴。不过,从德国目前的理论状况来看,选择认定貌似具有双重性格,因为无论是实体刑法还是刑事诉讼法的学者都会研究这一问题。

〔7〕 Gerhard Dannecker, in: Leipziger Kommentar StGB, Band 1, 12. Aufl., Anh § 1 Rn. 20; Roland Schmitz, in: Münchener Kommentar StGB, 2. Aufl., Anhang zu § 1 Rn. 5.

〔8〕 Eduard Dreher, Im Irrgarten der Wahlfeststellung, MDR 1970, S. 369.

〔9〕 Jürgen Wolter, Systematischer Kommentar zum Strafgesetzbuch, 8. Aufl., Anh. zu § 55 Rn 1. 批评意见例如:Jürgen Wolter, Alternative und eindeutige Verurteilung auf mehrdeutiger Tatsachengrundlage im Strafrecht, 1972, S. 15. 之所以认为这样的定义存在问题,主要是因为德国刑法理论多数认为同种选择认定所获得的是一个明确的判决(eindeutige Verurteilung),而非择一的判决(alternative bzw. wahldeutige Verurteilung),甚至有学者主张纯粹事实择一性的场合(即通行的同种选择认定)不属于选择认定的范畴(Jürgen Wolter, Alternative und eindeutige Verurteilung auf mehrdeutiger Tatsachengrundlage im Strafrecht, 1972, S. 283)。尽管如此,(接下页)

础上的明确判决(eindeutige Verurteilung auf eindeutiger Tatsachengrundlage)。具体来说,如果法院在一个刑事判决中基于在整个审判程序中所获得的确信认定,被告人一定实施了这些彼此互相排斥的犯罪行为之中的一个,但在调查所有证据后对于案件真实的发生过程仍然存有疑问,从而无法明确地判断行为人究竟实施了哪一个犯罪时,便属于选择认定。[10] 可见,选择认定这一理论试图解决的是择一的事实认定——而非明确单一的事实——可否作为被告人有罪判决的基础这个问题。

根据德国刑法理论的通说,选择认定又有同种选择认定(gleichartige Wahlfeststellung),或称不真正选择认定(unechte Wahlfeststellung),与不同种选择认定(ungleichartige Wahlfeststellung),又称真正选择认定(echte Wahlfeststellung)之分。顾名思义,同种选择认定是指这些可能的案件事实实现了同一犯罪构成要件的情形。[11] 这里所涉及的仅仅是纯粹的事实择一性(reine Tatsachenalternativität),也就是说犯罪构成要件 X 要么是通过案情 A 要么是案情 B 来实现的。德国典型的案例例如,同一个证人在两个不同的审级法院提供了两个互相矛盾的证词,有一个必然是假的,但无法查明究竟是哪一个;[12] 又如,行为人让他人感染了艾滋病病毒,这一点确定无疑,可是不清楚究竟两次性行为中的哪一次造成感染的;[13] 再如,可以确定死亡结果是由两个在法律上相互独立的伤害行为之中的一个造成的,只是查不

(接上页)刑法理论与司法实务没有争议的是,不同种选择认定所获得的是一个建立在不明确的事实基础上的选择性的有罪判决。如后所述,德国刑法理论与司法实务的主导理念是明确判决优位于不明确判决,因此,这样一个争论主要是为了保障优先获得明确之判决,从而使判决免受不确定之质疑。不过,主流学说仍然采取了同种选择认定与不同种选择认定的二分法,而且在本文看来,二者分管完全不同的两类情形,无所谓谁优先的问题。这种优位性问题主要存在于选择认定与后述的存疑时有利被告以及前罪或后罪斟断之间。从这个意义上讲,争论同种选择认定所获得的究竟是一个明确的判决还是不明确的判决并没有多少实义,所以本文不再继续探讨。

〔10〕 Fr. Schwarz, Wahlfeststellungen im Strafverfahren nach geltendem und kommendem Recht, Str. Abh. Heft 368, Breslau-Neukirch 1936, S. 2.

〔11〕 Urs Kindhäuser, Strafrecht Allgemeiner Teil, 7. Aufl., § 48 Rn. 7; Wessels/Beulke, Strafrecht Allgemeiner Teil, 44. Aufl., § 18 Rn. 808; Gerhard Dannecker, in: Leipziger Kommentar StGB, Band 1, 12. Aufl., Anh § 1 Rn. 61; Schönke/Schröder-Lenckner/Eser/Stree/Eisele/Heine/Perron/Sternberg-Lieben, 29. Aufl., § 1 Rn. 60; Roland Schmitz, in: Münchener Kommentar StGB, 2. Aufl., Anhang zu § 1 Rn. 5; Jürgen Wolter, Systematischer Kommentar zum Strafgesetzbuch, 8. Aufl., Anh. zu § 55 Rn. 16; Helmut Frister, in: Nomos Kommentar StGB, 4. Aufl., Nachbemerkungen zu § 2 Rn. 1; Satzger/Schluckebier/Widmaier, 2. Aufl., § 1 Rn. 62.

〔12〕 BGHSt 2, 351; 13, 70.

〔13〕 BGHSt 36, 264, 269.

清楚是哪一个。[14]

与之相反,不同种选择认定所指的是在各个可能的案情分别符合了独立的、不同的犯罪的情况下,依然作出有罪判决的情形。[15] 显然,人们在这里追问的是,要么是案情 A 实现了犯罪构成要件 X,要么是案情 B 实现了犯罪构成要件 B,故这种选择认定牵涉到的是在事实择一性基础上的法条择一性(Gesetzesalternativität)。[16] 经典的例子是,被告人确系以可罚之方式取得了他人之物,可是查不清楚行为人究竟是偷来的还是通过赃物犯罪获得他人之物的。[17] 值得注意的是,这种选择认定的前提是,各个可能的案情都指向行为人有罪的结论,而不存在无罪的可能性。准此,如果警察只是在行为人家里搜出被盗的物品,则不能径直根据选择认定这一法律机制而认定行为人成立赃物犯罪,因为不能排除行为人不知是赃物而通过购买或接受而获得,从而不构成任何犯罪的可能性。[18]

三、选择认定的历史沿革

选择认定的可能性以及容许性问题,早在德国 1848 年从当时的法国引进刑事陪

---

[14]　BGH,NStZ 94,339.

[15]　Urs Kindhäuser, Strafrecht Allgemeiner Teil, 7. Aufl., § 48 Rn. 11;Wessels/Beulke, Strafrecht Allgemeiner Teil, 44. Aufl., § 18 Rn. 805;Gerhard Dannecker, in: Leipziger Kommentar StGB, Band 1,12. Aufl., Anh § 1 Rn. 131;Schönke/Schröder-Lenckner/Eser/Stree/Eisele/Heine/Perron/Sternberg-Lieben, 29. Aufl., § 1 Rn. 60; Roland Schmitz, in: Münchener Kommentar StGB, 2. Aufl., Anhang zu § 1 Rn. 9;Jürgen Wolter, Systematischer Kommentar zum Strafgesetzbuch, 8. Aufl., Anh. zu § 55 Rn. 30; Helmut Frister, in: Nomos Kommentar StGB, 4. Aufl., Nachbemerkungen zu § 2 Rn. 1;Satzger/Schluckebier/Widmaier, 2. Aufl., § 1 Rn. 63.

[16]　诚如德国学者 Schmitz 所言:"选择认定在纯粹的'法条择一性'而无事实择一性的情形基本上不可能。"Roland Schmitz, in: Münchener Kommentar StGB, 2. Aufl., Anhang zu § 1 Rn. 5.

[17]　BGHSt 21,154.

[18]　我国司法实践亦有类似的案情:某商场首饰柜台晚上遭窃。警察在商场附近的刘某家搜出大量的被盗首饰。刘某辩称首饰是从一陌生人处买来的。有学者认为,上述的犯罪事实不可能做出其他解释,刘某要么实施了盗窃行为,要么实施了窝赃行为。为了避免不正确的无罪宣告,在特定条件下适用较轻的法律(吴学斌:《论"存疑时有利于被告人"的原则与例外》,载《法学杂志》2006 年 11 月,第 67 页)。由于本案案情归纳过于简要,本文难以判断是否可以当然地认为这一犯罪事实不可能做出其他解释。不过在本文看来,如果不能排除刘某不知情而购买的情形,则不能适用选择认定。

审法庭时便已提出，[19]百余年来，一直是德国刑法理论热烈讨论的对象。

最初，司法实务并不十分重视在实体刑法上去区分各个犯罪构成要件，而刑事程序也是由完全不同的原则所主导，尤其是法院没有调查实质真相的义务。[20] 直到 19 世纪中叶，随着许多国家纷纷从法国引入了刑事陪审法庭制度，法官不再单独作出判决，而毋宁说是由陪审团来宣告被告人是否有罪。[21] 至于法官可否向陪审团提出"此或彼"这种选择性的问题，例如被告人是用刀还是其他工具杀死了被害人，还是只能以是或否的提问方式来征询陪审团的意见，便成为问题所在。[22] 法国上诉法院在这一关键问题上持保守的立场，虽然在实务中没有发展出一个普遍适用的基本规则[23]，但大体上采取了犯罪构成要件的无矛盾性（Widerspruchsfreiheit des Tatbestands）以及刑法上的等价性（strafrechtliche Gleichwertigkeit）这一原则。[24] 普鲁士高等法院紧随其后，在实务中十分限制选择认定的适用，具体表现在，只有这些可能的案件事实同时涵摄于同一犯罪构成要件之下时，才允许法官向陪审团提出选择性的问题。也就是说，普鲁士高等法院只有在同种选择认定的场合才允许择一犯罪处理。[25]

到了帝国时代，立法者为了避免提前介入这一领域的司法实践及法律发展，有意地放弃了在帝国刑事诉讼法中规定选择认定，结果是帝国法院不得不在它最初的判决里就必须清楚地回答这个问题。事实上，帝国法院遵循了普鲁士高等法院的实务见解，认为只有在"无关紧要的二选一"（unmaßgebliche Alternative）的情形中才允许进行选择性认定，例如行为人要不明知、要不应当知道财物是通过犯罪手段获得的，成立第 259 条规定的窝赃罪。另外，查不清楚被告人是单独正犯还是共同正

---

〔19〕 Jürgen Wolter, Alternative und eindeutige Verurteilung auf mehrdeutiger Tatsachengrundlage im Strafrecht, 1972, S. 20; Jürgen Fuchs, Die Wahlfeststellung zwischen Vorsatz und Fahrlässigkeit im Strafrecht, GA 1964, S. 75; Gerhard Dannecker, in: Leipziger Kommentar StGB, Band 1, 12. Aufl., Anh § 1, Rn. 30; Jescheck/Weigend, Lehrbuch des Strafrechts Allgemeiner Teil, 5. Aufl., S. 147.

〔20〕 Gerhard Dannecker, in: Leipziger Kommentar StGB, Band 1, 12. Aufl., Anh § 1, Rn. 30.

〔21〕 Jürgen Fuchs, Die Wahlfeststellung zwischen Vorsatz und Fahrlässigkeit im Strafrecht, GA 1964, S. 75.

〔22〕 v. Bar, Zur Lehre von den alternativen Fragen im schwurgerichtlichen Verfahren, GA 1857, S. 571; Jakobs, Probleme der Wahlfeststellung, GA 1971, S.257; Jürgen Wolter, Alternative und eindeutige Verurteilung auf mehrdeutiger Tatsachengrundlage im Strafrecht, 1972, S. 20.

〔23〕 Jürgen Fuchs, Die Wahlfeststellung zwischen Vorsatz und Fahrlässigkeit im Strafrecht, GA 1964, S. 75.

〔24〕 Adolf Weber, Zur Frage der Zulässigkeit von Wahlfeststellungen im Strafrecht, Diss. Freiburg, 1950, S. 4.

〔25〕 Gerhard Dannecker, in: Leipziger Kommentar StGB, Band 1, 12. Aufl., Anh § 1, Rn. 30.

犯,或者被告人是正犯还是教唆犯(或帮助犯)时,也允许使用选择认定作出有罪判决。相反,在教唆还是帮助之间进行选择认定是不被允许的。随后,帝国法院也认可了——当然不是毫无例外的——同一个犯罪构成要件中等价的行为方式之间的选择认定。帝国法院认为允许的选择认定包括诸如通过爬越建筑物或使用伪造的钥匙、通过侵入或使用伪造的钥匙所实施的加重盗窃,包庇与侵占,窝赃与背信作为前行为,通过使用由行为人自己伪造的文书或者行为人明知文书系他人伪造但为了诈骗而使用所实施的伪造文书罪以及不同加重情节之间的公务侵占罪,等等。然而,帝国法院曾经反对在普通敲诈勒索与抢劫性勒索、通过非法从事公务与通过实施只能由公务人员实施的行为所犯的非法从事公务罪,两个在不同时间、不同法院所作的互相矛盾的宣誓之间的虚伪宣誓罪等之间适用选择性认定。[26]

　　帝国法院这种限制的立场最初得到了德国学说的明确赞同。不过,德国学者 Hücking 首先站出来反对实务的见解。在他看来,虽然不能查明被告人实施的是两个犯罪行为中的哪一个,但可以确定他肯定实施了其中一个时,仍然宣告被告人无罪是令人无法忍受的。Wagenn 也提出疑问,类似的案例在司法实践中常常并不是无罪释放被告人,而是法院违背确信认定为处罚较轻的犯罪。不过,他认为应当在法律上对此作出明确的规定。这一问题随着 1913 年 Rumpf 深入的研究成果的发表,而引起了德国理论的极大关注。Rumpf 在援引帝国法院判决的基础上特别提到,如果宣告一个值得刑罚处罚的犯罪人无罪,会损害正义性及法感觉,并指出现实情况是,法官在不允许进行选择式认定的情况下为了避免这样一个无罪判决会被迫作出违背其确信的认定。Rumpf 指出人们可以更加宽泛地解释法律,进而认为允许在不同的罪责和共犯形态以及不同的犯罪构成要件之间进行选择认定并不违反《德国刑事诉讼法》第 266 条(现行《德国刑事诉讼法》第 267 条)。[27] 但是,他还是坚持犯罪事实的同一性(Identität der Tat),亦即这些可能的犯罪情形必须具有时间与空

---

[26] Gerhard Dannecker, in: Leipziger Kommentar StGB, Band 1,12. Aufl., Anh § 1, Rn. 31ff.

[27] 于此,有必要向读者交代 Rumpf 为何须通过主张扩大解释法律,方才得出选择认定不违背现行《德国刑事诉讼法》第 267 条这一结论的背景:帝国法院一直以来的判例以及当时的主流学说认为《德国刑事诉讼法》第 267 条是反对选择认定的主要根据。人们相信,法官有义务在判决中明确说明行为人违反的是哪一个法条,故而从这个法条中推导出犯罪事实的同一性这一要件。第 267 条第一项规定判决理由必须建立在那些"被视为已经证明的事实,这些事实满足了一个值得刑罚处罚的行为所规定的构成要件要素",以及第 267 条第三款第一句采取了"适用的刑法法条"这样的表述。人们于是从中得出结论认为,只有一个相同而且明确的刑法法条才能作为有罪判决的基础。如果人们不能够充分阐明案情,而须从多个不同的犯罪构成要件中选择认定,则意味着"一个值得刑罚处罚的行为所规定的构成要件要素"以及"适用的刑法法条"这样的表述是不可能的。因此,如果人们严格遵循本条的文义,那么不允许在这种情形中作出有罪判决。参见 Kurt Breucker, Die Zulässigkeit der Wahlfeststellung,1964, S.101.

间的紧密关联,也就是说它们是同一个历史事件的组成部分。Rumpf 的见解得到了 1913 年第三届德国法官代表大会(der Deutsche Richtertag)的赞同。自此,选择认定在学界开始得到多数学者的认可。[28]

帝国法院大刑事法庭于 1934 年 5 月 2 日针对第一刑事法庭判决草案所作的决议,[29]为选择认定后来的发展指明了方向。本案案情大致是,法院查不清楚被告人究竟是盗窃了他人之物还是以窝赃的方式取得该物的。大刑事法庭的出发点是,立法者在这个争议问题上的有意不表态令其有权利也有义务"穷尽法律归责之所能,以填补这样一个程序法上的法律漏洞"。大刑事法庭虽然承认这种情形中有处罚的必要,却担心这样会否定掉法官原本所要完成的智力工作——描绘出由控告所包含的整个事件过程——的重要性,从而会损害裁判的安定性。不过,大刑事法庭的判决理由很大程度上建立在合目的性考量之上,所以例外地允许了在盗窃罪与窝赃罪之间可以进行选择认定。这一结论实际上顺应了刑事政策之所需以及长期以来的实践经验,即初审法院在这种查不清案情的情况下并不会宣告被告人无罪,而是无论如何会作出一个明确的认定。[30] 虽然如此,帝国法院原则上还是不允许在其他情形适用选择认定。结局是,所谓的犯罪事实的同一性、构成要件的同一性以及法定刑的相同性还是继续作为区分选择认定是否被允许的判断标准。不过,引人注意的是,帝国法院在决议中丝毫未有提及《德国刑事诉讼法典》第 267 条以及当时的《德国刑法典》第 2 条第一款[31],二者在选择认定这个问题上曾扮演了重要的角色。[32]

1935 年,德国立法者在《德国刑法典》中增加了第 2b 条,明文规定了允许适用选择认定,从而在这个问题上迈出了重要一步。这样一个实体法上的规定,在程序法领域由当时新增的《刑事诉讼法》第 267 条 b 得到了补强。这些新的规定与当时国家社会主义的立法者致力于松弛法官与法律之间的关系是协调一致的,它们使得帝国法院在接下来的时间里大范围地认可选择认定的适用,即只要肯定行为人触犯了多个刑法法条之中的一个而且只可能选择性地确认犯罪事实,就允许采取选择性的认

---

〔28〕 Jürgen Fuchs, Die Wahlfeststellung zwischen Vorsatz und Fahrlässigkeit im Strafrecht, GA 1964, S. 78ff.

〔29〕 RGSt 68, 257ff.

〔30〕 Gerhard Dannecker, in: Leipziger Kommentar StGB, Band 1, 12. Aufl., Anh § 1, Rn. 35.

〔31〕 即德国现行刑法典第一条所规定的罪刑法定原则。

〔32〕 Jürgen Fuchs, Die Wahlfeststellung zwischen Vorsatz und Fahrlässigkeit im Strafrecht, GA 1964, S. 83.

定。结果,帝国法院甚至认可在堕胎未遂和诈骗之间进行选择性认定。[33] 尽管如此,选择认定在可以适用存疑时有利于被告人原则的案例中不再有用武之地。例如查不清楚两名参与人究竟谁是正犯谁是共犯,则均以帮助犯处罚。

第二次世界大战之后,《德国刑法典》第 2b 条废止。可是,实务并没有就此重拾魏玛时代所采取的严苛的立场,而是遵循大刑事法庭 1934 年的决议,对选择认定采取限制的态度。联邦最高法院的实务最初也是这一立场,但在后来一个饱受争议的判决中最终倒向了所谓的"现实的需要",承认了在虚伪宣誓与过失的虚伪宣誓之间选择认定。另外,联邦法院也不再将选择认定局限于盗窃罪与窝赃罪,而是接受了Kohlrausch 所提出的公式来判断可否适用选择认定,即如果所涉及的犯罪构成要件是在"法伦理与心理上可比较的",则允许进行选择性认定。其后,司法实务以刑事政策及现实的考量为理由倾向于不断地突破大刑事法庭所确立的原则。[34]

不过,选择认定由法伦理上与心理上的可比较性这一标准所划定的界限,近年来逐渐式微。这是因为,现行实务通过运用逻辑上以及规范—伦理上的阶层关系、截堵构成要件(已废止)以及前罪科断与后罪科断这些法律概念扩大了其作出有罪判决的可能性,而 1935 年之前的帝国法院的实务对此采取了限制的立场。联邦最高法院对于事实审法官基于同种选择认定所作出的有罪判决,常常以构成要件存在阶层关系为由而改成一个建立在明确事实基础上的有罪判决。这些案例中,由于事实审法官在量刑时本来就必须从最有利于被告人的可能性出发,所以,像联邦最高法院这样的改判在实际中通常不会产生任何影响。[35]

四、选择认定的正当根据

从历史回顾中我们已经窥知,选择认定从诞生以来便争议不断、命途多舛。这是因为,选择认定客观上确实突破了罪刑法定与存疑时有利于被告人这两个刑事法领域的铁律,这一点在上文已有体现。在这样严峻的形势下,选择认定如何让自己正当化,就成为问题所在。

---

[33] Gerhard Dannecker, in: Leipziger Kommentar StGB, Band 1,12. Aufl., Anh § 1, Rn. 36ff.; Jürgen Fuchs, Die Wahlfeststellung zwischen Vorsatz und Fahrlässigkeit im Strafrecht, GA 1964, S. 84ff.

[34] Gerhard Dannecker, in: Leipziger Kommentar StGB, Band 1,12. Aufl., Anh § 1 Rn. 40, Jürgen Fuchs, Die Wahlfeststellung zwischen Vorsatz und Fahrlässigkeit im Strafrecht, GA 1964, S. 85ff.

[35] Gerhard Dannecker, in: Leipziger Kommentar StGB, Band 1, 12. Aufl., Anh § 1 Rn. 41.

德国刑法理论一致认为,选择认定的正当性问题在欠缺立法规定的情况下,实际上关键取决于如何在这些互相冲突的原则之间权衡取舍。[36] 而这背后所隐藏的,实质上是"法治国的根基问题"。[37] 这一问题是由法治国的基本原则之间的紧张关系所致:天平的一端是《德国基本法》第 103 条第二款所规定的罪刑法定原则以及存疑时有利于被告人原则,另一端是个案正义以及刑事政策的需求。[38] 因此,人们必须找到一个平衡点,既能照顾法律的安定性,又能实现实质的个案正义。

众所周知,刑事审判必须遵循法治国所提出的要求。根据罪刑法定原则,一个有罪判决必须是针对一个确定的、法律规定了刑罚的行为。程序法要求,法院根据自身在整个审判过程中所获得的自由心证,认为已经证明的、满足了某一犯罪构成要件的案件事实,必须要体现在判决中,也就是说,一个有罪判决只能建立在这些事实基础上。如果法院尚存疑问,不确定某个可罚性要素是否具备,则必须遵守存疑时有利于被告人原则宣告被告人无罪。无论是实体法上的罪刑法定原则,还是程序法上的存疑有利于被告,都是法治国原则的具体体现,二者都关系到法律的安定性。[39] 不仅如此,德国部分学者认为,凡是在与涵摄有关的事实存在疑问的场合,原则上不允许进行有罪判决,因为这样一个有罪判决常常可能导致一个令人无法忍受的存疑判决。况且,被告人在这种择一式的有罪判决中,实际上是根据法律适用者在当下所拟造的一个整体犯罪构成要件来处罚的,可是,法律上并不存在这样一个构成要件,因此,法律适用者只能借由违法的类推适用才能达到选择认定的结果。[40] 另有学者认为,选择认定本身蕴含着增加错案的风险,因为去认可多个可以选择的值得处罚的案件事实这种做法,会使得人们忽视本案可能是完全不值得刑罚处罚的案件事实这种可能性。[41]

如果人们完全以法安定性为优先,允许牺牲个案正义,则必然得出彻底否定选

[36] Roland Schmitz, in: Münchener Kommentar StGB, 2. Aufl., Anhang zu § 1 Rn. 12;Schönke/Schröder-Lenckner/Eser/Stree/Eisele/Heine/Perron/Sternberg-Lieben, 29.Aufl., § 1 Rn. 64.

[37] Gerhard Dannecker, in: Leipziger Kommentar StGB, Band 1,12. Aufl., Anh § 1 Rn. 8; Wilfried Küper, Probleme der „Postpendenzfeststellung" im Strafverfahren, in: Festschrift für Richard Lange, 1976, S. 65.

[38] Wolter 特别指出,选择认定中不是刑事政策与法治国家性互相冲突,而是同属法治国原则的法安定性与实质个案正义处于紧张关系之中。Jürgen Wolter, Alternative und eindeutige Verurteilung auf mehrdeutiger Tatsachengrundlage im Strafrecht,1972, S. 47.

[39] Gerhard Dannecker, in: Leipziger Kommentar StGB, Band 1,12. Aufl., Anh § 1 Rn. 9.

[40] Schönke/Schröder-Lenckner/Eser/Stree/Eisele/Heine/Perron/Sternberg-Lieben, 29.Aufl., § 1 Rn. 65.

[41] Roland Schmitz, in: Münchener Kommentar StGB, 2. Aufl., Anhang zu § 1 Rn. 12.

择认定的结论。德国亦有部分学者采取这一立场。[42] 然而，在现实生活中，人们并非总能一一阐明所涉案件的全部细节。这些困难一方面来自证明方法自身的不足和存疑，人们只需想一想现实生活中经常发生的证人作出自相矛盾的证言，抑或是不同的鉴定人对同一个案件事实完全可能作出不同的评价；另一方面，人类的认知能力有限，即使是最为认真负责、极尽仔细的法官，即使其使用了所有的辅助方法也无法克服这一局限，同样会使得还原历史事件变得十分困难。[43] 严格遵守存疑时有利于被告人原则的话，如果确定行为人实施了多个互相排斥的构成要件之中的一个，但法院穷尽全部之证明方法也无法确证其中任何一个时，法院只能宣告无罪。不过，如果已经确认行为人必定犯了两罪中的一个，也就是说，行为人要么根据"此行为"，要么根据"彼行为"而受到刑罚处罚时，仍然作出无罪判决，无论如何是不能令人满意的，因为它不符合一般及特殊预防的考量以及实质正义的理念。具体而言，虽然无法还原真实案情的原貌，但在完全能够排除行为人不可罚性的情况下依然作出无罪判决，等同于宣告一个毫无疑问有罪的人无罪，这明显违背了正义的感觉。不仅如此，过多的这种无罪判决，即行为人的可罚性没有疑问但仍然宣告无罪，会损害国民对司法的信任，法的和平也会因此受影响，违法者可能会被诱使"实施更多的犯罪"。[44]

　　针对反对者所提出的选择认定违背了法治国原则与法安定性，选择认定的支持者作出了有力的回应。一方面，部分德国学者认为，在不明确的事实基础上作出有罪判决并不违反法治国原则。这是因为，罪刑法定原则只适用于行为人根本没有触犯法律的情形，而选择认定并非如此；在选择认定中，可以肯定的是行为人一定违反了刑法，只是不确定到底违反了哪一条。而且，只要确保被告人受到的是较轻的刑罚，就不会有违反存疑时有利于被告人原则的问题。[45] 另一方面，有学者提出，一概否定选择认定反而会不利于国民意识中的法安定性，这是因为，无罪判决可能会导致多数国民的不解以及怀疑法治国家是否正常运转。因此，不能完全以此为由否定选择认定的合理性。[46] 为此，判例针对这些情形发展出了选择认定这样的法律

---

〔42〕 具 体 参 见：Schönke/Schröder-Lenckner/Eser/Stree/Eisele/Heine/Perron/Sternberg-Lieben，29.Aufl.，§ 1 Rn. 65.

〔43〕 Kurt Breucker，Die Zulässigkeit der Wahlfeststellung，1964，S. 4.

〔44〕 Gerhard Dannecker，in：Leipziger Kommentar StGB，Band 1，12. Aufl.，Anh § 1 Rn. 10.

〔45〕 Schönke/Schröder-Lenckner/Eser/Stree/Eisele/Heine/Perron/Sternberg-Lieben，29.Aufl.，§ 1 Rn. 66.

〔46〕 Dreher Tröndle，in：Leipziger Kommentar StGB，Band 1，10. Aufl.，§ 1，Rn. 63；Roland Schmitz，in：Münchener Kommentar StGB，2. Aufl.，Anhang zu § 1 Rn. 12. 可见，法安定性是一个说不清、道不明的东西。这一点从选择认定的反对者与支持者均以此为理由反对对方的看法，支持本方的见解便可见一斑。

机制,使得法院在模棱两可的事实基础上进行审判成为可能。[47]

　　德国的通说既没有全面地否定选择认定,也不是全面地肯定,而是采取了相对折中的立场,即有限制地承认选择认定。[48] 这是因为,上述两种极端的立场不管是结论还是出发点都无法令人信服。一方面,在法律并无明文允许的情况下,毫无限制地认可选择认定的确会违背法治国家的基本原则;另一方面,完全地否定选择认定会使得正当的刑事政策需求,尤其是个案正义不能得到满足。为了不至于因无限制地贯彻某一原则而牺牲其他原则或利益,应当对一方采取有利于另一方的适当的限制,从而使得双方都达到最佳的效果。[49] 这就促使人们在选择认定问题上采取折中的立场,有限制地承认和适用,正如卡尔斯鲁厄区高等法院在判决中指出:"选择认定这一法律机制旨在寻求法安定性原则与个案正义这个要求之间的平衡。"[50]这既是德国目前的通说,也是最近讨论如何对这种场合的量刑问题进行立法规制的建议方案。[51]

　　不难看出,选择认定的正当性归根结底是一个评价问题。刑事法领域存在诸多基本原则,这些原则之间并非没有冲突,因此,法律适用者常常需要在这些相互冲突的矛盾之间寻求一个平衡点。选择认定就是这样一个平衡点,它既致力于实现个案正义,满足刑事政策的需求,又最大限度地维护法安定性,不至于侵害国民的自由。

五、选择认定的适用条件

　　选择认定是法治国家基本原则互相协调的产物,也可谓一把双刃剑,稍有不慎,既不利于法安定性,又无法实现个案正义。如何能够舞好这把"双刃剑",则取决于法律适用者精巧地设计和谨慎地使用这一法律机制,这就是选择认定的适用前提问题。

---

〔47〕　Gerhard Dannecker, in: Leipziger Kommentar StGB, Band 1, 12. Aufl., Anh § 1 Rn. 1.

〔48〕　Gerhard Dannecker, in: Leipziger Kommentar StGB, Band 1, 12. Aufl., Anh § 1 Rn. 13ff; Schönke/Schröder-Lenckner/Eser/Stree/Eisele/Heine/Perron/Sternberg-Lieben, 29. Aufl., § 1 Rn. 67; Roland Schmitz, in: Münchener Kommentar StGB, 2. Aufl., Anhang zu § 1 Rn. 14; Jürgen Wolter, Systematischer Kommentar zum Strafgesetzbuch, 8. Aufl., Anh. zu § 55 Rn. 5a usw.

〔49〕　Schönke/Schröder-Lenckner/Eser/Stree/Eisele/Heine/Perron/Sternberg-Lieben, 29. Aufl., § 1 Rn. 67.

〔50〕　OLG Karlsruhe, NJW 1972, 902.

〔51〕　Schönke/Schröder-Lenckner/Eser/Stree/Eisele/Heine/Perron/Sternberg-Lieben, 29. Aufl., § 1 Rn. 67.

(一) 事实前提：案件事实的择一性(Tatsachenalternativität)

关于选择认定的适用条件,本文第二部分介绍其概念内涵时已有所涉及。德国刑法理论一致认为,选择认定的事实性前提是案件事实的择一性。所谓案件事实的择一性,一言以蔽之,是指案件事实要不是 A,要不是 B,而且 A 与 B 是非此即彼的关系,可是查不清楚到底是 A 还是 B。可见,案件事实的择一性这一要求包括两个具体面向:一是案件事实查不清楚;二是可能的案件事实是非此即彼的关系。

1. "案件事实"的择一性

毫无疑问,选择认定的前提是案件事实查不清楚,原因很简单,只有在不可能查明案件事实的情况下,人们才可能考虑在不明确的事实基础上做出有罪判决。这在程序法上相对应的要求是,法官有义务必须穷尽所有可供使用的认识来源与证据材料,尽可能地对案件事实作出明确的认定,而不允许因为可以适用选择认定就不再深入调查证据材料。为此,法院的判决理由中必须写明,为什么法院无法进一步阐明案情。由此看来,只有法官调查完所有的证据仍然无法获得一个明确的事实基础,方才有所谓的选择认定的可能。[52]

在这里,需要注意的是,并不是任何犯罪事实——要么是犯罪过程,要么是犯罪结果——的不明确性都会涉及法官是否允许因此作出一个选择性的有罪判决这个问题。如果只是在一个一体的、明确的犯罪过程中存在两种在刑法看来等价的可能性,就没有选择认定的余地。例如,行为人以杀人的故意向被害人连续开了两枪,可是只有一枪使其毙命,这里行为人实现的是一个一体的、明确的犯罪过程,直接以既遂犯罪处理即可,与选择认定无关。[53]相反,如果行为人连续向被害人开了好几枪,只有一枪出于杀人的故意,可是查不清楚是哪一枪命中了被害人时,应当根据存疑时有利于被告人原则认定为故意杀人未遂与过失致人死亡的想象竞合犯。[54]本文开篇所提到的著名的"平底煎锅案"也是这方面的适例,不属于选择认定的范畴。

另一方面,选择认定主要是解决事实不明的情形,因此不适用于纯粹的法律问题。具体而言,当法官面临的问题是,一个确定的案件事实应该涵摄到此构成要件还是彼构成要件,也就是所谓的纯粹的法条择一性的场合,毋宁应通过法律解释来

---

[52] Schönke/Schröder-Lenckner/Eser/Stree/Eisele/Heine/Perron/Sternberg-Lieben, 29. Aufl., § 1 Rn. 78.

[53] Karl Günther Deubner, Die Grenzen der Wahlfeststellung, JuS 1962, 21.

[54] Gerhard Dannecker, in: Leipziger Kommentar StGB, Band 1, 12. Aufl., Anh § 1 Rn. 29.

排除怀疑。[55]诚如帝国法院所作出的解释,一个性行为是否具有刑法典第184g条第一项意义上的"重大影响"(从而构成性犯罪)还是仅仅构成侮辱罪,这个问题必须在法律上进行判断。[56]相反,如果不能确定的是案件事实究竟是行为人拿走了财物,还是逼迫被害人作出财产处分行为而获得占有的,则可以考虑在抢劫与抢劫性勒索之间进行选择认定。然而,倘若案情本身没有疑问,只是不确定如何在法律上评价行为人的行为——究竟是属于自己拿走,还是属于迫使他人作出财产处分,则不允许使用选择认定。据此,能否进行选择性认定,关键取决于是否存在事实的择一性。如果欠缺择一的事实基础,则只是纯粹的法条择一性,通过法律解释选择适用的法条即可。

2. 案件事实的"择一性"

案件事实不明确,还不足以动用选择认定这把双刃剑。只有现有证据证明案件事实只存在有罪的可能性,即被告人要不就是触犯了A罪,要不就是触犯了B罪或者C罪,而不可能无罪,才可能考虑是否进行选择认定。

首先,法院必须根据现有的证据确认所有的案件事实的可能性。也就是说,法官必须排除任何怀疑证明,真实的犯罪过程只可能是这些可能性,而不可能以另一种方式发生。而且,法院必须如同在明确的有罪判决中一样,根据地点、时间以及事件情状全面地认定每一种被纳入考虑的犯罪,并检验在每一种案情可能性中是否具备了实体法以及程序法上的前提条件。不仅如此,不管是哪一种可能性,都指向被告人有罪的结论,换句话说,法院必须排除被告人无罪的可能性,即使是在过失犯罪的场合也如此。因此,在诸如行为人故意或过失地朝被害人开了一枪,可是不能证明这一枪是否命中被害人的场合,法院不能在过失致人死亡与谋杀未遂之间选择认定。另外,法院也须证明不存在阻却刑罚的程序事由,例如欠缺合法之告诉。[57]

其次,法院必须确信,如果本案不是A犯罪事实则必定是B犯罪事实,或者相反。这意味着,法院之所以不确定是否是A犯罪事实,只能是因为存在B犯罪事实这种可能性,而不可能是其他。据此,这些可能的案件事实之间必须是"排他的择一关系"(Verhältnis „exklusiver Alternativität")。这不是说,如果这些可能性都存在时,例如行为人的两个证言可能都是假的,则不能适用选择认定。这里的择一性仅

---

〔55〕Gerhard Dannecker, in: Leipziger Kommentar StGB, Band 1, 12. Aufl., Anh § 1 Rn. 28; Roland Schmitz, in: Münchener Kommentar StGB, 2. Aufl., Anhang zu § 1 Rn. 5.

〔56〕RGSt 71, 104.

〔57〕Gerhard Dannecker, in: Leipziger Kommentar StGB, Band 1, 12. Aufl., Anh § 1 Rn. 45. 比如说,初审法院在盗窃与窝赃之间选择认定,但所控诉的犯罪只有盗窃不包括窝赃罪时,上诉法院可以撤销原判决并将事实部分发回重审,从而使得针对窝赃罪提起新的诉讼、二者合并审理成为可能。

仅是指排除无罪或者其他犯罪的可能性。[58] 所以，例如如果多个犯罪嫌疑人中不排除有一人并非参与犯罪，但查不清楚是谁时，不能进行选择认定。又如，如果查不清楚本案中究竟是 A 犯罪还是 B 犯罪，而犯罪嫌疑人可能只是参与了其中一个时，或者其中一个犯罪条文事后被废止时，也不允许进行选择认定。[59] 共同正犯的场合则相反，即使无法查清究竟是哪一个被告人实施了导致他人死亡的行为，根据共同正犯相互归责的原则也允许在同一个犯罪构成要件之内进行选择认定。[60]

选择认定之所以要求可能的案情必须是非此即彼的关系，是因为某些情形虽然事实查不清楚，但可以直接适用存疑时有利于被告人原则，或者通过前罪科断（Präpendenzfeststellung）或后罪科断（Postpendezfeststellung）来得出一个明确的判决。因此，德国刑法理论致力于在选择认定与存疑时有利于被告人原则以及前罪科断和后罪科断之间画出一条清楚的界限，从而明晰哪些案件属于选择认定的范畴，哪些案件根据存疑时有利于被告人原则或者通过前罪科断与后罪科断即可解决。

（1）选择认定与存疑时有利于被告人原则

德国刑法理论认为，根据存疑时有利于被告人原则，法院的判决通常必须建立在清楚的案件事实基础上。如果法院根据存疑时有利于被告人原则就能够获得一个明确的事实基础，便从这个确定的事实基础出发作出判决。这样的情形不存在一个不明确的案件事实基础，故无所谓在此基础上进行有罪判决，更无所谓选择认定的问题，而无非是一个建立在明确事实基础上的确定判决（eindeutige Verurteilung auf eindeutiger Tatsachengrundlage）。[61] 一言蔽之，凡是能够适用存疑时有利于被告人原则的案件，都自动地退出选择认定的范畴。

按照德国刑法理论的通说，存疑时有利于被告人的适用范围主要包括两种情形：一是在有罪与无罪之间作出裁判；二是在相互处于阶层关系的犯罪之间作出裁判。据此，一方面，行为人因某一特定犯罪被起诉，但法院根据证据调查无法完全排除怀疑地证明该罪的事实前提时，应当适用存疑时有利于被告人原则。另一方面，

---

〔58〕 Schönke/Schröder-Lenckner/Eser/Stree/Eisele/Heine/Perron/Sternberg-Lieben，29. Aufl.，§ 1 Rn. 80.

〔59〕 Gerhard Dannecker，in：Leipziger Kommentar StGB，Band 1,12. Aufl.，Anh § 1 Rn. 46；Schönke/Schröder-Lenckner/Eser/Stree/Eisele/Heine/Perron/Sternberg-Lieben，29. Aufl.，§ 1 Rn. 79.

〔60〕 OGHSt 1, 111.

〔61〕 本文注意到，这种情形在德国刑法理论中也常常被称为不明事实基础上之确定判决（eindeutige Verurteilung auf wahldeutiger Tatsachengrundlage）。尽管如此，在本文看来，这两种说法本质上并不冲突，因为二者只是描述的对象不同，而导致了表述的差异：前者针对的是运用存疑时有利于被告人原则所获得的事实，就这部分而言，事实当然是明确的；后者是就整体案件事实而言的，它当然是不明确的，否则便无须适用存疑时有利于被告人原则。

例如行为人因加重犯而被起诉,但根据法院的证据调查只能查明基本犯罪时,也应当适用存疑时有利于被告人原则,以基本犯罪定罪处罚。[62] 德国刑法理论对第一种情形仅有只言片语,这大抵是因为第一种情形是纯粹的证明问题,与实体刑法关系甚微,即被起诉的特定犯罪事实条件是否成就,若成就,则有罪,反之则反。[63] 因此,德国刑法理论主要关注的是第二种情形,这里最主要的问题是:如何认定所涉犯罪之间存在阶层关系?

德国刑法理论与司法实务一致认为,这里的阶层关系包括两种类型:一是逻辑上的阶层关系(logisches Stufenverhältnis),二是规范上的阶层关系(normatives Stufenverhältnis)。[64]

所谓逻辑上的阶层关系,是指犯罪之间处于"多与少"的关系(„Mehr-Weniger"-Verhältnis)或"加与减"(„Plus-Minus"-Verhältnis)的关系,换言之,其中一个犯罪构成要件全部囊括在另一个犯罪构成要件之中,两个犯罪构成要件之间的区别仅仅是构成要件要素的多与少。德国刑法理论与司法实践的通说认为,这样一个逻辑上的阶层关系典型地存在于基本犯与加重犯或减轻犯、分则例示规定的特别严重的情形、未遂犯与既遂犯、结合犯与所结合之犯罪(例如抢劫罪与普通盗窃罪和强制罪)之间。例如,德国司法实务认为虚伪宣誓与虚伪的未经宣誓的陈述之间具有逻辑上的阶层关系,因为被告人若构成前者则一定满足了后者的犯罪构成,另外,谋杀与故意杀人、盗窃与结伙盗窃以及普通抢劫与严重抢劫之间也存在逻辑上的阶层关系。[65] 在这些情形中,尽管案件事实不明确,但根据存疑时有利于被告人原则可以确定行为人一定实施了较轻的犯罪,故直接根据较轻的犯罪处罚即可。

所谓规范上的阶层关系,是指一犯罪的不法从规范上来看完全包含在另一犯罪构成要件之中,二者只是根据不法的程度来互相区分。[66] 根据德国刑法理论的通

---

[62] Urs Kindhäuser, Strafrecht Allgemeiner Teil, 7. Aufl., § 48 Rn. 2, 3.

[63] 这是控诉原则的要求。德国联邦最高法院在 1983 年 11 月 3 日的决议中明确指出,根据控诉原则,只有在所有可能的犯罪都被指控的情况下,法院才允许择一判决。因此,如果起诉的是某一特定犯罪事实,法院只能就该事实作出有罪或无罪的裁判。BGH, NJW 1984, 2109.

[64] Wessels/Beulke, Strafrecht Allgemeiner Teil, 44. Aufl., § 18 Rn. 806; Urs Kindhäuser, Strafrecht Allgemeiner Teil, 7. Aufl., § 48 Rn. 2ff; Gerhard Dannecker, in: Leipziger Kommentar StGB, Band 1,12. Aufl., Anh § 1 Rn. 72, 19; Roland Schmitz, in: Münchener Kommentar StGB, 2. Aufl., Anhang zu § 1 Rn. 15, 26; Schönke/Schröder-Lenckner/Eser/Stree/Eisele/Heine/Perron/Sternberg-Lieben, 29. Aufl., § 1 Rn. 85, 87.

[65] Gerhard Dannecker, in: Leipziger Kommentar StGB, Band 1,12. Aufl., Anh § Rn. 74.

[66] Roland Schmitz, in: Münchener Kommentar StGB, 2. Aufl., Anhang zu § 1 Rn. 26; Urs Kindhäuser, Strafrecht Allgemeiner Teil, 7. Aufl., § 48 Rn. 2ff.

说以及司法实务，这样的规范阶层关系主要存在于下述情形中：[67]

一是过失与故意。虽然过失逻辑上并不是故意的减轻形式从而包含于故意之中，但可以从法律规范评价的视角来确定两者之间具有规范的阶层关系。因此，法院在已经确定行为人的行为违背了谨慎义务的情况下，可以基于存疑时有利于被告人原则以过失犯罪论处。对此，德国联邦最高法院最初是借助心理上的可比较性这一标准来承认故意与过失犯罪之间可以选择认定，后来希望通过截堵的构成要件这一法律概念来处理[68]，最后转变为承认二者之间存在规范上的阶层关系，从而使得一个明确的有罪判决成为可能。[69]

二是作为犯与不真正不作为犯。据此，如果行为人要不就是因为自己醉酒驾驶，要不就是因为将车交给无驾驶资格者而导致他人死亡的，根据存疑时有利于被告人原则至少成立过失致人死亡罪。[70] 另一方面，如果行为人实施了一个作为犯罪之后，能够阻止犯罪结果发生而未阻止的，可以在作为犯与不真正的不作为犯之间进行有罪判决，因为这样一个基于作为犯罪而产生违背义务的不作为也是犯罪行为。换言之，犯罪行为人的行为没有直接导致构成要件的结果发生，在他还能够阻止结果发生的情况下，便让自己承担了基于先前危险行为所产生的保证人地位。因此，他同时构成了不作为犯，后者补充性退居作为犯之后。[71]

三是正犯与共犯。在共同正犯与帮助犯之间，虽然联邦最高法院认为两者具有心理上异质性（psychologische Anderartigkeit）这一本质差别，因为帮助犯以缺乏犯罪支配与正犯意志为前提，从而否认了两者之间"多或少"这种逻辑上的阶层关系。不过，联邦最高法院在这里相应地适用了存疑时有利于被告人原则，采取了最有利于被告人的解释，以较轻的帮助犯定罪处罚。[72] 这再一次印证了处理选择认定与存疑时有利于被告人关系的准则：凡是可直接适用存疑时有利于被告人原则的，便

---

〔67〕 规范阶层关系的范围在德国刑法理论上不无争论，例如部分学者认为作为犯与不真正的不作为犯、正犯与共犯属于逻辑上的阶层关系，而非规范的阶层关系。篇幅所限，本文只能以德国刑法理论的通说与司法实务的见解为出发点。

〔68〕 德国以前以截堵的构成要件来处理的情形，如今都被划归到了规范的阶层关系领域。

〔69〕 Schönke/Schröder-Lenckner/Eser/Stree/Eisele/Heine/Perron/Sternberg-Lieben，29. Aufl.，§ 1 Rn. 85.

〔70〕 Schönke/Schröder-Lenckner/Eser/Stree/Eisele/Heine/Perron/Sternberg-Lieben，29. Aufl.，§ 1 Rn. 85.

〔71〕 Gerhard Dannecker，in：Leipziger Kommentar StGB，Band 1，12. Aufl.，Anh § 1 Rn. 87；Roland Schmitz，in：Münchener Kommentar StGB，2. Aufl.，Anhang zu § 1 Rn. 27.

〔72〕 Gerhard Dannecker，in：Leipziger Kommentar StGB，Band 1，12. Aufl.，Anh § 1 Rn. 84；Schönke/Schröder-Lenckner/Eser/Stree/Eisele/Heine/Perron/Sternberg-Lieben，29. Aufl.，§ 1 Rn. 86.

无须适用选择认定。同样,在共同正犯与教唆犯、教唆犯与帮助犯之间直接根据存疑时有利于被告人原则以教唆犯与帮助犯处罚。[73] 这一点,同样适用于单独正犯与《德国刑法典》第 30 条第二款规定的约定犯重罪(Verbrechensverabredung)之间。[74]

　　四是想象竞合与实质竞合。在查不清楚行为人究竟是一行为还是多行为地实现犯罪构成要件时,如果没有其他更有利于被告人的情节,则以想象竞合来处理。

　　一般而言,如果是单纯的逻辑上的阶层关系或单纯的规范上的阶层关系,认定起来相对简单,比较复杂的是二者结合的情形。例如,查不清楚两个自然意义上的行为中究竟是故意的还是过失的那一个行为造成了结果(例如死亡)发生:如果二者属于同一事件在法律上不可分的两个行为,则成立故意杀人罪或者过失致人死亡罪与故意杀人未遂的想象竞合,在行为与死亡结果具有直接关联的情况下则成立故意杀人或故意伤害致死与故意杀人未遂的想象竞合。由于故意杀人中包括过失致人死亡、故意杀人未遂以及故意伤害致死,因此行为人以故意杀人未遂与过失致人死亡,或者故意杀人未遂与故意伤害致死的想象竞合来处理。相反,如果二者是法律意义上彼此独立的两个行为,则不清楚究竟未遂与过失的构成要件究竟是透过同一个行为还是两个行为来实现的,所以可能是故意杀人未遂与过失致人死亡的想象竞合,也可能是实质竞合。鉴于想象竞合的法律效果轻于实质竞合,所以行为人以想象竞合来处罚。[75]

　　值得注意的是,选择认定虽然要求案件事实所涵摄的构成要件之间不存在阶层关系,而是非此即彼,但这并不意味着选择认定必须以犯罪构成要件是排他的择一关系为前提。[76] 一方面,犯罪构成要件不属于阶层关系,逻辑上并不必然得出它们就是择一关系,也有可能是中立关系或交叉关系。[77] 另一方面,诚然,犯罪构成要件对于犯罪事实的归纳具有指导作用,故抽象的犯罪构成要件处于何种关系,也会影响到具体归纳的犯罪事实之间的关系,从而两个非此即彼的构成要件的指导下所认定的犯罪事实原则上也是相互排斥的,例如根据我国刑法理论的通说,盗窃罪与

---

　　[73]　Gerhard Dannecker, in: Leipziger Kommentar StGB, Band 1, 12. Aufl., Anh § 1 Rn. 83.

　　[74]　Gerhard Dannecker, in: Leipziger Kommentar StGB, Band 1, 12. Aufl., Anh § 1 Rn. 86.

　　[75]　Gerhard Dannecker, in: Leipziger Kommentar StGB, Band 1, 12. Aufl., Anh § 1 Rn. 90.

　　[76]　Schönke/Schröder-Lenckner/Eser/Stree/Eisele/Heine/Perron/Sternberg-Lieben, 29. Aufl., § 1 Rn. 81.

　　[77]　参见张明楷:《犯罪之间的界限和竞合》,载《中国法学》2008 年第 4 期,第 87 页。

诈骗罪属于择一关系，一个行为不可能既是盗窃又是诈骗，那么以盗窃罪与诈骗罪的构成要件为指导归纳出的犯罪事实必然也是非此即彼。可是，选择认定所处理的毕竟是事实问题，而非纯粹的构成要件问题，现实中完全存在犯罪构成要件之间不是择一关系但案件事实非 A 即 B 的情形。同种选择认定便是如此，案件事实的择一性在这里没有任何问题，可是案件事实所涵摄的构成要件并不是排他关系，而是同一的。

从德国刑法理论与司法实务所发展出来的一套细致的规范阶层理论来看，存疑时有利于被告原则具有优先适用性是德国理论界与实务界的金科玉律。凡是能够根据存疑时有利于被告人原则获得一个明确的案件事实进而作出一个明确的有罪判决时，选择认定没有任何适用的余地。可是，如果因此认为存疑时有利于被告人原则无计可施时选择认定即可登场，则言之过早，这是因为德国刑法理论与司法实务另外发展出了前罪科断与后罪科断这两个概念，选择认定所要求的案件事实"择一性"在这两种情形中也不成就。

（2）选择认定与前罪科断及后罪科断

较之于耳熟能详的存疑时有利于被告人原则，前罪科断与后罪科断在我国刑法学界则是十分陌生的概念。

前罪科断与后罪科断的历史并不悠久。1970 年，后罪科断才作为概念的构想由德国学者 Hruschka 引入刑法讨论的视野，[78]直到德国联邦最高法院在 1987 年 11 月 11 日的决议中明确认可了它的独立地位及独特的问题解决机制。[79]可见，德国刑法理论最初是以后罪科断为核心来构建和发展的，不过鉴于前罪科断本质的一致性，因此可以无差别地适用。顾名思义，前罪科断与后罪科断是指两个在时间上先后发生的犯罪事实，前罪事实确定无疑但查不清楚后罪事实，或者后罪事实确定无疑但查不清楚前罪事实时，直接以前罪或后罪来作出有罪判决。不难看出，选择认定与前罪及后罪科断的区别在于，选择认定所适用的是案件事实双向不明（beidseitige Sachverhaltsungewissheit）的情形，即每个被纳入考虑的案件事实从自身来看都只是可能存在，而前罪科断及后罪科断只存在案件事实单向不明（einseitige Sachverhaltsungewissheit），即两个前后的犯罪事实只有一个被认为是可能存在的，而另一个则确定无疑。

这两个概念的提出，可以说仍然是德国司法实务与刑法理论主张优先明确的判

---

〔78〕 Joachim Hruschka, Zur Logik und Dogmatik von Verurteilungen aufgrund mehrdeutiger Beweisergebnisse im Strafprozess, JZ 1970, S. 637ff.

〔79〕 BGHSt 35, 86; BGH, Wahlfeststellung zwischen Hehlerei und Erpressung, NJW 1988, S. 921. 案情结论简要如下：如果不能证明被告人是否作为共同正犯参与了一起严重的抢劫性恐吓，但可以确定他在明知的情况下从抢劫性恐吓的行为人处获得了一部分赃物，那么可以以窝赃罪对被告人定罪处罚。

决这一理念的体现。[80] 详言之,如果两个择一的案件事实之中一个已经得到确定,只是另一个存疑,则可能会出现这样的情形,存疑的那个犯罪事实实际上是否成就会直接影响到根据已经确定的那个犯罪事实所得出的可罚性。也就是说,如何在刑法上评价已经证明的犯罪事实,尚取决于不能查明的前罪事实。[81] 例如窝赃罪的构成要件要求必须是他人实施了事前行为。如果被告人确实以不法获利之意图从他人那里获得了一个其通过抢劫性勒索所得的财物,但被告人可能也参与了这一行为,这就使得被告人窝赃罪的可罚性面临质疑。根据存疑有利被告原则,不可能对被告人以抢劫性勒索定罪处罚,这里也不存在一个阶层的关系,为了在这种情形中也得出一个明确的有罪判决,通说认可了前罪与后罪科断的可能性。[82]

从定义便可看出,前罪科断适用的情形是前罪的事实确定无疑,只是查不清楚后面发生的犯罪事实。德国司法实务目前尚无前罪科断的典型案例,不过常见的教学案例有,被告人因提供犯罪工具而确定实施了故意杀人的帮助行为,但不排除被告人接下来以正犯的形式参与了犯罪的事实;[83] 或者被告人与他人约定实施谋杀行为,但无法证明被告人是否以任何形式参与了后面的谋杀行为。[84] 后罪科断则相反,适用于后罪犯罪事实毫无疑问但前罪事实不明的情形。这方面,德国司法实务提供了丰富的判例:被告人明知是抢劫性勒索的赃物而获得,但无法查明是否也参与了前面的犯罪的,以窝赃罪定罪处罚;[85] 被告人明知是盗赃物然而为了利用其营利而获得,但查不清楚他是否是之前盗窃行为或入室盗窃行为的正犯的,以窝赃罪定罪处罚;[86] 被告人明知是诈骗的赃物而获得,但不能证明是否共同实施了诈骗的正犯行为。[87] 另外,后罪科断的典型情形还包括严重盗窃与包庇、盗窃与侵占、诈骗与侵占以及抢劫(或恐吓)与侵占。[88] 可是,司法实务否认了盗窃的单独正犯

---

[80] Gerhard Dannecker, in: Leipziger Kommentar StGB, Band 1, 12. Aufl., Anh § 1 Rn. 6; Roland Schmitz, in: Münchener Kommentar StGB, 2. Aufl., Anhang zu § 1 Rn. 39.

[81] Gerhard Dannecker, in: Leipziger Kommentar StGB, Band 1, 12. Aufl., Anh § 1 Rn. 105.

[82] Roland Schmitz, in: Münchener Kommentar StGB, 2. Aufl., Anhang zu § 1 Rn. 32.

[83] Roland Schmitz, in: Münchener Kommentar StGB, 2. Aufl., Anhang zu § 1 Rn. 34.

[84] Ali B. Norouzi, Grundfälle zur Wahlfeststellung, Präpendenz und Postpendenz, JuS 2008, S. 113, 115.

[85] BGHSt 35, 86.

[86] BGH, Wahlweise Verurteilung wegen Diebstahls oder Hehlerei, NStZ 1989, S. 574; OGHSt 2, 90.

[87] BGH, Wahldeutige Verurteilung wegen Betrugs oder Hehlerei, NJW 1974, S. 804.

[88] Gerhard Dannecker, in: Leipziger Kommentar StGB, Band 1, 12. Aufl., Anh § 1 Rn. 115.

与使自己取得赃物这种形式的窝赃之间可以以后罪科断,理由是在这种情形中由于不能排除被告人单独实施了盗窃罪,故无法肯定被告人是从他人处获得该赃物的,从而不能满足刑法典第 259 条第 1 款所规定的使自己获得他人盗窃所获得的赃物这一前提。[89] 尽管如此,二者的适用范围在德国刑法理论上备受争议,尤其是近年来质疑后罪科断适用范围的声音与日俱增。[90]

德国刑法学界只有极少数学者赞成全面认可前罪及后罪科断,主流学说认为应当进行限制。德国刑法理论将前罪科断与后罪科断大致区分为竞合式的前罪及后罪科断(konkurrenzrelevante Präpendenz- und Postpendenzfeststellung)与构成要件式的前罪及后罪科断(tatbestandliche Präpendenz- und Postpendenzfeststellung)[91],主流学说认为只有竞合式的前罪及后罪科断才属于一个明确的有罪判决。具体来说,如果后续行为是共罚的事后行为,被参与前罪的行为所吸收,则可以根据已经确定的后罪判决,这一点同样地适用于前罪被后罪吸收这种情形中的前罪科断。这里不存在损害存疑有利被告原则的问题,因为可以肯定的是,被告人一定实施了这个犯罪行为,而他在前罪成立的情况下不以后罪处罚不是因为不成立后罪,而仅仅是由于后罪的不法完全被前罪所囊括。[92] 这里也不存在犯罪构成要件择一性的问题,因为后罪行为只是基于竞合的理由不另外处罚,在无法证明行为人的主行为的情况下其可罚性原则上不受限制,所以这里不是一个选择性的有罪判决,而是基于现实已经确定的后罪行为所作的明确的判决。[93] 常见的竞合式的前罪及后罪科断,除了上面所说的正犯行为之前的帮助行为和盗窃之后的侵占行为之外,还包括行为人在已经确认的不作为帮助之前或许以可罚的方式造成了不幸的发生,以及行为人在背信罪之前可能参与了诈骗该财物。另外,如果人们将前罪所规定的排除刑罚事由解释为共罚的事后行为这一竞合规则,而不是个人排除刑罚事由,那么,后罪科断在行为人可能参与了洗钱罪的上游犯罪的情形中也是可能的。[94]

与之相反,构成要件式的前罪及后罪科断在德国刑法学界极富争议。它是指已

---

[89] BGH, Strafbarkeit der beabsichtigten Nichtzahlung von Gebühren für Abladen von Abfall, NJW 1990, S. 2476, 2477.

[90] Wessels/Beulke, Strafrecht Allgemeiner Teil, 44. Aufl., § 18 Rn. 809.

[91] 详细论述,可参见 Wilfried Küper, Probleme der „Postpendenzfeststellung "im Strafverfahren, in: Festschrift für Richard Lange, 1976, S. 65, 69ff.; Jan C. Joerden, Postpendenz- und Präpendenzfeststellung im Strafrecht, JZ 1988, S. 847, 848f.

[92] Gerhard Dannecker, in: Leipziger Kommentar StGB, Band 1, 12. Aufl., Anh § 1 Rn. 120; Roland Schmitz, in: Münchener Kommentar StGB, 2. Aufl., Anhang zu § 1 Rn. 35.

[93] Gerhard Dannecker, in: Leipziger Kommentar StGB, Band 1, 12. Aufl., Anh § 1 Rn. 120.

[94] Roland Schmitz, in: Münchener Kommentar StGB, 2. Aufl., Anhang zu § 1 Rn. 36.

经确认的事实的可罚性以另一犯罪事实不存在为前提,也就是说,已确认的事实是否符合犯罪构成要件,取决于另一犯罪构成要件不成就,例如,阻挠刑罚罪的可罚性取决于行为人没有参与前行为;这显然不同于在竞合式的前罪或后罪科断的场合,即已确认事实的可罚性本身不受另一犯罪事实影响,之所以在另一犯罪成立时不受处罚,是因为竞合的缘故,而非犯罪构成要件不满足。所以,这里根据存疑时有利被告原则要证明被告人犯了后罪行为,恰恰需要证明被告人没有参与前罪行为,[95]如果允许后罪科断则违反了存疑有利被告原则,因为后面行为的可罚性由于无法排除被告人没有参与前行为而恰恰是不确定的,故而这里不是案件事实单向不明,而是双向不明。即使本人阻挠刑罚不是在构成要件层面排除刑罚的,而是属于个人刑罚排除事由而改变,也不会改变这一结论。据此,这种情形不适用后罪科断,只能视情况考虑选择认定,否则便只能宣告无罪。[96]

不过,德国刑法理论通说对这些依赖于前行为不存在才能满足的构成要件要素设了一个例外,即如果它们可以被解释为被构成要件化的竞合规则(tatbestandlich vertypte Konkurrenzregel)的话,则例外地允许以后罪来处罚。这个例外尤其适用于例如阻挠刑罚罪所规定的"他人的违法行为"这一构成要件要素。考虑到窝赃罪属于典型的后续行为,故这一构成要件要素的功能仅仅在于防止双重处罚,因此可以认为前罪的参与人原本也可以犯窝赃罪,只是不再因此而另外处罚。[97]

对比德国的司法实务在这方面的判例与刑法理论,我们可以发现,德国司法实务虽然没有像学说一样严格细分前罪科断或后罪科断的具体类型,而且有将后罪科断作为选择认定的一种特殊情形的嫌疑。[98]不过从判例来看,司法实务所认可的后罪科断基本可以分为两种类型:一是后罪行为属于共罚的事后行为(典型的如侵占),二是后罪行为属于典型的后续行为(典型的如窝赃、包庇、阻挠刑罚、洗钱)。第一种情形实质上等同于学说所定义的竞合式的前罪或后罪科断,而第二种情形基本上等同于学说提出的所谓的构成要件化的竞合规则。从这个意义上讲,德国司法实务与刑法理论对于前罪或后罪科断的适用范围并没有太大歧见。[99]

---

〔95〕 Gerhard Dannecker, in: Leipziger Kommentar StGB, Band 1, 12. Aufl., Anh § 1 Rn. 121.

〔96〕 Roland Schmitz, in: Münchener Kommentar StGB, 2. Aufl., Anhang zu § 1 Rn. 37.

〔97〕 Roland Schmitz, in: Münchener Kommentar StGB, 2. Aufl., Anhang zu § 1 Rn. 38.

〔98〕 Harro Otto, „in dubio pro reo" und Wahlfeststellung, in: Festschrift für Karl Peters zum 70. Geburtstag, 1974, S. 373, 374.

〔99〕 当然,部分学说对于联邦最高法院认为盗窃的单独正犯与窝赃罪不适用后罪科断持批评意见。参见:Jürgen Wolter, Systematischer Kommentar zum Strafgesetzbuch, 8. Aufl., Anh zu § 55 Rn. 22.

综上所述,我们可以看出,德国刑法理论与司法实务的主导理念是优先得出一个明确的有罪判决,这大抵是考虑到选择认定本来就是法安定性与个案正义进退两难的产物,能不适用则不适用,能少适用则少适用。为此,德国刑法理论与司法实务可谓煞费苦心,要求选择认定必须以案件事实的择一性为前提。这样的一个案件事实择一性或者在案件事实具有适用关系从而可以直接适用存疑有利被告原则,或者在案件事实单向不明从而允许前罪科断或后罪科断的场合都不存在,故毫无选择认定适用之余地。只有在穷尽了这些法律机制之后仍然无法得出一个明确的有罪判决,方才可以考虑选择认定。

(二) 规范前提

同种选择认定不牵涉罪名的选择问题,故只需满足案件事实的择一性即可,而在不同种选择认定的场合,案件事实的择一性仅仅是事实前提,接下来要做的是判断在这些不同的罪名之间能否选择认定。这毕竟是规范性的法律判断,因而尚需进一步满足规范上的要求。对此,德国司法实务与刑法理论大体上发展出了以下标准。

1. 法伦理与心理上的等价性(rechtsethische und psychologische Gleichwertigkeit)

法伦理与心理上的等价性是德国司法实务发展出来的认定标准。除此之外,德国刑法理论与司法实务也常常使用法伦理与心理上的可比较性(rechtsethische und psychologische Vergleichbarkeit)这一概念,不过二者并无意思上的差别。

何谓法伦理上的等价性? 德国联邦最高法院 1956 年 10 月 15 日的决议可谓经典表述。"法伦理上的等价性不仅仅是指几乎相同的责任非难的程度,即等同的应罚性……相同的法定刑也是不够的。更确切地说,只有一般的法感觉对这些犯罪的评价是相同或相似的,它们才是可比较的。为此,所有决定犯罪构成要件特殊的不法性格的情状都要考虑在内。"[100]法伦理上可比较性的判决可以说是一个抽象的比较,因为它基本上以法律规定的构成要件为准,而不是取决于待决个案的特殊性。[101] 侵害法益的相似性是法伦理上的等价性的最低前提,[102]这也是为什么德国司法实务始终认为盗窃与侵占、盗窃与窝赃、结伙盗窃与结伙窝赃以及盗窃与包庇之间具有这种可比较性,从而允许选择认定,但非法持有毒品与阻挠刑罚之间

---

[100]　BGHSt 9,390,394.

[101]　Gerhard Dannecker, in: Leipziger Kommentar StGB, Band 1,12. Aufl., Anh § 1 Rn. 136.

[102]　Schönke/Schröder-Lenckner/Eser/Stree/Eisele/Heine/Perron/Sternberg-Lieben, 29. Aufl., § 1Rn. 100; Gerhard Dannecker, in: Leipziger Kommentar StGB, Band 1,12. Aufl., Anh § 1 Rn. 137; Roland Schmitz, in: Münchener Kommentar StGB, 2. Aufl., Anhang zu § 1Rn. 48.

却不可能。[103] 如果行为除了侵犯了可比较的法益之外还侵犯了不可比较的法益，例如严重抢劫与窝赃或者盗窃与职业性窝赃，依照德国司法实务的观点也具有法伦理上的可比较性。不过学说和实务认为这种情形应当首先根据存疑有利被告原则去除不具有等质性的部分，比较的对象也相应地变为盗窃与窝赃而非抢劫与窝赃，盗窃与侵占而非抢劫与侵占。[104] 除此之外，"犯罪构成要件之间的亲近性"以及"受大众相似指责之行为方式"也是判断的标准，故例如在逃税与税务窝赃之间选择认定是可能的。德国联邦最高法院认为抢劫与抢劫式恐吓之间也具有相应的可比较性，但通常否认背信与窝赃或诈骗与盗窃之间有可比较性。[105] 不过卡尔斯鲁厄高等法院通过额外比较"待择一认定的犯罪的行为不法"，得出了诈骗罪与诡计盗窃之间允许选择认定的结论。[106]

何谓心理上的等价性？德国联邦最高法院在同一决议中，将其定义为"行为人与这些被纳入考虑的行为方式之间一定程度上相似的心理关系"[107]。不过，学说认为心理上的等价性不具独立的限制机能，因而缺乏独立的价值。它最多是那些不精确的客观标准在主观面的反射，或者说，它只是再次强调可比较性也取决于主观的不法与罪责要素。[108] 结局是，双重准则在司法实践中几乎被缩减为单一考量，完全取决于规范的法伦理的考量，心理上的等质性只发挥次要的作用。[109]

德国司法实务所发展出来的这一套标准，遭到了学说的猛烈抨击。首先，所谓的"道德评价"和"一般的法感觉"对于法律判决而言是不合适的标准，因为法院不允许以"未经深思的国民一般法感"为基础出发，在事实不明的前提下决定能否突破存疑时有利于被告人原则择一犯罪对被告人处罚，而是应该以法律上的标

---

[103] Werner Beulke/Christian Fahl, Prozessualer Tatbegriff und Wahlfeststellung, Jura 1998, S. 262，265；Roland Schmitz, in：Münchener Kommentar StGB, 2. Aufl., Anhang zu § 1 Rn. 48.

[104] Schönke/Schröder-Lenckner/Eser/Stree/Eisele/Heine/Perron/Sternberg-Lieben, 29. Aufl., § 1Rn. 101；Gerhard Dannecker, in：Leipziger Kommentar StGB, Band 1,12. Aufl., Anh § 1 Rn. 138.

[105] Roland Schmitz, in：Münchener Kommentar StGB, 2. Aufl., Anhang zu § 1 Rn. 48.

[106] OLG Karlsruhe, NJW 1976, S. 902.

[107] BGHSt 9，390，394.

[108] Gerhard Dannecker, in：Leipziger Kommentar StGB, Band 1,12. Aufl., Anh § 1 Rn. 145；Schönke/Schröder-Lenckner/Eser/Stree/Eisele/Heine/Perron/Sternberg-Lieben, 29. Aufl., § 1 Rn. 102；Roland Schmitz, in：Münchener Kommentar StGB, 2. Aufl., Anhang zu § 1 Rn. 50.

[109] Wilfried Küper, Probleme der „Postpendenzfeststellung" im Strafverfahren, in：Festschrift für Richard Lange, 1976, S. 65，67.

准为准。[110] 其次,所谓的法伦理上与心理上的可比较性不过是内容空洞、毫无具体化可能性的公式,德国学者 Norouzi 非常形象地指出:"它(指司法实务的公式——笔者注)是如此有用,就像人们问到什么时候下雨,回答是'当水从天而降时'。"[111]正是因为如此,司法实务常常得出自相矛盾的判决,例如人们很难理解,为什么判例允许诈骗与背信、诈骗与窝赃以及诈骗与侵占之间选择认定,却否认背信和窝赃以及盗窃与诈骗之间选择认定的可能性,这会为法的不安定性打开大门。[112] 最后,这样一个可比较性公式也无助于说明裁判的安定性。[113] 可见,法伦理与心理上的等价性这个公式,在德国刑法主流学说看来不仅毫无实义,而且问题重重,因此德国刑法学界发展出了另外一套认定标准,即不法内核的同一性。

2. 不法内核的同一性(Identität des Unrechtskerns)

目前,德国刑法理论的通说认为,选择认定在法律上的适用前提在于犯罪"不法内核的同一性"。[114] 不过,何谓不法内核的同一性,德国学界众说纷纭。

一种观点旨在扩大选择认定的范围,认为只要犯罪构成要件所要求的法益侵害是同一或同质的,即可适用选择认定。[115] 据此,盗窃和窝赃,抢劫和抢劫性盗窃,诈

---

[110]　Gerhard Dannecker, in: Leipziger Kommentar StGB, Band 1, 12. Aufl., Anh § 1 Rn. 148; Schönke/Schröder-Lenckner/Eser/Stree/Eisele/Heine/Perron/Sternberg-Lieben, 29. Aufl., § 1 Rn. 73; Roland Schmitz, in: Münchener Kommentar StGB, 2. Aufl., Anhang zu § 1 Rn. 51.

[111]　Ali B. Norouzi, Grundfälle zur Wahlfeststellung, Präpendenz und Postpendenz, JuS 2008, S. 113.

[112]　Jürgen Wolter, Systematischer Kommentar zum Strafgesetzbuch, 8. Aufl., Anh. zu § 55 Rn. 36; Schönke/Schröder-Lenckner/Eser/Stree/Eisele/Heine/Perron/Sternberg-Lieben, 29. Aufl., § 1 Rn. 73; Gerhard Dannecker, in: Leipziger Kommentar StGB, Band 1, 12. Aufl., Anh § 1 Rn. 148f.; Roland Schmitz, in: Münchener Kommentar StGB, 2. Aufl., Anhang zu § 1 Rn. 54; Helmut Frister, in: Nomos Kommentar StGB, 4. Aufl., Nachbemerkungen zu § 2 Rn. 58.

[113]　Schönke/Schröder-Lenckner/Eser/Stree/Eisele/Heine/Perron/Sternberg-Lieben, 29. Aufl., § 1 Rn. 73.

[114]　Wilfried Küper, Probleme der „Postpendenzfeststellung" im Strafverfahren, in: Festschrift für Richard Lange, 1976, S. 65, 67; Gerhard Dannecker, in: Leipziger Kommentar StGB, Band 1, 12. Aufl., Anh § 1 Rn. 151; Jürgen Wolter, Systematischer Kommentar zum Strafgesetzbuch, 8. Aufl., Anh. zu § 55Rn. 38, Schönke/Schröder-Lenckner/Eser/Stree/Eisele/Heine/Perron/Sternberg-Lieben, 29. Aufl., § 1usw.

[115]　Harro Otto, „in dubio pro reo" und Wahlfeststellung, in: Festschrift für Karl Peters zum 70. Geburtstag, 1974, 373, 390; Gerhard Dannecker, in: Leipziger Kommentar StGB, Band 1, 12. Aufl., Anh § 1 Rn. 151; Jürgen Wolter, Systematischer Kommentar zum Strafgesetzbuch, 8. Aufl., Anh. zu § 55 Rn. 39; Roland Schmitz, in: Münchener Kommentar StGB, 2. Aufl., Anhang zu § 1 Rn. 52; Helmut Frister, in: Nomos Kommentar StGB, 4. Aufl., Nachbemerkungen zu § 2 Rn. 58.

骗和盗窃,伪证和诬告,抢劫和窝赃之间可以进行选择性认定。[116] 不过,这个观点并非没有疑问。学说对此观点的批判是,一方面它没有考虑到犯罪行为也是不法的组成部分,另一方面某些犯罪构成要件不仅包括首要保护的法益,还包含其他共同铸造不法内涵的法益侵害结果。这一点体现在虽然窝赃罪不具有强迫的要素,但仍然可以与抢劫之间进行选择认定,这是因为,即使抢劫的不法要重于强迫强制与盗窃的不法总和,但人们在这里可以忽略强制的要素,而仅仅关注二者共同侵犯所有权的部分,借此将其缩减为在盗窃与窝赃之间的选择认定。可是,人们无论如何不允许通过这种抽象化的方式将不法内涵缩减到完全丧失其轮廓的程度。[117]

另一种观点更倾向于采取限制选择认定的解释方法,赞成将行为不法、造成结果的方式以及行为人的动机都作为比较的对象,纳入判断不法内核同一性的范畴。据此,只有犯罪构成要件典型的不法内涵在方式与范围上都相同时,才允许选择性地判决。一般而言,盗窃、侵占与窝赃,抢劫与抢劫性勒索,滥用型背信与违背忠诚型背信以及诈骗与恐吓之间都满足了这一条件。[118] 原则上,判断犯罪行为不法的标准是法律对犯罪构成要件的抽象描述是否具有相似性,然而,部分学说认为应当取决于具体的行为方式。[119]

总体来说,不法内核的同一性和司法实务采用的可比较性标准命运相同,都被指责是无用的标准。乍看之下,"同一性"要比所谓的"同质性"、"同类性"或"可比较性"更好判断。这个优点却因为它不是取决于不法的同一性,而是不法"内核"的同一性而大打折扣。[120] 不仅如此,这一标准能否获得明确的结论也是受到质疑的,这不仅是因为司法实务已经通过法益侵害是否同一或相似这一点来判断法伦理上的可比较性,使得二者至少在抽象的层面没有明显差别,而且是因为它所造成的如何区分不法内核的同一性的难度不容低估。如果人们仅仅依据是否侵害相同或相似的法益来判断不法内核的同一性,可能会让选择认定的轮廓比较清晰,但忽视行为不法可能会导致扩大选择认定的范畴,使得行为人受到不公正的诋毁。可是,如果

---

[116] Gerhard Dannecker, in：Leipziger Kommentar StGB, Band 1, 12. Aufl., Anh § 1 Rn. 151.

[117] Gerhard Dannecker, in：Leipziger Kommentar StGB, Band 1, 12. Aufl., Anh § 1 Rn. 152.

[118] Gerhard Dannecker, in：Leipziger Kommentar StGB, Band 1, 12. Aufl., Anh § 1 Rn. 153.

[119] Gerhard Dannecker, in：Leipziger Kommentar StGB, Band 1, 12. Aufl., Anh § 1 Rn. 153；MK-Schmitz, Anhang zu § 1 Rn. 53.

[120] Axel Montenbruck, Wahlfeststellung und Werttypus im Strafrecht und Strafprozessrecht, 1976, S. 144f.；Kurt Schmoller, Alternative Tatsachenaufklärung im Strafrecht, 1986, S. 54.

纳入行为不法,则"不法内核同一性"的比较标准会丧失它原本的清楚性,也会难以与司法实务的操作标准区分开来。[121]另外,少数学者提出了所谓的"程度上的不法差异"作为通说的替代标准。可是,这一理论也面临着通说同样的问题。据此,诚如 Schmitz 所言:"选择认定的基础最后只剩下司法实务几十年来所发展出来的判例。"[122]换言之,何时可以选择认定,最终还是要回溯到已有的具体判例,而不是这些抽象的标准。

大体来说,德国司法实务迄今所认可的选择认定包括:盗窃(§242)与窝赃(§259);盗窃(§242)与职业性窝赃、结伙窝赃(§260);盗窃(§242)与取回质物(§289);严重盗窃(§243)与窝赃(§259);盗窃(§242)与部分赃物之窝赃(§259 bzgl. Eines Teils der Beute);诈骗(§263)与职业性窝赃、结伙窝赃(§260);侵占(§246)与窝赃(§259);侵占(§246)与严重盗窃(§243);侵占(§246)与盗窃(§242);逃税与税务窝赃;抢劫(§249)与抢劫性勒索(§255);严重抢劫之未遂(§250,22)与抢劫性勒索之未遂(§§255,22);委托物侵占(§242 Abs. 2)与背信(§266 Abs.1 2. Alt.);诈骗(§263)与背信(§266);诈骗(§263)与侵占(§246);诈骗(§263)与诡计盗窃(§242);诈骗(§263)与计算机诈骗(§263a);严重盗窃(§243)与包庇(§257);虚伪宣誓(§154)与虚伪的代替宣誓的保证(§156);虚伪的未经宣誓的陈述(§153)与虚伪宣誓(§154);虚伪宣誓(§154)与诬告(§164);过失醉酒驾驶(§316 Abs. 2)与过失无证驾驶(§21 Abs. 1 Nr. 2, Abs. 2 Nr. 1 StVG),等等。[123]

相反,在下列犯罪之间,德国司法实务否认了选择认定的适用可能性:帮助堕胎未遂(§§218,22,27)与诈骗(§263);谋杀未遂(§§211,22)与知情不举(§138);帮助伪造货币(§§146,27)与知情不举(§138);危害道路交通安全(§315c)与侵害保管物(§113);叛国、公开国家秘密、叛国的侦查、刺探国家机密、泄露国家秘密(§§94—97)与叛国的伪造行为(§100a Abs. 1);索贿(§332)与诈骗(§263);伪造文书(§267)与诈骗(§263);盗窃(§242)与恐吓(§253);盗窃(§242)与诈骗(§263);诈骗与逃税或税务窝赃;背信(§266)与窝赃(§259);帮助抢劫(§§249,27)与阻挠刑罚(§258);抢劫(§249)与窝赃(§259);侵占(§246)与抢劫(§249);盗窃未遂(§§242,22)与虚构犯罪(§145d);正犯与帮助;故意犯

[121]　Schönke/Schröder-Lenckner/Eser/Stree/Eisele/Heine/Perron/Sternberg-Lieben, 29. Aufl., § 1 Rn. 75.

[122]　Roland Schmitz, in: Münchener Kommentar StGB, 2. Aufl., Anhang zu § 1Rn. 55.

[123]　Jürgen Wolter, Systematischer Kommentar zum Strafgesetzbuch, 8. Aufl., Anh. zu § 55Rn. 33.

与过失犯；帮助纵火或帮助保险诈骗与阻挠刑罚未遂，等等。[124]

通说以上的论述，读者可能会了解为何选择认定在德国刑法理论界有"迷宫"之称：德国刑法理论与司法实务首先为了优先保证一个明确的有罪判决而发展出了一套复杂的阶层理论与前罪及后罪科断，其次为了确保选择认定的合理适用而提出了一系列标准和要求，可见德国刑法理论与司法实务对选择认定慎之又慎的态度。

六、选择认定在我国语境下的现实意义

虽然选择认定在德国司法实务中也是例外，而非常态，不过德国司法实务与刑法理论为此发展出了一套日臻成熟的理论却是无法否认的。相较之下，尽管事实存疑的案件在我国司法实践中并不乏见，但是，我国司法实践似乎对这一机制十分陌生，迄今未有判决明确提到选择认定的问题。诚然，选择认定在德国司法实务与刑法理论上仍然疑云重重，但不可否认的是，德国司法实务与刑法理论围绕这一机制发展出来的一套判例与规则确实有助于存疑案件的处理，故对我国司法实践具有重要的参考价值。

（一）选择认定的认识误区

参考的前提是正确理解选择认定。选择认定虽已经引入我国刑法学界，但研究不多，以至于对选择认定的理解可能存在偏差。所以，本文认为有必要结合我国对选择认定的研究现状指出我国刑法学界对选择认定理解可能存在的误区，从而更为准确地运用这一法律机制。

首先，虽然我国目前的研究一致认为选择认定是存疑时有利于被告人原则的例外，但从对选择认定的定义来看，有混淆选择认定与存疑时有利于被告人原则的嫌疑。申言之，我国刑法理论对选择认定的通行定义是，虽然不能确信被告人实施了某一特定犯罪行为，但能够确定被告人肯定实施了另一处罚较轻的犯罪行为时，可以认定另一犯罪的成立。[125] 结局是，在查不清楚被告人是既遂还是未遂的场合，可以选择认定为犯罪未遂。可是，根据上述德国刑法理论与司法实务的定义，选择认定是被告人一定实施了两个或多个互相排斥的犯罪事实之间的一个，但无法确信是

---

[124]　Jürgen Wolter, Systematischer Kommentar zum Strafgesetzbuch, 8. Aufl., Anh. zu §55 Rn. 35.

[125]　张明楷：《"存疑时有利于被告"原则的适用界限》，载《吉林大学社会科学学报》2002 年第 1 期，第 61 页；俞毅刚：《存疑有利于被告原则的理解与适用——兼谈几则案例的处理》，载《法律适用》2004 年 8 月，第 38 页；吴学斌：《论"存疑时有利于被告人"的原则与例外》，载《法学杂志》2006 年第 6 期，第 67 页。

其中哪一个，通俗地说就是案件事实要不是 A 要不是 B，而且 A 与 B 之间没有任何阶层关系，而是非此即彼，可是查不清楚到底是 A 还是 B。如果按照我国的通行定义可以肯定被告人实施了较轻的犯罪行为，则已经欠缺了选择认定所要求的案件事实的择一性，这种情形径直适用存疑时有利于被告人原则以轻罪处断即可，无须动用选择认定这一法律机制。另外，如果案件事实存在阶层关系，例如未遂与既遂的场合，也直接根据存疑有利被告原则按照轻罪事实来处罚，与选择认定无涉。

其次，我国对前罪科断与后罪科断的研究几乎是空白，这使得那些德国刑法理论与司法实务以前罪及后罪科断得出明确的有罪判决的情形在我国也被纳入选择认定的范畴。例如，有学者提出："在财产犯罪与赃物犯罪、抢劫罪与敲诈勒索罪、诈骗罪与侵占罪、盗窃枪支罪与非法持有枪支罪、集资诈骗罪与非法吸收公众存款罪、伪造货币罪与非法持有假币罪、强奸罪与强制猥亵妇女罪、贩卖毒品罪与非法持有毒品罪、传播淫秽物品牟利罪与传播淫秽物品罪等诸多罪名之间，都可能存在选择认定的情况。"[126] 显然，这一观点并没有具体分析这些犯罪之间的关系，使得其一概被并入选择认定的范畴。可是，事实上，这些犯罪之间一部分涉及的毋宁说是后罪科断，而非选择认定，例如财产犯罪与赃物犯罪，诈骗罪与侵占罪；另一部分一方面取决于具体的案情，另一方面则取决于如何解释这些犯罪的构成要件及关系，如果存在规范的阶层关系，则如上所述直接以存疑有利于被告人原则处理即可，而不属于选择认定的范畴。

最后，我国刑法理论对选择认定的适用前提可能存在误解。例如，我国有学者认为，选择确定的适用前提是罪名间具有法定的择一关系。[127] 如前所述，同种选择认定的场合并不以犯罪构成要件之间处于排他关系为前提。

（二）现实意义

能否恰当地处理现实案件，无疑体现了一个国家的司法能力；而能否恰当地处理存疑案件，更是彰显了一个国家的法治水平。况且，案件事实存在疑问的情形在司法实践中绝非例外，而是时常发生，因此，如何处理好这些存疑案件，具有重要的现实意义。

德国法上的选择认定便是针对存疑案件发展出来的一套理论，简而言之，就是：一个理念，即确定事实基础上的明确判决优位于不确定事实基础上的选择性判决；一套规则，即存疑时有利于被告、前罪及后罪科断与选择认定三大法律机制共同发挥作用。考虑到我国司法实践对于存疑案件的处理尚未发展出一套成熟的理论，因此无论是德国选择认定贯彻的理念还是规则本身对于我国司法实践都具有重要

---

[126] 吴超：《论选择认定的本质及司法适用》，苏州大学 2006 年硕士学位论文，第 27 页。

[127] 陈珊珊：《论刑事法上的"选择确定"》，载《国家检察官学院学报》2007 年 8 月，第 93 页。

的参考价值。具体来说,在面对存疑案件时,我国司法实践宜采取"三步走"的方法:

首先,判断每一种案件事实的可能性是否都指向被告人有罪的结论,如果不是,则只能宣告被告人无罪。例如,被告人骑赃车被警察查货,这一事实不外乎以下几种可能:一是被告人窃取了他人的摩托车;二是被告人窝藏或收购了他人窃取的摩托车;三是被告人系善意地获得了该摩托车。如果不能排除第三种可能性,则法院不能直接在盗窃或掩饰、隐瞒犯罪所得罪中选择认定,而是必须宣告无罪。如果结论相反,则继续判断。

其次,如果是同时发生的犯罪事实,则判断这些案件事实所涵摄的犯罪构成要件之间是否具有逻辑上或规范上的阶层关系。如果答案是肯定的,则法院可以直接根据存疑时有利于被告人原则获得一个明确的犯罪事实,从而在这个事实基础上做出明确的有罪判决。例如,在能肯定行为人已经着手实行了某种犯罪,但又不能确定该行为是既遂还是未遂的情况下,由于犯罪未遂与既遂之间具有逻辑上的阶层关系,故直接根据存疑时有利于被告人原则可以确定行为人一定是未遂,进而直接得出明确的有罪判决。如前所述,一般认为,除了未遂与既遂之外,这样的阶层关系另外存在于基本犯与加重犯或减轻犯、结合犯与所结合之犯罪、故意与过失、正犯与共犯、想象竞合与实质竞合之间。需要注意的是,如何认定犯罪之间具有阶层关系,应当从我国刑法分则规定的具体犯罪出发,而不能完全照搬德国的刑法理论。例如,德国刑法理论的通说认为(抢劫性)勒索与抢劫之间是排他关系,因此允许两者之间选择认定,[128]可是如果按照我国刑法理论的有力之说,认为敲诈勒索罪与抢劫罪不是对立关系,凡是符合抢劫罪构成要件的行为,必然符合敲诈勒索罪的犯罪构成,[129]那么二者也具有阶层关系,继而在案件事实不明的场合,直接根据存疑有利被告原则认定为敲诈勒索罪即可,无须动用选择认定。于此,有必要特别提及的是,张明楷教授所提出的表面的构成要件要素对于解释犯罪之间的阶层关系具有重要意义,它使得许多按照传统理论表面上看起来处于对立关系的犯罪实质上处于阶层关系之中,有利于案件事实不明时适用存疑有利于被告人原则得出一个明确的判决。例如,张明楷教授通过对"遗忘"一词的解释,使得盗窃罪与侵占罪"虽然在通常情况下处于对立关系的观点是成立的,但在发生事实认识错误等特殊情形下,只要行为人客观上侵占了他人的财物,主观上不具有盗窃罪的故意时,就认定为符合侵

[128] 不过,抢劫与抢劫性勒索的关系也是德国刑法领域争论不休的问题,实务将恐吓罪解释为抢劫罪的基本构成要件,从而抢劫罪属于抢劫性勒索的特殊情形。实务的见解遭到了学说的激烈批评,最主要的理由是这样会使得抢劫罪失去独立犯罪的性格,因此造成二者处于对立关系。

[129] 张明楷:《刑法学》(第5版),法律出版社2016年版,第1019页。

占罪的构成要件"[130]。显然,这一解释实质上使得侵占罪与盗窃罪不再属于对立关系,而是补充关系,这也是德国侵占罪的条文修改后的立场。据此,如果在查不清楚行为当时财物究竟仍然处于他人占有还是遗失物的场合,直接根据存疑有利于被告人原则认定为侵占罪即可,也不需要适用选择认定。

如果是两个前后发生的犯罪事实,则判断能否确定被告人一定犯了前罪或后罪。倘若答案是肯定的,则直接以前罪或后罪得出明确的判决。结合我国刑法分则的规定,前罪科断或后罪科断在我国司法实践中可能的用武之处主要是共罚的事前或事后行为(例如被告人将他人之物非法占为己有,但查不清楚被告人是否之前就已经通过盗窃或诈骗的手段取得了该物),财产犯罪与赃物犯罪(例如被告人明知是盗赃物而窝藏,但无法查明被告人是否实施或参与了盗窃行为的,可以适用后罪科断,认定为掩饰隐瞒犯罪所得罪),以及本犯与妨害司法类犯罪(例如被告人明知有间谍行为而拒绝向国家安全机关提供证据,但查不清楚被告人是否也参与了之前的间谍行为,可以认定为拒绝提供间谍犯罪证据罪)。[131]

最后,在既无法通过存疑有利被告原则,又无法通过前罪及后罪科断获得一个明确的案件事实基础的情况下,判断这些可能的案件事实之间能否适用选择认定。德国司法实务与刑法理论虽然各自发展出不同的标准,但仔细分析会发现,两者在实际运用中所要考量的因素大同小异,只是侧重与程度不同,正因如此,如前所述,二者所受到的批评也是类似的。考虑到选择认定的结果毕竟是一个建立在不确定的事实基础上的选择性的判决,如果犯罪事实之间相差太大,人们可能很难信服这样一个判决,例如前述德国帝国法院曾经认可堕胎罪与诈骗罪之间的选择认定,让学界匪夷所思。从这个意义上讲,以犯罪事实之间具有"等质性"或"可比较性"作为指导的规则具有合理性,不过,法律判决毕竟是规范的判断,故这种等质性或可比较性应当从法律的视角来检验,而非所谓的未经洗炼的一般法感觉。

这种比较具体可以从抽象和具体两方面来进行:第一步在抽象层面上比较这些可能的犯罪构成,刑法所规定的犯罪构成都代表了一种不法类型,因此抽象层面的比较归根到底是不法类型的比较,这里需要考虑各个犯罪构成特殊不法类型的所有情状,一般来说主要包括保护的法益、行为的样态、法定刑的范围以及构成要件所要

---

[130]　张明楷:《论表明的构成要件要素》,载《中国法学》2009 年第 2 期,第 99 页。

[131]　当然,认为后面两种情形中难以评价为被告人"一定"犯了后罪,因为被告人后面的行为能否成立犯罪取决于被告人有没有参与或实行前面的行为,从而将后面两种情形划归到选择认定的范畴也不是不可能的。如前所述,德国联邦最高法院似乎也将后罪认定作为选择认定的特殊情形。然而,即便如此,德国联邦最高法院在 1987 年的决议中明确指出,在后罪科断的情形下所作出的是一个明确的判决,所以,即使认为后罪科断隶属于选择认定,也应当优先适用后罪科断。

求的主观要件，[132]而不能只考虑侵害的法益或只考虑行为方式。第二步人们要在具体层面上判断本案可能涉及的犯罪类型在现象学上是否是可比较的。例如，德国司法实务与刑法理论虽然以欠缺可比较性为由原则上否定盗窃与诈骗之间的选择认定，但诈骗与诡计盗窃属于例外，理由是"从更具体的视角来看……这种以欺骗行为实施的盗窃和诈骗之间常常不易区分"，"被告人对被保护的法益的主观状态、动机以及与行为方式之间的内在关系是相似的。盗窃与诈骗是出于相同的目的，它们都是为了得到同一财物却不用给付对价，而且都依靠欺骗行为"。[133] 值得注意的是，虽然德国司法实务与刑法理论提出认定标准具有重要的参考价值，但不能生搬硬套至我国司法实践。还是以被告人骑赃车被查获为例，可以确定要不就是被告人偷来的，要不就是明知是盗赃物而购买的。对于这种情形，德国司法实务鉴于盗窃与窝赃法益侵害的同一性几乎毫无例外地认可二者具有可比较性，可是，根据我国刑法的规定，两罪保护的法益是不同的，盗窃罪保护的是财产法益，掩饰隐瞒犯罪所得罪却是妨害司法的犯罪，所以在我国不可能以侵害同一法益为由认可二者之间的选择认定，而毋宁是考虑到掩饰隐瞒犯罪所得罪客观上确实通过维持犯罪所形成的违法状态违背被害人的意志侵犯了被害人的财产，而且行为人明知是赃物而购买，说明他想要将他人之物非法占为己有，具有与盗窃罪类似的主观状态。

不难看出，这样一个借鉴德国选择认定理论的三步走方法，可以说是一套过滤机制，存疑案件只有通过层层筛选之后，才可能最后进入选择认定的范畴，从这点来看，现实中选择认定的适用范围是十分有限的，许多情形通过存疑时有利于被告原则或前罪及后罪科断即可处理。总体来说，德国的选择认定理论的确值得借鉴，但是，如何判断具体的犯罪之间是否具有阶层关系、能否适用前罪或后罪科断还是只能求助选择认定，必须从我国刑法分则的具体规定出发，不能完全照搬德国的标准或直接适用德国的判例。

七、结语

选择认定是刑法理论针对存疑案件所发展出来的一个法律机制。它在德国诞生虽百余年，可争议不休，而且会一直争议下去。不过，选择认定已在德国刑事法领域安家落户是不争的事实——人们只需要看到，选择认定在德国不仅是刑法总论的

---

[132]　是否存在主观的构成要件要素，或者说是否存在主观的不法要素，是我国刑法理论尚须研究的问题。德国刑法理论与司法实务基本没有争议的是，故意、过失等主观要素属于构成要件的范畴，因而属于主观的不法要素。

[133]　OLG Karlsruhe, Wahldeutige Verurteilung wegen Diebstahls oder Betrugs，NJW 1976，902，903f.

组成部分，而且各大刑法注释书在相关犯罪之下都有"选择认定"一节，如今争论的重点只在于它的适用前提与范围。相反，我国刑法理论虽然引入了选择认定的概念，但研究尚不够深入，也未引起重视，这使得我国刑法学界对选择认定内涵及适用范围的理解存在若干偏差。不仅如此，我国刑法学界对与选择认定相关的阶层理论着墨甚少，尤其是对前罪与后罪科断的研究几乎属于空白，这更加剧了大家对选择认定内涵及适用范围理解的不当。因此，我国刑法学界亟须全面了解选择认定这一法律机制，澄清其内涵，明晰其适用。

　　它山之石，可以攻玉。选择认定对我国司法实践的现实意义也不可小觑。司法实践中，案件存疑并不少见，可选择认定并非常态，但这并不意味着选择认定无足轻重。相反，能否恰当地处理存疑案件，更能彰显一个国家的法治水平。德国司法实务与刑法理论以明确的有罪判决优先、以选择性的有罪判决为次的理念值得赞同，它在这一理念之下以选择认定为切入点所设计出来的包括阶层理论、前罪及后罪科断这一整套规则在处理存疑案件这个问题上发挥了至关重要的作用，对我国刑法理论与司法实践具有重要的参考价值与借鉴意义。不过，选择认定虽然属于一般性的总论问题，但对象却是更具本土性的刑法各论所规定的各个犯罪，因此我国刑法理论与司法实践不能全盘照搬德国选择认定的理论与规则，尤其不能直接以德国选择认定的判例来指导我国的司法实践，而应当从我国刑法所规定的各个犯罪出发，判断具体的犯罪之间能否适用选择认定。

法律与自动驾驶专题

［德］扬·C. 约尔登 著　袁国何 译
机器人的刑法视角

中德法学论坛

第 18 辑·上卷,第 221～232 页

机器人的刑法视角 *

〔德〕扬·C. 约尔登** 著

袁国何*** 译

一、导论

众所周知,可以使用机器人的领域十分广泛。作为日常助手,机器人变得越来越不可或缺。即便先不讨论军事应用范围,在工厂、农业或交通(如所谓的飞机自动驾驶仪)领域,也是如此。由此,机器人也会触及刑法世界,这是不可避免的,尽管到目前为止机器人对刑法世界的触及尚未像其对法的其他领域的触及——尤其是在涉及机器人错误的责任问题时对民法领域的触及——那样深入。然而,机器人承担的迄今典型的(typischerweise)由人履行的任务越多,其与刑法的关系就越清晰。

二、莱茵河案

当前数百万交通参与者装载的能够与司机"交流的导航",简直是针对机器人之使用的经典范例。例如,在一起前段时间发生于莱茵河的案件中,[1]刑法的关联性

---

* 本 文 "Strafrechtliche Perspektiven der Robotik" 发 表 于 Eric Hilgendorf/Jan-Philipp Guenther 主编的 "Robotik und Gesetzgebung",2013,S.195ff. 译文受上海市浦江人才计划项目"智能网联汽车技术对交通刑法的冲击及其应对"(18PJC020)资助,系中国社会科学院法学研究所樊文副研究员主持的科技刑法系列译文项目的成果之一。

** Prof. Dr. Jan C. Joerden,德国奥登河畔法兰克福大学教授。

*** 袁国何:复旦大学法学院副教授。

〔1〕 参见〈http://www1.wdr.de/themen/panorama/lkwinrhein100.html〉:"过去很多年里,在科隆-兰格尔(Köln-Langel)码头,很多交通工具在莱茵河上行驶。在一起案件中,导航仪误导了司机。导航仪将轮渡线标记为街道。"(最后访问日期:2012 年 10 月 29 日)

变得清晰起来。对于案情,人们大约可以如此想象:在浓雾中,导航指示正与莱茵河平行行驶的汽车司机向右转。年迈的司机——一如先前的所有情形——忠实地听从了该指示,却因此将车开进了莱茵河里,并导致其与同乘者一起被淹死。

如后所述,导航可能"相信",司机在转弯时不难发现,此处并没有桥梁跨越莱茵河,到达对岸需要搭乘轮渡。但是,不幸的汽车司机因为浓雾而没有发现这一点,至少没有及时发现这一点,随后刹不住车而驶入莱茵河中。显而易见的是,莱茵河上仍然有轮渡行驶,或者正停在对岸。

如果人们被问及诸如本案中对汽车司机及其同乘者的死亡的刑法责任(Verant-wortlichkeit)〔2〕,则会自然而然地首先想到导航的生产者。其是否必定没有预见到,可能会发生此类不幸? 其是否必定没有为导航编写程序,以使其注意到,在例外情形下改变驾驶方向——如此案处于浓雾中——可能导致对新驶入的方向的可通行性给出错误指示? 其是否必定在程序中写入了警告提示,要求汽车司机在轮渡通航前停车? 其是否完全不应当销售不适应此类要求的导航系统? 鉴于此行为确实发生,导航的生产者是否可能因过失导致汽车司机及其同乘者死亡而承担刑法上的责任(Verantwortung)?

如果人们对该案进行某些改造,该案的裁判就会变得更加困难。让我们首先假设,汽车司机能够从正在下沉的汽车中逃出来,但他的同乘者不能;并且,仅同乘者溺水而亡。汽车司机是否会因为过失导致同乘者死亡而负有刑法上的责任——基于他遵守了在该等情形中显系错误的导航指示? 导航是否没有一再表明(或许在导航的操作规程之"细则"[Kleingedruckten]中作了说明):当交通状况不允许时,人们不应当盲目地遵从导航的指示?

在莱茵河案的另一种变体中,司机并不是遵循类似机器人的导航之指令,而是遵从了负责看地图和导航路线的同乘者的指示。让我们假设,在该案的此种变体中,同乘者活了下来,而汽车司机溺水而亡。在地图上,公路桥梁的标志与横渡莱茵河的轮渡的标志是不同的,如果同乘者疏忽地没有注意到轮渡标志,其是否对过失致人死亡负有罪责(schuldig)? 或者,如果地图制造者绘制的地图太不清晰或者错误地将轮渡标记为桥梁,其应否在刑法上承担责任(Verantwortung)? 在关于初始案件中的汽车司机及导航制造者的举止之刑法评价的案件变体中,能够对同乘者和地图制造者的举止(Verhalten)〔3〕作出何种刑法评价?

就像人们不会有太大困难进行自我介绍一样,有关在此提及的案件的所有变体

---

〔2〕 为表区别,本文原则上将 Verantwortung 及其变体译为"答责",Schuld 及其变体译为"罪责"。——译者注

〔3〕 为表区别,本文原则上将 Verhalten 译为"举止",Handeln 和 Handlung 译为"行为",Tat 则译为"构成要件行为"或"犯罪(行为)"。——译者注

的论述,也不难在刑法教义学中被找到,这些论述可能被用来证成各个在不幸中存活下来的参与者的刑事可罚性;但是,也同样存在着导致不受刑罚的表述。详细地阐明这一点,在此既不可能,也无必要,因为这些结论可能依赖于诸多细节——如雾有多浓;转弯的指示有多明确;在操作规程中有哪些警告提示;或者,是否某人没有注意到在雾中亦可见的、警示可驾驶公路尽头的标志,甚至是否从一开始就忘了设置它。相反,该案的重要方面在于,在一个至少乍一看与刑法相关的事件中,接纳了机器人(人们在此可以将其理解为导航)。

由此,尤其需要强调并进一步说明三个方面,这些方面的内容表现为如下问题:

- 机器人能否在任何一个方面对其决定在刑法上负责(verantwortlich)?
- 将机器人纳入刑法归责体系,是否必定导向不同于当前权威的归责结构?
- 在何种前提下,人们可以声称,机器人的决定在刑法意义上是可预见的?

三、人的自由

在回答第一个问题时,即机器人能否在某种意义上对其行为在刑法上负责(verantwortlich),人们必须研究如下问题,对*自由的*[4]作为(或不作为)这一主张在刑法中,以及一般性地在道德中,扮演着何种角色。众所周知,该问题不仅在刑法上,也在哲学上——特别是最近在现代大脑研究的知识的影响下——被深入讨论。在此,无法穷尽地讨论与此相关的全部潜在问题,相反,以三个主题的形式进行一些可信性考察,就足够了。

首先是*法律主题*:多年前,针对一个在卡塞尔用酸泼了几幅伦勃朗和其他大艺术家画作的被告人,启动了一项诉讼程序。除上述行为以外,他还在傍晚在一个苗圃里锯掉了约 500 株沼生栎,在汉堡拆掉了一个雕塑并将其沉入尼古拉水道。此外,他还在外阿尔斯特湖毒杀了约 30 只大天鹅。自然而然地,这可能被认为是一种无责任能力的情形(《德国刑法典》第 20 条)。虽然主张无责任能力可以使其被无罪释放,被告人仍然(通过一个汉堡律师)为自己进行了辩护并获得成功。进一步的审视才能让我们更清楚地获知其目标:如果人们因为其不具有责任能力而将他无罪释放,并——由于其行为——再也不会被释放,后者是可以预见的,哪个精神科医生敢在具有这种病史的情形下将其作为痊愈者从精神病院放出来? 于是,他被判处 5 年监禁,并在服完 2/3 的刑期后由于品行良好而重获自由。不久之后,人们在新闻里看到,一个高速公路工地被彻底烧毁。结果表明,那个被告人在其被释放后不久点燃了它。

该案说明了什么? 人们是否将被告人在其行为意义上视为*自由的*(及可归责

---

[4] 在本文中,将 frei 及其变体统一地译为"自由(的)",该词同时有"自主(的)"的含义,本文未根据情形予以区分。——译者注

的)或*不自由的*(不可归责的)，这在法律上有着巨大的差别。如果人们将其视为自由的，那么，原则上，应当进入视线并审判的是各个业已实施的行为，而不是预期被告人可能在将来做什么(充其量是在减刑或假释等的范围内)。也就是说，被告人仍然是国家的*主体*(Subjekt)，而非——像非自由民(Unfreie)一样——是国家的*客体*(Objekt)，人们最多只是像对待儿童一样对待后者。[5] 我们拥有行为自由这一主张，保护我们免受该种对待。

与之相反，现代大脑研究的知识认为，没有人具有责任(Verantwortung)，主流的罪责刑法(Schuldstrafrecht)乃是陈腐的。[6] 但是，由此出发，对于根据罪责刑法进行裁判的司法机构之举止，会得出何种结论？ 如果人们将缺失的责任(Verant-wortung)这一主题与裁判者阶层联系起来看，就会得出如下结论：如果被告人在任何情形下都不是自由的并由此始终不具有罪责(Schuld)，则法官在裁判时也是如此；他也——如同每一个人一样——没有责任(Verantwortung)。那么，他为什么会改变其举止？

现在讨论一个更具有*生活现实性的*主题：说一个行为是自由的而另外一个不是，在实用性上绝对是有意义的。在二者之间作出区分，当然是一种技艺(Kunst)。如果人们不用自由的概念来思考"我""主体""人性尊严""人格""责任"(Verantwor-tung)"罪责"(Schuld)等概念，则它们将来会不再具有意义，除此以外，还存在一些直观的事例，即人类可能基于自由决定而遵循一些规则，也可以从某一刻开始基于另一项自由决定而遵循一项此前从未被遵循的*新*规则，这使得所有决定论的前见(Vorprägung)十分不可信，即便不是完全不可信。

例如，初到英格兰，人们也完全能够成功地在离开汽车轮渡时就靠左驾驶汽车，尽管其此前从未靠左驾驶过汽车。显然，最晚在人们离开汽车轮渡的那一刻，人们能够自由地决定遵循靠左驾驶的规则。为什么在生物学、心理学或其他任何意义上，靠左行驶乃是被决定的？ 相反，人们显然是遵循其自由意志而遵守一项*新*规则。正如人们在今天可以决定在玩牌时使用开纳斯塔纸牌(Canasta)的规则，即便其在昨天相同的回合中使用了洛梅牌(Rommee)的规则。

最后还要讨论一个具有一些*未来性的*主题：脑外科医生们想要在大脑中找到

---

[5] 这一思潮在现代大脑研究开始之前就业已存在，其中的刑法构想，参见 etwa *Ruske*, Ohne Schuld und Sühne. Versuch einer Synthese der Lehren der défense sociale und der kriminal-politischen Vorschläge der modernen deutschen Hirnforschung, 2011。

[6] Vgl. dazu z. B. *Roth/Lück/Struber*, Willensfreiheit und strafrechtliche Schuld aus Sicht der Hirnforschung, in: *Lampe/Pauen/Roth* (Hg.), Willensfreiheit und rechtliche Ordnung, 2008, S. 126 ff.

"自由",却未能发现它,对此,读过康德的人[7]不再会感到惊讶。直截了当地说,它在实证上并非可被找到的。即便认为那些主张意念自由不存在的人也必须将其作为前提,也没什么用,因为试图让被决定的(determinierte)自动售货机确信其论点的正确性是完全没有意义的。那么,这也是当然的——就像几乎所有事情都是视角的问题:可以在电脑程序中模拟一项讨论,这——看起来——表明,在此范围内也必定不存在自由。

但是,在某种程度上改变视角可能会有所帮助:我们假设,通过一个幸运的巧合(如编程错误或短路或雷击),一些机器人也产生了反应能力和自我意识能力。*它们*是否认为,它们是不自由的?(*我们*固然知道,它们是这样的)绝不会。相反,它们会设想,它们是自由的,甚至更加自由;因为它们有朝一日可能会认为,我们人类不过是被本能所操控的。如果它们对一个犯罪行为负有罪责的话,则它们可能会审判自己及其他机器人的行为。相反,对于不能合乎规范地行为的我们,它们可能会催眠我们,以应对由我们所引起的危险。

四、刑法中的自由

前文从三个方面讨论了自由对于人对其行为之可能的责任所具有的意义,在这一背景下,看来完全可信的是,至少在刑法中势必以诸如人之*自由*的东西为前提。然而,在对世界的描述的意义上,绝非如此,就像我们所看到的那样。所有事件在自然意义上固然是被决定的,也就是说,必然或者绝大多数时候都是随机的;自由无法在实证上被找到。但是,刑法——作为规范科学的一部分——的论证基准(Argumentationshorizont)是另一种性质,因此从一开始就不能纯粹*实证性地*加以理解。因为所有规范科学都并不追问世界*是*怎么样的,而是追问世界*应当是*怎么样的。但是,这也不是由世界是怎样的或*将会是怎样的*得出的,相反,这需要另一种路径,一种*规范性的*路径,因此,决定论和非决定论的传统对立与对抗基本上是不妥当的,因为这两个主题是相互错开的。人们只是认为,这两种立场能够在一个层面上产生交合,尽管它们属于不同的层面,更确切地说,世界的不同视角。

如果人们声称不仅能够描述世界*是*或者*将会是*怎样的,而且能够描述其*应当是*怎样的,如果人们同时想要通过人的举止而将世界变造成*其他的*、被认为更好的状态,则人们必须一并考虑如下的可能性,即至少可以通过命令赋予人们相应地改造世界的义务,或者通过禁令赋予人们让世界保持其现状的义务。但是,后者是不可能的,因为只有当现存的世界状态被规范性地评价为好且具有保持价值时,并且一

---

[7] Etwa in der Grundlegung zur Metaphysik der Sitten, Akademie-Ausgabe, Band Ⅳ, S. 461.

旦其被规范性地作如此评价时，其现状本身（*per se*）才会具有保存价值。但是，那些认为能够借助于义务的科处而影响世事的人，必然同时想到，义务主体有能力对世界加以改造或者对其不加改造，因为 *ultra posse nemo obligatur* 原则——超越所能没有义务，或者，如同人们必然会使用的更加精准的表述：被科处义务的*可行性*（ver-pflicht*bar*）。

五、意志自由与评价自由

然而，对刑法语境而言，迄今为止所使用的自由概念仍然需要进一步的"预处理"（Aufbereitung）。因为传统上人们在此——但使用的是部分不同的其他语词——根据所谓的目的行为论而区分了自由的两个方面，亦即一方面是意志自由，另一方面则是评价自由，目的行为论的思想源头在 17、18 世纪的自然法—理性法理论中就已经存在了。在对有罪责的（schuldhaften）行为进行归责时，自由的这两个方面同时塑造了在刑法中能够加以区分的两个阶段（*Stufe*），由此，它们在刑法归责的框架中扮演着核心角色。亦即，一方面是事实归责（*imputatio facti*）阶段，另一方面则是法律归责（*imputatio iuris*）阶段，〔8〕现在，通常被阐释为，一方面是行为归责（Handlungszurechnung，亦作构成要件符合性），另一方面则是罪责归责（Schuld-zurechnung）。

从行为的构成要件符合性看，被追问的仅仅是，一个在刑法上重要的结果——如杀人罪语境中的人之死亡，能够与一个作为其诱发者的其他人——如杀人罪的构成要件行为者，联系在一起。质言之，仅仅涉及杀人行为的归责，即该行为应当如何被评价这一问题暂时完全没有加以解决。但是，为了能够在稍后将这个基础性的事件评价为刑事可罚的行为，当事人必须是*自由地*决定其举止，因为若非如此他就完全没有"行为"，而只是一些事情在他身上发生了。

但是，这意味着，必须存在着人也能够实施其他行为的可能性。例如，原本能够不让他人死亡，如果他原本想要如此的话。但是，与此相反，那些举止处于绝对强制（*vis absoluta*）影响之下的人，就没有实施行为，因为他并不是有意志地为此举止，而是被绝对的力量强制，即因为他并没法进行行为选择（Handlungsalternative）。例如，被他人用商店的窗户玻璃进行压制的人，没有实施毁坏财物，亦即完全不依赖于人们认为毁坏财物是一件好事还是坏事，或者说，这与一个人的善恶评价完全无关。

---

〔8〕 关于这个问题的更进一步的论述，参见下述文献：*Hruschka*，Strukturen der Zurechnung，1976；*ders.*，„Imputation"，in：*Eser/Fletcher*（Hg.）Rechtfertigung und Entschuldi-gung，Bd. 1，1987，S. 122 ff.-Zusammenfassend *Joerden*，Logik im Recht，2010，S. 253 ff.

对于能够施加刑法的罪责谴责（Schuldvorwurf）而言所必要的自由，与行为归责阶段的自由——人们可以将其称为意志自由——是不同的。但是，前者的首要前提是，被归责为行为的举止也要经过*评价*。这种评价在刑法中根据刑法典而进行，在道德中则根据道德律令而进行。但是，两种评价在构造上是相同的，因为它们检验的是，相关的行为是否满足各自的规范标准。在自然法理论的话语中，这种检验在法律的适用（*applicatio legis ad factum*）——即将法律适用于构成要件行为（或行为）——的框架中进行。在刑法语境中，法律适用的结果要么是构成要件行为具有（刑事）违法性，要么是其并不具有（刑事）违法性。在后一种情形中，即当其并不具有违法性时，其在刑法语境中，人们对其并不感兴趣；但是，同时，有可能在其他情境中，如在小说或戏剧中，人们对其有着十分浓厚的兴趣。

相反，如果行为被认定为违法的，则尽管行为人违反法律是明确的，但我们能否将其违反法律也归责给他仍然是不明确的。对该问题的回答通过归责的第二个阶段——法律归责——予以实现，人们现在最好可以使用"罪责的归责"（Zurechnung der Schuld）或更简短的"罪责归责"来表述这个归责阶段。这种罪责归责又——在这方面与归责的第一个阶段，行为归责，相平行——以自由为前提，但是，这种自由不再仅仅指意志自由，还指能够决定遵守或违反法律（für oder gegen das Gesetz）的自由，后者可以简称为*评价自由*。

例如，由于未成年或疾病而不能区分法与不法的人，不具有此种评价自由。虽然他能够实施行为，故也能够将其杀人行为本身归责给他，且其行为也是被禁止的，即（刑事）违法的，但是，其举止不能在罪责（Schuld）上归责给他。因为，一个因未成年或（精神）疾病而不了解法的人，也不能决定遵守还是违反法律。即便是一个并非未成年人或精神病人的人，若不可避免地不了解有关的法律规则，也因缺乏罪责（Schuld）而不能被予以刑事处罚。

例如，一个人不知道，根据《德国刑法典》第 132a 条第 1 款第 2 项之规定，（没有相应的执业许可而）使用"心理医生"这一职业标志系犯罪行为，只要他无法避免该种错误，就不能依据该项规定而被予以刑事处罚。因为没有认识到该规范而将"心理医生"标志拧在房门上的人，并不是自愿地决定违反法律，因为他根本没有认识到这一点。

与此相类似，刑法典还进一步规定，在巨大的压力之下，如处于紧迫的（akuter）生命危险之中，为了挽救其生命而违法地行为的人，也并不是自愿地决定违反法律。据此，在海难发生后推开抓着救命木板的其他遇难者，此行为不具有罪责（schuldhaft）——如果这对于他而言是唯一的挽救他自己生命的可能性的话。他是在相对强制（*vis compulsiva*，亦作 nötigende Gewalt）（相应地，人们在行为归责中重视绝对强制[*vis absoluta*])的影响下实施了行为,并因此而被法律宽宥。

六、机器人的刑法责任?

在对刑法的归责理论的构造进行简短概述后,现在,就已经具备了回答下述问题的基础,是否可能在某个时候将机器人在完全意义上纳入刑法的责任之中。对我而言,相当清楚的是,对该问题的回答必然是"不可能"。尽管在或长或短的时间后机器人有可能能够让我们觉得,它们具有意志自由并且能够自己决定实施或不实施一项行为。重要的仅仅是,我们关于"它作出决定"的这种印象,而不是它们是否真的自主(frei)行为。因为对于那些我们视为天生具有意志自由的同胞(Mitmenschen),我们也仅仅具有这种意志自由的印象;他们是否真的是自由的,我们——尤其是以第三人视角来看——完全无法知晓。

移转到机器人上,它们仅仅必须经受合适的图灵测试的检验,它会加固我们人类的如下印象,它们是自由地决定实施行为或自由地出于自己的意愿而实施行为。[9] 产生这种印象,可能也并不太困难,因为作为或不作为的决定只是通过一个是非决定加以模仿,但是,并不要求以任何方式解释为何如此决定。在好的机器人设计里,可以承认(attestieren)其具有意志自由,人们或许能够冷静且坚定地说,机器人会走路、站立、奔跑、睡觉,也会盗窃、死亡——就这点而言,其行为在刑法上也具有重要意义。如果人们承认这一点的话,则同样清楚的是谋杀机器人或盗窃机器人的行为乃是*违法的*,因为该种举止方式在刑法上恰恰是被禁止的。

然而,我认为最为不确定的在于,我们将来能够通过图灵测试让我们自己确信,机器人自愿地违背了法并由此有罪责地实施了行为。原因在于,为了能够被理解,决定遵守或违背法就需要下述问题的*原因*:为什么行为人(Handelnde)认为其举止是违法的或合法的。至少,他必定能够对下述问题给出答复:他是否将其举止*评价*为被要求的,或被禁止的,或被允许的,以及为什么作如此评价。但是,机器人却不能做到这一点,并且在可预见的时间内也不能做到。

为了使这一论断可信,就会再次涉及图灵测试的思想试验。这项测试本身的任务是发现计算机能否被设计得特别好,以至于每个与它交流的人都认为,跟它交流起来就像跟人(交流)一样。或者,要求稍低一点:如果与藏在墙壁后的搭档进行交流的人,不再能够清楚地判断出,他是在和人交流还是在和计算机交流,则该计算机就足够精巧,以至于人们能够将其视为是智能的。

如果人们将交流的主题限定在特定的情形或环境中,则计算机在图灵测试中已

---

〔9〕 在某些方面具有类似性的尊严确证问题,请参见: *Joerden*, Maschinen mit Würde? Thesen zu einem Turing-Test für Würde, in: Jahrbuch für Recht und Ethik 20 (2012), S. 311 ff.

经表现得非常棒了。例如，同国际象棋计算机探讨下一步怎么走（并且不追问其原因）的人，可能最多能够通过下述现象将计算机与人区分看来，即计算机比这个人类棋手所认识的任何人都要下得好得多。曾经与国际象棋计算机"深蓝"对弈并败下阵来的国际象棋圣手加里·卡斯帕罗夫（Garri Kasparov）曾经说，这其中有着"上帝之手"。

但是，一旦将这种交流适用于其他主题领域，如讲故事或讲笑话甚至理解价值判断，这对于计算机而言就变得十分艰难，长远来看，由于一些基础性的原因，这或许太难了。这涉及一个在此具有决定性意义的问题。因为，如果人们想要断言某人是自愿地违反法律，人们就必须知道这个人*了解法律*。这是以关于法律判断的交流为前提的；对（可适用的）法律的认知与否（Kenntnis und Unkenntnis），不是一个能够借由 0 和 1 加以编码的认知机能（Wissensfunktion），而是要求有对各个法律文本的*理解*以及对法律评价的领会。像在机器人中一样，通过计算机程序来对这些分别加以模拟，是难以想象的。

但是，这意味着，至少目前十分明显的是，不存在人们可能将刑事罪责归咎于机器人的可信场景，这是因为，人们可能会创造一个不再与自由及其操作有关的、全新的罪责概念。前文已经提到，今天已经有一些作者，特别是来自大脑研究领域的作者，向我们提议采用一个被变造了的罪责概念，将人理解为或好或坏进行编程的机器人，而机器人依照当今主流见解完全不能有罪责地实施行为。然而，与这种领先不同，我要说的是，在回答这个亟待处理的问题之初就已经予以阐明的论点。

七、针对机器人的新的刑法归责构造

现在，我可以讨论第二个问题了，即将机器人纳入刑法归责体系是否必定导向不同于当前权威的归责构造的其他归责构造？即使机器人的可能罪责能力这一问题势必要被否定，也不意味着要从一开始就否定第二个问题。但是，即使人们以机器人在前述意义上理应具有意志自由——即便不具有评价自由——为出发点，对刑法教义学的影响也仍然相对轻微。那样，人们必定将与对儿童的行为或因其他理由而被作为未成年人的不具有归责能力者的行为的评价一样，对机器人的行为作出刑法评价。这首先意味着，无论如何，机器人不为自己的行为负责（verantwortlich）——在回答第一个问题时业已做了更详细的阐释。

相反，如果为了不法目的而使用机器人，则视乎人们如何塑造刑法学理，要么是所谓的间接正犯（《德国刑法典》第 25 条第 1 款第 2 种途径）的情形，要么是教唆犯（《德国刑法典》第 26 条）的情形。鉴于法学家们所提到的共犯的限制从属性，对于教唆的接受而言，除了行为决意的确定（Bestimmen）外，一个故意且违法的、但无罪责地被实施的主行为即已足够。但是，对于间接正犯而言，当幕后者，即人，利用机器人对法律状态的无知而让其实施构成要件行为时,幕后者是将机器人作为其"工具"加以利用。在教唆犯与间接正犯的这种情形中所存在的冲突关系,虽然对刑法学者而言是一个引人入胜的问题,但在此可以被搁置一旁。

与之相反,机器人的犯罪行为在上述考察的背景下完全能够被描述为*违法的*(即使不是有罪责的)这一结论,更加有意思。由此,在给定的情形中,它是《德国刑法典》第 32 条意义上的违法侵害者;如有必要,人们可以对其举止实施正当防卫(Notwehr),而不是援引《德国民法典》第 228 条规定的针对物之危险的所谓防御性紧急避险许可;当别无选择时候,至少是这样,同时,不必再在所谓的要求性(Gebotenheit)的框架内考虑正当防卫权的法伦理界限。如果一个机器人损坏了我的财产,在缺乏其他防御可能性时,我甚至可以击退它,即使我会给该机器人带来比他对我造成的威胁明显更严重的损害;鉴于机器人十分高昂的造价,这很可能不是一个完全合理的案件情形。——这并不意味着,人们应当在其他任何方面都像对待儿童一样对待机器人,在纯粹法律的语境中也不会如此。但是,至少对于*刑法的归责理论*而言,可以支持此种方案。

肯定机器人有意志自由这一主张——即使不接受其有评价自由——还会进一步导致一些结论。听从机器人的指令的人,不能简单地通过指责它来脱罪,就像人们不能因为让儿童或因其他原因而无罪责能力的人领导了自己而宽宥自己。让我们再次回想那个信赖导航的汽车司机案。他将导航用作其辅助工具,但他不应当信赖它。如果他仍然这样做,并且它出了错,则他自己至少要承担共同罪责;如果他在不幸中活了下来,他就可能要对同乘者的死在刑法上(以过失致人死亡罪)负责。但这并不意味着,机器人的制造者由此而减轻罪责;当他不妥当地编制了机器人程序时,也对过失致人死亡罪承担责任(与司机构成同时犯)。

但是,我并不是想要在此否认,导航案基本上仍然不是一个具有意志自由的机器人的真正的好例证,因为导航仍然完全遵从其程序,由此,确切地说,它可以与——像钟一样——通常可靠并可被预见地运转的机器相对比。虽然使用者势必会为了避免给他人造成损害而监控(überwachen)机器,但人们仍然可以完全信赖其作用——如果这一点在相同的条件下被反复测试并检验过。因此,例如,飞行员可以信赖自动驾驶仪的预定参数(Vorgabe),只要他没有发现出现故障的征兆。但是,机器人通过适当的工具自己从环境中获取的新数据越多,从这些数据中学习得越多,对情势的"自行"判断越多,对新的、未被编程的或不可编程的情形作出的决定越多,即机器人变得越"自由",人们就越应当更少地将自己交给它们及其决定,人们就必须更紧密地监控它们——如果人们不想陷入刑事责任之中。

八、机器人决定的可预见性?

这就导向了第三个也是最后一个问题：人们能否说，机器人的决定在刑法意义上是可预见的？首先是一些对于该问题的刑法方面重要性的评论。即便正犯的举止与刑法上重要的结果（如一个人的死亡）之间存在自然因果性的联系，在刑法教义学上，人们在本质上也一致地认同，如果该结果在行为实施时，即事前（*ex ante*）客观上，是无法预见的，则不考虑将其归责给故意或过失的杀人行为。对纯粹偶然事件的单纯希望（Hoffen），并不是被支配的行为。

因此，在那个经典的教学案例中，当那个不再想支付抚养费的父亲将他 4 岁的儿子放在一片空的草地上，希望儿子被陨石砸死时，这并非一个杀人行为。更确切地说，即便父亲事实上令人震惊地是一个对陨石有着特别认识的天文学家，也仍然不是杀人行为。这之所以不是一个杀人行为，是因为对于因果关联的*希望*并不是对因果关联的操控，或者用更为流行的话说，原因在于，当父亲将儿子放在一个没有额外的（生活）风险的草地上时，父亲并没有对儿子的生命造成重要的——即显著增加的（ernstzunehmende）——危险。这并不是一个杀人行为，就像为了在周六"六数全中"而购买一张彩票的行为并非以赚钱为目标的行为一样。

当然，这里面有一个等级划分的老问题，即某事在什么时候是不危险的、在什么时候则已经是危险的了。对此，刑法教义学用"在一般的生活经验之内"（此时就是危险的）或"在每个人的生活经验之外"（此时就是不危险的）等表述来应付。但是，我不会在此作出详细论述；其实，对于回答第三个问题而言，重要的在于，处在因果链条之上的自由的意志决定也并不必然导致因果发生，因果流程乃不可预见的。这一点人们在下述现象中已经看到了：在谋杀的教唆中完全可以预见的是，谋杀者基于教唆者所施加的犯罪激励（Tatanreize）而决定实施犯罪，尽管在自由意志假定之下人们当然无法确切地知道这一点，因为只要其决定是*自由的*，他便总有可能作出相反的决定。对于刑法而言，决定性的一点在于，被教唆者决定实施犯罪，并不处于一般的生活经验之外。

目前，机器人通常不会实施犯罪行为，甚至不会实施故意的毁坏行为。最多在考虑在战争或类似战争环境中使用的所谓"寄生虫"时，可能会有所不同；但是，那里存在的问题与这里要讨论的不是同一类。相反，机器人，例如，在病人护理或残疾护理中使用时，谋求的是被积极评价的目的，并作出与此有关的决定。仍然无法排除的是，它们会作出错误决策，这当然与它们究竟有哪些行为选择有关。当它例外地出现并由此引起损害时，能否将机器人的举止，如作为身体伤害罪，归责给机器人的使用者，如护理公司的所有人，是有争论的。

最后，我仍要类比一下机器人和儿童：如果藏在一辆停泊着的汽车后的儿童突然跳到街上,并因此被超车的车辆撞死,则人们不能让以适当的速度驾驶的汽车司机在刑法上负责。因为他不可能也势必没有预见——在法律上被认为是合法的——此种情形,至少没有具体地预见,因为意外事件也当然能够被抽象地预见。与之相反,如果汽车司机看到了在路边玩耍的儿童,则他此时必须考虑到儿童会突然跳到街上来,虽然或者说恰恰因为儿童的举止是不可揣度的(unberechenbar),他必须相应地调整其交通行为,主要是其汽车的速度。因为人们可以预见,儿童的行为就是如此(不懂事的)。汽车司机看到一个站在路边的成年人时,他基本上不必减速,相反,他可以相信后者的可靠交通举止(verkehrstreuer Verhalten)。[10]

对于机器人的使用而言,如在病人护理中,人们必须经常地对机器人作出适当观察,以便能够在机器人作出不当举动的任何时刻进行干涉。与前述成年人情形不同,人们不得信赖机器人将会合法地行为,因为,无论如何,在很长一段时间内,出于对法律的尊重,对情景及行为的法律评价这一领域仍然不包括机器人。机器人的使用者如果不履行其注意义务,就必定会受到刑法的制裁。

---

〔10〕 关于刑法中这种所谓的信赖原则的一般内容,参见:etwa *Lackner/Kühl*, Strafgesetzbuch. Kommentar, 2011, § 15, Rn. 39 ff.

外国法译介

欧洲数据保护委员会 发布　敖海静 译
关于《一般数据保护条例》规定的同意的指南

中德法学论坛

第 18 辑·上卷,第 235～268 页

关于《一般数据保护条例》规定的同意的指南[*]

欧洲数据保护委员会 发布

敖海静^{**}译

译者按 2018 年 5 月,欧盟《一般数据保护条例》(GDPR)正式生效,极大地改变了有关数据保护的国际法律格局。其中,第 6 条规定了六种数据处理的合法性依据,数据主体的同意无疑是最重要和应用最广泛的一种。但同意的实质内涵仍然是困扰学术界和实务界的关键问题。为此,2020 年 5 月,欧洲数据保护委员会(EDPB)在原第 29 条工作组相关工作的基础上,根据其行动计划发布了《关于〈一般数据保护条例〉规定的同意的指南》,旨在从有效同意的要素、同意的明确性、其他要件、与其他法律依据的关系、特定领域的同意问题,以及原《95/46EC 指令》下同意的效力等方面全面解释了 GDPR 有关同意的构成要件及其适用。鉴于欧洲数据保护委员会在贯彻实施 GDPR 中的重要作用,以及同意作为数据处理的法律依据的重要性和广泛性,本指南正在并将继续对欧盟乃至全球的数据保护实践产生极其广泛的影响。另一方面,由于本指南带有极其强烈的释义学和面向实务的特征,因此就具备了重要的比较法价值。我国现行有关网络安全和个人信息保护的法律仅将信息主体同意作为数据处理的合法性依据,未规定任何例外情况。有鉴于此,作为推荐性国家标准的《信息安全技术个人信息安全规范》坚持信息主体同意这一原则的基础是较多借鉴了 GDPR 的立法经验,明确规定了同意的例外情形。在这个意义上,作为 GDPR 的权威解释的欧洲数据保护委员会的相关指南就对我国的个人信息保护立法和实践具有重要的借鉴意义。为此,本人不揣浅陋,将本指南译为中文,以期对学界有所裨益。

关键词:GDPR;同意;自由作出;具体的;充分知情;同意的例外;数据主体的权利

---

* 本文系教育部重大攻关项目"大数据时代个人信息保护边界与策略研究"(项目批准号:17JZD031)的阶段性成果。

** 敖海静:中国人民大学法学院博士后研究人员,讲师,法学博士。

Abstract：In May 2018，the EU's General Data Protection Regulation (GDPR) came into effect，which greatly changed the international legal pattern. Article 6 GDPR sets the conditions for a lawful personal data processing and describes six lawful bases on which a controller can rely. Among them，the consent of data subject is the most important and widely used lawful basis. However，what is the substantive mean of consent is still a key problem that plagues academic and practical circles. To this end，in May 2020，EDPB issued Guideline 5/2020 on consent under Regulation 2016/679 based on the work of Article 29 Working Party and its own plan. This guide has comprehensively explained the conditions for obtaining consent under GDPR from several perspectives，including the elements of valid consent，explicitness of consent，additional conditions for consent，interaction between consent and other lawful grounds，the issue of consent in specific areas，and the validity of consent obtained under Directive 95/46/EC. Having regard to the important role of EDPB in implementing GDPR，and the importance and breadth of consent as a lawful basis for data processing，this guide is and will continue to have an extremely wide impact on data protection practices in the European Union and even around the world. In addition，because of its strong hermeneutic and practical characteristics，this guide has important value in comparative law. The current legislations on network security and personal information protection take the consent of information subjects as the only lawful basis for data processing，without any exception. In view of this，as a recommendable national standard，on the basis of adhering to the principle of consent of information subject，Information security technology-Personal information security specification has drawn on the legislative experience of GDPR and clearly stipulated the exceptions to consent. In this sense，as the authoritative interpretation of GDPR，The relevant guidelines of the EDPB are of great significance to the legislation and practice of personal information protection in China. In view of this，author bold mean，will translate it into Chinese，for everybody criticism.

Key Words：GDPR；Consent；Freely Given；Specific；Informed；Exceptions to Consent；Rights of Data Subject

鉴于欧洲议会和理事会 2016 年 4 月 27 日制定的有关个人数据自由流动和处理这些数据时保护自然人,同时废除《95/46/EC 指令》的《2016/679/EU 条例》(简称 GDPR)第 70 条第 1 款 e 项之规定;

鉴于《欧洲经济区协定》,特别是欧洲经济区联合委员会 2018 年 7 月 6 日第 154/2018 号决定修订的附件十一及其第 37 号议定书[1]之规定;

鉴于《议事规则》第 12 条和第 22 条之规定;

鉴于第 29 条工作组《关于〈2016/679/EU 条例〉规定的同意的指南》(WP 259 rev.01);

欧洲数据保护委员会(EDPB)特采纳本指南。

前言

2018 年 4 月 10 日,第 29 条工作组通过了《关于〈2016/679/EU 条例〉规定的同意的指南》,该指南得到了欧洲数据保护委员会第一次全体会议的认可。本文件是该指南经过略微修订后的版本。从现在开始,任何对第 29 条工作组《关于〈2016/679/EU 条例〉规定的同意的指南》的引用都应被解释为对本文件的引用。

欧洲数据保护委员会注意到,有必要特别就以下两个问题作出进一步澄清:

1. 数据主体在和所谓的 cookie 墙(cookie-walls)互动时提供的同意的有效性;

2. 有关滚动屏幕和同意的示例 16。

关于这两个问题的段落经过了修订和更新,其他内容则保持不变,只是作了一些编辑性改动。具体来说,修订涉及以下内容:

- 有关限制性条件的部分(第 38 段—第 41 段)。
- 有关意思表示的清晰明确的表达部分(第 86 段)。

一、导论

本指南对《2016/679/EU 条例》即《一般数据保护条例》(GDPR)中的同意的概念进行了全面分析。《数据保护指令》(也称《95/46/EC 指令》)和迄今仍然有效的《电子隐私指令》(也称《2002/58/EC 指令》)中使用的同意的概念已经发生了变化。GDPR 进一步澄清和说明了获得和证明有效同意的要求。本指南重点关注了这些变化,在第 29 条工作组关于同意的第 15/2011 号意见的基础上,为确保对 GDPR 的遵守提供了实务指引。控制者有义务进行创新,以找到在法律范围内运作的新解决方案,从而更好地保护个人数据和数据主体的利益。

正如 GDPR 第 6 条所列举的,同意仍然是处理个人数据的六种合法依据之

---

[1] 本指南所提及的"成员国"应被理解为"欧洲经济区成员国"。

一。〔2〕当开展涉及个人数据处理的活动时,控制者必须要花时间考虑其所设想的
处理的适当法律依据在哪里。

　　一般来说,只有在数据主体拥有控制权,并且就接受或拒绝所提供的条款,或者
不因拒绝而遭受损害来说,数据主体拥有真正的选择权时,同意才能构成适当的法
律依据。在征求同意的过程中,控制者有义务评估其是否符合有效同意的所有要
求。如果同意的获得完全符合 GDPR 的规定,同意就成了一种数据主体用来控制其
个人数据是否能被处理的工具。否则,数据主体的控制权便形同虚设,而同意也将
不能构成处理的有效依据,处理活动也就不合法了。〔3〕

　　由于 GDPR 对现行第 29 条工作组发布的指南和通行的好的实务做法进行了编
纂,而且保留了同意的大多数关键要素,所以,现行第 29 条工作组关于同意的意
见〔4〕中和新法律框架相一致的部分仍然是适用的。由此可见,欧洲数据保护委员
会通过本指南拓展和完善而不是取代了此前第 29 条工作组关于包括《95/46/EC 指
令》中的同意在内的特定主题的意见。

　　正如第 29 条工作组在其关于同意的定义的第 15/2011 号意见中指出的,邀请人
们接受数据处理操作应遵守严格的要求,因为这关涉着数据主体的基本权利,而且
控制者想要从事的是未经数据主体同意便属非法的处理操作。〔5〕《欧盟基本权利
宪章》强调了同意的关键性作用。此外,获得同意也不会否定或以任何方式减少控
制者遵守 GDPR——尤其是关于公平性、必要性和相称性,以及数据质量的第 5
条——规定的处理原则的义务。即便对个人数据的处理是基于数据主体的同意进
行的,但只要这一处理就某个具体的处理目的来说是不必要的,而且在根本上是不
公平的,那么同意仍然不能使数据的收集合法化。〔6〕

　　同时,欧洲数据保护委员会也注意到了根据《电子隐私指令》(2002/58/EC)的审
查。《电子隐私条例(草案)》中的同意概念也和 GDPR 中的同意概念相关联。〔7〕对
于大多数在线营销信息或营销电话,以及包括运用 cookies、各种应用程序或其他软
件在内的追踪方法来说,这些组织可能需要根据电子隐私方面的正式文件获得同

---

　　〔2〕　GDPR 第 9 条规定了禁止处理特殊类型的个人数据的几种可能的例外情形,其中之一
就是数据主体明确同意对这些数据的使用。

　　〔3〕　参见第 29 条工作组关于同意的定义的第 15/2011 号意见(WP 187),第 6—8 页,和/或
关于《95/46/EC 指令》第 7 条规定的数据控制者合法利益的概念的第 06/2014 号意见(WP 217),
第 9,10,13,14 页。

　　〔4〕　最突出的是关于同意的定义的第 15/2011 号意见(WP 187)。

　　〔5〕　关于同意的定义,可参见关于同意的定义的第 15/2011 号意见(WP 187),第 8 页。

　　〔6〕　还可参见关于同意的定义的第 15/2011 号意见(WP 187)和 GDPR 第 5 条。

　　〔7〕　根据正在制定中的《电子隐私条例》第 9 条的规定,适用 GDPR 第 4 条第 11 项和第 7 条
所规定的同意的定义和要件。

意。欧洲数据保护委员会已经就制定《电子隐私条例》的提议提供了建议和指南。[8]

就现行有效的《电子隐私指令》来说,第29条工作组指出,其对于已失效的《95/46/EC指令》的引用应被视为对GDPR的引用。[9] 由于《电子隐私条例》不会自2018年5月25日起生效施行,所以上述观点也同样适用对现行有效的《2002/58/EC指令》中同意规则的引用。根据GDPR第95条的规定,在《电子隐私指令》已经规定了特定义务的情况下,不得再就同样的目标对和在公共通信网络中提供公用电子通信服务有关的处理施加额外的义务。欧洲数据保护委员会指出,GDPR中关于同意的要求不应被视为一种"额外义务",而毋宁说是合法处理的先决条件。因此,GDPR中规定的获得有效同意的条件同样适用于《电子隐私指令》规制范围内的情况。

二、GDPR 第 4 条第 11 项规定的同意

第4条第11项对同意的定义是:"*数据主体通过一项声明或者某个清晰明确的肯定性行为,自由作出的任何具体的、充分知情的和清楚明确的表明同意对和他/她相关的个人数据进行处理的意思表示。*"

上述有关同意的基本概念和《95/46/EC指令》的规定类似。根据GDPR第6条的规定,同意是个人数据处理必须遵守的合法依据之一。[10] 除了第4条第11项规定的修订后的定义之外,GDPR还在第7条和说明部分第32段、第42段,以及第43段就控制者必须如何行为以符合同意要件的主要内容提供了其他指引。

最后,正式条文和说明部分中有关撤回同意的具体规定和相关段落证明同意应是一项可以撤回的决定,同时也表明数据主体仍享有一定程度的控制权。

---

〔8〕 参见欧洲数据保护委员会2018年5月25日关于电子隐私的声明和欧洲数据保护委员会关于《电子隐私条例》的3/2019号声明。

〔9〕 参见GDPR第94条。

〔10〕 《95/46/EC指令》将同意定义为:"数据主体自由作出的任何具体和充分知情的意思表示,意在表明他同意对和他相关的个人数据的处理",而为了使个人数据处理合法化,这种意思表示必须是"清楚明确地作出的"(《95/46/EC指令》第7条a项)。关于同意作为法律依据的适当性的例子,可参见第29条工作组关于同意的定义的第15/2011号意见(WP 187)。在这份意见中,第29条工作组就区分在哪些情况下同意是适当的法律依据,而在哪些情况下依据合法利益理由(或许"选择退出"也可以)就足够了,或哪些情况下建议采纳合同关系提供了指南。参见第29条工作组第06/2014号意见,第Ⅲ.1.2节,第14页。明确同意也是禁止处理特殊类型的个人数据的例外情形之一,参见GDPR第9条。

三、有效同意的要素

GDPR 第 4 条第 11 项规定,数据主体的同意指的是任何:

- 自由作出的;
- 具体的;
- 充分知情的;和
- 清楚明确地表示数据主体同意对和其相关的个人数据进行处理的意思表示,而且这种表示是通过一项声明或某个明确的肯定性行为表达出来的。

以下各节将分析第 4 条第 11 项为使 GDPR 获得遵守,在多大程度上要求控制者修订其提供的同意请求/表格。[11]

(一)自由作出 [12]

对数据主体来说,"自由"要素意味着真正的选择权和控制权。作为一般规则,GDPR 规定如果数据主体没有真正的选择权,感到被迫同意,或者不同意将遭受不利后果,那么同意就是无效的。[13] 如果同意被捆绑作为条款和条件中一个不可协商的部分,就推定这项同意不是自由作出的。相应地,如果数据主体根本不能不受损害地拒绝或撤回其同意,则同意也不能视为自由作出的。[14] GDPR 还考虑到了控制者和数据主体之间的失衡关系。

正如第 7 条第 4 款所提到的,在评估同意是否是自由作出时,还应考量将同意与合同或提供服务捆绑在一起的特殊情况。第 7 条第 4 款是以"尤其是"(inter alia)这样一种非穷尽列举的形式加以表述的,这就意味着还存在着该条款同样适用的一系

---

〔11〕 关于基于《95/46/EC 指令》中规定的同意而进行的持续性处理活动的指南,可参见本指南第七节(原文如此,实际应为第八节——译者注)和 GDPR 说明部分第 171 段。

〔12〕 在一些意见中,第 29 条工作组探讨了在不能自由作出同意的情况下的同意的限制。尤其可以参见关于同意的定义的第 15/2011 号意见(WP 187);关于电子健康档案中和健康相关的个人数据的处理的工作文件(WP 131);关于雇佣环境中个人数据处理的第 8/2001 号意见(WP 48),以及关于世界反兴奋剂机构进行的数据处理的编号 4/2009 的第 2 号意见[《隐私和个人信息保护国际标准》《世界反兴奋剂条例》的相关条款,以及世界反兴奋剂机构和(各国)反兴奋剂组织在体育领域的反兴奋剂斗争中的其他隐私问题]。

〔13〕 参见关于同意的定义的第 15/2011 号意见(WP 187),第 13 页。

〔14〕 参见 GDPR 说明部分第 42 段、第 43 段,以及第 29 条工作组关于同意的定义的第 15/2011 号意见(WP 187),2011 年 7 月 13 日采纳,第 12 页。

列其他情形。一般来说，对数据主体造成不正当压力或影响，从而妨碍其实践自由意志的任何因素都会导致同意的无效。

> 示例（1）：一款用于图片编辑的手机应用程序要求用户激活GPS定位功能，以便使用其提供的服务。该款应用程序还告知用户，它将把收集到的数据用于行为广告目的。不论是地理定位，还是在线行为广告，都不是提供图片编辑服务所必需的，而且也超出了其提供的核心服务的范围。由于用户在不同意该目的情况下无法使用这款应用程序，因此这种同意不能被视为自由作出的。

1. 权力失衡

说明部分第43段[15]明确指出，公共当局不太可能基于同意进行处理，因为只要控制者是公共当局，那么控制者和数据主体之间的关系通常就存在明显的权力失衡。显然，在大多数情况下，数据主体除了接受控制者提出的处理条件之外，并没有其他可行的选择。欧洲数据保护委员会认为，原则上，还有其他法律依据更适合公共当局的活动。[16]

在不影响这些一般性考虑的情况下，GDPR的法律框架没有完全排除以同意作为公共当局进行数据处理的合法依据。下面的示例表明，在特定情况下运用同意也是恰当的。

> 示例（2）：某地方市政当局正在规划道路养护工作。由于这项工程可能会长期影响交通，市政当局为市民提供了订阅电子邮件列表的机会，以接收有关工程进度和预期延误的最新信息。市政当局明确表示市民没有必须参与的义务，同时请求市民同意将其邮件地址专用于此目的。不同意的市民也不会错失市政当局提供的任何核心服务或对任何权利的行使，所以就数据的该种使用来说，他们可以自由地表达他们的同意或拒绝。有关道路工程的所有信息也都会在市政当局的网站上公布。

> 示例（3）：一位拥有土地的个人需要获得她所在的市政府以及该市政府所属的省政府的许可。这两个公共机构需要同样的信息来颁布许可证，但它们并不访问彼此的数据库。因此，这两个公共机构要求提供同样的信息，土地所有人也给两个机构都发送了她的详细信息。为了避免程序和通信上的重复，市政

---

〔15〕　第43段规定："为了确保同意是自由作出的，在数据主体和控制者之间存在明显不平衡的特定情况下，尤其是当控制者是公共当局，从而在此种特定情况的所有条件下都不太可能自由作出同意时，则同意不得成为个人数据处理的有效法律依据……"

〔16〕　参见GDPR第6条，特别是第6条第1款c项和e项。

府和省政府要求她同意合并这些文件。两个公共机构都保证这项要求并非强制性的,如果她不同意合并数据,仍然会分别处理她的许可申请。土地所有人能够就合并文件的目的自由地对两个公共机构表示同意。

示例(4):一家公立学校要求学生同意在出版的学生杂志上使用他们的照片。只要学生们不会被拒绝提供教育或服务,并能在拒绝使用自己照片的同时不遭受任何不利后果,这种情况下的同意就是一种真正意义上的选择。[17]

权力失衡同样存在于雇佣环境中。[18] 鉴于源自雇主/雇员关系的从属性,数据主体不太可能在拒绝同意雇主进行数据处理的同时不因该拒绝而免受恐惧或不利后果的实际风险。雇员也不太可能自由地回应其雇主的同意请求——例如激活像工作场所的摄像头这样的监控系统,或填写评估表——而不感到丝毫被迫同意的压力。[19] 因此,欧洲数据保护委员会认为雇主在同意的基础上处理当前或未来雇员的个人数据是有问题的,因为这种同意不大可能是自由作出的。基于雇主和雇员之间关系的性质,对于工作中的大多数此类数据处理,其合法性基础不能也不应当是雇员的同意(第 6 条第 1 款 a 项)。[20]

但是,这并不意味着雇主永远不能依赖同意作为处理的合法性基础。在某些情况下,雇主有可能证明同意实际上是自由作出的。鉴于雇主和其员工之间的权力失衡,雇员只能在一些特殊情况下自由地表示同意,而此时不论他们同意与否都不会遭受任何不利后果。[21]

示例(5):一个电影摄制组要在办公室的某个区域拍摄。雇主要求坐在该区域的员工同意拍摄,因为他们可能会出现在影片背景中。但那些不想被拍到的人不会受到任何惩罚,反而会在拍摄期间在大楼的其他位置得到同样的办公桌。

---

[17] 就本示例而言,公立学校是指由公费资助的学校,或根据国家法律,任何具备公共当局或机构资格的教育设施。

[18] 还可参见 GDPR 第 88 条,该条强调了保护雇员特定利益的必要性,并且表明成员国法律对其进行克减也是可能的。还可参见说明部分第 155 段。

[19] 参见关于同意的定义的第 15/2011 号意见(WP 187),第 12—14 页;关于雇佣环境中个人数据处理的第 8/2001 号意见(WP 48),第 10 节;关于工作场所的电子通信监控的工作文件(WP 55),第 4.2 节;以及关于工作中数据处理的第 2/2017 号意见(WP 249),第 6.2 节。

[20] 参见关于工作中数据处理的第 2/2017 号意见,第 6—7 页。

[21] 还可参见关于工作中数据处理的第 2/2017 号意见(WP 249),第 6.2 节。

权力失衡不限于公共当局和雇主，在其他情况下也可能发生。正如第 29 条工作组在某些意见中所强调的，同意只有在数据主体能作出真正选择时才是有效的，并且在他/她不同意时，也不会有被欺骗、恐吓、胁迫或遭受重大不利后果（例如大量额外费用）的风险。在存在任何强迫、压力或不能践行自由意志的情况下，同意都不是自由的。

2. 限制性要件

GDPR 第 7 条第 4 款对于评估同意是否是自由作出的发挥着重要作用。[22]

GDPR 第 7 条第 4 款指出，尤其是将同意和对条款或条件的接受"捆绑"在一起，或者将合同或服务的提供和同意对就履行合同或服务来说并非必要的个人数据进行处理的要求"绑定"在一起这两种情形，被认为是极不可取的。如果同意是在这样的情况下作出的，则推定不是自由作出的（说明部分第 43 段）。第 7 条第 4 款旨在确保个人数据处理的目的既不被根本不需要这些个人数据的合同或服务的提供所掩盖，也不和这些东西捆绑在一起。在这种情况下，GDPR 保证了寻求对个人数据的同意不会直接或间接成为合同的对待履行。作为合法处理个人数据的两种法律依据，同意和合同绝不能合二为一、相互混淆。

除了严格必要的情形之外，强制同意使用个人数据限制了数据主体的选择权，妨碍了自由地同意。由于数据保护法的目的是保护基本权利，因此个人对其个人数据的控制就至关重要，而且有一种强有力的推定是，同意对不必要的个人数据进行处理不能被视为换取合同履行或提供服务的强制性对价。

因此，只要控制者将同意的请求和履行合同捆绑在一起，那么不愿意将他/她的个人数据交由控制者处理的数据主体就面临着被拒绝提供其所要求的服务的风险。

为了评估这种捆绑或绑定的情况是否存在，重要的是确定合同的范围以及履行合同所必要的数据。

根据第 29 条工作组第 06/2014 号意见，需要对"履行合同所必要的"（necessary for the performance of a contract）一词进行严格解释。这种处理必须对履行和每一个数据主体之间的合同都是必要的。比如说，这可能包括处理数据主体的地址以便寄送网上购买的商品，或是处理信用卡资料以便于支付。在雇佣环境中，举例来说，

---

〔22〕 GDPR 第 7 条第 4 款规定："当评估同意是否是自由作出时，尤其应当最大限度地考虑合同的履行，包括服务的提供，是否以同意对就履行合同来说并非必要的个人数据进行处理为条件。"还可参见 GDPR 第 43 段，该段规定："如果不允许对不同的个人数据处理操作分别作出同意，尽管这对于个案来说是恰当的；或者如果合同的履行，包括服务的提供，依赖于同意，但这种同意实际上并非这种履行行为所必要，则推定同意不是自由作出的。"

为了发放工资,基于这一理由可能会允许对工资信息和银行账户资料的处理。[23]
在数据处理和合同执行的目的之间需要有直接和客观的联系。

如果控制者试图处理的个人数据事实上不是履行合同所必要的,那么同意就不
构成适当的法律依据。[24]

第 7 条第 4 款仅适用于所要求的数据不是合同履行(包括提供服务)所必要,并
且将同意获取这些数据作为履行该合同的条件的情况。反过来说,如果处理对合同
履行(包括提供服务)来说是必要的,那么第 7 条第 4 款就不适用。

> 示例(6):银行要求客户同意第三方将其支付信息用于直接营销目的。这
> 种处理活动对履行和客户之间的合同,以及提供普通银行账户服务来说是不必
> 要的。如果客户不同意这种处理目的可能导致被拒绝提供银行服务、关闭银行
> 账户,或在某些情况下费用上涨,那么同意就不是自由作出的。

立法者尤其选择强调将限制性要件作为缺乏同意自由的推定,表明必须仔细审
查是否存在限制性要件。第 7 条第 4 款中的"最大限度"(utmost account)一词表明
当合同(包括提供服务)要求同意处理与之相关的个人数据时,控制者就必须格外
谨慎。

由于第 7 条第 4 款的措词不是绝对的,因此可能存在一些极为有限的情形,此时
该限制性要件不会导致同意无效。然而,说明部分第 43 段中的"推定"(presumed)
一词已明确表明这类情形是极为特殊的。

无论如何,第 7 条第 4 款中的举证责任都由控制者承担。[25] 这一特殊规则是
问责制的一般原则的体现,该原则贯穿了整个 GDPR。但是,当适用第 7 条第 4 款
时,控制者将更难证明同意是数据主体自由作出的。[26]

控制者可能会辩解说,如果数据主体能够在以下两种服务中选择:一种是包括
同意将个人数据用于其他目的的服务,另一种是由相同控制者提供的不要求同意将

---

〔23〕 更多信息和例子,可参见第 29 条工作组在 2014 年 4 月 9 日采纳的关于《95/46/EC 指
令》第 7 条规定的数据控制者合法利益的概念的第 06/2014 号意见(WP 217),第 16—17 页。

〔24〕 此时,适当的法律依据是第 6 条第 1 款 b 项(合同)。

〔25〕 还可参见 GDPR 第 7 条第 1 款,该条款规定控制者需要证明数据主体的同意是自由作
出的。

〔26〕 在某种程度上,本节的内容是对现有第 29 条工作组指南的编纂。正如第 15/2011 号意
见所述,当数据主体由于关系的性质或特殊情况而处于依赖数据控制者的境地时,就可能存在一
种强有力的假设,即在这种情况下(比如在雇佣关系中,或数据收集是由公共当局实施的),同意的
自由是受到限制的。随着第 7 条第 4 款的生效施行,控制者将更难证明数据主体的同意是自由作
出的。参见第 29 条工作组关于同意的定义的第 15/2011 号意见(WP 187),第 12—17 页。

个人数据用于其他目的的同等服务，那么他所在的组织就为数据主体提供了真正的选择权。在数据主体不同意系争中的其他或额外数据使用的情况下，只要仍然有可能由控制者履行合同或提供约定的服务，那就意味着不再存在一项有条件的服务。

欧洲数据保护委员会认为，如果控制者辩解说可以在包括同意将个人数据用于其他目的的服务和由不同的控制者提供的相同服务之间选择，此时就不能认为同意是自由作出的。在这种情况下，选择的自由将取决于其他市场参与者的行为，以及单个数据主体是否认为其他控制者的服务真的是同等的。此外，这还意味着控制者有义务监测市场发展，以确保针对其数据处理活动的同意始终是有效的。这是因为竞争对手今后可能改变其服务。因此，运用这种辩解意味着依赖于第三方提供的一种可变选择的同意并不符合 GDPR 的要求，也就是说服务提供者不能以数据主体不同意为由阻止他们获得服务。

为了确保同意是自由作出的，获得服务和功能不得以用户同意在其终端设备中存储信息或访问其终端设备中已存储的信息为条件（所谓的 cookie 墙）。[27]

　　　示例（6a）：网站服务商设置了一个脚本。除非接受 cookies 和有关正在设置哪些 cookies 以及将为何种目的处理数据的信息的请求，否则该脚本将屏蔽内容。如果不点击"接受 cookies"键，就无法访问内容。由于数据主体不享有真正的选择权，所以同意就不是自由作出的。
　　　这并不构成有效的同意，因为服务的提供有赖于数据主体点击"接受 cookies"键。它并不是一个真正意义上的选择权。

3. 粒度

一项服务可能会因不止一个目的而涉及多种处理操作。在这种情况下，数据主体应能自由选择他们所接受的目的，而不必就一揽子处理目的表示同意。根据 GDPR 的规定，在特定情况下，要开始一项服务可能需要数个同意。

说明部分第 43 段明确指出，如果获取同意的处理/程序不允许数据主体就多种个人数据处理操作分别作出同意（例如，仅用于某些处理操作，而不用于其他处理操作），那么尽管这对于个案来说是恰当的，但同意仍将被推定为不是自由作出的。说明部分第 32 段也指出，"同意范围应当包括所有基于同一目的或同一类目的而进行的数据处理活动。当数据处理活动存在多种目的时，每一项目的都应当征得同意。"

如果控制者已将处理活动的数个目的混在一起，并且没有试图就每一项目的的征求单独的同意，此时就不存在自由。如本指南第三（二）节将要讨论的，这种粒度和

---

[27]　如前所述，GDPR 中规定的获得有效同意的条件同样适用于《电子隐私指令》规制范围内的情况。

同意具体化的需求密切相关。当根据多种目的进行数据处理时,符合有效同意要件的解决方案就在于粒度,即分离这些目的,并就每一项目的征求同意。

> 示例(7):在同一份同意请求中,零售商要求客户同意使用其数据,以便通过电子邮件向他们发送营销信息,并同时和集团内其他公司分享他们的详细信息。由于这里不存在针对这两个独立目的的各自独立的同意,这项同意就不具有粒度,因此也将是无效的。在这种情况下,为了将客户的联系信息发送给商业伙伴,就应当征求客户具体的同意。由于每个合作伙伴的身份信息都已在征求数据主体的同意时向其披露,因此只要向合作伙伴发送信息的目的是一样的(在本示例中是营销目的),那么这种具体的同意就被视为对每个合作伙伴都是有效的〔参见本指南第三(三)1 节〕。

4. 损害

控制者需要证明拒绝或撤回同意而不受损害是可能的(说明部分第 42 段)。例如,控制者需要证明撤回同意并不会给数据主体带来任何成本,从而对撤回同意的人没有明显的不利后果。

如果数据主体不同意,则产生其他损害的例子包括被欺骗、恐吓、胁迫或遭受重大不利后果。控制者应能证明数据主体就是否同意拥有自由的和真正的选择权,并且可以在不受损害的情况下撤回其同意。

如果控制者能够证明其服务内含有不会因撤回同意而遭受任何不利后果的可能性,例如,不会降低服务质量从而损害用户,那么这就可以用来证明同意是自由作出的。GDPR 并不排斥所有的激励措施,但控制者有责任证明在所有情形下,同意都可以自由地作出。

> 示例(8):当下载一款有关生活方式的手机应用程序时,该应用程序要求客户同意其访问手机的加速计。这对该款应用程序的功能来说是不必要的,但对希望进一步了解用户的运动和活动情况的控制者来说却是很有用的。当用户后来撤回对此的同意时,她发现该款应用程序现在只能在有限的范围内运行。这就是说明部分第 42 段所说的损害的一个例子,这就意味着从未有效地获得同意(因此,控制者需要删除所有以这种方式收集的和用户运动情况有关的个人数据)。
>
> 示例(9):某数据主体订阅了某时装零售商的含有一般折扣信息的新闻推送。该零售商要求数据主体同意被收集更多有关其消费偏好的数据,以便在其购物记录和自愿填写的调查问卷的基础上为其量身定制优惠推送。当数据主体后来撤回同意时,他/她将再次收到非个性化的时装折扣信息。这就不构成

损害,因为数据主体失去的只是允许的激励。

示例(10):某时尚杂志为读者提供新彩妆产品正式发布前的购买渠道。

这些产品很快会上市销售,但该杂志的读者会获得这些产品的独家预览权。为了享受这项福利,人们必须提供他们的邮寄地址,并且同意订阅该杂志的邮寄列表。邮寄地址是发货所必需的,而邮寄列表则用于发送化妆品或 T 恤等产品的全年商业报价。

该公司解释说,邮寄列表上的数据只会用于杂志自身的发货和纸质广告活动,不会分享给任何其他组织。

如果读者因为这个原因不愿披露他们的地址,也不存在任何损害,因为无论怎样都能买到这些产品。

(二) 具体的

第 6 条第 1 款 a 项规定,"一个或多个具体"目的都应当征得数据主体的同意,数据主体则对每一个目的都有选择权。[28] 同意必须是"具体的"这一要求旨在确保一定程度的用户控制权和对数据主体的透明度。这一要件不仅没有被 GDPR 改变,而且仍然和同意应是"充分知情的"这一要件密切相关。与此同时,为获得"自由的"同意,"具体的"这项要件还必须根据对"粒度"的要求加以解释。[29] 总之,为了符合"具体的"这一要件,控制者必须:

i. 将目的具体化以防止功能蔓延,

ii. 在同意请求中适用粒度要求,并且

iii. 将有关征求对数据处理活动的同意的信息和其他事项明确区分开。

注(i):根据 GDPR 第 5 条第 1 款 b 项的规定,在获得有效同意之前,必须确定拟进行的处理活动的具体、明确和合法的目的。[30] 具体同意的必要性和第 5 条第 1 款 b 项关于目的限制概念的规定相结合,起到了防止在数据主体同意最初的数据收集之后数据处理目的的逐步扩张或模糊。这种现象又被称为功能蔓延,对数据主体是一种风险,因为它可能导致控制者或第三方对个人数据进行预期之外的使用,从

---

〔28〕　关于确定"目的"的进一步指南,可参见关于目的限制的第 3/2013 号意见(WP 203)。

〔29〕　GDPR 说明部分第 43 段指出,在适当的情况下,有必要对不同的个人数据处理操作分别作出同意。为了让数据主体可以针对不同的目的分别作出同意,应当提供具有粒度的同意选项。

〔30〕　"由于这些原因,一个表述得很模糊或笼统的目的,比如'改善用户体验''营销目的''IT 安全目的'或'将来的研究',如果缺乏进一步的细节描述,通常不符合'具体的'这项标准。"参见关于目的限制的第 3/2013 号意见(WP 203),第 16 页。

而脱离数据主体的控制。

如果控制者以第 6 条第 1 款 a 项为法律依据,那么其必须就每一个具体的处理目的征得数据主体的同意。[31] 根据第 5 条第 1 款 b 项和说明部分第 32 段规定的目的限制的概念,同意可以覆盖不同的操作,只要这些操作都服务于相同的目的。只有当数据主体被明确告知与其有关的数据使用的预期目的时,同意才可能是具体的。这一点是毋庸置疑的。

尽管存在有关目的兼容的规定,但同意必须是针对具体目的作出的。数据主体将在理解他们拥有对数据的控制权,并且其数据仅会出于哪些具体目的被处理的前提下表示同意。如果控制者是基于同意处理数据,但也希望为了某个其他目的处理数据,那么控制者就应当就这一其他目的寻求另外的同意,除非有更契合这种情况的其他法律依据。

　　示例(11):基于用户的同意,某有线电视网收集了用户的个人数据,根据用户的观影习惯向他们提供他们有可能感兴趣的新电影方面的个人建议。不久之后,该有线电视网决定启用第三方根据用户的观影习惯推送(或显示)定向广告。对于这一新的处理目的,需要获得新的同意。

注(ii):同意机制不仅必须细化到符合"自由作出"这一要件,而且还必须符合"具体的"这一要素。这就是说,为不同目的寻求同意的控制者应当为每一个目的设置单独的选择同意项(opt-in),以允许用户针对具体目的给予具体的同意。

注(iii):最后,控制者应在每个单独的同意请求中提供为每一个目的而处理的数据的具体信息,以使数据主体了解他们所拥有的不同选择的影响。如此一来,数据主体就能够作出具体的同意。这个问题和本指南第三(三)节将要讨论的控制者必须提供明确信息的要求相重叠。

(三) 充分知情的

GDPR 强化了同意必须以充分知情为基础的要求。根据 GDPR 第 5 条的规定,透明性要求是基本原则之一,和公平、合法原则紧密相关。为了使数据主体能够在充分知情的基础上作出决定,理解他们即将同意的内容,以及行使诸如撤回同意的权利,在获取数据主体的同意之前向他们提供信息就是至关重要的。如果控制者没有提供可访问信息,用户控制就是虚幻的,而同意也将成为无效的处理依据。

不符合充分知情的同意这一要件的后果就是同意无效,而且控制者还可能违反

---

〔31〕　这和关于同意的定义的第 15/2011 号意见(WP 187)是一致的,参见关于同意的定义的第 15/2011 号意见,第 17 页。

GDPR 第 6 条。

1. "充分知情的"同意的最低内容要求

为了获得充分知情的同意,有必要向数据主体告知某些对其做出选择至关重要的信息。因此,欧洲数据保护委员会认为,获得有效同意至少需要提供以下信息:

  i. 控制者的身份;[32]

  ii. 每一项请求同意的处理操作的目的;[33]

  iii. 将要收集和使用什么数据(类型);[34]

  iv. 撤回同意的权利;[35]

  v. 根据第 22 条第 2 款 c 项使用数据进行自动化决策的相关信息;[36]以及

  vi. 由于缺乏充分性决定和第 46 条规定的适当保障措施而可能存在的数据传输风险。[37]

就上述第(i)项和第(iii)项来说,欧洲数据保护委员会指出,如果多个(联合)控制者都依赖于所征求的同意,抑或如果数据将被传输至希望依赖于原初同意的其他控制者或由其处理,则这些组织都应当被披露出来。尽管为了遵守 GDPR 第 13 条和第 14 条,控制者需要提供包括处理者在内的完整的接收者或其类别列表,但处理者并不需要作为同意要求的构成部分而被一一列出。总之,欧洲数据保护委员会指出,根据个案的具体情况和背景,可能还需要更多信息才能使数据主体真正理解当前的处理操作。

2. 如何提供信息

GDPR 没有规定为满足充分知情的同意这一要件而提供信息所必须采取的方式或模式。这就意味着有效的信息告知可以通过多种形式实现,比如书面或口头声明,音频或视频消息。但 GDPR 也针对充分知情的同意规定了一些要求,主要体现在第 7 条第 2 款和说明部分第 32 段。这就对信息的明晰度和可访问性提出了更高

---

[32]　还可参见 GDPR 说明部分第 42 段,该段规定:"……就作出同意前应充分知情的内容来说,数据主体至少应当知悉控制者的身份和个人数据处理的目的……"

[33]　同样可参见 GDPR 说明部分第 42 段。

[34]　还可参见第 29 条工作组关于同意的定义的第 15/2011 号意见(WP 187),第 19—20 页。

[35]　参见 GDPR 第 7 条第 3 款。

[36]　还可参见第 29 条工作组关于出于《第 2016/679 号条例》的目的进行的自动化个人决策和数据画像的指南(WP 251),第Ⅳ.B节,第 20 页以下。

[37]　根据第 49 条第 1 款 a 项的规定,当请求明确同意时,应提供关于缺乏第 46 条规定的保障措施的具体信息,参见关于同意的定义的第 15/2011 号意见,第 19 页。

标准。

在征求数据主体的同意时,控制者应确保在所有情况下都使用清晰明了、通俗易懂的语言。换言之,信息应当易于普通人,而不仅仅是律师理解。控制者不得采用冗长的、难以理解的隐私政策或充满法律术语的声明。有关征求同意的内容必须清晰明确,并和其他事项区分开来,同时以易于理解和获取的形式提供。这一要求实质上意味着和数据主体作出是否同意这一充分知情的决策密切相关的信息不得被隐藏在一般条款和条件中。〔38〕

控制者必须确保同意的作出是建立在使数据主体能轻易识别出控制者身份,并理解他们同意的内容信息的基础上。控制者必须清晰描述其要求同意的数据处理的目的。〔39〕

第 29 条工作组关于透明性的指南已经提供了有关可访问性的其他具体指南。如果同意是通过电子方式作出的,则请求必须简明而清晰。如果说一方面要做到准确完整,另一方面还要易于理解,那么分层式和精细化的信息告知就是一种适当的方式。

控制者必须评估是什么类型的受众在向其组织提供个人数据。例如,如果目标受众包括尚未成年的数据主体,控制者就应确保信息告知对未成年人来说是可理解的。〔40〕在确定了受众之后,控制者必须决定他们应当提供什么信息,以及随后如何向数据主体呈现这些信息。

第 7 条第 2 款提到了同时涉及其他事项的预先拟定的书面同意声明。当请求的同意构成(书面)合同的一部分时,则对同意的请求应当和其他事项明确区分开。如果书面合同中包含和同意使用个人数据问题无关的诸多其他方面的内容,则应当以一种显著突出的方式或在一份单独的文件中处理同意问题。同样地,如果以电子方式征求同意,那么根据说明部分第 32 段,这种对同意的请求必须清晰明确地和其他内容区分开,不能只是简单地作为这些条款和条件中的一个段落。〔41〕为适应小屏幕或信息空间受限的情况,适当时可以考虑分层式信息呈现方式,以免过度干扰用户体验或产品设计。

为符合 GDPR 的要求,依赖数据主体同意的控制者还必须履行第 13 条和第 14

---

〔38〕　同意声明必须符合这样的要求。起草声明时,用诸如"我知道……"这样的语句就不符合语言明确性的要求。

〔39〕　参见 GDPR 第 4 条第 11 项和第 7 条第 2 款。

〔40〕　关于儿童可以理解的信息,还可参见说明部分第 58 段。

〔41〕　还可参见说明部分第 42 段和《93/13/EC 指令》,尤其是第 5 条(用语通俗易懂,如有疑问,则作有利于消费者的解释)和第 6 条(不公平的条款无效,只有在剔除这些条款合同仍然是合理的时候,合同才能继续存在,否则整个合同都是无效的)。

条规定的分别提供信息的义务。实践中,遵守提供信息的义务和遵守充分知情的同意的要求可能使控制者在很多情况下采用一种综合性手段。但是,本节内容的撰写是基于这样一种理解——即便在获得同意的过程中并没有提及第 13 条和/或第 14 条规定的所有要素(当然,其他地方——比如公司的隐私声明——应当提及这些要素),有效的"充分知情的"同意也可以存在。第 29 条工作组已经单独发布过有关透明性要求的指南。

    示例(12):X 公司是一家收到投诉的控制者,数据主体们投诉称不清楚他们被要求同意的数据使用目的是什么。该公司认为有必要核实其同意请求中的信息对数据主体来说是否是可以理解的。X 公司组织了特定类别客户的自愿性测试小组,并在向外界发布前向这些测试受众展示了其更新后的同意信息。小组成员的选择尊重了独立性原则,并以能确保一个有代表性、无偏见结果的标准为基础。小组会收到一份调查问卷,然后要说明他们对信息的理解,以及会如何根据可理解的相关信息进行评分。控制者将持续进行这项测试,直至测试小组表示信息是可以理解的。X 公司起草了测试报告,并保存好以备将来参考。对 X 公司来说,这个例子展示了一种证明数据主体在同意其个人数据被处理之前已经收到明确信息的可能途径。

    示例(13):一家公司在同意的基础上进行数据处理。该公司使用内容涵盖同意请求的分层式隐私声明。该公司披露了控制者的所有基本细节和已规划的数据处理活动。[42] 但是,该公司没有在声明的第一信息层中说明如何联系公司的数据保护官。根据 GDPR 第 13 条第 1 款 b 项和第 14 条第 1 款 b 项的规定,为获取第 6 条所说的有效的法律依据,即便数据保护官的联系方式尚未(通过第一信息层)传达给数据主体,该控制者也仍然获得了有效的"充分知情的"同意。

(四) 清晰明确的意思表示

GDPR 明确指出,同意需要数据主体作出声明或清晰明确的肯定性行为,即必须通过积极作为或声明作出。数据主体对特定处理的同意必须是显而易见的。

《95/46/EC 指令》第 2 条 h 项将同意描述为"数据主体表明同意对和他相关的个人数据进行处理的意思表示"。通过澄清有效的同意需要借助*声明*或*清晰明确的*

---

    〔42〕 要注意的是,当控制者身份或处理目的无法从分层式隐私通知的第一信息层清晰获得(并且位于进一步的子层)时,数据控制者将很难证明数据主体作出了充分知情的同意,除非数据控制者能够证明有关数据主体在同意前已经访问了该信息。

*肯定性行为*作为手段的*明确表示*,GDPR 第 4 条第 11 项在该定义的基础上和第 29 条工作组先前发布的指南保持了一致。

"清晰明确的肯定性行为"意指数据主体为了同意特定的处理,必须采取一项蓄意的行动。[43] 说明部分第 32 段对此给出了额外的指引。同意可以通过书面或(被记录下来的)口头声明——包括电子形式——来收集。

也许符合"书面声明"标准的最直截了当的方法就是让数据主体在写给控制者的信或电子邮件中准确解释他/她同意了什么。但是,这通常是不现实的。书面声明可以有符合 GDPR 的多种形式和规格。

在不违反(成员国)现行合同法的情况下,可以通过被记录下来的口头声明来获得同意,但必须在表示同意之前适当关注数据主体可获取的信息。根据 GDPR 的规定,使用预先勾选的选择同意框无效。数据主体的沉默和不作为,以及仅仅继续接受一项服务都不能被视为主动选择的表现。

> 示例(14):安装软件时,应用程序请求数据主体同意使用非匿名的崩溃报告以改进软件。提供了必要信息的分层式隐私声明还同时伴随着同意请求。通过主动勾选代表"我同意"的选择框,用户能够通过有效实施一项"清晰明确的肯定性行为"来同意处理。

控制者还必须注意,不能通过与认可一份合同或接受一项服务的一般条款和条件相同的方式获得同意。全面接受一般条款和条件不能被视为同意使用个人数据的清晰明确的肯定性行为。GDPR 也不允许控制者提供预选框或选择退出架构,这些设计需要数据主体进行干预才能阻止协议的达成(比如"选择退出"对话框)。[44]

当同意在以电子形式提出请求之后作出时,则请求不应对使用同意所针对的服

---

[43] "正如第 29 条工作组采纳的关于同意的意见所指出的,似乎有必要澄清的一点是,有效的同意要求使用不会引起数据主体对同意的疑问的机制,并且同时明确指出——在网络环境中——使用需要数据主体为了拒绝处理而必须修改的默认选项("基于沉默的同意")本身不构成明确的同意。这将使得个人对自己的数据拥有更大的控制权,无论何时的处理都是基于他/她的同意。至于对数据控制者来说,这并不会产生重大影响。因为这只不过是澄清,并更好地说明了规定获得数据主体有效和有意义的同意的条件的当前指令的含义。特别是,就'明确的'同意——通过对'不含糊的'一词的替代——会澄清同意的形式和特征,同时也无意扩大(明确)同意应作为处理依据的案例和情形来说,可以预计该措施对数据控制者的影响不会很大。"参见委员会工作人员工作文件:《影响评估·附件 2》,第 20 页,第 105—106 页。

[44] 参见第 7 条第 2 款。还可参见关于获得针对 cookies 的同意的第 02/2013 号工作文件,第 3—6 页。

务造成不必要的干扰。[45] 当一种只会带来轻微侵扰或干扰的方式会导致模棱两可时,数据主体就有必要通过一项积极的肯定性行为来表示同意。因此,为了使同意请求产生效果,可能有必要让它在某种程度上打断使用体验。

但是,在 GDPR 所要求的范围内,控制者可以自由地制定适合其组织的同意流程。在这方面,身体上的行动可以被视为符合 GDPR 要求的清晰明确的肯定性行为。

控制者应当以数据主体能理解的方式设计同意机制。控制者必须避免歧义,并确保给予同意的行为和其他行为区分开来。因此,仅仅是继续对某网站的通常性使用并不构成可以从中推断出数据主体作出了同意拟议的处理操作的意思表示行为。

示例(15):只要提供清晰的信息,并且明确指出有关动作表示对特定要求的同意,那么不管是滑动屏幕上的工具条、对着智能摄像头摆手,还是顺时针或以 8 字形转动智能手机,都可以作为表示同意的备选动作(例如,如果您向左滑动条框,则表示您同意将 X 信息用于 Y 目的,重复动作以确认。)控制者必须能够证明通过这种方式获得了同意,而且数据主体也必须能够像作出同意一样容易地撤回同意。

示例(16):根据说明部分第 32 段,诸如滚动或浏览网页或与此类似的用户操作在任何情况下都不符合清晰明确的肯定性行为要求。这类操作可能很难和用户的其他动作或互动区分开来,因此就不可能确定其作出了清晰明确的同意。不仅如此,在这种情况下,还很难为用户提供一种通过像授予同意一样容易的方式撤回同意的途径。

在数字环境下,许多服务都需要依靠个人数据才能正常运行,因此,数据主体每天都会收到多个需要通过点击和滑动方式来回答的同意请求。这可能导致某种程度的点击疲劳:当遇到太多次这样的情况后,同意机制的实际警示效果就在弱化。

这就导致数据主体不再阅读有关征求同意的提问。对数据主体来说,这就造成一种特殊的风险,因为通常来说,同意请求针对的正是那些未经数据主体同意原则上即为非法的行为。GDPR 规定控制者有责任找到解决这个问题的方法。

为此,网络环境中经常提及的一个例子是通过浏览器设置来获得互联网用户的同意。此类设置的开发应符合 GDPR 规定的有效同意的要件,比如说同意应针对预设的每一项目进行细化,而且提供的信息中应列明控制者。

在任何情况下,控制者都必须在开始处理须经同意才能处理的个人信息之前征得同意。在以往的意见中,第 29 条工作组始终认为,在进行处理活动之前必须先征

---

〔45〕 参见 GDPR 说明部分第 32 段。

得同意。〔46〕虽然 GDPR 并没有直接以明文规定必须在处理活动之前征得同意,但这显然是其隐含之意。第 6 条的主题和第 6 条第 1 款 a 项中的"已经同意"一词支持了上述解释。在开始数据处理之前必须存在有效的法律依据的观点正是第 6 条和说明部分第 40 段的逻辑性结果。因此,在进行处理活动之前必须先征得同意。原则上,征得数据主体的一次同意就够了。但是,如果数据处理的目的在获得同意之后发生了变化,或者又设想了其他目的,则控制者就需要征得新的、具体的同意。

四、获得明确同意

在某些出现严重数据保护风险的情况下,就需要数据主体的明确同意。因此,在这些场合,认为个人拥有对个人数据的高度控制就是恰当的。根据 GDPR 的规定,在规定特殊类型的个人数据处理的第 9 条、缺乏适当保障情况下向第三国或国际组织传输数据的第 49 条,〔47〕以及包括数据画像在内的自动化决策的第 22 条中,明确同意都扮演着重要角色。〔48〕

GDPR 规定,"声明或清晰明确的肯定性行为"是构成"常规性"同意的先决条件。由于相较于《95/46/EC 指令》规定的同意要件,GDPR 有关"常规性"同意的要件已经提高到一个更高的标准,因此需要澄清为了获得符合 GDPR 规定的数据主体的*明确*同意,控制者应当采取哪些额外措施。

*明确*这个术语指的是数据主体表示同意的方式。它的意思是数据主体必须给出明确的同意声明。要确保同意是明确的,一个明显方法是通过书面声明来确认同意。在适当的情况下,控制者可以确保书面声明是由数据主体签署的,以便消除未来可能产生的所有疑虑和缺乏证据的情况。〔49〕

---

〔46〕 自关于同意的定义的第 15/2011 号意见以来,第 29 条工作组始终坚持这一立场。参见关于同意的定义的第 15/2011 号意见,第 30—31 页。

〔47〕 根据 GDPR 第 49 条第 1 款 a 项的规定,明确的同意可以解除针对向缺乏充分的数据保护法律的国家传输数据的禁令。还需注意关于 1995 年 10 月 24 日通过的《95/46/EC 指令》第 26 条第 1 款的共同解释的工作文件,第 29 条工作组在这份文件中指出,针对定期或持续进行的数据传输的同意是不适当的。

〔48〕 GDPR 在第 22 条引入了一些条款,以保护数据主体免受仅以自动化处理——包括数据画像——为基础的决策的影响。只有在某些特定情况下才能允许以此为基础的决策。同意在这种保护机制中扮演着关键角色,正如 GDPR 第 22 条第 2 款 c 项所明确规定的,在数据主体明确同意的情况下,控制者可以进行包括数据画像在内的,可能对个人产生重大影响的自动化决策。第 29 条工作组已就这个问题单独制定了指南,参见第 29 条工作组关于出于《第 2016/679 号条例》的目的进行的自动化个人决策和数据画像的指南(WP 251),2017 年 10 月 3 日采纳。

〔49〕 还可参见第 29 条工作组关于同意的定义的第 15/2011 号意见(WP 187),第 25 页。

　　然而,这种签署的声明并非获得明确同意的唯一路径,而且也不能说 GDPR 在所有要求"有效的明确同意"的场合都规定了书面签署的声明。例如,在数字或网络环境中,数据主体可以通过填写电子表格、发送电子邮件、上传附有数据主体签名的扫描文档,或使用电子签名的方式发布所要求的声明。理论上,口头声明也能足够达到"有效的明确同意"所要求的程度。但是,控制者可能很难证明在记录口头声明时"有效的明确同意"要求的所有条件都符合了。

　　某个组织也可以通过电话方式获得明确同意,但前提是有关选择的信息是公平、易懂和清楚明确的,并且还要求获得数据主体的具体确认(比如按下按钮或作出口头确认)。

　　示例(17):数据控制者还可以通过提供包含"是"和"否"的复选框的明确同意弹屏来获得其网站访问者的明确同意,但前提是该文本清晰地表明了同意,例如"我,特此同意对我的数据的处理"(I, hereby, consent to the processing of my data),而不能用类似"我知道我的数据将被处理"(it is clear to me that my data will be processed)这样的表述。此外,还应符合"充分知情的同意"这一条件和获得有效同意的其他条件自然是不消说的。

　　示例(18):某整容诊所希望获得患者的明确同意,以将其病历传给某位根据患者的情况给出第二意见的专家。病历是一份数字文档。鉴于该信息的特殊性质,为获得数据主体的明确同意并能够就该同意提供证明,该诊所要求其提供电子签名。[50]

　　有关同意的两阶段验证法也是确保明确同意有效的一种方式。例如,数据主体收到一封电子邮件,通知他们说控制者计划处理包含医疗数据的记录。控制者在邮件中解释说,他请求同意为某个具体目的使用一组特定的信息。如果数据主体同意对该数据的使用,则控制者会要求他/她回复一封含有"我同意"的声明的邮件。回复邮件发出后,数据主体会收到一条验证链接或附有验证码的短信,只有点击该链接或使用验证码才能确认同意。

　　第 9 条第 2 款没有认可"履行合同所必要"构成对处理特殊类型数据的一般性禁止的例外。因此,遇到这种情况的控制者和成员国应研究第 9 条第 2 款中 b 项至 j 项所规定的特定例外。如果 b 项至 j 项规定的例外都不适用的话,则根据 GDPR 规定的有效同意的条件获得明确同意依然是处理此类数据的唯一合法例外。

---

　　[50]　该示例并不影响《欧洲议会和理事会 2014 年 7 月 23 日关于内部市场电子交易中使用电子身份识别和信任服务的第 910/2014 号法规》。

示例(19)：一家名叫假日航空的航空公司为那些因为残障等原因无法自助旅行的乘客提供旅行协助服务。一名乘客订购了从阿姆斯特丹飞往布达佩斯的航班,并且请求旅行协助以便登机。假日航空要求她提供有关自身健康状况的信息,以便为其安排适当的服务(因此,存在很多种可能性,比如在下机口提供轮椅,或安排一位助手陪她一起从阿姆斯特丹到布达佩斯)。假日航空请求明确同意处理该乘客的健康数据,以便安排其所要求的旅行协助。以同意为基础处理的数据应是所要求的服务所必要的。此外,即便没有旅行协助,飞往布达佩斯的航班也仍然是可以预订的。请注意,由于这些数据对于提供所要求的服务是必要的,因此不适用第 7 条第 4 款。

示例(20)：一家经营得很成功的公司专门销售定制滑雪板、滑雪护目镜和用于户外活动的其他类型的定制眼镜。这家公司的想法是人们可以戴上这些眼镜而无须再戴自己的眼镜。该公司在一个中心点接受订单,然后在一个地方交付所有欧洲范围内的订货产品。

为了能向近视顾客提供定制产品,这家控制者请求同意使用有关顾客眼睛状况的信息。顾客在下单时提供必要的健康数据,比如他们的处方数据。没有这些数据,就不可能给顾客提供所要求的定制眼镜。该公司还提供一系列具有标准矫正值的护目镜。不愿意共享其健康数据的顾客可以选购这款标准版。因此,在这种情况下就需要根据第 9 条获得明确同意,而这种同意可以被视为自由作出的。

五、获得有效同意的其他要件

为确保控制者获得、维持并能够证明有效同意,GDPR 还对他们引入了作出其他安排的要求。GDPR 第 7 条规定了有效同意的其他要件,并对保存同意记录和轻易撤回同意的权利作出了具体规定。第 7 条也适用于 GDPR 其他条款——比如第 8 条和第 9 条——中提及的同意。以下内容是有关证明有效同意的其他要求和撤回同意的指南。

(一) 证明同意

在第 7 条第 1 款中,GDPR 明确规定了控制者负有证明数据主体已经同意的义务。根据第 7 条第 1 款的规定,控制者承担举证责任。

说明部分第 42 段指出："当数据处理以数据主体的同意为基础时,控制者应当证明数据主体已经同意处理操作。"

控制者可以在适合他们日常运作的方式范围内自由选择遵守该条款的方法。同时,证明控制者已经获得有效同意的义务本身不得导致过多额外的数据处理。这就意味着控制者应有足够的数据来展示处理链接(以表明其已获得同意),但不应收集任何超过必要范围的信息。

应由控制者来证明其已从数据主体处获得有效同意。GDPR 并没有明确规定须如何做到这一点。但是,控制者必须能够证明在既定个案中数据主体已经同意。只要相关的数据处理活动持续进行,那么证明同意的义务就一直存在。根据第 17 条第 3 款 b 项和 e 项的规定,在处理活动结束后,一旦对遵守法律义务或确立、行使或辩护法律主张来说并非严格必要,就不得再保存用以证明同意的证据。

例如,控制者可以保存所收到的同意声明的记录,这样他就可以展示如何获得了同意,什么时候获得了同意,以及当时提供给数据主体的信息是可证明的。控制者还应当能够证明数据主体已获信息告知,并且控制者的工作流程符合有效同意的所有相关标准。GDPR 规定的这项义务背后的根本理由在于,控制者必须对获得的数据主体的同意以及他们实施的同意机制负责。例如,在网络环境中,控制者可以将表示同意的会话信息,连同会话时为获取同意而使用的工作流程文档,以及当时提交给数据主体的信息副本保存下来。仅仅参考相应网站的正确配置可能远远不够。

示例(21):某医院设立了一项名为"X 计划"的科学研究项目,需要真实患者的牙科记录。参与者是通过向患者打电话的方式招募来的,这些患者已经自愿同意被列入为此目的而联系的候选人名单。控制者要求数据主体就其使用他们的牙科记录给予明确同意。通过记录数据主体在电话通话中作出的口头声明,控制者获得了数据主体的同意。在这些口头声明中,数据主体确认他们同意将自己的数据用于"X 计划"。

GDPR 没有对同意应持续多久规定具体的时间限制。同意的持续时间将取决于原初同意的背景、范围和数据主体的预期。如果处理操作发生重大变化或发展,那么原初同意就不再有效。如果是这种情况,就需要征得新的同意。

欧洲数据保护委员会建议,作为最佳实践,同意应当以适当的时间间隔加以更新。再次提供所有信息有助于确保数据主体对其数据正被如何使用和如何行使权利保持充分的知情。[51]

---

〔51〕　参见第 29 条工作组关于《第 2016/679 号条例》下透明度的指南(WP 260 rev. 01),欧洲数据保护委员会认可。

（二）同意的撤回

在 GDPR 中,同意的撤回占有重要地位。GDPR 中有关同意撤回的条款和说明部分的段落可以被看作是对第 29 条工作组关于该问题的现有解释的编纂。[52]

GDPR 第 7 条第 3 款规定,控制者必须确保数据主体能像作出同意一样容易地随时撤回同意。GDPR 没有规定作出同意和撤回同意始终必须以同样的行为来完成。

然而,如果同意仅仅是通过单击鼠标、滑屏或按键等电子方式作出的,那么在实践中,数据主体必须能同样容易地撤回同意。如果是通过使用特定用于服务的用户界面(例如通过网站、应用程序、帐号登陆、物联网界面,或通过电子邮件)作出的,那么毫无疑问,数据主体必须能通过相同的电子界面撤回同意。因为仅仅为了撤回同意而切换到另一个界面将要付出过当的成本。此外,数据主体应当能够在不受损害的情况下撤回他/她的同意。这尤其意味着,控制者必须允许在免费或不降低服务水准的条件下撤回同意。[53]

> 示例(22):某音乐节通过网络票务代理销售门票。每次网上售票时,都需要征得客户同意才能将联系方式用于营销目的。客户可以通过选择"是"或者"否"来表示对此目的的同意。控制者也告知了客户他们可以撤回同意。为此,客户可以在营业日的上午 8 点至下午 5 点间联系电话服务中心。本示例中的控制者没有遵守 GDPR 第 7 条第 3 款。在本示例中,撤回同意需要在营业时间打电话,这比只要点击鼠标就可以通过一周 7 天每天 24 小时开放的网络票务系统作出同意麻烦得多。

在 GDPR 中,容易撤回的要求被规定为有效同意的一个必要方面。如果撤回权不符合 GDPR 的要求,那么控制者的同意机制就违反了 GDPR。正如本指南中论述充分知情的同意的第三(一)节所述,根据 GDPR 第 7 条第 3 款的规定,控制者必须在数据主体实际作出同意之前向其告知撤回同意的权利。此外,作为透明义务的一

---

〔52〕 第 29 条工作组已经在关于同意的意见尤其是关于使用位置数据的意见中讨论过这个问题。参见关于同意的定义的第 15/2011 号意见(WP 187),第 9 页,第 13 页,第 20 页,第 27 页,第 32—33 页;关于为提供增值服务使用位置数据的第 5/2005 号意见(WP 115),第 7 页。

〔53〕 还可参见第 29 条工作组关于规制在直销中使用个人数据的欧洲直销联盟《欧洲行为准则》的第 4/2010 号意见(WP 174);关于为提供增值服务使用位置数据的第 5/2005 号意见(WP 115)。

部分,控制者必须告知数据主体如何行使权利。[54]

　　作为一般规则,如果撤回了同意,则所有基于同意且发生在撤回同意之前的处理操作仍然是合法的——当然,前提是这些处理符合 GDPR 的规定,但是控制者必须停止相关处理行为。如果不存在数据处理(比如进一步存储)的其他合法依据,控制者就必须删除这些数据。[55]

　　如前所述,在收集数据之前,控制者对实际处理数据的目的及其所依据的法律基础进行评估是非常重要的。通常来说,公司对个人数据的需求可能出于多种目的,而且处理的基础也不限于一种法律依据,比如说,客户数据可能基于合同和同意。因此,撤回同意并不意味着控制者必须删除为履行和数据主体之间的合同而处理的数据。因此,控制者应当从一开始就很清楚每一项数据要素针对的是何种目的,以及基于何种法律依据。

　　一旦撤回了同意,假如也没有其他目的使继续保存根据同意所处理的数据正当化,则控制者就有义务删除这些数据。[56] 除了第 17 条第 1 款 b 项规定的这种情况外,数据主体还可以要求删除基于另一法律依据——比如第 6 条第 1 款 b 项——处理的与其有关的其他数据。[57] 即便数据主体没有提出删除请求,控制者仍有义务评估继续处理相关数据是否适当。[58]

　　如果数据主体撤回其同意,而控制者希望根据另一法律依据继续处理个人数据,则他们不得默默地从(已撤回的)同意转至这个另外的法律依据。根据第 13 条和第 14 条规定的信息告知要求,以及有关透明性的一般原则,数据处理的法律依据上的任何变化都必须告知数据主体。

六、同意和 GDPR 第 6 条规定的其他法律依据的相互关系

　　第 6 条规定了合法处理个人数据的条件,并且描述了控制者可以依赖的六种法律依据。必须在处理活动之前确定适用这六种法律依据中的哪一种,并且这一适用

---

　　〔54〕　涉及 GDPR 第 13 条和第 14 条的 GDPR 说明部分第 39 段规定:"应该让自然人了解与个人数据处理有关的风险、规则、保障和权利,以及如何行使与处理有关的权利。"

　　〔55〕　参见 GDPR 第 17 条第 1 款 b 项和第 3 款。

　　〔56〕　在这种情况下,能够使处理正当化的其他目的必须具备独立的法律依据。但这并不是说控制者可以从同意转换到另一个法律依据。参见本指南第六节。

　　〔57〕　参见第 17 条,包括可能适用的例外情况,以及 GDPR 说明部分第 65 段。

　　〔58〕　还可参见 GDPR 第 5 条第 1 款 e 项。

应和某种具体目的相关联。[59]

这里需要重点指出的是,不论处理活动的哪一部分,只要控制者选择将其建立在同意的基础上,则其必须准备好尊重这一选择,并在个人撤回同意时停止该部分处理活动。传递给外界的信息是数据将以同意为依据加以处理,但实际上却依赖于某些其他法律依据,这种情况从根本上就对个人不公平。

换言之,控制者不得从同意再转换到其他法律依据。例如,在同意的有效性遇到问题的情况下,不允许追溯性地利用合法利益依据使处理正当化。因为要求披露控制者在收集个人数据时所依赖的法律依据,所以控制者必须在收集之前就决定好所应适用的法律依据。

七、GDPR 中特别关注的领域

(一)儿童(第 8 条)

在处理易受伤害的自然人——尤其是儿童的个人数据的场合,相较于现行的指令,GDPR 增设了一层额外的保护。为确保在信息社会服务方面强化对儿童的数据保护,第 8 条规定了额外的义务,而说明部分第 38 段详细阐述了加强保护的原因:"……*他们可能对个人数据处理方面的风险、后果、保障措施,以及他们的权利的意识较为薄弱*……"第 38 段还指出:"*这种特殊保护尤其应当适用于为了市场营销或创建个性化用户档案的目的而对儿童个人数据的使用,以及在使用直接向儿童提供的服务时对与儿童相关的个人数据的收集。*"其中的"尤其"(in particular)一词表明这种特殊保护并不局限于市场营销或数据画像,同时还包括"对儿童相关的个人数据"的广泛"收集"。

第 8 条第 1 款规定,在适用同意的情况下,关于直接向儿童提供信息社会服务的,对 16 周岁以上儿童的个人数据的处理是合法的。儿童未满 16 周岁的,只有在征得对儿童负有监护责任的主体的同意或授权的情况下,该处理才是合法的。[60] 对有效同意的年龄限制,GDPR 具有一定的灵活性,成员国可以通过法律规定一个更低的年龄,但不得低于 13 周岁。

正如本指南中论述充分知情的同意的第三(一)节所述,控制者提供的信息应当便于受众们理解,在此应对儿童的地位给予特别关注。为了获得儿童的"充分知情

---

〔59〕 根据第 13 条第 1 款 c 项和/或第 14 条第 1 款 c 项的规定,控制者必须将这些信息告知数据主体。

〔60〕 并不妨碍成员国法律降低年龄限制,参见第 8 条第 1 款。

的同意",控制者必须用清晰明了的语言向儿童解释其打算如何处理收集到的数据。[61] 如果是应当征求父母同意的情况,那么可能需要提供一组信息,以便成年人在充分知情的情况下作出决定。

从上述内容可以清晰得知,第 8 条只适用于符合下列条件的情况:

- 数据处理和直接向儿童提供信息社会服务有关。[62][63]
- 数据处理立基于同意。

1. 信息社会服务

为了确定 GDPR 中的"信息社会服务"术语的范围,GDPR 第 4 条第 25 项引用了《2015/1535 指令》。

在评估这一定义的范围时,欧洲数据保护委员会也参考了欧洲法院的判例法。[64] 欧洲法院认为,信息社会服务包括在线签订或传输的合同和其他服务。如果一项服务包含了两个经济上相互独立的部分,其中一部分是在线运行的,比如在合同签订或有关产品或服务的信息中的要约和承诺;而作为另一部分的货物的实际交付或分发就不在信息社会服务的概念范围内。但在线提供服务属于 GDPR 第 8 条中"信息社会服务"术语的范围。

---

〔61〕 GDPR 第 58 段重申了这项义务,指出在适当的情况下,控制者应当确保提供的信息对儿童是可理解的。

〔62〕 根据 GDPR 第 4 条第 25 项的规定,信息社会服务指的是《2015/1535 指令》第 1 条第 1 款 b 项中定义的服务。该条款规定:"(b)'服务'是指任何信息社会服务,也即通常以获取报酬为目的的任何远程、通过电子方式,并且应服务对象的个人请求而提供的服务。就本定义而言:(i)'远程'是指在双方并不同时在场的情况下提供服务;(ii)'通过电子方式'是指服务最初的发送和在目的地的接收都是通过用于数据处理(包括数字压缩)和存储的电子设备实现的,并且完全通过有线、无线电、光学或其他电磁手段进行传输、运送和接收;(iii)'应服务对象的个人请求'是指服务是通过根据个人请求的数据传输提供的。"本定义未涵盖的指示性服务清单载于上述指令的附件 I。还可参见《2000/31 指令》说明部分第 18 段。

〔63〕 根据《联合国儿童保护公约》(原文如此,实应为《联合国儿童权利公约》——译者注)第 1 条的规定,"……儿童系指 18 岁以下的任何人,除非对其适用之法律规定成年年龄低于 18 岁"。参见 1989 年 11 月 20 日联合国大会第 44/25 号决议(《儿童权利公约》)。

〔64〕 参见欧洲法院,2010 年 12 月 2 日,C - 108/09 号案件(*Ker-Optika*),第 22 段和第 28 段。关于"综合服务"(composite services),欧洲数据保护委员会还提到了 C - 434/15 号案件(Asociacion Profesional Elite Taxi *v.* Uber Systems Spain SL),第 40 段,该段指出,一项信息社会服务构成了一项整体服务不可分割的一部分,而该项整体服务的主要组成部分不属于信息社会服务,则该项服务就不得被视为"信息社会服务"。

2. 直接向儿童提供(Offered directly to a child)

纳入"直接向儿童提供"的限制语表明,第 8 条意在适用于某些而非所有信息社会服务。在这方面,如果某信息社会服务提供商清楚地向潜在用户表示其仅向年满 18 周岁的人提供服务,并且这种表示也未因其他证据(比如网站的内容或营销计划)而遭到削弱,那么这种服务就不被视为"直接向儿童提供"的,也就不适用第 8 条。

3. 年龄

GDPR 规定"成员国可以通过法律为上述目的规定更低的年龄,但不得低于 13 周岁"。考虑到其服务的目标受众,控制者必须了解这些不同的成员国法律。尤其应当注意的是,提供跨境服务的控制者不能总是指望只遵守其主要机构所在成员国的法律,可能还需要遵守其(为之)提供信息社会服务的每一个成员国的法律。这取决于成员国法律是选择控制者主要机构所在地,还是数据主体的居住地作为法律适用的参照点。但首要的是,所有成员国做此选择时都应当考虑维护儿童的最大利益。工作组鼓励成员国就此问题寻求协调一致的解决方案。

当根据同意向儿童提供信息社会服务时,控制者应尽合理努力去验证用户是否达到了在线作出同意的年龄,所采取的措施也应当和处理活动的性质和风险相称。

如果用户声明他们已经达到了在线同意所要求的年龄,那么控制者为了验证声明的真实性,可以进行适当的核查。虽然 GDPR 没有明确规定需要为核实年龄而采取合理努力,但这是不言而喻的。因为如果儿童在作出同意时实际上并未达到以自己的名义作出有效同意的年龄,那么这将导致数据处理不合法。

如果用户声明他/她的年龄低于在线同意所要求的年龄,那么控制者可以接受这项声明,而无须进一步的核查,但需要继续获得家长的授权,并且核实作出同意的人正是承担监护责任的人。

核实年龄本身不应导致过多的数据处理。用来核实数据主体年龄的机制应当包括对拟进行的处理的风险评估。在一些低风险情况下,要求某项服务的新订户披露他们的年龄或通过填写表格来声明他们是(不是)未成年人可能是适当的。[65] 如有疑问,则控制者应在特定个案中审查其核实年龄的机制,并考虑是否需要进行其他核查。[66]

4. 儿童的同意和监护责任

就监护责任承担者的授权来说,GDPR 没有明确规定获得父母同意或确定某人

[65] 虽然这并非在所有情况下都是滴水不漏的解决方案,但这是应对该条款的一个例子。
[66] 参见第 29 条工作组关于社交网络服务的第 5/2009 号意见(WP 163)。

有权授权的实际方法。[67] 因此,根据 GDPR 第 8 条第 2 款和第 5 条第 1 款 c 项(数据最小化)的规定,欧洲数据保护委员会建议采用符合比例原则的方法。这种方法可能关注获取有限的信息,比如父母或监护人的联系方式。

无论是就核实用户是否达到自己作出同意的年龄来说,还是就核实代表儿童作出同意的人是不是监护责任的承担者来说,合理的做法都取决于处理活动的内在风险和现有技术。在低风险情况下,通过电子邮件来核查监护责任就足够了。相反,在高风险情况下,要求更多的证明可能才是适当的,如此一来,控制者就能根据GDPR 第 7 条第 1 款的规定核实和保存信息。[68] 由可信的第三方提供核实服务或许是可行的解决方案,这样可以最小化控制者必须自行处理的个人数据的数量。

> 示例(23):一家在线游戏平台希望确保只在得到父母或监护人同意的情况下才允许未成年人订购其服务。控制者遵循着以下步骤:
> 步骤一:要求用户声明他们是否已经年满 16 周岁(或适用于在线同意的其他最低年龄)。如果用户声明他们尚未达到该年龄,则:
> 步骤二:告知儿童,在向其提供服务之前,父母或监护人需要同意或授权进行数据处理。要求用户披露父母或监护人的电子邮件地址。
> 步骤三:通过电子邮件联系父母或监护人,并就数据处理获得他们的同意,同时采取合理措施确认该成年人负有监护责任。
> 步骤四:遇有投诉,平台会采取额外措施来核实订户的年龄。
> 如果平台已经符合关于同意的其他要求,则平台遵循上述步骤就能符合GDPR 第 8 条的额外标准。

示例(23)表明,在有关向儿童提供服务方面,控制者能够将自身置于一个证明其为确保获得有效同意已经采取合理努力的位置。第 8 条第 2 款还特别补充道,"*在同时考虑现有技术的情况下,控制者应当采取合理努力以核实对儿童负有监护责任的人是否作出同意或授权。*"

在某个具体案例中,什么样的措施是适当的应当由控制者来决定。作为一般规则,控制者应当避免采用本身会牵涉过度收集个人数据的核实方案。

---

〔67〕 第 29 条工作组指出,监护责任的承担者并非总是孩子的亲生父母,包括法人和自然人在内的多种主体都可能承担监护责任。

〔68〕 例如,可以要求父母或监护人通过银行交易向控制者支付 0.01 欧元,同时在交易备注中作一个简要的确认,即该银行账户持有人就是对用户负有监护责任的人。在适当情况下,为防止对没有银行账户的人造成不应有的歧视性待遇,还应提供一种替代性的核实方法。

欧洲数据保护委员会承认,在某些情况下,核实工作是有挑战性的(比如在自己作出同意的儿童尚未建立"身份足迹"或监护责任难以核查的场合)。因此,在判断什么样的努力是合理的时候,可以考虑到这个因素。但控制者仍然应当不断审查他们的流程和现有技术。

就数据主体同意处理其个人数据的自主权,以及对处理的全面控制权来说,一旦数据主体达到了能够作出在线同意的年龄,则由负有监护责任的人针对儿童个人数据处理作出的同意或授权就可以被确认、修改或撤销。

实践中,这就意味着如果儿童没有采取任何行动,则对在达到能够作出在线同意的年龄之前提供的个人数据的处理来说,由负有监护责任的人作出的同意或授权仍然是有效的处理依据。

在达到作出在线同意所要求的年龄之后,根据第 7 条第 3 款的规定,儿童将有可能自行撤回同意。根据公平原则和问责制原则,控制者必须就这种可能性对儿童进行告知。〔69〕

必须要指出的是,根据说明部分第 38 段的规定,在直接向儿童提供预防或咨询服务情况下,不必征得父母或监护人的同意。例如,通过在线聊天服务向儿童在线提供的儿童保护服务就不需要事先得到父母授权。

最后,GDPR 规定关于未成年人父母授权要求的规则不应影响"成员国的一般合同法,例如有关儿童的合同的有效性、成立或效果的规则"。因此,关于使用儿童数据的有效同意的要求必须被视为独立于成员国合同法的法律框架的一部分。因此,本指南不涉及未成年人签订在线合同是否合法的问题。这两套法律制度可以同时适用,而且协调各成员国的合同法规定也不属于 GDPR 涉及的范围。

(二)科学研究

科学研究的定义对控制者可能进行的数据处理活动的范围有重大影响。GDPR 没有对"科学研究"这个术语进行定义。说明部分第 159 段指出,"……出于本条例的目的,对以科学研究为目的的个人数据处理应作广义解释……",然而,欧洲数据保护委员会认为这一概念仍然没有超出其通常含义,并且认为此种语境中的"科学研究"指的是根据相关部门的方法和伦理标准设立的、符合良好实践的研究项目。

当同意是根据 GDPR 开展研究的法律依据时,这种针对个人数据使用的同意应与作为一种伦理标准或程序义务的其他同意要求区分开来。作为此种程序义务的例子可以在《临床试验条例》中找到,在这种情况下,数据处理不是基于同意,而是基

---

〔69〕　此外,数据主体应意识到第 17 条规定的被遗忘权,该权利尤其和数据主体还是儿童时作出的同意有关。参见说明部分第 63 段。

于其他法律依据进行的。在数据保护法的背景下，后一种形式的同意可被视为一种额外的保障措施。[70]同时，就出于研究目的而处理数据来说，GDPR并没有将第6条的适用仅限于同意这一种情形。只要采取了像第89条第1款要求的适当的保障措施，同时数据处理也是公平、合法、透明的，并且遵守了数据最小化标准和个人权利，那么就可以适用像第6条第1款e项和f项规定的其他法律依据。[71]这也同样适用于根据第9条第2款j项的克减条款对特殊类型数据的处理。[72]

说明部分第33段似乎为科学研究语境中同意的规格和细密程度引入了一定的灵活性。该段规定：*"对于科学研究目的来说，在收集数据时，通常不太可能完全彻底地确定个人数据处理的目的。因此，在遵守公认的科学研究伦理标准的前提下，应当允许数据主体对某些科学研究领域表示同意。数据主体应有机会在预期目的允许的范围内仅就某些研究领域或部分研究项目表示同意。"*

首先需要指出的是，第33段没有免除关于征得具体同意的义务。这就是说，原则上，科学研究项目只有在具备明确目的的前提下，才能在同意的基础上收集个人数据。对于科学研究项目中数据处理的目的一开始无法具体明确的情况，说明部分第33段允许作为一种例外情形，在一种更宽泛的层面上对目的进行描述。

考虑到GDPR第9条规定的关于特殊类型数据的处理的严格条件，欧洲数据保护委员会指出，当在明确同意的基础上处理特殊类型的数据时，对第33段中灵活性规定的适用将受到更严格的解释，并应对其进行更高标准的审查。

在将GDPR视为一个整体时，不得将其解释为允许控制者绕过具体明确地说明请求数据主体给予同意的目的这一关键原则。

当研究目的不能完全具体化时，控制者必须寻求其他办法来确保最大程度地满足有关同意的要求，例如，允许数据主体对用更笼统的术语表述的目的，以及已知的某研究项目一开始就会经历的特定阶段表示同意。随着研究的推进，可以在下一阶段开启前获得对项目后续步骤的同意。但是，这种同意仍然应当符合适用于科学研究的伦理标准。

此外，在这种情况下，控制者可以采取进一步的保障措施。例如，第89条第1款强调，在为科学、历史或统计目的进行的数据处理活动中，需要同时采取保障措施。这些目的"应根据本条例，为数据主体的权利和自由采取适当的保障措施"。数据最

---

〔70〕　参见GDPR说明部分第161段。

〔71〕　第6条第1款c项也可以适用于法律明确要求的部分处理操作，比如依照成员国根据《临床试验条例》批准的协议（protocol）收集可靠和稳健的数据。

〔72〕　根据第9条第2款i项的规定，医药产品的特定测试可在欧盟法律或成员国法律的基础上进行。

小化、匿名化和数据安全化都是可能的保障措施。[73] 如果无须处理个人数据就能实现研究目的,则匿名化就是首选的解决方案。

当研究条件不允许征得具体同意时,透明性就是一种额外的保障措施。随着研究项目的推进,控制者定期提供的关于目的进展的信息可以抵消缺乏明确具体目的的消极后果。如此一来,随着时间的推移,同意也会尽可能变得具体。这样做的话,数据主体至少会对当前的运行状况有一个大致的了解,这也使他/她能够评估是否选择行使诸如第 7 条第 3 款规定的撤回同意的权利。[74]

此外,在数据主体同意之前,存在一份可供数据主体参考的全面的研究计划将有助于弥补明确具体目的的缺失。[75] 该研究计划应当尽可能明确说明拟研究的问题和采用的工作方法。研究计划也有助于对第 7 条第 1 款的遵守,因为为了能够证明同意是有效的,控制者有必要展示数据主体在作出同意时可以获得哪些信息。

重要的是要牢记,如果处理的法律依据是同意,则数据主体必须有可能撤回这项同意。欧洲数据保护委员会指出,撤回同意可能不利于那些需要能够链接到个人数据的科学研究,但 GDPR 已经很明确地规定同意可以撤回,控制者必须对此采取措施——这一要求对于科学研究也不例外。如果控制者收到撤回请求,即便他希望为研究目的继续使用这些数据,但原则上他也必须立即删除这些个人数据。[76]

(三)数据主体的权利

如果一项数据处理活动是基于数据主体的同意,这就会影响该主体的权利。当处理是基于同意时,数据主体可能享有数据可携带权(第 20 条)。同时,当处理是基于同意时,反对权(第 21 条)就不适用,尽管在任何时候撤回同意的权利可能会产生类似的结果。

GDPR 第 16 条至第 20 条指出,(当数据处理是基于同意时),数据主体拥有限制

---

〔73〕 参见说明部分第 156 段。出于科学目的的个人数据处理还应遵守其他相关立法,比如关于临床试验,说明部分第 156 段(原文如此,实应为第 161 段——译者注)提到了欧洲议会和理事会 2014 年 4 月 16 日通过的《关于人用药品临床试验的第 536/2014 号法规》。"此外,获得同意并没有免除控制者根据第 6 条所负有的有关公平性、必要性、相称性,以及数据质量的义务。例如,即便个人数据处理是基于用户同意,但这也不会使就特定目的的过度收集数据合法化……作为一项原则,同意不应被视为对其他数据保护原则的豁免,而应是一种保障措施。它主要作为一种合法的理由,并且并不豁免其他原则的适用。"参见关于同意的定义的第 15/2011 号意见(WP 187),第 7 页。

〔74〕 其他确保透明度的措施也可能是相关的。当控制者为科学目的进行数据处理时,虽然一开始无法提供全面的信息,但他们可以为数据主体指定一名特定联系人来解决问题。

〔75〕 在芬兰现行的《个人数据法》(523/1999)第 14 条第 1 款中可以发现这种可能性。

〔76〕 参见第 29 条工作组关于"匿名化技术"的第 05/2014 号意见(WP 216)。

处理权、更正权、访问权，以及撤回同意时的删除权。〔77〕

八、根据《95/46/EC 指令》获得的同意

当前根据成员国数据保护法在同意的基础上处理数据的控制者，不会被自动要求为应对 GDPR 而全面更新其与数据主体间的所有现存同意关系。只要符合 GDPR 规定的要件，先前已经获得的同意就继续有效。

在 2018 年 5 月 25 日之前，必须审查当前工作流程和详细记录，以确保现有同意符合 GDPR 的标准（参见 GDPR 说明部分第 171 段〔78〕）。这一点对控制者来说是非常重要的。实践中，GDPR 提高了实施同意机制的门槛，引入了一些要求控制者修改同意机制而不仅仅只是重订隐私政策的新要求。〔79〕

例如，由于 GDPR 要求控制者必须能够证明其已获得有效同意，因此所有未保留证明材料的推定同意都自动低于 GDPR 规定的同意标准，从而需要更新。同样地，由于 GDPR 要求通过"声明或清晰明确的肯定性行为"作出同意，因此所有基于数据主体某种更隐晦的行为方式（例如利用预先勾选的选择同意框）的推定同意也不符合 GDPR 规定的同意标准。

再者，为了证明自己已获得同意，或允许更精细地展示数据主体的意愿，可能需要修改操作和 IT 系统。此外，还必须建立使数据主体容易撤回同意的机制，并且向其告知关于如何撤回同意的信息。如果获得和管理同意的现行程序不符合 GDPR 的标准，那么控制者就需要获得新的符合 GDPR 的同意。

另一方面，由于并非第 13 条和第 14 条列出的所有要素都总是要作为获得充分知情的同意的条件，因此 GDPR 中已获扩张的信息告知义务并不必然否认在其施行之前获得的同意继续有效〔参见本指南第三（三）1 节〕。《95/46/EC 指令》并未要求向数据主体告知正在进行的处理是基于何种依据。

如果控制者发现先前根据旧法获得的同意不符合 GDPR 规定的同意标准，那么

---

　　〔77〕　如果某些数据处理活动根据 GDPR 第 18 条的规定受到严格限制，则可能需要征得数据主体的同意才能解除这些限制。

　　〔78〕　GDPR 说明部分第 171 段规定："《95/46/EC 指令》被本条例废止。在本条例施行之日起已经进行的数据处理在本条例生效后两年内应符合本条例的规定。对于根据《95/46/EC 指令》的规定基于同意进行的处理，如果作出同意的方式符合本条例规定的要件，则数据主体无须再次作出同意，以便控制者在本条例施行之后继续进行此种处理。根据《95/46/EC 指令》通过的委员会决定和监管机构作出的授权依然有效，直到其被修改、替换或废止。"

　　〔79〕　正如本指南导论部分所指出的，GDPR 对获得和证明有效同意的要求作了进一步的澄清和说明。许多新要求就是建立在关于同意的定义的第 15/2011 号意见的基础上。

控制者必须为遵守这些标准采取措施,例如通过符合 GDPR 的方式来更新同意。根据 GDPR 的规定,不得在两个法律依据之间进行转换。如果控制者既无法以合规的方式更新同意,也不能在通过依赖不同的法律依据进行数据处理的方式向 GDPR 合规过渡的同时确保继续进行的处理是公平合理的,那就必须停止处理活动。在任何情况下,控制者都需要遵守合法、公平和透明的处理原则。

图书在版编目（CIP）数据

中德法学论坛. 第 18 辑. 上卷 / 宋晓主编. —南京：
南京大学出版社，2022.2
ISBN 978 - 7 - 305 - 25407 - 9

Ⅰ. ①中⋯ Ⅱ. ①宋⋯ Ⅲ. ①法律-文集 Ⅳ.
①D9 - 53

中国版本图书馆 CIP 数据核字（2022）第 028646 号

出版发行　南京大学出版社
社　　址　南京市汉口路 22 号　　　　邮　编　210093
出 版 人　金鑫荣

书　　名　**中德法学论坛　第 18 辑. 上卷**
主　　编　宋 晓
责任编辑　潘琳宁

照　　排　南京紫藤制版印务中心
印　　刷　南京玉河印刷厂
开　　本　787mm×1092mm　1/16　印张 17.5　字数 368 千
版　　次　2022 年 2 月第 1 版　2022 年 2 月第 1 次印刷
ISBN　978 - 7 - 305 - 25407 - 9
定　　价　78.00 元

网　　址：http://www.njupco.com
官方微博：http://weibo.com/njupco
官方微信：njupress
销售咨询热线：(025)83594756